DAS VERMÄCHTNIS

Ramakrishna

DAS VERMÄCHTNIS

Die Botschaft
eines der größten indischen
Weisheitslehrer
der Neuzeit

O. W. Barth

www.ow.barth.de

Erste Auflage der Neuausgabe 2003
Einzig berechtigte Übersetzung aus dem Englischen von Kurt Friedrichs
Translated from «The Gospel of Srī Ràmakrishna» (Abridged Edition),
as translated by Swami Nikhilananda and published by
the Ramakrishna-Vivekananda Center of New York, 1958

ISBN 3-502-61135-6

Inhalt

Vorwort 7

Einführung: Biographischer Überblick 9

1. *Meister und Schüler* 81
2. *Der Besuch bei Vidyāsāgar* 99
3. *Anweisungen an Familienväter* 113
4. *Der Meister und Keshab* 129
5. *Der Meister und Vijay Goswami* 151
6. *Im Kreis der Anhänger* 167
7. *Pandit Shashadar* 191
8. *Gottberauschender Zustand* 217
9. *Einige vertraute Schüler* 247
10. *Ramakrishna in Shyampukur* 277
11. *Der Meister in Cossipore* 309
12. *Die Liebe des Meisters zu seinen Schülern* 333
13. *Nach dem Dahinscheiden* 347

Worterklärungen 375

Vorwort

Die ungekürzte Ausgabe dieses Buches, *The Gospel of Srī Rāmakrishna*, wurde 1942 veröffentlicht.

Diese Ausgabe ist eine Kürzung des Originals. Es gibt zwei Gründe für ihre Veröffentlichung. Erstens enthält die ungekürzte Ausgabe sehr viel Hindu-Mythologie und -Brauchtum wie auch Diskussionen über gewisse Aspekte des Hinduismus, die dem westlichen Leser nicht vertraut sind. Diese Stellen schaffen unnötige Schwierigkeiten. Zweitens enthält die Gesamtausgabe, die eine vollständige Übersetzung aller authentischen Gespräche mit Rāmakrishna enthält, viele Wiederholungen. Das Buch ist zum Herumtragen und für das tägliche Studium zu unbequem. Die gekürzte Fassung behebt diese Schwierigkeiten, ohne dem Gehalt Abbruch zu tun.

Größte Sorgfalt wurde darauf verwandt, die gekürzte Fassung als geschlossenes Buch herauszubringen. Trotz der Reduzierung des Umfanges wurden die Lehren nicht entstellt. Der Gesamteindruck des großen Buches bleibt auch im kleinen erhalten, ebenso die umfangreiche Einführung. Sie gibt einen biographischen Abriß von Rāmakrishnas Leben und befaßt sich mit den verschiedenen Aspekten des Hindu-Denkens, die im »Gospel« diskutiert werden.

The Gospel of Srī Rāmakrishna ist eine wörtliche Übersetzung des *Srī Srī Rāmakrishna Kathamrita*, das in Bengali geschrieben wurde und Rāmakrishnas Unterhaltungen mit seinen Schülern, Verehrern und Besuchern enthält. Das Buch wurde von Mahendranath Gupta unter dem Pseudonym »M« verfaßt, der die Unterhaltungen, die er Tag für Tag miterlebte, seinem Tagebuch anvertraute. Sie haben die Echtheit und Lebendigkeit eines stenographischen Berichtes.

Rāmakrishna, dessen Name innerhalb von 50 Jahren nach seinem Tode in ganz Indien bekannt wurde, hat jetzt auch in Europa und

Amerika durch die Schriften Swāmi Vivekānandas und die Tätigkeit der Mönche des Rāmakrishna-Ordens Bedeutung erlangt. Im Westen haben Max Müller und Romain Rolland über ihn geschrieben. In Indien wie auch in der übrigen Welt hat man ihn unter solche religiösen Propheten eingereiht wie Krishna, Buddha und Christus. Er verkörpert das Wesen der indischen spirituellen Weisheit. In diesem Zeitalter des Verstandes und des Skeptizismus berichtet er uns vom Wesen des Absoluten. Seine Äußerungen legen Zeugnis ab von seiner Vereinigung mit Gott. Rāmakrishnas Körper, Sinne, Denken und Ich, durch spirituelle Übungen geläutert, wurden zu Instrumenten der Enthüllung übersinnlicher Wahrheit. Seine Worte sind direkt und überzeugend und bringen jeden Zweifel zum Schweigen. Sie besitzen eine zwingende Kraft, die die Rastlosigkeit des Denkens beschwichtigt und ihm Frieden und Gewißheit verschafft.

Die Krankheit unseres Zeitalters, wie eigentlich jedes Zeitalters, ist spiritueller Art. Die Ursache des menschlichen Leidens liegt im Haften an Lust und Gier, oder um Rāmakrishnas ausdrucksvolle Worte zu gebrauchen, »Frauen und Gold«. Das unbeherrschte Ego hat diese Krankheit verschlimmert. Die Heilung liegt in der Beherrschung des Egos. Rāmakrishnas Leben ist ein Triumph des Geistes über die Materie. Er gelangte zu Tiefen des spirituellen Bewußtseins, die Zeit und Raum überwanden und universale Gültigkeit haben. Sein Leben und seine Lehren haben eine starke Anziehungskraft für alle aufrichtigen Seelen, ganz gleich welchen Glaubens und Bekenntnisses.

Nikhilānanda

Einführung:

Biographischer Überblick

Rāmakrishna wurde in Kamarpukur geboren, einem idyllischen Dorf, das sich im letzten Jahrhundert die ländliche Einfachheit Bengalens bewahrt hatte. Weit von der Eisenbahn entfernt, blieb es vom Glanz der Städte unberührt. Es umfaßte Reisfelder, hohe Palmen, stolze *Banyans*, einige Teiche und zwei Verbrennungsplätze. Im Süden des Dorfes nahm ein Fluß seinen Lauf. Ein Mangohain, den der Gutsherr für die öffentliche Benutzung freigegeben hatte, diente den Kindern als Spielplatz. Eine Durchgangsstraße führte zum großen Jagannāth-Tempel in Puri, und die Dorfbewohner, meist Bauern und Handwerker, versorgten viele Pilger und Heilige, die vorbeikamen. Die Einförmigkeit des ländlichen Lebens wurde durch Feste, Feiertage, Gesangsabende und andere unschuldige Vergnügungen unterbrochen.

Über seine Eltern sagte Rāmakrishna: »Meine Mutter war eine Verkörperung von Redlichkeit und Sanftmut. Die gewöhnliche Denkweise der Welt war ihr fremd, und da sie nichts verbergen konnte, sagte sie, was sie dachte. Die Menschen liebten sie ihrer Offenheit wegen. Mein Vater nahm als orthodoxer Brahmane keine Geschenke von den *Shūdras* an. Den größten Teil seiner Zeit verbrachte er im Gebet, in der Meditation und mit dem Wiederholen von Gottes Namen und Seiner Lobpreisung. Wenn er in seinem Gebet die Göttin *Gāyatri* anrief, dann rötete sich seine Brust, und Tränen rollten über seine Wangen. Seine Freizeit verbrachte er damit, Blumengirlanden für die Familiengottheit *Raghuvir* zu flechten.«

Khudiram Chattopādhyāya und Chandra Devī, die Eltern Rāmakrishnas, heirateten 1799. Ihr erster Sohn Rāmkumar wurde 1805 geboren und ihre erste Tochter Katyayani 1810. 1814 wurde Khudiram von seinem Gutsherrn aufgefordert, über einen Nachbarn falsches Zeugnis abzulegen. Als er sich weigerte, brachte ihn der Gutsherr mit falschen Aussagen vor Gericht und brachte ihn um seinen elterlichen Besitz. Enteignet kam er auf Einladung eines anderen Gutsbesitzers in das stille Dorf Kamarpukur, wo er Unterkunft erhielt und ein Stück fruchtbares Land. Die Ernte dieses kleinen Besitzes reichte für die einfache Versorgung seiner Familie, und er lebte dort würdevoll und zufrieden.

Zehn Jahre nach seinem Eintreffen in Kamarpukur begab sich Khudiram zu Fuß auf eine Pilgerfahrt nach Rāmeshwar im äußersten Süden Indiens. Zwei Jahre später wurde sein zweiter Sohn geboren, den er »Rāmeshwar« nannte. 1835, im Alter von sechzig Jahren, machte er eine Pilgerfahrt nach Gaya. An diesem heiligen Ort hatte Khudiram einen Traum, in dem ihm *Vishnu* versprach, als sein Sohn geboren zu werden. Aber auch Chandra Devī hatte vor dem *Shiva*-Tempel in Kamarpukur eine Vision, in der ihr die Geburt eines göttlichen Kindes angekündigt wurde.

Am 18. Februar 1836 wurde das Kind geboren, das später als Rāmakrishna bekannt und als Göttliche Inkarnation verehrt werden sollte. In Erinnerung an den Traum in Gaya erhielt es den Namen Gadādhar, einen Beinamen *Vishnus*. Drei Jahre später wurde noch eine Tochter geboren.

Kindheit

Gadādhar wuchs zu einem gesunden, lebhaften Jungen heran, der voller Schabernack und Späße steckte. Er war intelligent und besaß ein hervorragendes Gedächtnis. Von seinem Vater lernte er die Namen seiner Vorfahren und die Hymnen der Götter und Göttinnen auswendig, und auf der Dorfschule lernte er Lesen und Schreiben. Mit großer Begeisterung lauschte er den Geschichten der Hindu-Mythologie und den Heldenepen. Zur großen Freude der Dorfbewohner konnte er sie aus dem Gedächtnis wiedergeben. Er malte gern und lernte beim Töpfer das Formen von Götterbildern. Gegen Rechnen hatte er jedoch eine große Abneigung.

Im Alter von sechs oder sieben Jahren erlebte er seine erste spirituelle Ekstase. Als er an einem Sommertag auf einem schmalen Pfad durch die Reisfelder ging und Puffreis aus einem Körbchen aß und dabei zum Himmel hinaufschaute, sah er eine große, dunkle Gewitterwolke. Als sie sich schnell über den ganzen Himmel ausbreitete, flog ein Zug schneeweißer Kraniche an ihr vorüber. Der Kontrast überwältigte den Knaben, er fiel bewußtlos zu Boden und verstreute den Puffreis in alle Winde. Einige Dorfbewohner fanden ihn und trugen ihn nach Hause. Gadādhar berichtete später, daß eine unbeschreibliche Freude ihn überwältigt habe.

Als Gadādhar sieben Jahre war, starb sein Vater. Dies berührte ihn tief, und zum ersten Mal erkannte er, wie flüchtig das Leben auf dieser Erde ist. Von den anderen unbeobachtet, verbarg er sich im Mangohain oder an einem der Verbrennungsplätze, um dort stundenlang seinen eigenen Gedanken nachzugehen. Er unterstützte jetzt seine Mutter eifriger bei ihren Haushaltspflichten. Große Aufmerksamkeit widmete er nun dem Lesen religiöser Geschichten aus den *Purānas.* Sehr interessierten ihn auch die Wandermönche und frommen Pilger, die auf dem Weg nach Puri in Kamarpukur Halt machten. Diese heiligen Männer, Hüter der spirituellen Überlieferung und lebendige Zeugen der Entsagung und Gottesverehrung, erzählten dem Knaben Geschichten aus den Heldenepen, von Heiligen und Propheten und von ihren eigenen Abenteuern. Er wiederum brachte ihnen Wasser und Brennmaterial und half ihnen, wo er konnte. Dann beobachtete er sie bei ihrer Andacht und Meditation.

Mit neun Jahren erhielt Gadādhar die heilige Schnur. Die Zeremonie brachte ihm die Vorrechte seiner Brahmanenkaste einschließlich der Verehrung der Familiengottheit *Raghuvir*, aber zugleich auch die vielen strikten Vorschriften eines brahmanischen Lebens. Während der Feier schockierte er seine Verwandten, weil er Speisen von seiner Amme annahm, die eine *Shūdra* war. Sein Vater hätte nicht im Traum daran gedacht, das zu tun. In einer Laune hatte Gadādhar der Frau einmal versprochen, von ihren Speisen zu essen, und jetzt löste er sein Wort ein. Die Frau war fromm und aufrichtig, und das war dem Knaben wichtiger als alle Konvention.

Gadādhar durfte jetzt *Raghuvir* anbeten. Damit begann seine erste Unterweisung in Meditation. Da er sich mit ganzer Seele der Verehrung des Steinbildnisses hingab, erschien es ihm bald als lebender Herr des Universums. Hier zeigte sich zum ersten Mal seine Fähigkeit, sich völlig in Kontemplation verlieren zu können.

Zum *Shivaratri*, dem Fest, das *Shiva* geweiht ist, sollte eine Aufführung stattfinden. Der Hauptdarsteller, dem die Rolle *Shivas* zugedacht war, wurde plötzlich krank, und man drängte Gadādhar, seinen Platz einzunehmen. Seine Freunde waren dabei, ihn einzukleiden, ihn mit Asche zu bestreichen, ihm Gebetsperlen umzuhängen und einen Dreizack in seine Hände zu drücken, als der Knabe plötzlich geistesabwesend wurde. Gemessenen Schrittes betrat er die Bühne, von seinen Freunden gestützt. Er sah aus wie ein lebendes *Shiva*-Bildnis. Die Zuschauer klatschten laut über seine vermeintliche Darstellungskunst, entdeckten jedoch bald, daß er in Meditation versunken war. Sein Antlitz leuchtete, und Tränen liefen ihm über die Wangen. Er war der äußeren Welt entrückt. Die Wirkung auf die Zuschauer war gewaltig. Die Menschen fühlten sich durch eine Vision *Shivas* gesegnet. Die Vorstellung mußte abgebrochen werden, und der Zustand des Knaben dauerte bis zum nächsten Morgen an.

Gadādhar bildete jetzt mit seinen jungen Freunden eine Schauspielgruppe. Die Bühne wurde im Mangohain aufgebaut. Als Themen wählte man Geschichten aus dem *Rāmāyana* und dem *Mahābhārata*. Gadādhar kannte fast alle Rollen auswendig, da er sie von den Berufsschauspielern gehört hatte. Sein Lieblingsthema war *Krishnas* Leben in Vrindavan mit den Hirten und Milchmädchen. Er spielte abwechselnd *Rādhā* oder *Krishna* und ging völlig in seiner Rolle auf. Seine natürliche Grazie verstärkte die Wirkung. Der Mangohain war erfüllt vom lauten Gesang der Knaben. In Singen und Spaßmachen vertieft, wurde ihnen die Schule gleichgültig.

1849 begab sich der älteste Sohn Rāmkumar nach Kalkutta, um die finanzielle Situation der Familie zu verbessern.

Gadādhar stand jetzt an der Schwelle der Jugend. Er war der Liebling der Dorffrauen, sie hörten ihn gern reden, singen oder aus den heiligen Schriften rezitieren. Ihr weiblicher Instinkt erfaßte die Reinheit und Unschuld dieses Knaben mit seinem wehenden Haar, den leuchtenden Augen, seinem lächelnden Antlitz und seinen unerschöpflichen Späßen. Die älteren Frauen betrachteten ihn als *Gopala*, das Kind *Krishna*, und die jüngeren als *Krishna* in Vrindavan. Er identifizierte sich so sehr mit der Liebe der *Gopis* zu *Krishna*, daß es ihn manchmal verlangte, falls er wiedergeboren werden müßte, als Frau wiederzukommen, um *Krishna* mit ganzem Herzen lieben zu können. Er würde in einer Brahmanenfamilie geboren werden und gleich nach der Heirat Witwe werden, um nur noch über *Krishna* meditieren, für ihn kochen und ihn anbeten zu können. Zur Dämmerung träumte Rāmakrishna, eine Witwe zu sein und mit selbst bereiteten Süßigkeiten auf das Eintreffen des Geliebten zu warten. Diese Vorstellung erfüllte sein Herz mit unbeschreiblicher Freude.

Die Reise nach Kalkutta

Mit sechzehn Jahren wurde Gadādhar von Rāmkumar nach Kalkutta gerufen, um ihm bei seinen priesterlichen Pflichten zu helfen. Rāmkumar hatte eine Sanskrit-Schule eröffnet, um sein Einkommen aufzubessern, und er hatte die Absicht, auch seinen jüngeren Bruder in diese Richtung zu drängen. Gadādhar war mit Leib und Seele bei seiner neuen Aufgabe als Familienpriester verschiedener Familien in Kalkutta. Seine Anbetung unterschied sich völlig von der seiner Berufskollegen. Er verbrachte Stunden damit, die Bildnisse zu schmücken und Hymnen und Andachtslieder zu singen. Voller Hingabe versah er auch die anderen Pflichten seines Amtes. Die Menschen waren von seinem Eifer beeindruckt. Seinem Studium aber widmete er nur geringe Aufmerksamkeit.

Rāmkumar hatte zuerst keine Einwände gegen das Verhalten seines temperamentvollen Bruders. Er wollte, daß Gadādhar sich erst einmal an das Stadtleben gewöhnte. Eines Tages beschloß er jedoch, ihn wegen seiner Gleichgültigkeit der Welt gegenüber zu warnen. In Bälde mußte er als Familienvater durch seine Pflichten als Brahmane seinen Lebensunterhalt verdienen, und das bedurfte einer gründlichen Kenntnis der Hindu-Gesetze, der Astrologie und der dazugehörigen Themen. Er ermahnte ihn vorsichtig und bat ihn, dem Studium mehr Aufmerksamkeit zu widmen. Doch Gadādhar erwiderte mit großer Entschiedenheit: »Bruder, was soll ich mit einer Erziehung, die nur Geld einbringt? Ich will lieber die Weisheit erlangen, die mein Herz erleuchtet und dauernde Befriedigung bringt.«

Das Verlangen der Seele Indiens fand Ausdruck in den leidenschaftlichen Worten des jungen Gadādhar. Was erblickte er denn um sich herum in Kalkutta, der damaligen Hauptstadt Indiens und dem Zentrum fortschrittlicher Kultur und Gelehrsamkeit? Gier und Lust herrschten in den gehobenen Kreisen, und die gelegentlichen religiösen Handlungen waren äußere Formen, die sich von der Seele längst gelöst hatten. Bei den einfachen und frommen Bewohnern Kamarpukurs war das ganz anders. Die *Sādhus* und Wandermönche, um die er sich in seiner Kindheit gekümmert hatte, hatten ihm ein ganz anderes Indien enthüllt. Ihre Reinheit und Hingabe, ihre Selbstbeherrschung und Entsagung hatten ihn tief beeindruckt. Von ihnen und aus seiner eigenen Intuition hatte er gelernt, daß das Lebensideal, von dem die Heiligen des alten Indiens berichtet hatten, die Erkenntnis Gottes sei.

Rāmkumar verstand die Bedeutung der Antwort seines Bruders nicht. Er beschrieb in leuchtenden Farben das leichte und glückliche Leben eines Gelehrten in der Gesellschaft Kalkuttas. Gadādhar jedoch spürte intuitiv, daß die Gelehrten – um eines seiner lebendigen Beispiele zu benutzen – wie Geier waren, die sich auf den Flügeln ihres unerleuchteten Intellekts hoch emporschwingen, ohne ihren Blick vom Tummelplatz der Lust und Gier abwenden zu können. Er blieb fest, und Rāmkumar mußte nachgeben.

Der Kālī-Tempel in Dakshineswar

Damals lebte in Kalkutta eine reiche Witwe namens Rani Rasmani, die der *Shūdra*-Kaste angehörte. Sie war stadtbekannt, nicht nur wegen ihres Geschäftssinns, ihres Mutes und ihrer Intelligenz, sondern auch wegen ihrer Großherzigkeit, Frömmigkeit und Hingabe an Gott. Bei der Verwaltung ihres umfangreichen Besitzes wurde sie von ihrem Schwiegersohn Mathur Mohan unterstützt.

1847 erwarb die Rani zwanzig Morgen Land in Dakshineswar, einem Dorf vier Meilen nördlich von Kalkutta. Hier ließ sie einen Tempelgarten anlegen und baute verschiedene Tempel. Ihr *Ishta* – ihr Erwähltes Ideal – war *Kālī,* die Göttliche Mutter.

Der Tempelgarten liegt direkt am Ostufer des Ganges. Der nördliche Teil und ein kleiner östlicher Teil des Grundstückes bestehen aus Obst- und Blumengärten und zwei kleinen Teichen. Der südliche Teil ist gepflastert. Der mit einem Boot ankommende Besucher steigt die Stufen eines breiten *Badeghats* hinauf, die zu einer überdeckten Terrasse führen, an deren beiden Seiten sich je eine Reihe von sechs *Shiva*-Tempeln entlangzieht. Östlich davon öffnet sich ein großer, gepflasterter, rechteckiger Platz. Zwei Tempel stehen in der Mitte des Platzes; der größere, nach Süden blickende, ist *Kālī* geweiht, und der kleinere, auf den Ganges blickende, *Rādhākanta, Krishna* als Gespiele

Rādhās. Neun Kuppeln krönen den *Kālī*-Tempel, und davor liegt die geräumige Musikhalle *(Natmandir)*, deren Terrasse von mächtigen Säulen getragen wird. In der nordwestlichen und südwestlichen Ecke des Tempelbezirkes stehen zwei Musiktürme *(Nahabats)*, von denen zu bestimmten Tageszeiten Musik ertönt, besonders bei Sonnenaufgang und -untergang und mittags, wenn der Gottesdienst stattfindet. An den drei Seiten des Platzes, ausgenommen im Westen, befinden sich die Räume für Vorräte, Küche, Angestellte und Gäste. Dem Raum an der Nordwestecke, dem letzten *Shiva*-Tempel gegenüber, gilt unser besonderes Interesse, da Rāmakrishna hier einen beträchtlichen Teil seines Lebens verbrachte. Nach Westen hin liegt vor seinem Raum eine halbrunde Vorhalle, die auf den Fluß blickt. Ein Fußweg läuft daran vorbei, hinter dem sich ein großer Garten erstreckt, und darunter fließt der Ganges. Das Wäldchen nördlich des Gebäudes enthält den *Panchavatī*, den *Banyan* und den *Bel*-Baum; sie alle sind mit den spirituellen Übungen Rāmakrishnas verbunden. Nördlich, außerhalb des Tempelbezirks, liegt ein Gartenhaus, das die Familie der Rani benutzte, wenn sie den Garten besuchte. Im Norden des Tempelgartens, durch eine hohe Mauer von ihm getrennt, befindet sich ein Munitionsdepot der britischen Regierung.

Der Haupttempel ist *Kālī*, der Göttlichen Mutter, geweiht, die hier als *Bhāvatarini*, die Erlöserin des Universums, verehrt wird. Der Fußboden ist mit Marmor ausgelegt. Das Basaltbildnis der MUTTER, in leuchtenden Goldbrokat gehüllt, steht auf der weißen Marmorfigur Ihres ausgestreckten göttlichen Gatten *Shiva*, des Symbols des Absoluten. An den Füßen trägt die Göttin neben anderem Schmuck Fußringe aus Gold. Ihre Halsketten bestehen aus Gold und Perlen, einem goldenen Kranz von Menschenköpfen und Menschenarmen. Sie trägt eine goldene Krone, goldene Ohrringe und einen goldenen Nasenring mit einem Perlentropfen. Sie hat vier Arme. In der unteren linken Hand hält Sie einen abgeschlagenen Kopf, in der oberen einen blutigen Säbel. Mit der einen rechten Hand gewährt Sie Ihren Kindern Wohltaten, mit der anderen beschwichtigt Sie ihre Furcht. Ihre majestätische Haltung kann kaum beschrieben werden. Sie verbindet den Schrecken der Zerstörung mit der Versicherung mütterlicher Zuneigung, denn Sie ist die kosmische Kraft, die Gesamtheit des Universums, die wunderbare Harmonie der Gegensatzpaare. Sie schickt den Tod, und Sie schafft und erhält. Sie besitzt drei Augen, das dritte ist das Auge der göttlichen Weisheit; sie verbreiten Schrecken unter den Bösen und strömen zugleich Zuneigung aus für Ihre Verehrer.

Die ganze Welt der Symbole findet ihre Darstellung im Tempelgarten – die Trinität der MUTTER Natur *(Kālī)*, des Absoluten *(Shiva)* und der Liebe *(Rādhākanta)* – ein Bogen, der Himmel und Erde verbindet. Die schreckliche Göttin des *Tantra*, der herzbetörende Flötenspieler des *Bhāgavatam* und das im Selbst aufgehende Absolute der *Veden* leben hier zusammen, eine großartige religiöse Synthese schaffend. Alle Aspekte der Wirklichkeit sind hier dargestellt. In diesem göttlichen Haushalt ist *Kālī* der Mittelpunkt, die herrschende Herrin. Sie ist *Prakriti*, die Natur in ihrer Schöpfung und Auflösung. Aber Sie ist noch größer und bedeutender für die, die Augen haben zu sehen. Sie ist die MUTTER des Universums, »meine MUTTER«, wie Rāmakrishna zu sagen pflegte, die sich Ihren Kindern in verschiedenen Aspekten und Verkörperungen enthüllt – die sichtbare Gottheit, die Ihre Auserwählten zur unsichtbaren Wirklichkeit führt. Wenn es Ihr gefällt, löscht Sie die Spuren des Ichs im Menschen und läßt ihn aufgehen im Bewußtsein des Absoluten. Durch Ihre Gnade verliert sich das begrenzte Ich im unendlichen Ich-*Ātman-Brahman.*

Rani Rasmani gab ein Vermögen für die Anlage des Tempelgartens aus und ein weiteres Vermögen für die Einweihung, die am 31. Mai 1855 stattfand.

Rāmakrishna – wir werden Gadādhar jetzt mit diesem vertrauten Namen nennen – kam mit seinem Bruder Rāmkumar in den Tempelgarten, da man seinen Bruder zum Priester des *Kālī*-Tempels ernannt hatte. Rāmakrishna war anfangs nicht damit einverstanden, daß Rāmkumar für Rani Rasmani, eine *Shūdra*, tätig war. Er hatte immer das Beispiel seines orthodoxen Vaters vor Augen. Er wollte auch von den Speisen nichts annehmen, die im Tempel dargebracht wurden, denn nach orthodoxer Überlieferung konnte ein solches Opfer der Gottheit nur im Hause eines Brahmanen dargebracht werden. Aber die heilige Atmosphäre des Tempels, die Einsamkeit der umliegenden Wälder, die Fürsorge seines Bruders, die Achtung, die ihm die Rani und Mathur entgegenbrachten, die lebendige Gegenwart der Göttin *Kālī* und schließlich die Nähe des heiligen Ganges, den Rāmakrishna stets verehrt hatte, ließen seinen Widerstand schwinden, und er begann, sich zu Hause zu fühlen.

Schon nach kurzer Zeit erregte Rāmakrishna Mathurs Aufmerksamkeit, der von dem religiösen Eifer des jungen Mannes beeindruckt war und ihn am Gottesdienst im *Kālī*-Tempel teilnehmen lassen wollte. Rāmakrishna aber liebte seine Freiheit und war jeglicher Laufbahn gegenüber gleichgültig. Die Stellung als Priester in einem Tempel, der von einer reichen Frau gegründet war, hatte keinen Reiz für ihn. Außerdem scheute er sich vor der Verantwortung für den kostbaren Schmuck und die Juwelen des Tempels. Mathur mußte auf eine passende Gelegenheit warten.

Unfähig, dem Drängen Mathurs zu widerstehen, nahm Rāmakrishna den Dienst im Tempel auf unter der Bedingung, daß Hriday ihm dabei helfen dürfe. Seine erste Aufgabe bestand darin, das Bildnis der *Kālī* zu kleiden und zu schmücken.

Eines Tages ließ der Priester des *Rādhākanta*-Tempels die *Krishna*-Figur auf den Boden fallen, wobei ein Bein abbrach. Die *Pandits* gaben der Rani den Rat, ein neues Bildnis aufzustellen, da die Anbetung eines Bildnisses mit gebrochenem Bein gegen die Anweisungen der Schriften verstoße. Die Rani liebte aber diese Statue und bat Rāmakrishna um Rat. Er sagte in einer versunkenen Stimmung: »Dies ist ein unmöglicher Rat. Wenn ein Schwiegersohn der Rani sein Bein bräche, würde sie ihn dann hinauswerfen und durch einen anderen ersetzen? Würde sie nicht vielmehr für seine Behandlung sorgen? Warum sollte sie in diesem Fall nicht genauso handeln? Repariert das Bildnis und verehrt es wie zuvor.« Das war eine einfache und klare Lösung, die von der Rani akzeptiert wurde. Der Priester wurde wegen seiner Fahrlässigkeit entlassen, und auf Mathurs Bitte übernahm Rāmakrishna das Priesteramt im *Rādhākanta*-Tempel.

Rāmakrishna als Priester

Da Rāmakrishna in einer Brahmanenfamilie geboren war, kannte er alle Formalitäten der Anbetung, ihre Riten und Gebräuche. Die unzähligen Götter und Göttinnen der Hindu-Religion stellen die menschlichen Aspekte des unbeschreibbaren und unbegreiflichen Absoluten dar, wie es vom begrenzten menschlichen Verstand wahrgenommen wird. Sie genießen die menschliche Liebe und Zuneigung, helfen den Menschen, ihre Ideale zu erkennen und ermöglichen es schließlich den Menschen, vom Elend der Erscheinungswelt Befreiung zu erlangen. Nur das Absolute ist die Quelle allen Lichts, aller Intelligenz, Weisheit und Stärke und somit die Erfüllung aller Verlangen. Solange aber ein Mensch seinen Körperbegrenzungen unterworfen ist, kann er auch Gott nur in menschlicher Form verehren. Er muß menschliche Symbole benutzen. Der Hinduismus rät deshalb den Strebenden, Gott als idealen Vater, ideale Mutter, idealen Gatten, Sohn oder Freund zu betrachten. Der Name aber führt schließlich zum Namenlosen, die Form zum Formlosen, das Wort zum Schweigen und die Gemütsbewegung zur Erfahrung des Friedens im Absoluten Sein-Wissen-Seligkeit. Die Götter gehen auf in der Gottheit. Bis diese Verwirklichung erreicht ist, muß der Gottesverehrer die menschlichen Faktoren in seiner Anbetung hinnehmen. Deshalb wird das Bildnis gebadet, gekleidet und geschmückt. Es wird gespeist und schlafen gelegt. Es wird mit Hymnen, Liedern und Gebeten erfreut. Alle diese Handlungen haben ihre vorgeschriebenen Riten. Um äußerlich rein zu sein, badet der Priester im heiligen Wasser und legt ein heiliges Gewand an. Sein Denken und seine Sinnesorgane läutert er durch geeignete Meditation. Er schützt den Ort seiner Anbetung gegen böse Kräfte, indem er ihn mit einem Kreis aus Feuer und Wasser umgibt. Er erweckt die verschiedenen spirituellen Zentren seines Körpers und ruft das höhere Bewußtsein in seinem Herzen an. Dann überträgt er dieses Bewußtsein auf das Bildnis vor sich und betet es an, nicht mehr Lehm oder Stein in ihm sehend, sondern verkörpertes Bewußtsein, pulsierend mit Leben. Nach der Anbetung wird das Bewußtsein vom Bildnis zurückgeführt in sein wirkliches Heiligtum, das Herz des Priesters. Der echte Verehrer erkennt, wie absurd es ist, die transzendente Wirklichkeit mit materiellen Mitteln anzubeten, Das zu kleiden, was das ganze Universum durchdringt, Das auf einen Sockel zu setzen, was durch Raum nicht begrenzt werden kann, Das zu besingen, dessen Ruhm auch die Sphärenmusik nicht zu künden vermag. Durch diese Riten aber gelingt es dem Anbetenden, über Riten und Gebräuche, Namen und Formen, Worte und Lobpreisungen hinauszugelangen und Gott als Alldurchdringendes Bewußtsein zu erfahren.

Hindu-Priester sind zwar mit dem Ritual der Gottesverehrung vertraut, aber nur wenige erfassen die dahinterstehende Bedeutung. Erkenntnislose Priester bewegen ihre Hände und Glieder nach den Anweisungen der Schriften und wiederholen ihre Sprüche wie Papageien. Die tiefe Bedeutung dieser Riten war Rāmakrishna von Anfang an klar. Wenn er dem Bildnis gegenübersaß, ging eine seltsame Veränderung in seinem Bewußtsein vor. Während er die vorgeschriebenen Zeremonien ausführte, fühlte er sich von einem schützenden Feuerwall umgeben, der alle unspirituellen Schwingungen abhielt, oder er spürte, wie die geheimnisvolle *Kundalinī* durch die verschiedenen Zentren seines Körpers emporstieg. Das Leuchten seines Antlitzes, die tiefe Versunkenheit und die intensive Atmosphäre des Tempels beeindruckten jeden, der ihm bei der Andacht zusah.

Rāmkumar wollte gern, daß Rāmakrishna das schwierige Ritual der *Kālī*-Verehrung erlernte. Um ein Priester der *Kālī* werden zu können, muß man von einem geeigneten *Guru* in besonderer Weise eingeweiht werden. Ein geeigneter Brahmane wurde gefunden, und kaum hatte er Rāmakrishna initiiert und das heilige Wort in sein Ohr geflüstert, als dieser, vom Gefühl überwältigt, sich mit einem Aufschrei in tiefe Konzentration versenkte.

Mathur bat Rāmakrishna, den Gottesdienst im *Kālī*-Tempel zu übernehmen. Der junge Priester gab vor, dazu nicht fähig zu sein und die Schriften nicht genügend zu kennen. Mathur meinte jedoch, daß Hingabe und Aufrichtigkeit das Fehlen von Schriftgelehrsamkeit mehr als ausgleichen und die Göttliche Mutter sich durch das Bildnis sicher manifestieren würde. Schließlich fügte sich Rāmakrishna den Bitten Mathurs und wurde Priester der *Kālī*.

Die erste Vision von Kālī

Bald entdeckte er, welch seltsame Göttin er sich für seine Verehrung erwählt hatte. Langsam wurde er eingefangen im Netz Ihrer alldurchdringenden Gegenwart. Für den Erkenntnislosen ist Sie sicherlich das Bild der Zerstörung, aber er entdeckte in Ihr die gütige, liebevolle MUTTER. Um Ihren Hals schlingt sich ein Kranz aus Köpfen, und um Ihre Hüfte trägt Sie einen Gürtel aus menschlichen Armen. Zwei Ihrer Hände tragen tödliche Waffen, und Ihre Augen sprühen Feuer. Aber Rāmakrishna spürte – seltsam genug – in Ihrem Atem den Hauch zärtlicher Liebe und sah in Ihr die verkörperte Unsterblichkeit. Sie steht auf der Brust Ihres Gemahls *Shiva*, denn Sie ist *Shakti*, die Kraft, untrennbar vom Absoluten. Sie ist von Schakalen und anderen Kreaturen der Verbrennungsplätze umgeben. Steht aber die Letzte

Wirklichkeit nicht über Heiligkeit und Nichtheiligkeit? Sie scheint im Rausch zu taumeln. Aber wer könnte diese verrückte Welt schaffen, wenn nicht unter dem Einfluß göttlicher Trunkenheit? Ist nicht Auflösung das Fundament dieses scheinbar geordneten Universums? Dieser Kosmos ist aus Ur-Chaos entstanden. *Kālī* ist das höchste Symbol aller Naturkräfte, die Synthese ihrer Gegensätze, das höchste Göttliche in weiblicher Form. Sie wurde für Rāmakrishna die einzige Wirklichkeit und die Welt ein unbedeutender Schatten. In Ihre Anbetung legte er seine ganze Seele. Sie stand vor ihm wie das durchsichtige Portal zum Schrein der unaussprechlichen Wirklichkeit.

Die Andacht im Tempel steigerte Rāmakrishnas Verlangen nach einer Vision der MUTTER des Universums. Die Zeit, in der er keinen Dienst im Tempel zu verrichten hatte, verbrachte er in Meditation, und dafür hatte er sich einen einsamen Platz ausgesucht. Nördlich des Tempels lag ein dichter Dschungel, von Unterholz und Dornbüschen durchsetzt. Einst als Verbrennungsplatz benutzt, wurde er selbst während des Tages von den Menschen gemieden aus Angst vor Geistern. Dort verbrachte Rāmakrishna die ganze Nacht in Meditation und kehrte erst morgens in sein Zimmer zurück. Während der Meditation pflegte er seine Kleidung und die Brahmanenschnur abzulegen. Zur Erklärung dieses merkwürdigen Verhaltens sagte er einmal zu Hriday: »Wenn man an Gott denkt, sollte man von allen Bindungen frei sein. Von Geburt an binden uns die acht Fesseln Haß, Scham, Familie, Stolz, Furcht, Absonderung, Kaste und Sorgen. Die heilige Schnur erinnert mich an mein Brahmanentum und meine Überlegenheit anderen gegenüber. Wenn man die MUTTER anruft, muß man all diese Vorstellungen beiseite lassen.« Hriday dachte, sein Onkel sei im Begriff, geisteskrank zu werden.

Als sich seine Liebe zu Gott vertiefte, vergaß er die Formalitäten der Andacht. Vor dem Bildnis sitzend, verbrachte er Stunden damit, Lieder der Anbetung von Verehrern der MUTTER wie Kāmalakanta und Rāmprasād zu singen. Diese Rhapsodien, die eine Beschreibung der direkten Vision Gottes enthielten, steigerten nur noch Rāmakrishnas Verlangen. Er spürte den Schmerz eines Kindes, das von seiner Mutter getrennt ist. Manchmal pflegte er voller Verzweiflung seine Stirn auf den Boden zu stoßen und so bitterlich zu weinen, daß die Menschen glaubten, er hätte seine leibliche Mutter verloren, und Anteil nahmen an seinem Schmerz. In skeptischen Augenblicken wiederum rief er: »Gibt es Dich wirklich, MUTTER, oder ist alles nur Einbildung, bloße Dichtung ohne Wirklichkeit? Wenn Du vorhanden bist, warum kann ich Dich nicht sehen? Ist Religion nur Phantasie, und bist Du nur ein Produkt der Einbildungskraft?«

Manchmal saß er zwei Stunden lang bewegungslos auf dem Gebetsteppich. Er begann, sich ungewöhnlich zu benehmen, und war sich der äußeren Welt meist nicht bewußt. Er nahm kaum noch Nahrung zu sich, und der Schlaf verließ ihn ganz.

Er brauchte aber nicht lange mehr zu warten. Seine erste Vision der MUTTER beschrieb er mit folgenden Worten: »Ich hatte das Gefühl, als ob mein Herz ausgewrungen würde wie ein nasses Handtuch. Ruhelosigkeit überwältigte mich und die Furcht, Sie in diesem Leben nicht schauen zu dürfen. Ich konnte die Trennung nicht länger ertragen. Das Leben schien sinnlos geworden zu sein. Plötzlich fiel mein Blick auf das Schwert, das im Tempel der MUTTER hing. Als ich wie ein Irrer aufsprang und es ergreifen wollte, enthüllte sich mir plötzlich die Göttliche Mutter. Alle Gebäude, der Tempel und alles andere verschwanden spurlos aus meiner Sicht, und statt dessen sah ich einen grenzenlosen, unendlichen, strahlenden Ozean des Bewußtseins. So weit das Auge zu blicken vermochte, kamen leuchtende Wogen mit einem schrecklichen Getöse von allen Seiten herangestürmt, um mich zu verschlingen. Ich rang nach Atem. Der Ansturm überwältigte mich, und ich sank bewußtlos zu Boden. Ich wußte nichts von der äußeren Welt, aber in mir strömte eine ununterbrochene, reine Seligkeit, und ich spürte die Gegenwart der Göttlichen Mutter.«

Als er das Bewußtsein der äußeren Welt zurückerlangte, hatte er das Wort »MUTTER« auf den Lippen.

Gottberauschtheit

Dies war nur ein Vorgeschmack der Erlebnisse, die noch auf Rāmakrishna zukommen sollten. Die erste Schau der Göttlichen Mutter hatte ihn begierig gemacht auf Ihre ununterbrochene Vision. Er wollte Sie in der Meditation und mit offenen Augen sehen. Aber die MUTTER begann ein Versteckspiel mit ihm, bei dem Sie seine Freude und sein Leid steigerte. Bitterlich weinend bei der Trennung, geriet er in Trance und fand Sie dann vor sich stehend, lächelnd, redend, tröstend, aufmunternd und belehrend. Während dieser Zeit hatte er viele ungewöhnliche Erlebnisse. Wenn er meditierte, hörte er ein Klicken in seinen Gelenken, als würden sie eines nach dem anderen abgeschlossen, um ihn bewegungslos zu machen; und nach Beendigung der Meditation hörte er dasselbe Geräusch, als würden die Gelenke wieder aufgeschlossen, damit er sich bewegen konnte. Er sah Schwärme von Glühwürmchen vor seinen Augen dahintreiben oder ein Meer von Nebel mit flimmernden Wellen wie geschmolzenes Silber. Dann sah er aus diesem Meer die MUTTER emporsteigen, zuerst Ihre Füße, dann Ihre Hüften, Ihre Brust, Ihr Gesicht und schließlich Ihre ganze Gestalt. Er spürte Ihren Atem und hörte Ihre Stimme. Bei der Andacht im Tempel war er manchmal erregt, manchmal bewegungslos wie ein Stein und manchmal der Ohnmacht nahe durch einen Überschwang der Gefühle. Viele seiner Handlungen verstießen gegen die Tradition und erschienen den Menschen frevelhaft. Er nahm eine Blume, berührte damit seinen Kopf, seinen Körper und die Füße und brachte sie dann der Göttin dar. Oder er taumelte wie ein Betrunkener auf den Thron der MUTTER zu, streichelte liebevoll Ihre Wangen und redete, sang, scherzte, lachte und tanzte vor Ihr. Oder er nahm eine Speise von der Platte, hielt sie an Ihren Mund, bat Sie, davon zu essen und gab sich nicht eher zufrieden, als bis er überzeugt war, daß Sie wirklich davon gegessen hatte. Nachdem die MUTTER schlafen gelegt worden war, hörte er in seinem Zimmer, wie Sie mit den leichten Schritten eines glücklichen Mädchens und klingelnden Fußreifen in den oberen Stock des Tempels hinaufstieg. Dann entdeckte er Sie als schwarze Silhouette mit wehendem Haar vor dem Nachthimmel, zum Ganges oder den fernen Lichtern Kalkuttas hinüberblickend.

Die Angestellten des Tempels hielten ihn natürlich für verrückt. Die ihm wohl wollten, schleppten ihn zu einem tüchtigen Arzt, aber keine Medizin konnte seine Krankheit heilen. Oftmals zweifelte er selbst an seinem Verstand, denn er segelte über eine unvermessene See ohne irdischen Führer als Helfer. Sein einziger sicherer Hafen war die Göttliche Mutter selbst. Zu Ihr betete er: »Ich weiß nicht, was all diese Dinge bedeuten. Ich kenne weder die *Mantras* noch die Schriften. Lehre mich, MUTTER, Dich zu erkennen! Wer sonst könnte mir helfen? Bist Du nicht meine einzige Zuflucht und Führung?« Die Gegenwart der MUTTER ließ ihn auch in seinen Nöten und Zweifeln nie im Stich. Selbst die Kritiker seines Benehmens waren von seiner

Reinheit, Aufrichtigkeit und Heiligkeit beeindruckt. Sie fühlten sich in seiner Gegenwart emporgehoben.

Man sagt, daß *Samādhi* der Zugang zu den spirituellen Bereichen sei. Rāmakrishna hatte das unstillbare Verlangen, Gott auf verschiedene Weise zu genießen. Er baute sich im bewaldeten Nordteil des Tempelgartens einen Meditationsplatz. Mit Hridays Hilfe pflanzte er dort fünf heilige Bäume. In diesem *Panchavatī* hatte er viele seiner Visionen.

Als seine spirituellen Stimmungen stärker wurden, fühlte er sich mehr und mehr als Kind der Göttlichen Mutter. Er unterwarf sich völlig Ihrem Willen und ließ sich von Ihr leiten.

Er betete unentwegt: »O MUTTER, ich habe Zuflucht bei Dir gefunden. Lehre mich, wie ich handeln und reden soll! Dein Wille ist entscheidend und sorgt für das Wohl Deiner Kinder. Laß meinen Willen in Deinem aufgehen und mache mich zu Deinem Instrument!«

Seine Visionen wurden intensiver. Er brauchte nicht mehr zu meditieren, um die Göttliche Mutter sehen zu können. Selbst im Tagesbewußtsein sah er Sie so greifbar wie die Tempel, die Bäume, den Fluß und die Menschen.

Einmal betrat Mathur den Tempel, um dem Gottesdienst zuzusehen. Er war tief bewegt von der Hingabe und Aufrichtigkeit des jungen Priesters und erkannte, daß Rāmakrishna aus dem Steinbildnis eine lebendige Göttin gemacht hatte.

Eines Tages fütterte Rāmakrishna eine Katze mit den Speisen, die *Kālī* dargebracht werden sollten. Das ging dem Tempelaufseher zu weit, der sich für den Ablauf der Anbetung verantwortlich fühlte. Er berichtete Mathur von dem unmöglichen Benehmen Rāmakrishnas.

Rāmakrishna beschrieb den Vorgang wie folgt: »Die Göttliche Mutter im *Kālī*-Tempel enthüllte mir, daß Sie zu allem geworden war. Sie zeigte mir, daß alles voller Bewußtsein sei. Das Bildnis war Bewußtsein, der Altar war Bewußtsein, die Wassergefäße waren Bewußtsein, die Türschwelle war Bewußtsein, der Marmorboden war Bewußtsein – alles war Bewußtsein. Ich spürte, daß alles im Raum von Seligkeit durchdrungen war – der Seligkeit Gottes. Ich erblickte einen gottlosen Menschen vor dem Tempel – auch er war eine Schwingung der Göttlichen Mutter. Deshalb fütterte ich die Katze mit Speisen, die der Göttlichen Mutter geopfert werden sollten. Ich sah deutlich, daß alles die Göttliche Mutter war – auch die Katze. Der Tempelaufseher schrieb darüber an Mathur, aber Mathur erkannte meinen Bewußtseinszustand und schrieb zurück: ›Laß ihn gewähren, und rede ihm nicht drein.‹«

Rāmakrishna hatte zu jener Zeit unter einem Brennen seines ganzen Körpers zu leiden und wurde durch eine seltsame Vision davon geheilt. Während der Andacht im Tempel hatte er sich nach den Anweisungen der Schriften vorgestellt, einen Sünder in sich zu haben, den es auszumerzen galt. Eines Tages, als er im *Panchavatī* meditierte, sah er, wie ein Mann mit dunkler Hautfarbe und roten Augen aus ihm herauskam und wie ein Betrunkener taumelte. Bald darauf kam eine weitere Gestalt aus ihm hervor mit heller Gesichtsfarbe, in das gelbe Gewand eines *Sannyāsins* gekleidet und mit einem Dreizack in der Hand. Die zweite Gestalt stürzte sich auf die erste und tötete sie mit dem Dreizack. Darauf war Rāmakrishna von seinen Schmerzen befreit.

Um diese Zeit begann Rāmakrishna, bei seiner Gottesverehrung die Einstellung eines Dieners zu seinem Herrn anzunehmen. Er imitierte *Hanumān*, den Affenkönig des *Rāmāyana*, den idealen Diener *Rāmas* und das Vorbild selbstverleugnender Hingabe. Seine Bewegungen und Lebensgewohnheiten begannen einem Affen zu ähneln. Er bekam einen ruhelosen Blick und lebte von Früchten und Wurzeln. Mit seinem um die Hüfte geschlungenen Gewand, von dem ein Teil wie ein Schwanz herunterhing, sprang er umher, statt zu gehen. Schon nach kurzer Zeit hatte er die Vision *Sītās*, der göttlichen Gemahlin *Rāmas*, die in seinen Körper einging mit den Worten: »Ich vermache dir mein Lächeln.«

Mathur war von der Aufrichtigkeit von Rāmakrishnas spirituellem Eifer überzeugt, aber als er ihn wie einen Affen herumspringen sah, begann er zu bezweifeln, ob das noch normal sei. Eines Tages, als die Rani Rasmani Rāmakrishna beim Singen im Tempel zuhörte, wandte sich der junge Priester plötzlich um und schlug sie auf die Wange. Scheinbar dem Gesang lauschend, hatte sie jedoch an einen Rechtsstreit gedacht. Sie nahm die Bestrafung hin, als sei sie durch die Göttliche Mutter selbst erfolgt, aber Mathur war entsetzt. Er bat Rāmakrishna, seine Gefühle im Zaum zu halten und die gesellschaftlichen Regeln zu beachten. Sein Argument war, daß auch Gott den Gesetzen gehorche. Gott ließe zum Beispiel nicht zu, daß an einem Zweig Blüten in zwei verschiedenen Farben blühten. Am nächsten Tag überreichte Rāmakrishna Mathur einen Zweig, an dem weiße und rote Hibiskusblüten zugleich wuchsen.

Die Rani und Mathur vermuteten, daß Rāmakrishnas geistige Störungen teilweise auf seine strenge Enthaltsamkeit zurückzuführen seien. In der Annahme, daß ein natürliches Leben seine Nervenspannung lösen würde, heckten sie einen Plan aus mit zwei Frauen von zweifelhaftem Ruf. Kaum hatten diese aber sein Zimmer betreten, sah Rāmakrishna in ihnen eine Manifestation der Göttlichen Mutter und ging mit Ihrem Namen auf den Lippen in *Samādhi*.

Haladhari

1858 kam Haladhari, ein Vetter von Rāmakrishna, nach Dakshineswar und blieb acht Jahre lang. Auf Grund der unsicheren Gesundheit Rāmakrishnas setzte Mathur ihn als Priester des *Kālī*-Tempels ein. Er hatte einen komplizierten Charakter, kannte die Schriften dem Buchstaben nach, hatte ihren Sinn aber kaum verstanden. Er nahm gern an theologischer Haarspalterei teil und wollte nach dem Maßstab seiner Gelehrsamkeit Rāmakrishna gängeln. Als orthodoxer Brahmane lehnte er die ungewöhnlichen Handlungen seines Vetters ab, blieb aber von Rāmakrishnas Reinheit, seiner ekstatischen Liebe zu Gott und seinem Verlangen nach Erkenntnis nicht unbeeindruckt.

Einmal brachte er Rāmakrishna mit der Bemerkung in Aufregung, daß Gott für den Menschen unerfaßbar sei. Rāmakrishna hat diesen Moment des Zweifels, in dem er darüber nachdachte, ob seine Visionen ihn wirklich irregeführt hätten, selbst beschrieben: »Seufzend betete ich zur MUTTER: ›Wie kannst Du es übers Herz bringen, mich wie einen Narren zu täuschen?‹ Tränen schossen mir aus den Augen. Bald darauf sah ich einen Nebel vom Boden aufsteigen, der den Raum vor mir ausfüllte. In seiner Mitte erschien ein Gesicht mit wallendem Bart, hell, ausdrucksvoll und ruhig. Den Blick fest auf mich richtend, sagte es feierlich: ›Bleibe in *Bhāvamukha*, an der Schwelle des Absoluten Bewußtseins.‹ Es wiederholte dies dreimal und verschwand darauf langsam im Nebel, der sich auflöste. Diese Vision beruhigte meine Zweifel.«

Ein Bericht über Rāmakrishnas schlechte Gesundheit, seine Gleichgültigkeit der Welt gegenüber und seine ungewöhnlichen Handlungen gelangte nach Kamarpukur und erfüllte das Herz seiner Mutter mit Sorge. Auf ihre Bitte hin kehrte er zu einer Luftveränderung in sein Dorf zurück. Seine Jugendfreunde interessierten ihn aber nicht mehr. Ein göttliches Fieber verzehrte ihn. Den größten Teil des Tages und der Nacht verbrachte er auf dem Verbrennungsplatz in Meditation. Dieser Ort brachte ihm die Vergänglichkeit des menschlichen Körpers mit all seinen Hoffnungen und Bestrebungen zum Bewußtsein. Außerdem erinnerte er ihn an *Kālī*, die Göttin der Zerstörung.

Heirat

In wenigen Monaten besserte sich seine Gesundheit, und seine natürliche Heiterkeit stellte sich teilweise wieder ein. Seine glückliche Mutter dachte, jetzt sei die günstigste Zeit für seine Verheiratung gekommen. Er war mittlerweile dreiundzwanzig Jahre alt. Eine Frau würde ihn auf die Erde zurückbringen. Sie war hoch erfreut, als ihr Sohn ihrem Vorschlag zustimmte. Vielleicht sah er einen Fingerzeig Gottes darin. Rāmakrishna selbst gab den Hinweis, wo die Braut zu finden sei.

Saradamani, ein fünfjähriges Mädchen, lebte im Nachbardorf Jayrambati. Schon in diesem frühen Alter hatte sie zu Gott gebetet, daß Er ihren Charakter so fleckenlos und rein wie eine weiße Blüte machen möge. Auf den Vollmond blickend, hatte sie gesagt: »O Gott, selbst der Mond hat dunkle Flecke, aber mache bitte meinen Charakter fleckenlos.« Sie wurde als Braut für Rāmakrishna ausgewählt.

Die Hochzeit fand statt. Solch eine frühe Heirat ist in Indien mehr eine Verlobung; die Vermählung wird erst vollzogen, wenn das Mädchen ihre Pubertät erlangt. In diesem Falle aber wurde sie nie vollzogen. Rāmakrishna blieb ungefähr anderthalb Jahre in Kamarpukur und kehrte dann nach Dakshineswar zurück.

Kaum hatte er das Gelände des *Kālī*-Tempels betreten, wurde er wieder vom Wirbelwind erfaßt. Seine Verrücktheit vervielfältigte sich. Dieselben Meditationen und Gebete, dieselben ekstatischen Stimmungen, dasselbe Weinen, dieselbe Schlaflosigkeit, dieselbe Gleichgültigkeit gegenüber dem Körper und der Welt, das gleiche göttliche Delirium. Er unterwarf sich neuen Übungen, um Gier und Lust auszumerzen, die beiden großen Hindernisse beim spirituellen Fortschritt. In der einen Hand einen Lehmklumpen, in der anderen eine Rupie, dachte er über ihren relativen Wert für die Verwirklichung Gottes nach, und da er sie beide als wertlos erkannte, warf er sie gleichmütig in den Ganges. Frauen betrachtete er als eine Manifestation der Göttlichen Mutter. Nicht einmal im Traum hatte er ein Lustempfinden. Um die Vorstellung von Kastenüberlegenheit auszurotten, reinigte er das Haus eines Pariah mit seinem langen Haar. Wenn er in Meditation versunken war, hüpften Vögel auf seinem Kopf herum und suchten in seinem Haar nach Nahrung. Schlangen krochen über seinen Körper, und einer wußte nichts vom anderen. Schlaf kannte er nicht mehr. Tag und Nacht verfolgten ihn spirituelle Visionen. Wieder sah er den *Sannyāsin*, der früher den »Sünder« in ihm getötet hatte, aus sich herauskommen, ihn mit dem Dreizack bedrohen und ihm befehlen, sich auf Gott zu konzentrieren. Derselbe *Sannyāsin* besuchte entfernte Orte und berichtete ihm, was sich dort begab. Rāmakrishna sagte später, daß bei einem fortgeschrittenen Gottesverehrer das Denken selbst zum *Guru* wird.

Die Brahmani

Um diese Zeit kam eine Brahmanin nach Dakshineswar, die für die spirituelle Entwicklung Rāmakrishnas von großer Bedeutung werden sollte. In Ostbengalen geboren, hatte sie sich dem *Tantra* und der *Vaishnava*-Anbetungsmethode verschrieben. Sie war etwas über fünfzig Jahre alt, ansprechend, und trug das orangefarbene Gewand einer Hindu-Nonne. Ihr ganzer Besitz bestand aus einigen Büchern und zwei Kleidungsstücken.

Rāmakrishna hieß den Gast mit großem Respekt willkommen, berichtete über seine Erfahrungen und Visionen und erzählte, daß die Leute sie für Anzeichen von Verrücktheit hielten. Sie hörte ihm aufmerksam zu und sagte: »Mein Sohn, jeder ist in dieser Welt verrückt, der eine nach Geld, der andere nach Bequemlichkeit, andere wiederum nach Namen und Ansehen, und du bist verrückt nach Gott.« Sie bestätigte ihm, daß er die fast unbekannte spirituelle Erfahrung durchmache, die in den Schriften als *Mahābhāva*, als der erhabenste Rausch göttlicher Liebe, beschrieben werde und sich, wie sie sagte, in einem Gottesverehrer durch neunzehn körperliche Symptome manifestiere, unter anderem durch Vergießen von Tränen, Zittern des Körpers, Schweißausbruch und ein brennendes Gefühl. Die *Bhakti*-Schriften, so erklärte sie, berichteten nur in zwei Fällen von dieser Erfahrung, nämlich bei *Rādhā* und bei *Chaitanya.*

Sehr bald entstand eine innige Beziehung zwischen Rāmakrishna und der Brahmani; sie betrachtete ihn als das Kind *Krishna* und er sie als Mutter. Tag für Tag beobachtete sie ihn bei seinen Ekstasen, im *Samādhi* und bei seinem wahnsinnigen Verlangen. Sie stellte auch fest, daß er die Fähigkeit besaß, Spiritualität auf andere zu übertragen. Sie kam zu dem Schluß, daß diese Dinge für einen gewöhnlichen Gottesverehrer, ja selbst für eine hoch entwickelte Seele, nicht möglich seien. Nur eine Göttliche Inkarnation war einer solchen spirituellen Manifestation fähig. Sie erklärte öffentlich, daß Rāmakrishna eine Göttliche Inkarnation sei wie *Chaitanya.*

Als Rāmakrishna Mathur berichtete, was die Brahmani über ihn gesagt hatte, schüttelte er zweifelnd den Kopf. Er zögerte, Rāmakrishna als Göttliche Inkarnation, als einen *Avatār*, anzuerkennen, den man mit *Rāma*, *Krishna*, *Buddha* und *Chaitanya* vergleichen könnte, obgleich er Rāmakrishnas ungewöhnliche Spiritualität zugeben mußte. Die Brahmani bat Mathur darauf, eine Gelehrtenkonferenz einzuberufen, damit man das Thema mit den *Pandits* diskutieren könne. Mathur war mit dem Vorschlag einverstanden, und die Versammlung sollte im *Natmandir* vor dem *Kālī*-Tempel stattfinden.

Zwei berühmte *Pandits* wurden eingeladen: Vaishnavacharan, der Leiter der *Vaishnava*-Gesellschaft, und Gauri. Als erster traf Vaishnavacharan in Begleitung von Gelehrten und Anhängern ein. Wie eine stolze Mutter trug die Brahmani ihre Ansichten vor und belegte sie mit Auszügen aus den Schriften. Als die *Pandits* über diese theologischen Fragen diskutierten, saß Rāmakrishna wie ein Kind in ihrer Mitte, der Umwelt nicht bewußt und in eigene Gedanken vertieft, manchmal lächelnd, manchmal Gewürze kauend; dann wieder wandte er sich mit einem Rippenstoß an Vaishnavacharan und sagte: »Manchmal habe ich auch diese Empfindungen.« Plötzlich erhob sich Vaishnavacharan und erklärte, daß er ganz derselben Meinung sei wie die Brahmani. Er sagte, daß Rāmakrishna zweifelsohne *Mahābhāva* erfahren habe und daß dies ein seltenes Zeichen für die Manifestation Gottes in einem Menschen sei. Die Anwesenden, vor allem die Angestellten des Tempels, waren sprachlos. Wie ein kleiner Junge sagte Rāmakrishna zu Mathur: »Stellt Euch vor, er sagt dasselbe! Nun, ich bin froh, daß es doch keine Krankheit ist.«

Als einige Tage später Pandit Gauri eintraf, fand wieder eine Versammlung statt, und auch er stimmte mit der Auffassung der Brahmani und Vaishnavacharans überein. Als Rāmakrishna bemerkte, daß Vaishnavacharan ihn als *Avatār* bezeichnet hatte, erwiderte Gauri: »Ist das alles, was er über Euch gesagt hat? Das ist nicht viel. Ich bin überzeugt, daß Ihr jene Quelle spiritueller Kraft seid, von der nur ein Bruchteil von Zeit zu Zeit in Form einer Inkarnation auf die Erde gelangt.«

Rāmakrishna sagte lächelnd: »Ihr habt Vaishnavacharan in dieser Hinsicht übertroffen, aber was an mir läßt Euch solche Vorstellungen hegen?«

Gauri: »Ich spüre es in meinem Herzen und habe die Schriften auf meiner Seite. Ich bin bereit, es jedem zu beweisen, der mich herausfordert.«

»Gut«, sagte Rāmakrishna, »das ist, was Ihr behauptet, aber glaubt mir, ich verstehe nichts davon.«

Somit war der wahnsinnige Priester durch den Beschluß der großen Gelehrten seiner Zeit zu einer Göttlichen Inkarnation proklamiert worden. Seine Visionen waren keine Produkte eines überhitzten Gehirns, sondern waren in der Geschichte der Spiritualität schon vorgekommen. Welchen Einfluß hatte diese Proklamation nun auf Rāmakrishna? Er blieb das einfache Kind der MUTTER, das er von Anfang an gewesen war. Als Jahre später zwei seiner Schüler offen von ihm als einer Göttlichen Inkarnation sprachen, sagte er spöttisch: »Glauben sie, meinen Ruhm dadurch vergrößern zu können? Der eine ist ein Schauspieler und der andere ein Arzt. Was wissen sie über Inkarnationen? Vor Jahren haben *Pandits* wie Gauri und Vaishnavacharan mich als einen *Avatār* bezeichnet. Sie waren große Gelehrte und wußten, worüber sie sprachen. Aber das hat mich nicht beeindruckt.«

Rāmakrishna war sein ganzes Leben lang ein Lernender. Seinen Schülern pflegte er zu sagen: »Freunde, je länger ich lebe, desto mehr lerne ich.« Als sich die Aufregung über die Erklärung gelegt hatte, ging er wieder an seine spirituellen Übungen, diesmal nach den Anweisungen der *Tantra-* und *Vaishnava*-Schriften. Bisher hatte er sein spirituelles Ideal gemäß den Regungen seines eigenen Verstandes und Herzens verfolgt, jetzt aber akzeptierte er die Brahmani als seinen *Guru* und beschritt den traditionellen Weg.

Nach Auffassung des *Tantra* ist die letzte Wirklichkeit *Chit*, Bewußtsein, das identisch ist mit *Sat*, Sein, und *Ānanda*, Seligkeit. Diese letzte Wirklichkeit *Satchidānanda* ist die gleiche, die in den *Veden* verkündet wird. Der Mensch ist mit dieser Wirklichkeit eins, aber unter dem Einfluß der *Māyā* oder Nichterkenntnis hat er sein wahres Wesen vergessen. Er hält die Scheinwelt von Subjekt und Objekt für wirklich, und dieser Irrtum schafft seine Verhaftung und sein Leben. Das Ziel aller spirituellen Übungen ist die Wiederentdeckung seiner wahren Identität mit der göttlichen Wirklichkeit.

Zur Erlangung dieses Zieles schreibt der *Vedānta* die Anwendung schärfsten Unterscheidungsvermögens und Entsagung vor, was nur von wenigen durchgehalten werden kann, die scharfe Intelligenz und unerschütterliche Willenskraft besitzen. *Tantra* dagegen zieht die menschlichen Schwächen in Betracht, ihren Appetit auf Sinnesobjekte und ihre Liebe für das Konkrete. Er vereinigt Philosophie mit Ritual, Meditation mit Zeremonie, Entsagung mit Genuß. Sie alle haben den Zweck, den Strebenden allmählich darauf vorzubereiten, über seine Einheit mit dem Letzten meditieren zu können.

Der Durchschnittsmensch will die materiellen Objekte genießen. *Tantra* läßt ihm den Genuß, führt ihn aber dazu, auch darin die Gegenwart Gottes zu entdecken. Durch mystische Riten werden die Sinnesobjekte spiritualisiert und die Sinneskraft in Liebe zu Gott umgewandelt. Die Bindungen des Menschen werden so zu »Befreiern«. Das tödliche Gift wird in ein Lebenselixier umgewandelt. Äußere Entsagung ist nicht notwendig. Das Ziel des *Tantra* ist, *Bhoga* – Genuß – in *Yoga* oder Vereinigung mit dem Absoluten Bewußtsein zu verwandeln. Nach Auffassung dieser Philosophie ist die Welt mit all ihren Manifestationen nichts anderes als das Spiel von *Shiva* und *Shakti*, dem Absoluten und Seiner unergründlichen Kraft.

Die *Tantra*-Übungen sind in Stufen eingeteilt, um allen Strebenden helfen zu können. Es gibt Übungen für Menschen mit »tierischer«, »heldischer« und »göttlicher« Betrachtungsweise. Gewisse Riten bedingen die Anwesenheit des anderen Geschlechts. Dabei lernt der Anwärter, die Frau als Verkörperung der Göttin *Kālī*, der MUTTER des Universums, zu betrachten. Die Basis des *Tantra* ist die Mütterlichkeit Gottes und die Verherrlichung der Frau. Seine Riten sind jedoch sehr gefährlich. Ein geeigneter *Guru* ist unbedingt notwendig. Ein unbedachter Schüler kann seinen Halt verlieren und zur Verderbtheit absinken.

Dem *Tantra* nach ist *Shakti* die Schöpfungskraft des Universums. *Shiva*, das Absolute, ist mehr oder weniger passiv. *Shakti* ist so wenig von *Shiva* zu trennen wie die Brennkraft vom Feuer. *Shakti*, die Schöpfungskraft, trägt in ihrem Schoß das ganze Universum und ist deshalb die Göttliche Mutter. Alle Frauen sind Ihr Symbol, und *Kālī* ist eine Ihrer zahlreichen Formen. Die Meditation über *Kālī*, die Schöpfungskraft, gehört zur Hauptübung des *Tantra*. Während der Meditation betrachtet sich der Strebende als eins mit dem Absoluten und läßt dann aus dem Unpersönlichen Bewußtsein zwei Wesenheiten entstehen, nämlich sein eigenes Selbst und die lebendige Form der Göttin. Dann projiziert er die Göttin auf das greifbare Bildnis vor sich und betet es als die Göttliche Mutter an.

Rāmakrishna machte sich an die Ausübung der tantrischen Praktiken, und auf Geheiß der Göttlichen Mutter akzeptierte er die Brahmani als seinen *Guru*. Er vollzog schwierige und komplizierte Zeremonien im *Panchavatī* und unter dem *Bel*-Baum im nördlichen Teil des Tempelgeländes. Er nahm alle Übungen der vierundsechzig *Tantra*-Bücher durch und brauchte nie mehr als drei Tage, um zu dem Ergebnis zu kommen, das jeweils in ihnen verheißen war. Nach einigen Vorbereitungsriten überkam ihn ein seltsames göttliches Verlangen, er ging in *Samādhi* und verweilte im Göttlichen Bewußtsein. Böses existierte für ihn nicht mehr. Das Wort »fleischlich« hatte seine Bedeutung verloren. Die ganze Welt und alles in ihr erschien als *Līlā*, als Spiel von *Shiva* und *Shakti*. Überall sah er die Manifestation der Macht und Schönheit der MUTTER; die ganze Welt, ob belebt oder unbelebt, schien ihm durchdrungen von *Chit*, Bewußtsein, und *Ānanda*, Seligkeit.

In einer Vision sah er die letzte Ursache des Universums als riesiges, leuchtendes Dreieck, aus dem eine unendliche Zahl von Welten hervorging. Er hörte den *Anāhata Shabda*, das große Klangsymbol *OM*, von dem die unendlichen Klänge des Universums nur so viele Variationen sind. Er erlangte die acht übernatürlichen Kräfte des *Yoga*, die einen Menschen beinahe allmächtig machen, ließ sie aber wieder fahren, da er sie als spirituell völlig wertlos erkannte. Er hatte eine Vision der göttlichen *Māyā*, der unergründlichen Macht Gottes, die das Universum schafft und erhält, und in die es am Ende wieder zurückkehrt. In dieser Vision sah er eine Frau von ungewöhnlicher Schönheit, die kurz vor der Niederkunft stand, aus dem Ganges auftauchen und auf den *Panchavatī* zugehen. Sie gebar ein Kind, das sie sorgfältig umhegte. Einen Augenblick später nahm sie einen schrecklichen Aspekt an, ergriff das Kind mit ihren Klauen, zermalmte und verschlang es und verschwand wieder im Wasser des Ganges.

Die bemerkenswerteste Erfahrung dieser Zeit jedoch war das Erwachen der *Kundalinī*, der »Schlangenkraft«. Er sah tatsächlich diese Kraft, die erst schlafend am unteren Ende der Wirbelsäule ruhte, dann erwachte und durch die *Sushumnā* aufstieg, wobei sie die sechs Zentren oder Lotusse durchlief, um im *Sahasrāra*, dem tausendblättrigen Lotus, zu enden. Er sah ferner, daß beim Aufsteigen der *Kundalinī* die verschiedenen Lotusse aufzublühen begannen. Dieser Vorgang war von Visionen und Trance-Zuständen begleitet. Später beschrieb er seinen Schülern und Verehrern die verschiedenen Bewegungen der *Kundalinī* als fischgleich, vogelgleich, affengleich und so weiter. Mit dem Erwachen der *Kundalinī* beginnt das spirituelle Bewußtsein, und ihre Vereinigung mit *Shiva* im *Sahasrāra* führt zum *Samādhi*, dem Gipfelpunkt der tantrischen Übungen.

Um diese Zeit wurde Rāmakrishna klar, daß in Kürze viele Schüler seine spirituelle Führung suchen würden.

Vaishnava-Übungen

Nach Beendigung des *Tantra* folgte Rāmakrishna der Brahmani bei den Übungen des Vaishnavismus. Seine Anhänger verehren *Vishnu*, den »Alldurchdringenden«, den höchsten Gott, der auch als *Hari* und *Narayana* bekannt ist. Von den verschiedenen Inkarnationen *Vishnus* haben *Rāma* und *Krishna* die meisten Anhänger.

Der Vaishnavismus ist eine Religion der *Bhakti*. *Bhakti* ist intensive Liebe zu Gott, ausschließliche Bindung an Ihn; sie ist ihrem Wesen nach Seligkeit und bringt dem Liebenden Befreiung und Unsterblichkeit. Gott kann nach Auffassung der *Vaishnavas* durch Logik oder den Verstand nicht erfahren werden, und ohne *Bhakti* sind Bußen, Riten und Askese fruchtlos. Durch eigene Anstrengungen allein kann Gott nicht erfahren werden. Für die Schau Gottes ist Seine Gnade unerläßlich, und diese Gnade wird nur einem reinen Herzen zuteil. Das Bewußtsein wird durch *Bhakti* geläutert, und ein solches Bewußtsein bleibt versunken in der Ekstase der Gottesschau. Das Hauptanliegen der *Vaishnava*-Religion ist die Entwicklung dieser Gottesliebe.

Es gibt zwei Stufen der *Bhakti*. Die erste wird *Vaidhi-Bhakti* genannt, Liebe zu Gott nach Anweisungen der Schriften. Für den Strebenden dieser Stufe gibt es Vorschriften für formale Andacht, Hymnen und Gebete, die Wiederholung von Gottes Namen und das Singen Seines Ruhmes. Diese niedere Form der *Bhakti* entwickelt sich im Laufe der Zeit zu *Para-Bhakti*, höchster Hingabe, bekannt als *Prema*, der intensivsten Form der Gottesliebe. Göttliche Liebe findet in sich selbst Erfüllung. Sie ruht als Möglichkeit in allen menschlichen Herzen, wird aber im allgemeinen durch Verhaftung an irdische Dinge fehlgeleitet.

Um Liebe zu Gott entwickeln zu können, vermenschlicht der Vaishnavismus Gott. ER wird vom Anbetenden als Vater, Meister, Freund, Kind, Gatte oder Geliebter betrachtet, und diese Beziehungen stellen Stufen der Intensität der Gottesliebe dar. Bei dieser Steigerung verblaßt die Herrlichkeit Gottes langsam, und der Anbetende spürt mehr und mehr die Vertrautheit der göttlichen Vereinigung. Schließlich fühlt er sich als Geliebte seines Angebeteten, und keine Schranke besteht mehr zwischen ihm und seinem Ideal. Keine gesellschaftlichen oder moralischen Pflichten können sein Bewußtsein noch an die Erde binden. Er erfährt vollkommene Vereinigung mit der Gottheit. Anders als der *Vedāntin*, der alle Subjekt-Objekt-Beziehungen zu überwinden trachtet, versucht der *Vaishnava*, sowohl seine eigene Individualität als auch die Persönlichkeit Gottes zu erhalten. Gott ist für ihn nicht das ungreifbare Absolute, sondern *Purushottama*, die Höchste Person.

Bei der Ausübung der *Madhura-Bhāva* betrachtet sich der männliche Strebende oft als Frau, um eine heftige Liebe zu Krishna entwickeln zu können. Wenn er sich in die Rolle des anderen Geschlechts hineinversetzt, so hat das eine tiefe psychologische Bedeutung. Es ist eine allgemeine Erfahrung, daß eine Vorstellung so stark entwickelt werden kann, daß sie alle anderen Denkinhalte vertreibt. Diese Eigenart des Denkens kann benutzt werden, um niederes Verlangen zu unterdrücken und Spiritualität zu entwickeln. Alle Wünsche und Leidenschaften in einem Manne werden bestimmt von der Überzeugung, unlöslich mit einem männlichen Körper verbunden zu sein. Wenn er ganz durchdrungen ist von der Vorstellung, eine Frau zu sein, kann er sich von den Verlangen freimachen, die einem männlichen Körper zu eigen sind. Diese Vorstellung kann sogar zu der Erkenntnis führen, weder Mann noch Frau zu sein, sondern Unpersönliche Geistigkeit. Nur eine solche Unpersönliche Geistigkeit kann wirkliche Vereinigung mit dem Unpersönlichen Gott erfahren. Somit nähert sich die höchste Verwirklichung des *Vaishnavas* der transzendenten Erfahrung des *Vedāntin.*

Rāmlala

Im Jahre 1864 kam ein wandernder *Vaishnava*-Mönch namens Jatadhari nach Dakshineswar, der *Rāma* als sein Ideal verehrte. Er trug stets eine kleine Metallfigur des Gottes bei sich, die er liebevoll Rāmlala, das Kind *Rāma*, nannte. Dieser kleinen Figur erwies er die zärtliche Zuneigung, die Kausalya ihrem göttlichen Sohn *Rāma* entgegengebracht hatte. Als Ergebnis einer lebenslangen spirituellen Übung sah er in dem Metallbildnis tatsächlich die Gegenwart seines Ideals. Rāmlala war für ihn der lebendige Gott. Er gab sich völlig der Pflege *Rāmas* hin, fütterte Ihn, spielte mit Ihm, badete Ihn und führte Ihn spazieren. Er empfand, daß seine Liebe von dem Bildnis erwidert wurde. Rāmakrishna war von dieser Hingabe tief beeindruckt und bat Jatadhari, einige Tage in Dakshineswar zu bleiben. Bald wurde Rāmlala auch sein Lieblingsgefährte. Später beschrieb er seinen Schülern, wie die kleine Figur vor ihm tanzte, auf seinen Rücken sprang, auf den Arm genommen werden wollte, durch die Felder lief, Blumen pflückte und wie ein unartiger Junge Streiche spielte. Eine zärtliche Beziehung entstand zwischen ihm und Rāmlala, für den er mütterliche Liebe empfand.

Eines Tages bat Jatadhari Rāmakrishna, das Bildnis zu behalten, und nahm mit Tränen in den Augen Abschied. Er erklärte, daß Rāmlala sein Gebet erhört habe und daß er kein Bedürfnis mehr für formale Anbetung empfinde. Einige Tage darauf wurde Rāmakrishna durch Rāmlala mit einer Vision *Rāmas* beglückt, in der ihm klar wurde, daß der *Rāma* des *Rāmāyana*, der Sohn Dasarathas, das ganze Universum als Geist und Bewußtsein durchdringt, daß Er der Schöpfer, Erhalter und Zerstörer ist und darüber hinaus das transzendente *Brahman* ohne Form, Eigenschaft und Name.

Während der Anbetung Rāmlalas als Göttliches Kind wurde Rāmakrishnas Herz von mütterlicher Zärtlichkeit erfüllt, und er begann, sich als Frau zu betrachten. Sprache und Bewegungen änderten sich, und er bewegte sich ungezwungen zwischen den Damen von Mathurs Familie, die ihn als einen ihres eigenen Geschlechtes ansahen. In dieser Zeit betrachtete er sich als Magd und Gefährtin der Göttlichen Mutter.

Mit dem Göttlichen Geliebten vereint

Rāmakrishna machte sich jetzt daran, die fast unerreichbare Höhe der dualistischen Anbetung zu erklimmen – die völlige Vereinigung mit *Krishna* als dem Herzallerliebsten. Er betrachtete sich als eine der *Gopis* von Vrindavan, wahnsinnig vor Verlangen nach dem Geliebten. Auf seine Bitte stattete Mathur ihn mit Frauenkleidern und Schmuck aus. Er vergaß Essen und Trinken. Tag und Nacht weinte er bitterlich um eine Vision *Krishnas.* Sein Verlangen wurde zur Raserei, denn *Krishna* begann mit ihm dasselbe Spiel wie mit den *Gopis.* Er neckte ihn und scherzte mit ihm, enthüllte sich dann und wann, blieb aber in einer gewissen Distanz. Rāmakrishnas Qual brachte die alten körperlichen Symptome zurück, das Brennen seines Körpers, das Bluten aus den Poren, die Lockerung der Gelenke und den Stillstand der körperlichen Funktionen.

Die Schriften der *Vaishnavas* raten, *Rādhā* günstig zu stimmen, um durch ihre Gnade *Krishna* verwirklichen zu können. Somit wandte sich der gequälte Verehrer in seinem Gebet an sie und hatte nach kurzer Zeit eine beglückende Vision. Er sah und fühlte, wie *Rādhā* in seinen Körper einging. Später sagte er: »Es ist möglich, die himmlische Schönheit *Rādhās* zu beschreiben. Aus ihrer Erscheinung wurde sichtbar, daß sie sich in ihrer leidenschaftlichen Liebe zu *Krishna* völlig vergessen hatte. Ihr Gesicht strahlte in hellem Gelb.«

Mit *Rādhā* eins geworden, manifestierte Rāmakrishna die große ekstatische Liebe, *Mahābhāva*, die in ihr ihren stärksten Ausdruck gefunden hatte. Er sagte später einmal: »Die neunzehn verschiedenen Gemütsbewegungen, die ein Mensch Gott gegenüber empfinden kann, werden in den *Bhakti*-Büchern *Mahābhāva* genannt. Ein gewöhnlicher Mensch braucht ein ganzes Leben, um eine von ihnen ausdrücken zu können. In diesem Körper aber haben sich alle neunzehn vollkommen manifestiert.«

Die Liebe zu *Rādhā* war der Auftakt für die Schau *Krishnas*. Rāmakrishna hatte bald darauf diese Vision. Die bezaubernde Gestalt *Krishnas* erschien ihm und ging in seinen Körper ein. Er wurde zu *Krishna* und vergaß seine eigene Individualität und die Welt. Er sah *Krishna* in sich und im Universum. Es war die Vollendung seiner Anbetung des Persönlichen Gottes. Er hatte vom Quell unsterblicher Seligkeit getrunken. Der Kummer hatte sein Herz für immer verlassen. Er hatte *Amrita*, Unsterblichkeit, verwirklicht und war über den Schatten des Todes hinausgelangt.

Als er eines Tages auf der Veranda des *Rādhākanta*-Tempels einer Vorlesung aus dem *Bhāgavatam* lauschte, geriet er in tiefe Versenkung und sah die herzensbetörende Gestalt *Krishnas*. Aus Seinen Lotusfüßen kamen leuchtende Strahlen, die wie ein starkes Band das *Bhāgavatam* und dann seine eigene Brust berührten, somit alle drei verbindend: Gott, die Schrift und den Verehrer. »Nach dieser Vision«, so pflegte er zu sagen, »erkannte ich, daß *Bhagavān*, *Bhakta* und *Bhāgavatam* – Gott, Verehrer und Schrift – in Wirklichkeit ein und dasselbe sind.«

Vedānta

Die Brahmani war die begeisterte Lehrerin und zugleich erstaunte Zuschauerin Rāmakrishnas bei seinem spirituellen Fortschritt. Sie war stolz auf die Erfolge ihres einzigartigen Schülers. Dem Schüler aber wurde keine Ruhe gegönnt, sein Schicksal trieb ihn vorwärts. Seine Göttliche Mutter ließ ihn nicht ruhen, bis er den ganzen Bereich der Dualität mit all seinen Visionen, Erfahrungen und ekstatischen Träumen hinter sich gelassen hatte. Für den neuen Aufstieg reichte die alte, behutsame Führerin nicht aus. Die Brahmani, auf die er sich drei Jahre lang verlassen hatte, sah, wie ihr Sohn ihr entglitt, um einem Lehrer zu folgen, der männliche Stärke, Entschlossenheit, stämmige Konstitution und eine durchdringende Stimme besaß. Der neue *Guru* war ein wandernder Mönch, der robuste Totapuri, den Rāmakrishna Nangta, den »Nackten«, zu nennen pflegte, weil er allen Verhaftungen und Objekten völlig entsagt hatte, einschließlich seines Lendenschurzes.

Totapuri machte Rāmakrishna mit einer neuen Philosophie bekannt, dem nicht-dualistischen *Vedānta*, dessen Lehren Totapuri in seinem eigenen Leben verwirklicht hatte. Dieses alte Denksystem der Hindus bezeichnet die Letzte Wirklichkeit als *Brahman*, auch als *Satchidānanda* beschrieben, Absolutes Sein, Absolutes Wissen, Absolute Seligkeit. *Brahman* ist das einzig wirklich Seiende. In Ihm gibt es weder Zeit noch Raum noch Kausalität und Vielheit. Durch *Māyā* aber, Seine unerforschliche Kraft, werden Zeit, Raum und Kausalität geschaffen, und das Eine scheint in Vielheit zu zerbrechen. Das nichtduale Bewußtsein erscheint als viele Individuen in Formen, die der Zeit unterworfen sind. Das Unsterbliche wird ein Opfer von Geburt und Tod, das Wandellose wird wandelbar. Die reine, sündenlose Seele erfährt, von ihrer eigenen *Māyā* hypnotisiert, die Freuden des Himmels und die Qualen der Hölle. Diese Erfahrungen, die auf der Dualität der Subjekt-Objekt-Beziehung basieren, sind unwirklich. Auch die Vision eines Persönlichen Gottes ist letzten Endes eine Täuschung wie die Erfahrung jedes anderen Objektes. Der Mensch erlangt Befreiung, wenn er den Schleier der *Māyā* durchdringt und seine völlige Identität mit *Brahman* wiederentdeckt. Sich eins fühlend mit dem Universalen Bewußtsein, erfährt er unaussprechlichen Frieden. Nur dann überwindet er Geburt und Tod, nur dann wird er unsterblich. Das letzte Ziel aller Religionen ist es, die Seele, die sich durch eigene Erkenntnislosigkeit hypnotisiert hat, von dieser Hypnose zu befreien.

Der Weg des *Vedānta* ist der Weg der Verneinung, *»neti neti«*, bei dem mit starker Entschlossenheit alles Unwirkliche negiert und ihm somit entsagt wird. Es ist der Weg des *Jñāna*, der Erkenntnis, die direkte Methode für die Verwirklichung des Absoluten. Nach der Überwindung aller relativen Dinge einschließlich des unterscheidenden Ich geht der Suchende auf im Einen ohne ein Zweites, in der Seligkeit des *Nirvikalpa Samādhi*, wo Subjekt wie auch Objekt verschwunden sind. Die Seele hat das Reich des Denkens verlassen. Alle Dualität ist überwunden, *Māyā* mit ihrem Wandel und ihren Veränderungen ist zurückgelassen worden. Der wirkliche Mensch steht hoch über der Täuschung von Schöpfung, Erhaltung und Auflösung. Wie eine Lawine fegt unbeschreibliche Seligkeit alle relativen Vorstellungen von Freude und Leid, Gut und Böse hinweg. Im Herzen leuchtet die Herrlichkeit des ewigen *Brahman*, Sein-Wissen-Seligkeit. Erkennender, Erkenntnis und Erkanntes sind aufgegangen im Ozean des einen Absoluten Bewußtseins. Geburt, Wachstum und Tod verschwinden im Unendlichen Sein. Alle Zweifel und Irrtümer sind für immer verschwunden, die Schwingungen des Denkens haben aufgehört, die Wirkung vergangener Tätigkeit ist erschöpft. Nachdem das Gefängnis zerbrochen ist, in dem die Seele so lange Zeit gefangen saß, Körper und Denken zur Ruhe gekommen sind und das Ich ertränkt ist, breitet sich die Seligkeit *Brahmans* in diesem überbewußten Zustand aus. Raum vergeht in Nichts, Zeit wird von der Ewigkeit verschlungen, und die Kausalität wird zum Traum der Vergangenheit. Nur Reines Sein verbleibt. Wer könnte beschreiben, was die Seele bei ihrer Vereinigung mit dem Selbst empfindet?

Wenn ein Mensch von dieser schwindelnden Höhe zurückkommt, sind die Vorstellungen von »Ich« und »Mein« aus ihm verschwunden, der Körper ist für ihn nur noch ein Schatten, eine äußere Hülle der Seele. Er verweilt nicht in der Vergangenheit, denkt nicht an die Zukunft und nimmt die Gegenwart gelassen hin. Alle Dinge der Welt sind ihm gleich, die unendliche Vielfalt der Erscheinungswelt berührt ihn nicht, Freude und Schmerz lassen ihn unbeteiligt. Er bleibt unbewegt, ob man ihn – das heißt seinen Körper – anbetet oder verfolgt, denn er ist eins mit *Brahman*, das Sich in allem manifestiert. Die Wirkung dieser Erfahrung hat Körper und Denken vernichtet. Das Bewußtsein wird zum strahlenden Licht. Die Schriften des *Vedānta* sagen, daß nach der Erfahrung des *Nirvikalpa Samādhi* der Körper vergeht wie ein welkes Blatt. Nur wer mit einer besonderen Mission geboren ist, kann aus dieser Höhe wieder in die Täler des Alltagsbewußtseins hinabsteigen. Er lebt und wirkt zum Wohle der Menschheit. Überragende spirituelle Kräfte sind ihm zuteil geworden, und göttliche Herrlichkeit leuchtet aus ihm.

Totapuri

Gegen Ende des Jahres 1864 kam Totapuri nach Dakshineswar. Wahrscheinlich im Punjab geboren, hatte er es dort zum Leiter eines Klosters gebracht, in dem siebenhundert *Sannyāsins* lebten. Von früher Jugend an mit dem *Advaita-Vedānta* vertraut, betrachtete er die Welt als eine Täuschung. Die Götter und Göttinnen der dualistischen Anbetung waren für ihn nur Phantasiegebilde eines irregeleiteten Denkens. Gebete, Zeremonien, Rituale und Riten hatten nach seiner Auffassung mit wahrer Religion nichts zu tun und ließen ihn völlig gleichgültig. Durch Unterscheidungsvermögen und unerschütterliche Willenskraft hatte er sich von den Verhaftungen an die Sinnesobjekte befreit. Vierzig Jahre lang hatte er am Ufer des heiligen Narmada seine strengen Übungen durchgeführt und schließlich sein Einssein mit dem Absoluten erfahren. Seitdem zog er als freie Seele durch die Welt wie ein ausgebrochener Löwe. Nur mit einem Lendentuch bekleidet, verbrachte er seine Tage bei Sonne und Regen unter freiem Himmel und ernährte seinen Körper von bescheidenen Gaben. Er hatte das Mündungsgebiet des Ganges besucht, und auf seinem Rückweg führte ihn die unbegreifliche göttliche Vorsehung nach Dakshineswar.

Totapuri erkannte sofort Rāmakrishnas Eignung als Schüler des *Vedānta* und erbot sich, ihn in die Geheimnisse dieser Philosophie einzuweihen. Mit Genehmigung der Göttlichen Mutter gab Rāmakrishna sein Einverständnis. Totapuri machte ihm klar, daß nur ein *Sannyāsin* die Lehren des *Vedānta* empfangen könne. Rāmakrishna war bereit, der Welt zu entsagen unter der Bedingung, daß seine Einweihung als Mönch im geheimen stattfinden müsse, da er die Gefühle seiner Mutter nicht verletzen wollte, die bei ihm in Dakshineswar lebte.

In den frühen Morgenstunden des vorgesehenen Tages wurde im *Panchavatī* ein Feuer angezündet. Rāmakrishna und Totapuri saßen davor, und ihre Gesichter wurden vom Feuerschein erhellt. Romain Rolland schreibt in seinem Buch »Das Leben des Rāmakrishna« wie folgt: »Rāmakrishna war ein schmaler, braungebrannter Mann mit einem kurzen Bart und wunderschönen Augen, großen, dunklen Augen voller Licht, schräg gestellt und leicht verschleiert, nie ganz geöffnet, sondern halb geschlossen in eine weite Ferne blickend, nach außen wie nach innen. Sein Mund, in einem gewinnenden Lächeln geöffnet, zeigte weiße Zähne. Er war von mittlerer Statur, mager und ausgesprochen zart. Er hatte ein lebhaftes Temperament, denn er war Freude und Leid gegenüber überempfindlich, sowohl moralisch als auch körperlich. Er war eine lebendige Reflektion aller Dinge, die sich vor seinen Augen abspielten, wie ein zweiseitiger Spiegel, der nach innen und außen zeigte.« Ihm gegenüber saß der andere wie ein Fels. Er war groß und robust, wie eine knorrige Eiche. Körper und Geist waren wie aus Eisen. Er war ein starker Menschenführer.

Über den lodernden Flammen vollzog Rāmakrishna das Ritual, mit dem ein Anwärter auf das Mönchsleben alle Verhaftungen an Verwandte, Freunde, Körper, Denken, Sinnesorgane, Ego und die Welt zerstört. Die flackernden Flammen verschlingen alles und machen den Eingeweihten frei und rein. Die heilige Schnur und der Haarschopf wurden dem Feuer übergeben, somit seine Loslösung von Kaste, Geschlecht und Gesellschaft vollendend. Zuletzt verbrannte er in dem Feuer sein Verlangen nach Vergnügen hier und hernach. Er sprach das heilige *Mantram*, das allen Wesen Sicherheit und Furchtlosigkeit verspricht, die ja nur Manifestationen seines eigenen Selbstes sind. Nachdem die Riten vollzogen waren, erhielt der Schüler von seinem *Guru* das Lendentuch und das ockerfarbene Gewand, das Wahrzeichen seines neuen Lebens.

Der Lehrer und sein Schüler begaben sich darauf in die nahegelegene Meditationshütte, und Totapuri begann, Rāmakrishna die großen Wahrheiten des *Vedānta* zu übermitteln.

Er sagte: »*Brahman* ist die Einzige Wirklichkeit, ewig frei und ewig erleuchtet, jenseits aller Schranken von Zeit, Raum und Kausalität. Obgleich scheinbar durch die unerforschliche Kraft der *Māyā*, der Zauberin, die alles möglich macht, mit Namen und Formen versehen, ist *Brahman* in Wirklichkeit Eins und ungeteilt. Wenn ein Suchender in der Seligkeit des *Samādhi* versinkt, nimmt er Zeit und Raum, Name und Form, die Geschöpfe der *Māyā*, nicht wahr. Alles im Bereich der *Māyā* ist unwirklich. Gib es auf! Zerstöre das Gefängnis von Name und Form und brich aus mit der Kraft eines Löwen! Tauche tief hinab auf der Suche nach dem Selbst und verwirkliche Es im *Samādhi*. Du wirst sehen, daß sich die Welt der Namen und Formen in Nichts auflöst und das winzige Ich im *Brahman*-Bewußtsein verschwindet. Du wirst deine Identität mit *Brahman* als Sein, Wissen und Seligkeit erfahren.« Die *Upanishad* zitierend, sagte Totapuri: »Die Erkenntnis, durch die man einen anderen hört, sieht oder erkennt, ist begrenzt. Was begrenzt ist, ist wertlos und ohne dauerndes Glück. Die Erkenntnis aber, durch die man keinen anderen hört, sieht oder erkennt, die jenseits der Dualität liegt, ist groß und unendlich, und durch solche Erkenntnis erlangt man unbegrenzte Seligkeit. Wie können Sinne und Denken Das erfassen, was im Herzen aller als Ewiges Subjekt scheint?«

Totapuri bat seinen Schüler, sein Bewußtsein von allen Objekten der relativen Welt abzuziehen, einschließlich der Götter und Göttinnen, und sich auf das Absolute zu konzentrieren. Die Aufgabe war selbst für Rāmakrishna nicht leicht. Es war ihm unmöglich, sein Bewußtsein über *Kālī*, die Göttliche Mutter des Universums, hinauszuführen. Rāmakrishna berichtete später darüber: »Nach der Einweihung belehrte Nangta mich über die verschiedenen Folgerungen des *Advaita-Vedānta* und bat mich, mein Denken von allen Objekten völlig abzuziehen und tief in den *Ātman* einzutauchen. Trotz aller Anstrengungen gelang es mir jedoch nicht, den Bereich von Namen und Formen ganz zu verlassen und in das Absolute einzugehen. Es machte mir keine Schwierigkeiten, mich von den Objekten der Welt zu lösen, aber die leuchtende und nur zu vertraute Gestalt der segensreichen MUTTER, der Verkörperung des Absoluten Bewußtseins, stand als lebendige Wirklichkeit vor mir. Ihr bezauberndes Lächeln hinderte mich, in das Große Jenseitige einzugehen. Ich versuchte es immer wieder, aber Sie stand mir jedesmal im Wege. Verzweifelt sagte ich: ›Es ist hoffnungslos, ich kann nicht zum Absoluten aufsteigen und dem *Ātman* von Angesicht zu Angesicht gegenüberstehen.‹ Er wurde erregt und sagte scharf: ›Was, du kannst es nicht? Aber du mußt!‹ Er blickte um sich, fand ein Stück Glas, hob es auf und drückte es zwischen meine Augenbrauen. ›Konzentriere dich auf diesen Punkt!‹ donnerte er. Fest entschlossen begann ich, wieder zu meditieren. Sobald die Form der Göttlichen Mutter vor mir auftauchte, benutzte ich mein Unterscheidungsvermögen als Schwert und schlug sie in Stücke. Die letzte Schranke fiel. Mein Bewußtsein schwang sich über die relative Ebene empor, und ich ging in *Samādhi*.«

Rāmakrishna blieb drei Tage lang in tiefem *Samādhi* versunken. Totapuri rief voller Staunen aus: »Ist es möglich, daß er an einem einzigen Tage erlangt hat, wozu ich vierzig Jahre voll harter Übungen brauchte? Großer Gott, das grenzt ja an ein Wunder!« Mit Totapuris Hilfe kam Rāmakrishna schließlich wieder auf die relative Ebene zurück.

Totapuri war ein Mönch mit extrem orthodoxer Auffassung und blieb nie länger als drei Tage an einem Ort. In Dakshineswar aber blieb er elf Monate, denn auch er sollte noch etwas dazulernen.

Totapuri hatte keine Vorstellung von den Kämpfen, die ein gewöhnlicher Mensch mit Leidenschaften und Wünschen auszufechten hat. Er hatte sich die Unschuld eines Kindes bewahrt und lachte über die Vorstellung, daß ein Mensch durch die Sinne irregeführt werden könne. Er war überzeugt, daß die Welt nur *Māyā* sei und nur einmal durchschaut zu werden brauche, um auf immer zu verschwinden. Als geborener Nicht-Dualist glaubte er nicht an einen Persönlichen Gott. Er glaubte auch nicht an den schrecklichen Aspekt *Kālīs*, schon gar nicht an Ihren segensreichen. Musik und die Lobpreisung von Gottes Namen waren für ihn nur Unsinn. Er spottete über die Gemütsbewegungen bei der Gottesverehrung.

Kālī und Māyā

Rāmakrishna, der sich genau wie sein Lehrer über die Täuschungswelt im klaren war, betrachtete *Māyā* aber nicht geringschätzig wie ein orthodoxer Monist, sondern erkannte ihre Macht in der relativen Ebene. Er zollte der *Māyā* Achtung und Liebe, weil er in ihr den mystischen und majestätischen Ausdruck des Göttlichen sah. Für ihn war *Māyā* Gott, weil alles Gott war. Es war eines der Gesichter *Brahmans*. Was er in höchster Transzendenz erfahren hatte, fand er auch hier unten um sich herum im geheimnisvollen Gewand von Namen und Formen. Dieses Gewand war eine völlig durchsichtige Hülle, durch die er die Herrlichkeit der Göttlichen Gegenwart wahrnahm. *Māyā*, die Weberin dieses Gewandes, war nichts anderes als *Kālī*, die Göttliche Mutter. Sie ist die ursächliche Göttliche Energie, *Shakti*, und Sie kann so wenig von *Brahman* unterschieden werden wie das Feuer von seiner Brennkraft. Sie projiziert die Welt und löscht sie wieder aus. Sie spinnt die Welt, wie eine Spinne ihr Netz. Sie ist die MUTTER des Universums, identisch mit dem *Brahman* des *Vedānta* und dem *Ātman* des *Yoga*. Als ewiger Gesetzgeber erläßt und widerruft Sie die Gesetze. Durch Ihren gebieterischen Willen trägt das *Karma* seine Früchte. Sie verstrickt den Menschen in Täuschung und befreit ihn mit einem segensreichen Blick von seinen Fesseln. Sie ist die Herrin des kosmischen Spiels, und alle Objekte, ob tot oder lebendig, tanzen nach Ihrem Willen. Selbst wer im *Nirvikalpa Samādhi* das Absolute erfahren hat, bleibt unter Ihrer Gerichtsbarkeit, solange er im Körper weilt.

Nach seinem *Nirvikalpa Samādhi* sah Rāmakrishna *Māyā* mit ganz anderen Augen an. Die Begrenzung war verschwunden, sie verhüllte nicht mehr seine Erkenntnis. Die Welt wurde zur glorreichen Manifestation der Göttlichen Mutter. *Māyā* wurde zu *Brahman.* Die Transzendenz durchbrach ihre Hülle. Rāmakrishna erkannte, daß *Māyā* in der relativen Welt in zweierlei Weise tätig ist, und er nannte sie *»Avidyāmāyā«* und *»Vidyāmāyā«. Avidyāmāyā* umfaßt die dunklen Kräfte der Schöpfung: Sinnesverlangen, Leidenschaft, Gier, Lust, Grausamkeit und so weiter. Sie erhält die Welt in ihren niederen Ebenen und ist verantwortlich für den Kreislauf von Geburt und Tod. Sie muß bekämpft und überwunden werden. *Vidyāmāyā* jedoch umfaßt die höheren Schöpfungskräfte: spirituelle Tugenden, Freundlichkeit, Reinheit, Liebe und Hingabe. *Vidyāmāyā* erhebt den Menschen auf höhere Bewußtseinsebenen. Mit Hilfe von *Vidyāmāyā* vermag der Strebende *Avidyāmāyā* zu überwinden und wird zum *Māyātita,* frei von *Māyā.* Diese beiden *Māyā*-Aspekte sind die beiden Schöpfungskräfte, die zwei Kräfte der *Kālī,* aber Sie steht jenseits von beiden. Sie ist wie die strahlende Sonne, die Wolken in verschiedenen Formen und Farben entstehen läßt, sie durchdringt und dabei wundervolle Formen am blauen Herbsthimmel entstehen läßt.

Die Göttliche Mutter gebot Rāmakrishna, sich nicht im gestaltlosen *Brahman* zu verlieren, sondern in *Bhāvamukha* zu verbleiben, an der Schwelle des Absoluten Bewußtseins, an der Grenze zwischen dem Absoluten und dem Relativen. Er sollte im sechsten Zentrum des *Tantra* verbleiben, von dem aus er nicht nur die Herrlichkeit des siebenten schauen konnte, sondern auch die göttlichen Manifestationen der *Kundalinī* in ihren unteren Zentren. Ekstatische Hingabe an die Göttliche Mutter löste sich ab mit völliger Versunkenheit im Ozean des Absoluten. Er überbrückte so den Abgrund zwischen dem Persönlichen und dem Unpersönlichen, dem diesseitigen und dem transzendenten Aspekt der Wirklichkeit. In der überlieferten Geschichte der Spiritualität ist dies ein einmaliger Vorgang.

Totapuris Belehrung

Totapuri sollte von Rāmakrishna lernen, was *Kālī,* diese Große Tatsache der relativen Welt, und Ihre unbeschreibliche Kraft bedeuten.

Eines Tages, als sich Lehrer und Schüler in einer angeregten Diskussion über *Vedānta* befanden, kam ein Diener des Tempels vorbei und nahm ein glühendes Stück Kohle aus dem Feuer, das der Asket entfacht hatte. Er wollte damit seine Pfeife anzünden. Totapuri war wutentbrannt ob dieses Sakrilegs und wollte den Mann verprügeln. Rāmakrishna schüttete sich aus vor Lachen. »Welch eine Schande!« rief er aus. »Du verkündest mir die Wirklichkeit *Brahmans* und die Unwirklichkeit der Welt, und jetzt vergißt du dich im Zorn und willst sogar einen Menschen schlagen! Die Macht der *Māyā* ist wirklich unergründlich.« Totapuri war völlig verwirrt.

Um diese Zeit hatte Totapuri einen schweren Anfall von Dysenterie. Wegen dieser Krankheit vermochte er nicht mehr zu meditieren. Eines Nachts wurden die Schmerzen unerträglich. Er konnte sich nicht mehr auf *Brahman* konzentrieren, sein Körper stand ihm im Wege. Als freie Seele lag ihm nichts am Körper, deshalb beschloß er, ihn im Ganges zu ertränken. Er ging in den Fluß hinein, gelangte aber an das andere Ufer. War nicht genug Wasser im Ganges? Benommen stand er am anderen Ufer und blickte zurück über das Wasser. Die Bäume und die Tempel hoben sich gegen den Himmel ab. Plötzlich sah er wie in einem Aufflammen überall die Gegenwart der Göttlichen Mutter. Sie ist in allen, und Sie ist alles. Sie ist das Wasser und das Land. Sie ist der Körper, Sie ist das Denken, Sie ist der Schmerz, Sie ist der Trost, Sie ist Erkenntnis, Sie ist Nichterkenntnis, Sie ist das Leben, Sie ist der Tod. Sie ist alles, was man sehen, hören und sich vorstellen kann. Sie verwandelt »Ja« in »Nein« und »Nein« in »Ja«. Ohne Ihre Gnade kann kein verkörpertes Wesen über Ihren Bereich hinausgelangen. Der Mensch besitzt keine Willensfreiheit. Er hat nicht einmal die Freiheit zum Sterben. Dennoch ist Sie jenseits von Körper und Denken das transzendente Absolute. Sie ist *Brahman*, das Totapuri sein Leben lang verehrt hatte.

Totapuri kehrte nach Dakshineswar zurück und verbrachte die restlichen Stunden der Nacht in Meditation über die Göttliche Mutter. Am Morgen ging er mit Rāmakrishna zum *Kālī*-Tempel und warf sich der MUTTER zu Füßen. Jetzt war ihm klar geworden, warum er elf Monate in Dakshineswar verbracht hatte. Er sagte seinem Schüler Lebewohl und begab sich auf den Weg – erleuchtet.

Später sagte Rāmakrishna über die Lektion, die Totapuri zu lernen hatte: »Wenn ich an das Höchste Wesen als tätigkeitslos denke – weder schaffend, noch erhaltend, noch zerstörend –, dann nenne ich es *Brahman* oder *Purusha*, den Unpersönlichen Gott. Denke ich an

Ihn als schaffend, erhaltend und zerstörend, nenne ich Ihn *Shakti* oder *Māyā* oder *Prakriti*, den Persönlichen Gott. Diese Unterscheidung ist jedoch kein Unterschied. Das Persönliche und das Unpersönliche sind ein und dasselbe, wie Milch und ihre weiße Farbe, der Diamant und sein Funkeln, die Schlange und ihre Bewegungen. Es ist nicht möglich, das eine ohne das andere zu sehen. Die Göttliche Mutter und *Brahman* sind eins.«

Nach dem Fortgang Totapuris verblieb Rāmakrishna sechs Monate lang im Zustand völligen Einsseins mit *Brahman*. Er sagte: »Sechs Monate lang blieb ich ununterbrochen in einem Zustand, aus dem ein normaler Mensch nie mehr zurückkehrt. Gewöhnlich fällt nach drei Wochen der Körper ab wie ein welkes Blatt. Ich wußte nichts von Tag und Nacht. Fliegen saßen in Mund und Nase wie bei einem Leichnam, aber ich spürte sie nicht. Mein Haar war mit Staub bedeckt.«

Ohne die Aufmerksamkeit eines Mönches, der sich zu der Zeit in Dakshineswar aufhielt und irgendwie erkannte, daß Rāmakrishnas Körper zum Wohle der Menschheit erhalten werden müsse, hätte Rāmakrishna diese Zeit nicht überlebt. Er versuchte verschiedene Mittel, selbst körperliche Gewalt, um die fliehende Seele in das Körpergefängnis zurückzurufen, und wenn Rāmakrishnas Bewußtsein dadurch für kurze Augenblicke in den Körper zurückkehrte, zwang er ihm etwas Nahrung in den Mund. Dann erhielt Rāmakrishna den Befehl der Göttlichen Mutter, an der Schwelle des Absoluten Bewußtseins zu verweilen. Bald darauf hatte er einen schweren Anfall von Dysenterie. Die Schmerzen quälten ihn Tag und Nacht, und langsam kehrte sein Bewußtsein wieder auf die Ebene des Körpers zurück.

In Gesellschaft von Heiligen und Schülern

Von jetzt an suchte Rāmakrishna die Gesellschaft von Schülern und Heiligen. Die Stürme und Anspannungen der spirituellen Übungen und Visionen lagen hinter ihm. Er spürte jetzt eine innere Ruhe und war für die anderen ein normaler Mensch. Die Gesellschaft und das Geschwätz weltlicher Menschen konnte er jedoch nicht ertragen. Glücklicherweise besaßen die heilige Atmosphäre und Mathurs Freigebigkeit eine große Anziehungskraft für Mönche und Heilige aus allen Landesteilen. *Sādhus* aller Konfessionen – Monisten und Dualisten, *Vaishnavas* und *Vedāntins*, *Shāktas* und Anbeter *Rāmas* – strömten in zunehmender Zahl herbei. Asketen und Visionäre suchten Rāmakrishnas Rat. *Vaishnavas* hatten sich während seiner *Vaishnava*-Übungen eingestellt, Tantriker, als er *Tantra* übte, *Vedāntins* kamen, als Totapuri gegangen war. Als Rāmakrishna mit Dysenterie das Bett hüten mußte, debattierten die *Vedāntins* in seinem Zimmer über die Schriften, und, seine Krankheit vergessend, löste er ihre Zweifel, indem er auf seine eigenen Erfahrungen Bezug nahm. Viele seiner Besucher waren echte spirituelle Seelen, unerkannte Pfeiler des Hinduismus, und ihre spirituelle Entwicklung wurde durch den Heiligen von Dakshineswar nicht wenig gefördert. Rāmakrishna wiederum lernte von ihnen Anekdoten über das Verhalten und den Umgang mit Heiligen, die er später seinen Schülern und Anhängern weitergab. Auf seine Bitte stellte Mathur ihm größere Vorräte an Lebensmitteln und Bekleidung zur Verfügung, die er an die wandernden Mönche verteilte.

Rāmakrishna hatte keine Bücher gelesen, besaß jedoch ein umfassendes Wissen über die Religion und religiösen Philosophien. Er hatte dies durch seinen Umgang mit unzähligen Heiligen und Gelehrten erlangt und besaß eine einmalige Fähigkeit der Verarbeitung; durch Meditation machte er diese Erkenntnis zum Teil seines Wesens. Als ein Schüler ihn einmal fragte, woher seine scheinbar unerschöpfliche Erkenntnis stamme, erwiderte er: »Ich habe nichts gelesen, aber ich habe den Wissenden zugehört und eine Girlande aus ihrem Wissen geflochten, die ich um den Hals trage, um sie jetzt den Füßen der MUTTER darzubringen.«

Rāmakrishna pflegte zu sagen, daß die Bienen von allein kommen, um nach Honig zu suchen, sobald die Blumen blühen. Viele Menschen kamen jetzt nach Dakshineswar, um ihren spirituellen Hunger zu befriedigen. Er, der Verehrer und Strebende, wurde zum Meister. Der große Gelehrte Gauri, der als einer der ersten Rāmakrishna als Göttliche Inkarnation proklamiert hatte, besuchte 1870 den Meister, empfing seinen Segen und entsagte der Welt. Narayan Shastri, ein anderer bedeutender Gelehrter, der die sechs Systeme der Hindu-Philosophie beherrschte und beim *Mahārāja* von Jaipur eine einträgliche Stellung innehatte, begegnete dem Meister und erkannte sofort, daß dieser alle Ideale des Lebens verwirklicht hatte, denen er selbst nur in Büchern begegnet war. Auf sein ernsthaftes Bitten weihte Rāmakrishna Narayan Shastri zum *Sannyāsin*. Pandit Padmalochan, der Hofgelehrte des *Mahārāja* von Burdwan, der wegen seiner Kenntnisse des *Vedānta-* und *Nyāya*-Systems sehr bekannt war, akzeptierte den Meister als eine Göttliche Inkarnation. Krishnakishore, ein *Vedānta*-Gelehrter, wurde ein Anhänger des Meisters. Dann kam Viswanath Upādhyaya, der zu einem vertrauten Anhänger wurde und den Rāmakrishna mit »Captain« anredete. Er war ein hoher Offizier des Königs von Nepal und wegen seiner Verdienste zum Oberst befördert worden. Er hatte die *Gītā*, das *Bhāgavatam* und die *Vedānta*-Philosophie studiert und vollzog die tägliche Anbetung seiner Erwählten Gottheit mit großer Hingabe. Er sagte: »Ich habe die *Veden* und andere Schriften gelesen und bin an verschiedenen Orten Mönchen und Gottesverehrern begegnet, aber erst in der Gegenwart Rāmakrishnas wurde mein spirituelles Verlangen erfüllt. Für mich ist er die Verkörperung der Wahrheit der Schriften.«

Die *Brahman*-Erkenntnis, die Rāmakrishna im *Nirvikalpa Samādhi* erfahren hatte, brachte ihm die Überzeugung, daß die Götter der verschiedenen Religionen nur die verschiedenen Manifestationen des Absoluten auf der relativen Ebene sind und daß die Letzte Wirklichkeit durch eine menschliche Zunge keinen Ausdruck finden kann. Er sah, daß alle Religionen ihre Anhänger auf verschiedenen Wegen zu ein und demselben Ziel führen, und war jetzt begierig, einige der fremden Religionen zu erforschen, denn Verstehen hieß für ihn tatsächliche Erfahrung.

Islam und Christentum

Ende 1866 begann der Meister mit den Übungen des Islam. Unter der Anweisung seines muselmanischen *Gurus* gab er sich ganz den neuen Praktiken hin. Er kleidete sich als Muselman und wiederholte den Namen Allahs. Seine Gebete nahmen islamische Formen an. Er vergaß die Hindu-Götter und -Göttinnen, selbst *Kālī*, und ging nicht mehr in die Tempel. Er wohnte jetzt außerhalb des Tempelbezirkes. Nach drei Tagen hatte er die Vision einer leuchtenden Gestalt, wahrscheinlich Mohammeds. Diese Gestalt kam ihm entgegen und verlor sich schließlich in ihm. So erfuhr er den Gott der Muselmanen, der ihn zur Vereinigung mit *Brahman* brachte. Der mächtige Strom des Islams hatte ihn zurückgeführt zum Ozean des Absoluten.

Acht Jahre später, im November 1874, wurde Rāmakrishna von dem unwiderstehlichen Drang befallen, die Wahrheit der christlichen Religion kennenzulernen. Er ließ sich von Sambhu Charan Mallick, einem Anhänger, der in Kalkutta lebte, aus der Bibel vorlesen. Rāmakrishna war vom Leben und den Lehren Jesu fasziniert. Eines Tages saß er in der Halle von Jadu Mallicks Gartenhaus, als sein Blick auf ein Bild der Madonna mit dem Kinde fiel. Er betrachtete es aufmerksam und wurde allmählich von einem starken Gefühl überwältigt. Die Gestalten des Bildes wurden lebendig und sandten Lichtstrahlen aus, die in seine Seele drangen. Die Wirkung dieses Erlebnisses war stärker als bei der Vision Mohammeds. Verzweifelt rief er aus: »O MUTTER, was machst Du mit mir?« Die Schranken von Konfession und Religion durchbrechend, geriet er in eine neuartige Ekstase. Christus hatte von seiner Seele Besitz ergriffen. Drei Tage lang betrat er nicht den *Kālī*-Tempel. Am vierten Tag, als er nachmittags im *Panchavatī* spazierenging, sah er eine Gestalt mit großen, schönen Augen, leuchtendem Antlitz und heller Hautfarbe auf sich zukommen. Als die beiden einander gegenüberstanden, drang aus Rāmakrishnas Innerem eine Stimme: »Siehe, da ist Christus, der Sein Herzblut für die Erlösung der Welt vergossen hat, der aus Liebe zu den Menschen unendliches Leid auf Sich genommen hat. Er ist der Meisteryogi, der in ewiger Vereinigung mit Gott lebt. Er ist Jesus, die inkarnierte Liebe.« Der Menschensohn umarmte den Sohn der Göttlichen Mutter und ging in ihn ein. Rāmakrishna erfuhr seine Identität mit Christus, wie er bereits seine Identität mit *Kālī*, *Rāma*, *Hanumān*, *Rādhā*, *Krishna*, *Brahman* und Mohammed erfahren hatte. Der Meister ging in *Samādhi*. Er ging auf in *Brahman* mit Eigenschaften und erfuhr somit die Wahrheit, daß auch das Christentum ein Weg ist, der zum Gottbewußtsein führt. Bis zum letzten Augenblick seines Lebens glaubte er, daß Christus eine Inkarnation Gottes ist. Er war aber für ihn nicht die einzige, es gab noch andere – *Buddha* zum Beispiel und *Krishna*.

Es ist interessant festzustellen, daß Rāmakrishna, als er Christentum und Islam praktizierte, die Hindu-Vorschriften völlig außer acht ließ. Er ging nicht in den Tempel, wiederholte Gottes Namen nicht und mied das Ritual. Er entfernte aus seinem Zimmer sogar die Bilder der Hindu-Gottheiten. Er zeigte damit, daß ein frommer Moslem oder Christ in Treue zu seinem eigenen Glauben Gottbewußtsein erlangen kann.

1867 kehrte Rāmakrishna nach Kamarpukur zurück, um sich von den Strapazen seiner asketischen Jahre zu erholen. Das friedliche Landleben, die einfachen Gefährten seiner Kindheit und die reine Luft taten ihm gut. Die Dorfbewohner waren glücklich, ihren offenen, freundlichen und aufrichtigen Gadādhar wieder bei sich zu haben, obwohl sie die große Veränderung nicht übersehen konnten, die sich in den Jahren in Kalkutta in ihm vollzogen hatte. Seine Frau Sarada Devī, die jetzt vierzehn Jahre alt war, traf bald darauf in Kamarpukur ein. Ihre spirituelle Entwicklung war ihrem Alter weit voraus, und sie verstand den Zustand ihres Gatten sofort. Sie hatte das Verlangen, von ihm über Gott zu hören und ihn zu betreuen. Der Meister nahm sie freudig als Schülerin und spirituelle Gefährtin an. Auf die Ereignisse dieser wenigen Tage Bezug nehmend, sagte sie einmal: »Ich hatte das Gefühl, ein Gefäß voller Seligkeit auf dem Kopf zu tragen. Die Freude war unbeschreiblich.«

Pilgerfahrt

Am 27. Januar 1868 begab sich Mathur in Begleitung von hundertfünfundzwanzig Personen auf eine Pilgerfahrt nach den heiligen Plätzen Nordindiens. In Vaidyanath im Staate Bihar sah Rāmakrishna, wie die Dorfbewohner durch Armut und Hunger zu Skeletten abgemagert waren. Er bat seinen reichen Beschützer, die Menschen zu verpflegen und jedem ein Kleidungsstück zu geben. Mathur murrte über die zusätzlichen Kosten. Der Meister erklärte, daß er nicht nach Benares weiterreisen würde, sondern bei den Armen bleiben und ihr Leid teilen wolle. Er verließ Mathur und setzte sich zu den Dorfbewohnern. Mathur mußte nachgeben. Zwei Jahre später bei einer anderen Gelegenheit zeigte Rāmakrishna ein ähnliches Mitgefühl mit den Armen und Bedürftigen. Er hatte Mathur begleitet, als dieser eines seiner Besitztümer besuchte, um die Pacht zu kassieren. Zwei Jahre lang war die Ernte ausgefallen. Die Pächter waren dadurch in große Not geraten. Der Meister bat Mathur, die Pacht zu stunden, Hilfe anzubieten und den hungrigen Menschen ein Festessen zu geben. Als Mathur murrte, sagte der Meister: »Du bist nur der Diener der Göttlichen Mutter. Sie sind die Pächter der MUTTER. Du mußt das Geld der MUTTER ausgeben. Wie kannst du dich weigern, wenn sie leiden? Du mußt ihnen helfen.« Wieder mußte Mathur nachgeben. Rāmakrishnas Zuneigung für die Armen entstand durch die Wahrnehmung Gottes in allen Geschöpfen. Es waren nicht die Gefühle eines Humanisten oder Philanthropen. Für ihn war es Gottesverehrung, den Menschen zu dienen.

Die Gesellschaft gelangte auf dem Ganges nach Benares. Als Rāmakrishnas Blick auf die Stadt *Shivas* fiel, in der sich durch viele Jahrhunderte die Hingabe der Frömmigkeit zahlloser Gottesverehrer angesammelt hatte, sah er sie aus Gold geschaffen, wie die Schriften erklären. Er war sichtlich bewegt, und während seines Aufenthaltes in der Stadt behandelte er jeden Fleck ihres Bodens mit größter Achtung. Am *Manikarnika Ghat*, dem Verbrennungsplatz der Stadt, sah er wirklich, wie *Shiva* sich mit aschebedecktem Körper und lohfarbenem Haar jedem Scheiterhaufen näherte und in das Ohr des Leichnams das *Mantra* der Befreiung blies und die Göttliche Mutter darauf die Toten von ihren Fesseln befreite. Ihm wurde die Bedeutung der Feststellung der Schriften klar, daß jeder, der in Benares stirbt, durch *Shivas* Gnade Befreiung erlangt. Er besuchte Trailanga Swāmi, den berühmten Mönch, von dem er später sagte, daß er ein wirklicher *Paramahamsa* sei, ein wahrhaftiges Abbild *Shivas.*

Rāmakrishna besuchte Allahabad am Zusammenfluß von Ganges und Jamuna und begab sich dann nach Vrindavan und Mathura, die geheiligt sind durch die Legenden, Lieder und Dramen über *Krishna* und die *Gopis.* Hier hatte er zahlreiche Visionen und göttliche Ekstasen. Er weinte und sagte: »O *Krishna,* alles ist wie zu den alten Zeiten, nur Du fehlst.« Er besuchte die Heilige Gangamayi, die von den *Vaishnavas* als eine Wiedergeburt einer Gefährtin *Rādhās* betrachtet wurde. Sie war sechzig Jahre alt und hatte fortwährend Trance-Zustände. Sie sprach von Rāmakrishna als von einer Inkarnation *Rādhās,* und nur mit Schwierigkeiten konnte man ihn bewegen, sie zu verlassen.

Auf der Rückreise wollte Mathur Gaya besuchen, aber Rāmakrishna weigerte sich. Er dachte an die Vision, die sein Vater vor seiner Geburt in Gaya gehabt hatte, und spürte, daß er in dem *Vishnu*-Tempel für immer in Gott aufgehen würde. Mathur respektierte den Wunsch Rāmakrishnas und kehrte mit seinem Gefolge nach Kalkutta zurück.

1872 besuchte Sarada Devī ihren Mann zum ersten Mal in Dakshineswar. Vier Jahre vorher hatte sie ihn in Kamarpukur gesehen und die Seligkeit seiner göttlichen Gesellschaft genossen. Seitdem war sie noch sanfter, ernster und selbstloser geworden. Sie hatte viele Gerüchte gehört über die Geisteskrankheit ihres Gatten. Die Menschen hatten ihr Mitleid gezeigt. Je mehr sie darüber nachdachte, um so stärker spürte sie, daß es ihre Pflicht war, bei ihm zu sein und ihm zu dienen, so gut sie konnte. Sie war jetzt achtzehn Jahre alt. Von ihrem Vater begleitet, traf sie in Dakshineswar ein, nachdem sie achtzig Meilen zu Fuß zurückgelegt hatte. Als sie im Tempelgarten ankam, sagte der Meister sorgenvoll: »Ach, du bist zu spät gekommen! Mein Mathur kann sich nun nicht mehr um dich kümmern.« Mathur war im Jahr zuvor gestorben.

Der Meister sah es als seine Pflicht an, seine junge Frau in allen Dingen zu unterweisen. Das erstreckte sich vom Haushalt bis zur Erkenntnis *Brahmans.* Er lehrte sie, wie man eine Lampe putzt, wie man sich Menschen verschiedenen Temperaments gegenüber benimmt und wie sie mit den Besuchern umzugehen hatte. Er weihte sie in die Geheimnisse des spirituellen Lebens ein – Gebet, *Japam,* Meditation, tiefe Kontemplation und *Samādhi.* Die erste Belehrung, die Sarada Devī erhielt, lautete: »Gott ist allen Menschen teuer, wie alle Kinder den Mond lieben. Jeder hat das gleiche Recht, zu Ihm zu beten. Durch Seine Gnade enthüllt Er sich allen, die sich Ihm zuwenden. Auch du wirst Ihn sehen, wenn du ernsthaft zu Ihm betest.«

Totapuri, der von der Heirat des Meisters erfahren hatte, sagte einmal: »Was macht das? Nur der steht fest in der *Brahman*-Erkenntnis, der Unterscheidungsvermögen und Entsagung beibehält, auch wenn er mit seiner Frau zusammenlebt. Nur der hat letzte Erleuchtung, der in Mann und Frau nur *Brahman* sieht. Ein Mensch, der die Geschlechter unterscheidet, mag ein ehrlich Strebender sein, aber vom Ziel ist er noch weit entfernt.« Rāmakrishna lebte mit seiner Frau zusammen in Dakshineswar, aber ihr Bewußtsein war der Welt ständig entrückt. Einige Monate nach Sarada Devīs Ankunft arrangierte Rāmakrishna an einem auserwählten Tag eine besondere Andacht für *Kālī,* die Göttliche Mutter. Statt des Bildnisses der Gottheit setzte er an seine Stelle das lebendige Bild Sarada Devīs. Der Anbeter und die

Angebetete gingen in tiefes *Samādhi*, und auf der transzendenten Ebene wurden ihre Seelen vereint. Nach einigen Stunden kam Rāmakrishna auf die relative Ebene zurück, sang eine Hymne für die große Göttin und brachte zu Füßen des lebenden Bildnisses sich selbst, seinen Rosenkranz und die Früchte seiner langen Übungen dar. Dies nennt man im *Tantra Shorasi Pūjā*, die »Verehrung der Frau«. Rāmakrishna wußte um die große Bedeutung der Feststellung der *Upanischaden*: »O Herr, Du bist die Frau, Du bist der Mann, Du bist der Knabe, Du bist das Mädchen, Du bist der Alte, der an seinen Krücken hinkt. Du durchdringst das Universum in seinen vielfältigen Formen.«

Durch seine Heirat bestätigte Rāmakrishna den Wert der Ehe für die spirituelle Entwicklung des Menschen, und mit der Einhaltung seiner Mönchsgelübde demonstrierte er die Notwendigkeit von Selbstbeherrschung, Lauterkeit und Enthaltsamkeit bei der Verwirklichung Gottes. Durch seine einzigartige spirituelle Beziehung zu seiner Frau bewies er, daß Mann und Frau als spirituelle Gefährten zusammenleben können. Sein Leben war somit eine Synthese des Ehelebens mit dem Leben eines Mönches.

Das Ich des Meisters

Im *Nirvikalpa Samādhi* hatte Rāmakrishna erfahren, daß *Brahman* allein wirklich ist und die Welt eine Täuschung. Da sein Bewußtsein sechs Monate lang auf der Ebene des nicht-dualen *Brahman* verblieben war, hatte er den Zustand des *Vijñānis* erreicht, des Kenners der Letzten Wahrheit, der *Brahman* nicht nur in sich selbst und im Absoluten erkennt, sondern in allen Dingen dieser Welt. In diesem Zustand des *Vijñāna*, des Körperbewußtseins ledig, fühlte er sich eins mit *Brahman*; manchmal, der dualen Welt bewußt, fühlte er sich als Gottes Verehrer, Diener oder Kind. Um zum Wohle der Menschheit tätig sein zu können, ließ die Göttliche Mutter eine Spur von Ich in ihm, das er je nach Stimmung als »Ich der Erkenntnis«, »Ich der Hingabe«, »Ich des Kindes« oder »Ich des Dieners« beschrieb. Auf jeden Fall war dieses Ich des Meisters, das vom Feuer der *Brahman*-Erkenntnis verzehrt war, nur ein Scheingebilde, wie ein verbrannter Strick. Er bezog sich oft auf dieses Ich als »reifes Ich«, im Gegensatz zum Ich einer verhafteten Seele, das er als »unreifes« oder »grünes« Ich bezeichnete. Das Ich einer verhafteten Seele, die sich mit Körper, Verwandtschaft, Besitz und der Welt identifiziert, steht dem »reifen Ich« gegenüber, das – durch göttliche Erkenntnis erleuchtet – Körper, Verwandtschaft, Besitz und Welt als unwirklich ansieht und seine Liebe einzig auf Gott richtet. Dieses »reife Ich« in Rāmakrishna befaßte sich mit der Welt und mit seiner Frau. Eines Tages, als sie seine Füße massierte, fragte Sarada Devī den Meister: »Wie denkst du über mich?« Rasch kam die Antwort: »Die MUTTER, die im Tempel angebetet wird, ist die Mutter, die meinen Körper zur Welt gebracht hat und jetzt im *Nahabat* lebt, und Sie ist es auch, die in diesem Augenblick meine Füße massiert. Ich sehe in dir wahrhaftig die Verkörperung der Segensreichen MUTTER *Kālī.*«

Sarada Devī hatte in der Gesellschaft ihres Gatten ungewöhnliche spirituelle Erlebnisse. Sie sagte: »Die Worte fehlen mir, meine wunderbaren Empfindungen zu beschreiben, wenn ich ihn in seinen verschiedenen Stimmungen beobachtete. Unter dem Einfluß göttlicher Bewegtheit sprach er manchmal über merkwürdige Themen, manchmal lachte und manchmal weinte er, manchmal verharrte er bewegungslos in *Samādhi.* Dies währte die ganze Nacht hindurch. Eine solch göttliche Gegenwart strahlte aus ihm, daß ich dann und wann von Furcht geschüttelt wurde und die Nacht kein Ende nahm. Monate vergingen auf diese Weise. Eines Tages aber entdeckte er, daß ich die ganze Nacht wach lag, weil ich fürchtete, daß er in *Samādhi* gehen würde, wenn ich einschliefe, und darauf bat er mich, im *Nahabat* zu übernachten.«

Eine Zusammenfassung der spirituellen Erfahrungen des Meisters

Wir nähern uns jetzt dem Ende der spirituellen Übungen des Meisters. Als Ergebnis seiner übersinnlichen Erfahrungen gelangte er zu gewissen Folgerungen, die sich auf ihn selbst und die Spiritualität im allgemeinen bezogen. Über sich selbst sagte er zusammenfassend folgendes:

Erstens war er eine Göttliche Inkarnation, ein Mensch mit einem besonderen Auftrag, dessen spirituelle Erfahrungen der Menschheit zum Nutzen gereichen. Während ein gewöhnlicher Mensch ein ganzes Leben braucht, um einen oder zwei Aspekte Gottes zu erfassen, hatte er in wenigen Jahren Gott in Seinen verschiedenen Aspekten verwirklicht.

Zweitens wußte er, daß er immer eine freie Seele gewesen war, und daß die verschiedenen Übungen, die er durchgemacht hatte, für seine eigene Befreiung nicht notwendig waren, sondern nur dem Nutzen anderer dienen sollten. Die Begriffe Bindung und Befreiung fanden somit auf ihn keine Anwendung. Solange es Menschen gibt, die sich gebunden fühlen, muß Gott als Inkarnation auf die Erde kommen, um sie von ihren Fesseln zu befreien.

Drittens konnte er die Stunde seines Todes voraussehen. Was er sagte, hat sich in dieser Hinsicht wörtlich erfüllt.

Über Spiritualität im allgemeinen machte er folgende Aussagen:

Erstens war er fest davon überzeugt, daß alle Religionen wahr sind, daß jedes Lehrsystem einen Weg zu Gott darstellt. Er war allen Hauptwegen gefolgt, und alle hatten ihn an das gleiche Ziel geführt. Er war der erste religiöse Prophet der Geschichte, der die Harmonie aller Religionen verkündet hat.

Zweitens betrachtete er die drei großen Gedankensysteme, die wir als Dualismus, eigenschaftsbehafteten Nicht-Dualismus und absoluten Nicht-Dualismus kennen, als die drei Stufen der Entwicklung des Menschen zur Letzten Wirklichkeit. Sie widersprechen sich nicht, sondern ergänzen sich und sind den verschiedenen Temperamenten angemessen. Für den gewöhnlichen Menschen mit starker Sinnesverhaftung ist eine dualistische Religionsform mit Unterstützung von Musik und anderen Symbolen nützlich. Ein gottverwirklichter Mensch ist über die weltlichen Pflichten hinausgelangt, aber der gewöhnliche Sterbliche muß seine Pflichten erfüllen und sich dabei bemühen, unverhaftet zu bleiben und die Ergebnisse Gott darzubringen. Das Denken vermag den Erfahrungsbereich bis zum eigenschaftsbehafteten Nicht-Dualismus zu verstehen und zu beschreiben, aber nicht weiter. Der Nicht-Dualismus, das letzte Wort in der spirituellen Erfahrung, tut sich erst im *Samādhi* auf, denn er übersteigt Denken und Sprache. Vom höchsten Standpunkt aus ist das Absolute und seine Manifestation gleich wirklich. Der Name des Herrn, Seine Wohnstatt und der Herr selbst sind von gleicher spiritueller Wirklichkeit. Alles ist Bewußtsein, der Unterschied liegt nur in der Form.

Drittens hatte Rāmakrishna den Wunsch der Göttlichen Mutter vernommen, durch ihn einen neuen Orden zu gründen, der aus denen bestünde, die die universale Lehre aufrechterhielten, die er in seinem Leben verwirklicht hatte.

Viertens hatte seine spirituelle Einsicht ihm gezeigt, daß alle, die ihre letzte Geburt auf Erden erlebten, und alle, die aufrichtig nach Gott verlangten, zu ihm kommen würden.

Brahmo Samāj

Im März 1875, ein Jahr vor dem Tode seiner Mutter, begegnete der Meister Keshab Chandra Sen. Das Zusammentreffen war für beide ein Ereignis. Der Meister kam hier zum ersten Mal in Kontakt mit einem Vertreter des modernen Indiens.

Keshab war der Leiter des *Brahmo Samāj*, einer der zwei großen Bewegungen, die Ende des neunzehnten Jahrhunderts eine bedeutende Rolle bei der Gestaltung des neuen Indiens spielten. Der Gründer der *Brahmo*-Bewegung war Rāja Rammohan Roy (1774–1833). Obgleich in einer orthodoxen Brahmanen-Familie geboren, hegte er große Sympathien für den Islam und das Christentum. Er hatte in Tibet nach den buddhistischen Geheimnissen geforscht. Aus dem Christentum hatte er die Ethik übernommen, aber die Göttlichkeit Christi abgelehnt, wie er auch die Inkarnationen der Hindus leugnete. Der Islam hatte seine monotheistischen Vorstellungen beeinflußt. Seine spirituellen Inspirationen erhielt er aber stets aus den *Veden*. Der *Brahmo Samāj*, den er 1828 gründete, war der Verehrung und Anbetung des Ewigen, Unergründbaren, Unveränderlichen Wesens geweiht, dem Schöpfer und Erhalter des Universums. Der *Samāj* stand allen offen ohne Unterschied der Hautfarbe, Kaste, Nation oder Religion.

Der eigentliche Organisator des *Samāj* war Devendranath Tagore (1817–1905), der Vater des Dichters Rabindranath. Seine körperliche Schönheit, sein aristokratisches Benehmen, sein scharfer Intellekt und seine dichterische Empfindsamkeit machten ihn zum Führer der gebildeten Bengalen. Sie nannten ihn respektvoll *Mahārshi*, den »großen Seher«. Der *Mahārshi* war ein Sanskrit-Gelehrter und erhielt im Gegensatz zu Rammohan Roy alle Inspirationen ausschließlich aus den *Upanishaden*. Er war ein unversöhnlicher Gegner der Bildnisanbetung und bekämpfte den christlichen Einfluß im *Samāj*. Er gab der

Bewegung ihr Bekenntnis und Ritual. Unter seinem Einfluß bekannte sich der *Brahmo Samāj* zu einem Höchsten Wesen, das aus dem Nichts das Universum erschaffen hatte, den Gott der Wahrheit, Weisheit, Güte und Macht, den Ewigen, Allmächtigen, den Einen ohne ein Zweites. Die Menschen sollten Ihn lieben, Ihm gehorchen, an Ihn glauben und Ihn verehren, um in der nächsten Welt Befreiung zu erlangen.

Der weitaus fähigste Leiter der *Brahmo*-Bewegung war Keshab Chandra Sen (1838–1884). Er war im Gegensatz zu Rammohan Roy und Devendranath Tagore in einer Familie des Mittelstandes geboren und auf einer englischen Schule erzogen worden. Er konnte kein Sanskrit und löste sich sehr bald von der Hindu-Religion. Schon in frühen Jahren zog Christus ihn in Seinen Bann, und er behauptete, die Gunst Johannes des Täufers, Christi und Paulus' erlangt zu haben. Als er die Lehren Christi im *Brahmo Samāj* einführen wollte, kam es zum Bruch mit Devendranath. 1868 sagte sich Keshab von den alten Führern los und gründete den *Brahmo Samāj* von Indien, während Devendranath der Leiter des alten *Samāj* blieb, der jetzt *Adi Samāj* genannt wurde.

1878 kam es zur Spaltung in Keshabs *Samāj*. Einige seiner einflußreichen Anhänger beschuldigten ihn, die *Brahmo*-Prinzipien durchbrochen zu haben, als er eine seiner Töchter mit einem reichen Manne verheiratete, bevor sie das heiratsfähige, vom *Samāj* genehmigte Alter erreicht hatte. Die abgesprungene Gruppe bildete den *Sādhāran Brahmo Samāj*. Keshab fühlte sich mehr und mehr dem christlichen Ideal zugetan, und unter dem Einfluß Rāmakrishnas vertiefte sich auch seine Verehrung für die Göttliche Mutter. Dieses geistige Hin- und Herschwingen zwischen Christus und der Göttlichen Mutter ließ ihn nicht zur Ruhe kommen. In Bengalen und anderen Teilen Indiens nahm die *Brahmo*-Bewegung Formen einer unitarischen Kirche an, verachtete das Hindu-Ritual und führte einen Kreuzzug gegen die Bilderverehrung. Von der westlichen Kultur beeinflußt predigte sie die Überlegenheit der Vernunft, pries die Ideale der Französischen Revolution, schaffte das Kastensystem unter ihren Mitgliedern ab, trat für die Emanzipation der Frauen ein, wandte sich gegen Kinderehen, befürwortete die Wiederverheiratung der Witwen und unterstützte verschiedene Bewegungen, die für Erziehungs- und Gesellschaftsreformen eintraten. Die Auswirkung der *Brahmo*-Bewegung führte in Bengalen zu einer Einschränkung der Bekehrungsbemühungen der christlichen Missionare. Auch stieg die Achtung der englischen Herren vor der indischen Kultur durch ihre Bemühungen. Als Ganzes war es jedoch ein intellektuelles, eklektisches Element, aus der Zeitnotwendigkeit heraus geboren. Im Gegensatz zum Hinduismus gründete es sich nicht auf eine tiefe, innere Erfahrung von Heiligen und Propheten. Der Einfluß beschränkte sich auf verhältnismäßig wenige, gebildete Männer und Frauen, während die große Masse der Hindus davon unberührt blieb. Diese Bewegung spielte monoton nur auf einer Note der umfangreichen Tonleiter der Hindu-Religion.

Keshab und Rāmakrishna begegneten sich zum ersten Mal in Belgharia, einige Meilen von Dakshineswar entfernt, wo sich der bekannte *Brahmo*-Führer mit einigen Schülern aufhielt. In vieler Hinsicht waren sie Gegenpole, aber eine unwiderstehliche Anziehungskraft ließ sie gute Freunde werden. Der Meister hatte Gott als Absolutes Bewußtsein verwirklicht, aber er ließ auch die verschiedenen Gestalten Gottes gelten. Keshab dagegen betrachtete Bilderverehrung als Götzendienst und bezeichnete die Hindu-Gottheiten als Allegorien. Er war ein begabter Redner und schrieb Bücher und Artikel für Zeitschriften. Rāmakrishna fand Vorträge schrecklich und konnte kaum seinen eigenen Namen schreiben. Keshabs Ruhm war weit verbreitet und hatte sogar die Küsten Englands erreicht, während der Meister ein zurückgezogenes Leben in Dakshineswar führte. Keshab betonte die sozialen Reformen bei der Erneuerung Indiens, während Rāmakrishnas einziges Lebensziel die Erkenntnis Gottes war. Keshab betrachtete sich als Jünger Christi und akzeptierte die christlichen Sakramente und die Trinität. Rāmakrishna war das einfache Kind *Kālīs*, der Göttlichen Mutter, obwohl auch er, aber auf andere Weise, die Göttlichkeit Christi anerkannte. Keshab war ein Familienvater und kümmerte sich um das Wohl seiner Kinder, während Rāmakrishna als *Paramahamsa* dem weltlichen Leben gegenüber völlig gleichgültig war. Als ihre Bekanntschaft zur Freundschaft wurde, zeigten sie Liebe und Respekt füreinander. Jahre später, als der Meister vom Tode Keshabs hörte, hatte er das Gefühl, als ob die Hälfte seines Körpers gelähmt wäre. Keshabs Vorstellung von der Harmonie der Religionen und der Mütterlichkeit Gottes hatte sich durch die Begegnung mit Rāmakrishna vertieft und erweitert.

Rāmakrishna trug einen *Dhoti* mit roter Borte, dessen eines Ende er lässig über seine linke Schulter geworfen hatte, als er in Begleitung von

Hriday in Jaygopals Gartenhaus eintraf. Niemand nahm von dem unscheinbaren Besucher Notiz. Schließlich sagte der Meister zu Keshab: »Man hat mir erzählt, daß Ihr Gott gesehen habt. Ich bin hergekommen, um über Gott zu hören.« Es folgte eine großartige Diskussion. Der Meister sang ein erregendes Lied über *Kālī* und ging danach in *Samādhi*. Als Hriday das heilige *OM* in sein Ohr flüsterte, kehrte er langsam in das Bewußtsein der Welt zurück, ein göttliches Leuchten auf seinem Antlitz. Keshab und seine Anhänger waren tief berührt. Der Unterschied zwischen Rāmakrishna und den *Brahmo*-Anhängern war bemerkenswert. Hier saß der kleine, zarte Mann, aus dessen Augen ein inneres Licht strahlte. Humor lag in Augen und Mundwinkeln. Er sprach ein volkstümliches Bengali und stieß beim Sprechen leicht an. Seine Worte machten Eindruck auf die Menschen, weil sie reich an spiritueller Erfahrung waren und einen unerschöpflichen Vorrat an Beispielen und Gleichnissen enthielten. Sie zeigten ferner eine feine Beobachtungsgabe, Humor, Aufgeschlossenheit und tiefe Weisheit. Um ihn herum die Intellektuellen Bengalens, die besten Vertreter westlicher Erziehung, mit Keshab, dem Idol der Jugend, als ihrem Führer.

Der Kontakt mit den gebildeten, fortschrittlichen Bengalen brachte für Rāmakrishna die Erfahrung einer neuen Gedankenebene. In einem einfachen Dorf geboren und aufgewachsen, ohne besondere Ausbildung außer der Einführung in das religiöse Leben durch indische Heilige, hatte er keine Gelegenheit gehabt, den Einfluß der modernen Zeit auf das Leben und Denken der Hindus zu studieren. Er konnte auch den Einfluß der westlichen Bildung auf die indische Kultur nicht ermessen. Er war ein Hindu unter Hindus, und Entsagung war für ihn die einzige Möglichkeit, Gott zu erkennen. Er lernte durch die *Brahmos*, daß die neue Generation einen Kompromiß zwischen Gott und der Welt geschlossen hatte. Die gebildeten jungen Menschen waren von den westlichen Philosophen stärker beeinflußt als von ihren eigenen Propheten. Rāmakrishna war nicht entmutigt, denn er sah auch darin die Hand Gottes. Obwohl er den *Brahmos* seine Vorstellungen über Gott und strenge spirituelle Übungen erklärte, bat er sie, von seinen Lehren nur das zu üben, was ihrem Geschmack und Temperament entsprach.

Das Verlangen des Meisters nach eigenen Schülern

Die Begegnung mit den *Brahmos* verstärkte Rāmakrishnas Verlangen, Strebenden zu begegnen, die in der Lage waren, seinen Lehren zu folgen. »Dieses Verlangen kannte damals keine Grenzen«, sagte er einmal. »Während des Tages konnte ich mich einigermaßen beherrschen. Das Geschwätz weltlicher Menschen war mir jedoch unerträglich, und ich sehnte den Tag herbei, an dem meine geliebten Gefährten kommen würden. Bei ihnen hoffte ich Trost im Gespräch zu finden und ihnen von meinen Erfahrungen berichten zu können. Jeder kleine Vorfall ließ mich an sie denken, ich dachte an nichts anderes und überlegte schon, was ich dem einen sagen und dem anderen geben würde. Neigte sich aber der Tag dem Ende zu, dann konnte ich meine Gefühle nicht mehr beherrschen. Die Vorstellung, daß wieder ein Tag vergangen war ohne ihr Kommen, bedrückte mich. Wenn die Glocken und Muschelhörner zum abendlichen Gottesdienst ertönten, stieg ich auf das Dach des *Kuthi* und rief mit verlangendem Herzen, so laut ich konnte: ›Kommt, meine Kinder! Wo bleibt ihr? Ich kann ohne euch nicht leben.‹ Eine Mutter kann nicht so stark nach ihrem Kind, ein Freund nicht so stark nach seinem Gefährten und ein Liebender nicht so stark nach seiner Geliebten verlangen wie ich nach ihnen. Es war wirklich unbeschreiblich. Bald darauf begannen die Schüler sich einzufinden.«

1879 hatten *Brahmo*-Zeitschriften über Rāmakrishna geschrieben, und dadurch waren seine zukünftigen Schüler aus dem gebildeten Mittelstand Bengalens auf ihn aufmerksam geworden. Ihr Kommen dauerte bis 1884. Aber auch andere spürten seine Anziehungskraft und fanden sich ein. Es war eine ständig wechselnde Menschengruppe aus allen Kasten und Konfessionen. *Brahmos*, *Vaishnavas* und *Shāktas*, Gebildete mit Universitätsgraden und Ungebildete, Alte und Junge, *Mahārājas* und Bettler, Journalisten und Künstler, Gelehrte und Gottesverehrer, Philosophen und Weltliche, *Jñānis* und *Yogis*, Männer der Tat und Männer des Glaubens, tugendhafte Frauen und Prostituierte, Büroangestellte und Vagabunden, Philanthropen und Selbstsucher, Dramatiker und Säufer, Aufbauer und Niederreißer. Er gab ihnen allen ohne Unterschied aus seinem unerschöpflichen Vorrat der Erkenntnis. Niemand ging mit leeren Händen davon. Er gab ihnen die erhabene Erkenntnis des *Vedānta* und die seelenbestrickende Liebe der *Purānas.* Zwanzig Stunden am Tage sprach er ohne Rast und Pause. Jedem schenkte er von seiner Zuneigung und Erleuchtung und beeindruckte sie mit jener seltsamen Seelenkraft, die auch den Härtesten weich machte. Die Menschen verstanden ihn je nach ihrem Auffassungsvermögen.

Die Lehrmethoden des Meisters

Rāmakrishna blieb jedoch das willige Instrument in der Hand Gottes, das Kind der Göttlichen Mutter, weit von der Vorstellung entfernt, ein Lehrer zu sein. Er pflegte zu sagen, daß drei Vorstellungen ihn wie Dornen stächen: ein *Guru*, ein Vater oder ein Meister zu sein. Dennoch war er ein ungewöhnlicher Lehrer. Er bewegte die Herzen seiner Schüler mehr durch seinen Einfluß als durch Taten und Worte. Nie gab er vor, der Gründer einer Religion oder der Organisator einer Sekte zu sein; dennoch war er ein religiöser Motor. Er glich einem guten Gärtner, der den Boden bereitet und das Unkraut jätet, wissend, daß die Pflanze durch die Kraft in ihrem Samen wachsen und Blüten und Früchte hervorbringen wird. Er wollte niemandem seine Ideen aufdrängen. Er erkannte die Begrenzungen der Menschen und ging nach dem Prinzip vor, daß das, was dem einen helfen kann, dem anderen schaden mag. Er besaß die ungewöhnliche Fähigkeit, auf den ersten Blick Denken und Seele seiner Verehrer zu erfassen und akzeptierte seine Schüler in voller Erkenntnis ihrer vergangenen Neigungen und zukünftigen Möglichkeiten. Weder fürchtete er sich vor den Bösen, noch stiegen jene in seiner Achtung, die religiösen Eifer vorgaben. In allem sah er die unfehlbare Hand der Göttlichen Mutter. Selbst das Licht, das in die Irre führt, war für ihn das Licht Gottes.

Den vertrauten Schülern war Rāmakrishna Freund, Kamerad und Spielgefährte. Die Bürde der spirituellen Übungen wurde in seiner Gegenwart leichter. Die Verehrer waren in seiner Gesellschaft so von Freude erfüllt, daß sie keine Zeit hatten zu fragen, ob er eine Inkarnation, eine vollkommene Seele oder ein *Yogi* sei. Seine Gegenwart war eine große Belehrung, Worte waren überflüssig. Später bemerkten seine Schüler, daß sie in seiner Gegenwart sich als Kameraden fühlten, aber hinterher zitterten bei dem Gedanken, wie sie sich in der Gegenwart eines solch bedeutenden Menschen benommen hatten. Sie hatten den überzeugenden Beweis dafür, daß der Meister in ihren Herzen die Liebe zu Gott wecken konnte und es ihnen ermöglichte, Seine Schau zu haben.

Bei allem Spaß und aller Fröhlichkeit hielt er ihnen immer wieder das leuchtende Ideal der Gotterkenntnis und der Entsagung vor. Er riet zum langsamen oder steilen Aufstieg, je nach der Fähigkeit des Kletterers. In bezug auf Reinheit gab es keine Kompromisse für ihn. Ein Strebender sollte Körper, Denken und Sinne fleckenlos halten. Er sollte aufrichtige Liebe zu Gott und ein wachsendes Verlangen nach Ihm entwickeln. Für den Rest würde die MUTTER sorgen.

Er hatte zwei Arten von Schülern: die Familienväter und jene jungen Männer, von denen einige später Mönche werden sollten. Es gab auch eine kleine Gruppe von weiblichen Anhängern.

Die Familienväter

Für die Familienväter hatte Rāmakrishna den harten Weg der völligen Entsagung nicht gedacht. Er wollte, daß sie ihre Verpflichtungen der Familie gegenüber erfüllten. Ihre Entsagung sollte geistiger Art sein. Ein spirituelles Leben wird nicht dadurch erlangt, daß man vor der Verantwortung flieht. Ein Ehepaar sollte nach der Geburt von ein oder zwei Kindern wie Bruder und Schwester zusammen leben und die Zeit mit spirituellen Gesprächen und Kontemplation ausfüllen. Er gab den Familienvätern Mut, indem er sagte, daß ihr Leben in einer Weise leichter sei als das der Mönche, da es leichter sei, den Feind aus einer Festung heraus zu bekämpfen als im offenen Feld. Er bestand allerdings darauf, daß sie ab und zu in die Einsamkeit gehen müßten, um durch Gebet, *Japam* und Meditation ihre Hingabe und ihren Glauben an Gott zu stärken, und empfahl ihnen die Gesellschaft von *Sādhus*. Er bat sie, mit einer Hand die weltlichen Pflichten zu erfüllen und mit der anderen Gott festzuhalten und Ihn zu bitten, ihre Pflichten zu verringern, damit sie sich am Ende mit beiden Händen an Ihn klammern könnten. Er warnte die Familienväter wie auch die Mönchsanwärter vor Halbherzigkeit bei ihren spirituellen Bemühungen und wollte nicht, daß sie unterschiedslos dem Ideal des Sich-nicht-Wehrens anhingen, das einen Unbedachten leicht zum Feigling macht.

Suresh Mitra, den der Meister sehr gern hatte und den er oft Surendra nannte, brüstete sich mit Atheismus, führte ein ungebundenes Leben und war dem Trunk ergeben. Er hatte übersteigerte Vorstellungen von der Willensfreiheit des Menschen und litt unter Depressionen. Als er hörte, wie der Meister jemandem empfahl, Selbstunterwerfung Gott gegenüber zu üben, war er tief beeindruckt. Er versuchte es, konnte aber von seinen alten Freunden und dem Trinken nicht lassen. Eines Tages sagte der Meister in seiner Gegenwart: »Wenn sich ein Mensch an einen anrüchigen Ort begibt, warum nimmt er dann die Göttliche Mutter nicht mit?« An Surendra gewandt, sagte Rāmakrishna: »Warum trinkst du Wein als Wein? Bringe ihn *Kālī* dar und nimm ihn als *Prasād*, als geweihtes Getränk. Aber hüte dich, betrunken zu werden; du darfst nicht taumeln und nichts Sinnloses reden. Erst wirst du nur gewöhnliche Anregung spüren, aber bald darauf spirituelle Verzückung.« Surendras ganzes Leben wandelte sich. Der Meister bezeichnete ihn als einen von denen, die von der Göttlichen Mutter ausersehen waren, einen großen Teil seiner Kosten zu tragen. Surendras Geldbörse war stets offen, wenn es um die Bedürfnisse des Meisters ging.

Mahendranath Gupta, besser als »M« bekannt, kam im Februar 1882 nach Dakshineswar. Er gehörte dem *Brahmo Samāj* an und war Leiter der Vidyāsāgar Hochschule in Shyambazar, Kalkutta. Schon beim ersten Anblick erkannte der Meister ihn als einen seiner »markierten« Schüler. Mahendra berichtete in seinem Tagebuch über Rāmakrishnas Unterhaltungen mit seinen Anhängern. Dies sind in der spirituellen Geschichte der Welt die ersten direkt übermittelten Worte eines Menschen, der mit Buddha und Christus gleichgestellt werden kann. Dieser Band enthält eine Übersetzung seiner Tagebuchaufzeichnungen. Mahendra war das Instrument, durch das die Botschaft des Meisters unter vielen jungen und suchenden Seelen verbreitet wurde.

Girīsh Chandra Ghosh war ein geborener Rebell gegen Gott – ein Skeptiker, Künstler und Trunkenbold. Er war der größte Dramatiker Bengalens seiner Zeit und der Vater des modernen bengalischen Theaters. Wie andere junge Männer hatte er alle Untugenden des Westens genossen. Er liebte Zerstreuung und war überzeugt, daß Religion nur Betrug war. Die materialistische Philosophie schien ihm zu bestätigen, daß man zumindest etwas Spaß am Leben haben sollte. Als ihn jedoch einige Schicksalsschläge trafen, trachtete er danach, das Rätsel des

Lebens zu lösen. Er hatte gehört, daß im spirituellen Leben die Hilfe eines *Gurus* unerläßlich und der *Guru* selbst als Gott zu betrachten sei. Girīsh kannte aber die menschliche Natur zu gut, um Vollkommenheit in ihr entdecken zu können. Seine erste Begegnung mit Rāmakrishna machte überhaupt keinen Eindruck auf ihn. Als Rāmakrishna ihm eines Tages spirituelle Anweisungen geben wollte, sagte Girīsh: »Ich will von Euren Anweisungen nichts hören. Ich habe selbst viele Anweisungen geschrieben, sie sind nutzlos für mich. Helft mir in greifbarer Weise, wenn Ihr könnt.« Der Meister war darüber erfreut und bat Girīsh, mehr Glauben zu entwickeln.

Im Laufe der Zeit begann Girīsh zu begreifen, daß der *Guru* schweigend das innere Leben des Schülers erschließt, und wurde ein standhafter Anhänger des Meisters. Er beschimpfte ihn, trank in seiner Gegenwart und nahm sich Freiheiten heraus, die bei den anderen Anhängern nur Staunen hervorriefen. Der Meister wußte aber, daß Girīsh im Herzen sanft, treu und aufrichtig war. Er wollte nicht, daß Girīsh das Theater aufgab. Wenn jemand ihn bat, Girīsh das Trinken zu verbieten, erwiderte er: »Das ist nicht deine Angelegenheit. Der, der ihn hierhergebracht hat, wird sich auch um ihn kümmern. Girīsh ist ein heroischer Typ, und ich sage dir, daß Trinken ihm nicht schadet.« Der Meister wußte, daß bloße Worte tiefverwurzelte Gewohnheiten nicht aufzuheben vermögen, daß aber der schweigende Einfluß der Liebe Wunder zu vollbringen vermag. Er forderte ihn nie auf, vom Alkohol zu lassen, mit dem Erfolg, daß Girīsh diese Gewohnheit von selbst aufgab. Rāmakrishna stärkte seinen Entschluß, indem er ihn glauben ließ, absolut frei zu sein.

Die Familienväter besuchten Rāmakrishna gewöhnlich sonntags nachmittags und an anderen Feiertagen. Es bildete sich allmählich eine Bruderschaft, und der Meister stärkte ihr brüderliches Empfinden. Ab und zu folgte er der Einladung eines Verehrers, zu der auch andere Anhänger eingeladen waren. Ein *Kirtan* fand statt, und sie verbrachten Stunden mit Tanz und religiöser Musik. Der Meister ging in Trance oder öffnete in religiösen Unterhaltungen sein Herz, um von seinen eigenen spirituellen Erfahrungen zu berichten. Viele Menschen, die nicht nach Dakshineswar kommen konnten, nahmen an diesen Treffen teil und empfanden sie als Segnung. Solche Begegnungen endeten mit einem reichen Mahl.

Rāmakrishna machte die Bekanntschaft von Menschen, deren Gelehrsamkeit oder Reichtum ihnen überall Respekt verschafft hatte, aber er ließ sich durch Zurschaustellung, Ruhm und Beredsamkeit nicht blenden. Ein *Pandit* ohne Unterscheidungsvermögen war für ihn leeres Stroh. Er suchte in den Herzen der Menschen nach dem Lichte Gottes; fehlte es dort, dann wollte er mit ihnen nichts zu tun haben. Kristodas Pal, der stark verwestlicht war, lehnte des Meisters Betonung der Entsagung ab und sagte: »Dieses Gewäsch von Entsagung hat unser Land beinahe ruiniert. Aus diesem Grunde sind wir eine unterdrückte Nation. Anderen Gutes tun, den Erkenntnislosen Bildung bringen und vor allem die materiellen Bedingungen des Landes verbessern – das sollte jetzt unsere Pflicht sein. Der Schrei nach Religion und Entsagung kann uns nur schwächen. Ihr solltet die Jugend Bengalens aufrufen, nur das zu tun, was unser Land aufrichtet.«

Rāmakrishna schenkte ihm einen prüfenden Blick und fand kein göttliches Licht in ihm. In scharfem Ton sagte er: »Dein Verständnis ist gering. Du wagst es, Entsagung und Frömmigkeit, die unsere Schriften als größte aller Tugenden preisen, gering zu achten. Nachdem du zwei Seiten Englisch gelesen hast, glaubst du, die Welt zu kennen. Du glaubst, allwissend zu sein. Hast du die winzigen Krabben beobachtet, die im Ganges geboren werden, sobald der Regen einsetzt? In diesem riesigen Universum bist du noch bedeutungsloser als diese kleinen Geschöpfe. Wie darfst du es wagen, der Welt helfen zu wollen? Der Herr wird sich um sie kümmern. Du hast nicht die Kraft dazu.« Nach einer Weile fuhr der Meister fort: »Erkläre mir einmal, wie du für die anderen arbeiten willst. Einige Menschen mit Nahrung versorgen, Kranke pflegen, eine Straße bauen und einen Brunnen graben – das wäre doch alles. Das sind zweifellos gute Taten, aber wie unbedeutend im Vergleich zur Weite dieses Universums! Wieviel kann ein Mensch in dieser Beziehung erreichen? Wie viele Menschen kannst du vor einer Hungersnot bewahren? Die Malaria hat ganze Provinzen entvölkert. Was konntest du dagegen tun? Gott allein kümmert sich um diese Welt. Der Mensch sollte zuerst Ihn erkennen. Er sollte den Auftrag von Gott bekommen und damit Seine Kräfte, dann kann er daran denken, anderen Gutes zu tun. Erst muß der Mensch von seiner Ichhaftigkeit frei werden. Dann wird ihn die Segensreiche MUTTER bitten, für die Welt tätig zu sein.« Rāmakrishna mißtraute jeder Philanthropie, die sich als Nächstenliebe ausgab. Er warnte die Menschen davor. In den meisten philanthropischen Handlungen sah er nur Egoismus, Eitelkeit, Ruhmsucht und einen unfruchtbaren Versuch, die Langeweile zu töten, oder das Bemühen, ein Schuldbewußtsein zu beschwichtigen. Wahre Nächstenliebe, so lehrte er, ist das Ergebnis der Liebe zu Gott, ein Dienen der Menschen im Geiste der Gottesverehrung.

Die zukünftigen Mönche

Die jungen Männer, die als Mönche ausersehen waren, lehrte der Meister den steilen Weg der Entsagung, innerlich wie auch äußerlich. Sie mußten das Gelübde unbedingter Enthaltsamkeit ablegen und alle Gedanken der Gier und Lust meiden. Wenn der Strebende Enthaltsamkeit übt, entwickelt er Kräfte, durch die er das tiefe Geheimnis Gottes zu verstehen vermag. Selbstbeherrschung ist für ihn absolut unerläßlich. Die *Sannyāsins* sind Lehrer der Menschen, und ihr Leben sollte ohne Makel sein. Sie sollten nicht einmal ein Bild betrachten, das ihre niederen Leidenschaften wecken könnte. Der Meister wählte seine zukünftigen Mönche aus einem Kreis junger Männer, die von »Frauen und Gold« noch unberührt waren und biegsam genug, um sich in eine spirituelle Form kneten zu lassen. Wenn er ihnen den Weg von Entsagung und Unterscheidungsvermögen aufzeigte, duldete er keine Familienväter in der Nähe. Die herausragendsten Schüler unter ihnen waren Narendra und Rakhal.

Die Beziehung zwischen dem Meister und seinem geliebten Schüler Rakhal glich dem Verhältnis zwischen Mutter und Kind. Rāmakrishna erlaubte Rakhal viele Freiheiten, die er bei anderen nicht durchgehen ließ. Bei unrechten Handlungen jedoch zögerte er nicht mit der Bestrafung. Zeitweise empfand Rakhal eine kindische Eifersucht, weil er glaubte, daß andere mehr Zuneigung empfingen. Das gab sich sehr bald, und er sah ein, daß sein *Guru* der *Guru* des ganzen Universums war. Der Meister war über seine Heirat sehr beunruhigt; als er aber feststellte, daß seine Frau spirituell war und seinem Fortschritt nicht hinderlich sein würde, war er erleichtert.

Um seine Botschaft in alle vier Himmelsrichtungen verbreiten zu können, brauchte Rāmakrishna ein starkes Instrument. Mit seiner zarten Konstitution konnte er weite Reisen nicht machen. Das geeignete Instrument fand er in Narendranath Gupta, seinem geliebten Naren, der später als Swāmi Vivekānanda bekannt wurde. Bevor er Naren begegnete, hatte der Meister ihn in einer Vision als Heiligen gesehen, der in Meditation über das Absolute versunken war. Rāmakrishna berichtete über dieses bemerkenswerte Erlebnis: In Meditation versunken verließ er seinen Körper und diese Erde. Er durcheilte die himmlischen Regionen und ließ die darin weilenden Götter zurück. Dem relativen Universum enteilend gelangte er in das Reich des Absoluten, wo er sieben Heilige erblickte, die in Kontemplation über *Brahman* versunken waren. Der Meister erkannte, daß diese großen Seelen selbst die Götter und Göttinnen an Heiligkeit überragten. Als er sie beobachtete, nahm ein Teil des Absoluten die Form eines Kindes an, das auf den Schoß eines Heiligen kletterte. Durch die Berührung öffnete der Heilige seine Augen und blickte das Kind voller Zuneigung an. Darauf sagte das Kind, daß es bald auf Erden eine menschliche Gestalt annehmen würde, und fragte den Heiligen, ob er es begleiten wolle, um ihm bei der Erlösung der Menschheit behilflich zu sein. Der Heilige war einverstanden. Rāmakrishna sagte, daß Naren der Heilige sei, und erklärte auf Befragen, daß er selbst das göttliche Kind sei.

Narendra besaß schon in seiner Jugend großen Mut, Geistesgegenwart, lebhafte Vorstellungskraft, scharfe Intelligenz, ein gutes Gedächtnis, Wahrheitsliebe, Unabhängigkeitsdrang und ein sanftes Herz. Er war ein ausgezeichneter Musiker und erwarb sich bedeutende Kenntnisse in Physik, Mathematik, Philosophie, Geschichte und Literatur. Schon als Kind übte er Meditation und zeigte große Konzentrationsfähigkeit.

Als er auf der Hochschule mit den rationalistischen westlichen Philosophen des neunzehnten Jahrhunderts bekannt wurde, hatte sich sein Kindheitsglaube an Gott noch nicht gefestigt. Er wollte Religion als reine Glaubenssache nicht akzeptieren, sondern verlangte nach einem Beweis Gottes. Es verlangte ihn nach einer äußeren Kraft, einem *Guru*, der verkörperten Vollkommenheit, um den Aufruhr seiner Seele zu beschwichtigen. Von der magnetischen Kraft Keshabs angezogen, trat er dem *Brahmo Samāj* bei und wurde Sänger in seinem Chor. Im *Samāj* fand er jedoch nicht den *Guru*, der sagen konnte, daß er Gott gesehen habe.

Mit geistigen Problemen und zerquälter Seele kam Narendra zu Rāmakrishna nach Dakshineswar. Er war damals achtzehn Jahre alt und seit zwei Jahren auf der Hochschule. In Begleitung eines oberflächlichen Freundes betrat er Rāmakrishnas Zimmer. Auf dessen Bitte sang er einige Lieder mit solcher Hingabe, daß Rāmakrishna in *Samādhi* ging. Bald darauf stand er plötzlich auf, nahm Narendra bei der Hand und führte ihn auf die abgeschirmte Veranda nördlich seines Raumes. Sie waren allein. Narendra in einem Tone ansprechend, als wären sie uralte Freunde, sagte der Meister: »Du bist aber sehr spät gekommen. Warum warst du so unfreundlich, mich all die Tage warten zu lassen? Ich kann die nutzlosen Worte der weltlichen Menschen nicht mehr ertragen. Wie habe ich mich danach gesehnt, jemandem mein Herz ausschütten zu können, der geeignet ist, meine Botschaft zu empfangen!« Unter Seufzern hatte er dies gesagt. Mit gefalteten Händen vor Narendra stehend, bezeichnete er ihn als *Narayana* – Gott, zur Erde gekommen, um das Leid der Menschheit zu beenden. Narendras Hand ergreifend, bat er ihn, bald wiederzukommen, und zwar allein. Narendra war völlig überrascht. »Was muß ich hier erleben«, dachte er. »Er muß völlig verrückt sein. Schließlich bin ich der Sohn Viswanath Dattas; wie kann er so mit mir reden?«

Als sie ins Zimmer zurückkehrten und Narendra den Meister zu anderen sprechen hörte, war er überrascht, welche Logik, Aufrichtigkeit und spirituelle Überzeugungskraft aus seinen Worten sprach. Narendra fragte ihn: »Habt Ihr Gott gesehen?« Der Meister erwiderte: »Ja, ich habe Gott gesehen. Ich habe Ihn greifbarer gesehen, als ich dich sehe. Ich habe mich vertrauter mit Ihm unterhalten, als ich es mit dir tue.« Er fuhr fort: »Aber, mein Kind, wer wünscht schon, Gott zu sehen? Die Menschen vergießen Ströme von Tränen um Geld, Frauen und Kinder. Wenn sie nur einen Tag um Seinetwillen weinten, dann würden sie Ihn sicher sehen.« Narendra war verwundert. Diese Worte konnte er nicht bezweifeln. Zum ersten Mal hatte er jemanden sagen hören, daß er Gott gesehen habe. Er konnte aber diese Worte nicht in Zusammenhang bringen mit der Szene, die sich kurz vorher auf der Veranda abgespielt hatte. Er schloß daraus, daß Rāmakrishna von fixen Ideen besessen sei, und kehrte völlig verwirrt nach Hause zurück.

Etwa einen Monat später, bei seinem zweiten Besuch, wurde er durch eine Berührung des Meisters plötzlich verwandelt und sah, wie die Zimmerwände und alles um ihn herum zu kreisen und zu verschwinden begann. Voller Schrecken rief er aus: »Was macht Ihr mit mir? Ich habe Vater und Mutter zu Haus.« Er sah, wie sich sein eigenes Ich und das ganze Universum in Nichts auflöste. Mit einem Lachen brachte ihn der Meister wieder zu sich. Narendra glaubte, hypnotisiert worden zu sein, konnte aber nicht begreifen, wie solch ein Irrer es fertig brachte, auf das Bewußtsein einer so starken Persönlichkeit, wie er es war, Einfluß zu gewinnen. Verwirrter denn je kehrte er nach Hause zurück, beschloß aber, vor diesem merkwürdigen Manne auf der Hut zu sein.

Bei seinem dritten Besuch ging es ihm aber nicht besser. Diesmal verlor er durch die Berührung des Meisters sein Bewußtsein völlig. In diesem Zustand befragte ihn Rāmakrishna über seine spirituelle Vergangenheit, seinen Auftrag auf dieser Erde und die Dauer seines irdischen Lebens. Die Antworten bestätigten dem Meister, was er intuitiv erkannt und geahnt hatte. Unter anderem erfuhr er, daß Narendra ein Heiliger war, der bereits Vollkommenheit erlangt hatte, und daß er an dem Tage, an dem er sein wahres Selbst erkennen würde, seinen Körper in eigener Willensentscheidung aufgeben würde.

Rāmakrishna war der Göttlichen Mutter dankbar, ihm jemanden geschickt zu haben, der seine Verwirklichung bezweifelte. Er bat Narendra häufiger, ihn zu prüfen wie ein Geldwechsler seine Münzen. Er lachte über Narendras beißende Kritik an seinen spirituellen Erfahrungen und *Samādhis*. Wenn Narendras scharfe Worte ihn entmutigten, tröstete ihn die Göttliche Mutter mit den Worten: »Warum hörst du auf ihn? In wenigen Tagen wird er dir jedes Wort glauben.« Narendras Abwesenheit war für ihn schwer zu ertragen. Oftmals weinte er vor Sehnsucht nach ihm. Narendra fand die Liebe des Meisters verwirrend, und eines Tages schalt er ihn aus und warnte ihn, daß solche Verblendung ihn auf die Ebene seines Objektes herabziehen würde. Der Meister war betrübt und betete zur Göttlichen Mutter. Danach sagte er zu Narendra: »Du Schurke, ich werde nicht mehr auf dich hören. Die MUTTER hat mir gesagt, daß ich dich liebe, weil ich Gott in dir sehe; von dem Tage an, an dem ich Gott nicht mehr in dir sehe, werde ich deinen Anblick nicht mehr ertragen können.«

Der Meister wollte Narendra mit den Lehren des nicht-dualistischen *Vedānta* vertraut machen. Narendra betrachtete es aber durch den Einfluß des *Brahmo Samāj* als völlige Blasphemie, den Menschen als mit seinem Schöpfer eins zu sehen. Einmal sagte er im Tempelgarten lachend zu einem Freund: »Wie töricht! Dieser Krug ist Gott.

Diese Tasse ist Gott. Alles, was wir sehen, ist Gott. Wir sind auch Gott. Nichts könnte absurder sein!« Rāmakrishna trat aus seinem Zimmer und berührte ihn sanft. Gebannt sah er plötzlich, daß wirklich alles Gott war. Ein neues Universum tat sich vor ihm auf. Benommen kehrte er heim, um zu finden, daß die Nahrung, der Teller, der Essende, die Menschen um ihn herum alle Gott waren. Als er durch die Straßen ging, sah er, daß die Wagen, die Pferde, die Menschen, die Gebäude alle *Brahman* waren. Er konnte kaum seine Aufgaben verrichten. Seine Eltern waren besorgt und dachten, er sei krank. Als die Intensität seiner Erfahrung nachließ, erschien ihm die Welt wie ein Traum. Als er über einen großen Platz ging, stieß er seinen Kopf gegen ein Eisengeländer, um festzustellen, ob es wirklich sei. Er brauchte einige Tage, um wieder normal zu werden. Es war ein Vorgeschmack der Dinge, die auf ihn zukamen, und er spürte, daß *Vedānta* recht hatte.

Anfang 1884 starb Narendras Vater durch einen Herzschlag und ließ die Familie in bitterster Not zurück. Hungrig und barfüßig suchte Narendra nach einer Beschäftigung, aber ohne Erfolg. Er begann zu zweifeln, ob es auf dieser Welt überhaupt so etwas wie selbstlose Zuneigung gäbe. Er sprach offen über seine Zweifel am Vorhandensein Gottes. Seine Freunde dachten, er sei ein Atheist geworden und verbreiteten Gerüchte mit merkwürdigen Motiven für seinen Unglauben. Seine Moral wurde verleumdet. Selbst einige Schüler des Meisters schenkten den Gerüchten Glauben, und Narendra sagte ihnen glatt ins Gesicht, daß nur ein Feigling an Gott glaube aus Furcht vor Leiden oder der Hölle. Er war aber sehr bekümmert bei dem Gedanken, daß auch Rāmakrishna diesen falschen Berichten Glauben schenken könnte. Sein Stolz wehrte sich dagegen. Er dachte bei sich: »Was macht das schon! Wenn das Ansehen eines Menschen auf so schwachen Füßen steht, dann sollte mich das nicht kümmern.« Er war überrascht, als er später herausfand, daß der Meister nie den Glauben an ihn verloren hatte.

Es kam der Augenblick, in dem Narendras Not ihren Höhepunkt erreichte. Den ganzen Tag hatte er nichts gegessen. Als er abends heimkehrte, konnte er kaum noch seine müden Glieder bewegen. Erschöpft sank er vor einem Haus nieder, zu schwach, um noch denken zu können. Plötzlich hob eine göttliche Kraft den Schleier von seiner Seele. Er fand die Lösung für das Problem des Zusammengehens von

Elend und göttlicher Gerechtigkeit, für das Vorhandensein des Leidens in einer Schöpfung segensreicher Vorsehung. Er fühlte sich körperlich erfrischt, seine Seele badete in Frieden, und ruhig schlief er ein.

Narendra hatte jetzt erkannt, daß er eine spirituelle Mission zu erfüllen hatte. Er beschloß, der Welt zu entsagen wie sein Großvater, und ging zu Rāmakrishna, um seinen Segen zu erbitten. Bevor er noch den Mund auftun konnte, wußte der Meister schon, was er wollte, und war betrübt durch den Gedanken an die Trennung. Er sagte: »Ich weiß, daß du ein weltliches Leben nicht führen kannst; aber verbleibe um meinetwillen in der Welt, solange ich lebe.«

Mit Ausnahme Gopals des Älteren befanden sich alle monastischen Schüler des Meisters im Alter zwischen fünfzehn und zwanzig Jahren. Sie stammten aus dem Mittelstand Bengalens, und die meisten waren Studenten. Ihre Eltern und Verwandten hatten für sie eine glänzende weltliche Laufbahn vorgesehen. Sie kamen mit gesundem Körper, starkem Geist und unbefleckter Seele zu Rāmakrishna. Alle waren mit ungewöhnlichen spirituellen Eigenschaften geboren. Rāmakrishna akzeptierte sie vom ersten Augenblick an als seine Kinder, Verwandten, Freunde und Gefährten. Seine magische Kraft brachte sie zur Entfaltung. Später spiegelte jeder nach seinem eigenen Vermögen das Leben des Meisters wider.

Die Schülerinnen

Mit seinen Anhängerinnen verband Rāmakrishna eine innige Beziehung. Er selbst verkörperte die sanften Züge der Frau. Er hatte auf der höchsten Ebene der Wahrheit geweilt, auf der alles Geschlechtliche ausgelöscht ist, und seine Lauterkeit weckte in Männern und Frauen nur die edelsten Gefühle. Seine Anhängerinnen hatten oft gesagt: »Wir betrachteten Rāmakrishna nur selten als Mann, er war einer von uns. Wir hatten nie Hemmungen vor ihm, und er war unser innigster Vertrauter.« Sie liebten ihn als ihr Kind, ihren Freund und Lehrer. In spirituellen Dingen unterwies er sie, Lust und Gier zu überwinden, und warnte sie besonders vor den Verlockungen der Männer.

Unter den Anhängerinnen des Meisters befand sich Aghoremani Devī, eine orthodoxe Brahmanin, die an treuer Hingabe und spiritueller Erfahrung nicht zu überbieten war. Früh Witwe geworden, hatte sie sich ganz dem spirituellen Streben hingegeben. *Gopala*, das Kind *Krishna*, war ihr Erwähltes Ideal, das sie verehrte, indem sie *Krishna* als ihr eigenes Kind betrachtete. So befriedigte sie ihre unerfüllte mütterliche Liebe, kochte für Ihn, pflegte Ihn, badete Ihn und brachte Ihn zu Bett. Diese innige Verbundenheit mit *Gopala* brachte ihr den Namen Gopala Ma ein, *Gopalas* Mutter. Vierzig Jahre lang hatte sie in einer kleinen Hütte am Ufer des Ganges gelebt, als einzigen Besitz einen zerlesenen Band des *Rāmāyana* und einen Beutel, der ihren Rosenkranz enthielt. 1884, als sie sechzig Jahre alt war, besuchte sie Rāmakrishna in Dakshineswar. Bei ihrem zweiten Besuch sagte Rāmakrishna, kaum daß er sie erblickt hatte: »Schön, daß du gekommen bist! Gib mir etwas zu essen.« Zögernd gab sie ihm von den Süßigkeiten, die sie unterwegs für ihn gekauft hatte. Der Meister aß davon und bat sie, ihm etwas mitzubringen, das sie selbst zubereitet hatte. Gopala Ma dachte, das sei ein seltsamer Mönch, der anstatt über Gott zu sprechen, nur um Süßigkeiten bat. Sie wollte ihn nicht wieder aufsuchen, aber eine unwiderstehliche Kraft brachte sie in den Tempelgarten zurück. Sie hatte ein einfaches Currygericht zubereitet, das sie mitbrachte.

Bald darauf, als sie eines Morgens meditierte, hatte sie ein bemerkenswertes Erlebnis. *Gopala* erschien ihr, setzte sich auf ihren Schoß und begann dann umherzulaufen. Hin und wieder nahm *Gopala* die Gestalt Rāmakrishnas an. Sie eilte nach Dakshineswar, das Göttliche Kind noch in den Armen. Dort fand sie den Meister in *Samādhi* versunken, und *Gopala* ging in seinem Körper ein und aus. Es erfüllte sie mit Seligkeit, und betäubt kehrte sie in ihre Hütte zurück.

Gopala Ma verbrachte zwei Monate in ununterbrochener Vereinigung mit Gott, und das Kind *Gopala* verließ sie dabei nicht einen Augenblick. Dann ließ die Intensität ihrer Vision nach, sonst hätte sie den Körper aufgeben müssen. Der Meister sprach mit Hochachtung von ihrem spirituellen Zustand und sagte, solche Vision Gottes sei bei gewöhnlichen Sterblichen sehr selten. Der spaßliebende Meister brachte eines Tages den kritischen Narendra mit dieser in-sich-gekehrten Frau zusammen. Ein größerer Gegensatz ist kaum vorstellbar. Der Meister kannte Narendras Verachtung für alle Visionen und bat die alte Dame, über ihre Erlebnisse zu berichten. Zögernd erzählte sie ihre Geschichte. Ab und zu unterbrach sie ihren Bericht, um Narendra zu fragen: »Ich bin eine arme, erkenntnislose Frau. Du bist so gebildet. Sag mir doch bitte, ob diese Visionen von *Gopala* echt sind.« Narendra war tief bewegt, als er ihr zuhörte. Er sagte: »Ja, Mutter, sie sind ganz gewiß wahr.«

Die Armverletzung des Meisters

Im Januar 1884 ging der Meister zum Pinienhain, als er in einen Trancezustand geriet. Da er allein war, konnte niemand ihn stützen oder führen. Er stolperte und brach seinen linken Arm. Dieser Unfall beeinflußte sein Bewußtsein, das bislang den natürlichen Drang hatte, aus der Körperidentifizierung zu enteilen. Der ständige Schmerz in seinem Arm band sein Denken an den Körper und die äußere Welt. Auch hierin sah er eine göttliche Absicht, denn mit einem an die Körperebene gebundenen Denken erkannte er mehr denn je, daß er ein Instrument war in den Händen der Göttlichen Mutter, die durch seinen Geist und Körper eine Mission erfüllen wollte. Er entdeckte, daß Gott sich in der Erscheinungswelt in unergründlicher Weise in verschiedenen menschlichen Wesen manifestiert, in guten wie auch in bösen. So sprach er von Gott in der Maske des Bösen, in der Maske des Frommen, des Heuchlers und des Unzüchtigen. Er hatte seine helle Freude daran, das göttliche Spiel in der Erscheinungswelt zu beobachten. Manchmal schien ihm die innige menschliche Bindung an Gott anziehender als die alles auslöschende Erkenntnis *Brahmans.* Viele Male betete er: »MUTTER, raube mir bitte nicht das Bewußtsein durch *Brahman*-Erkenntnis. Gib mir kein *Brahmajñāna.* Bin ich nicht Dein furchtsames Kind? Ich brauche meine MUTTER. Vielfach sei die Erkenntnis *Brahmans* gepriesen, aber gib sie denen, die danach verlangen.« Dann wiederum betete er: »O MUTTER, laß mich in Kontakt mit den Menschen bleiben, mache keinen trockenen Asketen aus mir. Ich möchte Dein Spiel in der Welt genießen.« Er genoß die göttliche Erfahrung und die Liebe Gottes wie auch die Gesellschaft seiner Schüler, weil sein Bewußtsein durch die Armverletzung gezwungen war, in der Körperebene zu verbleiben. Er scherzte mit den Menschen, die ihn für eine Göttliche Inkarnation hielten, indem er auf seinen Arm zeigte und sagte: »Habt ihr je davon gehört, daß Gott Seinen Arm gebrochen hat?« Es dauerte fünf Monate, bis sein Arm wieder geheilt war.

Die Krankheit

Im April 1885 begann sich der Hals des Meisters zu entzünden. Längere Unterhaltungen oder das Versunkensein in *Samādhi* bewirkten eine stärkere Durchblutung der Kehle und verstärkten den Schmerz. Als das jährliche *Vaishnava*-Fest in Panihati gefeiert wurde, nahm Rāmakrishna gegen den Rat seines Arztes daran teil. Mit einer Gruppe von Anhängern verlor er sich in Musik, Tanz und Ekstase. Die Krankheit verschlimmerte sich und wurde als »rauhe Predigerkehle« diagnostiziert. Dem Patienten wurde geraten, bei Unterhaltungen und Ekstasen vorsichtig zu sein. Obgleich er den ärztlichen Anweisungen in bezug auf Medizin und Diät folgte, konnte er weder seine Trancezustände vermeiden, noch konnte er den Suchenden seinen Rat vorenthalten. Manchmal beklagte er sich wie ein verdrießliches Kind bei der MUTTER über die vielen Menschen, die ihm Tag und Nacht keine Ruhe gönnten. Man hat gehört, wie er zu Ihr sagte: »Warum bringst Du all die wertlosen Menschen hierher, die wie fünffach verdünnte Milch sind? Meine Augen sind fast blind davon, ins Feuer zu blasen, damit das Wasser verdunstet. Meine Gesundheit ist dahin. Es geht über meine Kraft. Tu es selbst, wenn Dir daran gelegen ist. Dieser Körper ist wie ein durchlöchertes Trommelfell, und wenn Du fortfährst, Tag und Nacht darauf herumzuschlagen, wird er nicht mehr lange halten.«

In seiner Großherzigkeit konnte er jedoch niemanden abweisen. Er sagte: »Möge ich dazu verurteilt sein, immer wieder geboren zu werden, selbst als Hund, wenn ich auch nur einer einzigen Seele Hilfe geben kann!« Er trug seine Schmerzen, indem er fröhlich sang: »Mag Krankheit von diesem Körper Besitz ergreifen – du, mein Bewußtsein, verbleibe in Gottes Seligkeit!«

Eines Nachts spürte er einen Husten in der Kehle. Der Arzt stellte fest, daß es sich um Krebs handelte. Narendra brachte diese herzzerreißende Nachricht seinen Schülern. Der Meister wurde zwecks einer besseren Behandlung nach Kalkutta gebracht. Er blieb eine Woche lang in Balarams Haus, bis eine geeignete Unterkunft in Shyampukur, einem nördlichen Vorort von Kalkutta, gefunden war. In dieser Woche gab er sich ohne Rückhalt der Unterweisung solcher Verehrer hin, die ihn in Dakshineswar nicht häufiger besuchen konnten. Unentwegt strömten die Belehrungen von seinen Lippen, und er ging häufig in

Samādhi. Man bat Dr. Mahendra Sarkar, einen bekannten Homöopathen, seine Behandlung zu übernehmen.

Anfang September 1885 wurde Rāmakrishna nach Shyampukur gebracht. Narendra sorgte dafür, daß der Meister Tag und Nacht von seinen jungen Schülern betreut wurde. Zuerst hielten sie die Krankheit des Meisters geheim; als sie sich aber verschlimmerte, blieben sie ständig bei ihm und wischten alle Einwände ihrer Familien beiseite, um sich ganz der Pflege ihres geliebten *Gurus* hinzugeben. Diese jungen Männer wurden unter den wachsamen Augen Rāmakrishnas und der Führung Narendras die Schüler des inneren Kreises. Sie wurden Zeugen der vielen Manifestationen der göttlichen Kräfte des Meisters. Narendra erhielt Anweisungen für die Verbreitung der Lehren nach seinem Tode.

Die Heilige Mutter, wie die Schüler Sarada Devī liebevoll nannten, wurde von Dakshineswar herbeigeholt, um für den Patienten zu kochen und für seine besondere Diät zu sorgen. Da die Unterkunftsmöglichkeiten sehr begrenzt waren, mußte sie sich mit sehr beengtem Raum begnügen. Um drei Uhr morgens nahm sie ihr Bad im Ganges, ging dann zu ihrem kleinen, überdachten Platz auf dem Dach, wo sie den ganzen Tag mit Kochen und Beten verbrachte. Abends um elf Uhr, wenn alle Besucher gegangen waren, kam sie herunter in ihre kleine Kammer im ersten Stock, um einige Stunden zu schlafen. So verbrachte sie drei Monate mit viel Arbeit, wenig Schlaf und ständigem Gebet für die Genesung des Meisters.

Trotz aller ärztlichen Anstrengungen und der Gebete und Pflege der Schüler verschlimmerte sich die Krankheit rapide. Die Schmerzen waren manchmal unerträglich. Der Meister konnte nur noch flüssige Nahrung zu sich nehmen und war bald nur noch ein Skelett. Dennoch strahlte sein Gesicht Freude aus, und er fuhr fort, die vielen Besucher zu begrüßen, die herbeiströmten, um seinen Segen zu empfangen. Als eifrige Jünger die Besucher fernhalten wollten, sagte Girīsh zu ihnen: »Damit werdet ihr keinen Erfolg haben; er ist für diesen einen Zweck geboren – sich für die Erlösung anderer zu opfern.«

Je mehr der Körper von der Krankheit zerstört wurde, desto mehr enthüllte sich das Göttliche Bewußtsein in ihm. Die Durchsichtigkeit seines Körpers ließ die Göttlichkeit immer mehr aufleuchten. Am Tage des *Kālī-Pūjā* sahen die Schüler ganz klar in ihm die Manifestation der Göttlichen Mutter.

Die letzten Tage in Cossipore

Als sich Rāmakrishnas Krankheit verschlimmerte, mieteten seine Schüler auf den Rat von Dr. Sarkar ein geräumiges Gartenhaus in Cossipore. Am 11. Dezember 1885 wurde der Meister dorthin gebracht.

In Cossipore fiel der Vorhang über die verschiedenen Tätigkeiten des Meisters in der Körperebene. Seine Seele hielt sich noch weitere acht Monate im Körper. Es war seine Passionszeit, eine unentwegte Kreuzigung des Körpers und der triumphale Aufstieg der Seele. Menschlichkeit und Göttlichkeit wechselten über eine dünne Grenzlinie hin und her. Jede Minute dieser acht Monate war gekennzeichnet von der Sanftmut seines Herzens und der atemberaubenden Erhabenheit seiner Bewußtseinszustände. Jedes Wort, das er aussprach, war voller Pathos und Gewaltigkeit.

Die Gruppe brauchte nur wenige Tage, um sich in die neue Umgebung einzugewöhnen. Die Heilige Mutter, unterstützt von Rāmakrishnas Nichte Lakshmi Devī und anderen Anhängerinnen, kochte für den Meister und seine Betreuer. Surendra übernahm willig die Hauptausgaben, und andere Familienväter trugen je nach ihren Verhältnissen zu den Kosten bei. Zwölf Schüler waren ständig um den Meister. Narendra, der sich auf eine juristische Prüfung vorbereitete, hatte seine Bücher mitgebracht, um in der knappen freien Zeit seine Studien fortsetzen zu können. Er drängte seine Kameraden, ihre Meditation zu vertiefen, die Schriften zu studieren und sich weiteren spirituellen Übungen zu widmen. Sie vergaßen bald ihre Verwandten und ihre weltlichen Pflichten.

Pandit Shashadar schlug dem Meister eines Tages vor, sich durch Konzentration auf die Kehle von der Krankheit zu befreien, da die Schriften erklärten, daß *Yogis* die Fähigkeit besäßen, sich auf diese Weise zu heilen. Der Meister tadelte ihn und sagte: »Ein Gelehrter wie du, und dann solche Vorschläge! Es ist eine Schande! Wie kann ich mein Bewußtsein von Gott abziehen und auf dieses wertlose Gefäß aus Fleisch und Blut richten?« Narendra und die anderen Schüler baten ihn: »Um unseretwillen könntet Ihr es doch tun.« Rāmakrishna erwiderte: »Glaubt ihr vielleicht, daß ich Freude an diesen Schmerzen habe? Ich möchte gesund sein, aber meine Genesung hängt von der MUTTER ab.«

Narendra: »Bitte betet zu Ihr. Sie wird Euch erhören.«

Meister: »Nun gut, ich werde es versuchen.«

Einige Stunden später sagte der Meister zu Narendra: »Ich habe gesagt: ›O MUTTER, ich kann wegen der Schmerzen nicht schlucken. Mache es möglich, daß ich ein wenig essen kann.‹ Sie zeigte auf euch alle und sagte: ›Warum? Du ißt durch all diese Münder, oder stimmt das nicht?‹ Ich war beschämt und konnte kein Wort mehr herausbringen.« Dies machte alle Hoffnungen der Schüler auf eine Genesung des Meisters zunichte.

»Ich werde alles verkünden, bevor ich fortgehe«, hatte der Meister einige Zeit vorher gesagt. Am 1. Januar 1886 fühlte er sich besser und kam zu einem kleinen Spaziergang in den Garten hinunter. Es war gegen drei Uhr nachmittags. Etwa dreißig Anhänger saßen in der Halle oder unter den Bäumen. Rāmakrishna sagte zu Girīsh: »Nun, was hast du in mir entdeckt, daß du mich vor allen Menschen als Göttliche Inkarnation bezeichnest?« Girīsh war nicht aus der Fassung zu bringen. Er kniete vor dem Meister nieder und sagte mit gefalteten Händen: »Was kann ein so unbedeutender Mensch wie ich über Den aussagen, Dessen Herrlichkeit selbst Heilige wie Vyāsa und Valmiki nicht beschreiben könnten?« Der Meister war tief bewegt und sagte: »Was bleibt mir noch zu sagen? Ich segne euch alle. Möge euch Erleuchtung zuteil werden.« Er fiel in Trance. Als die Anhänger diese Worte vernahmen, wurden sie von ihren Gefühlen überwältigt. Sie stürzten auf ihn zu und fielen ihm zu Füßen. Er berührte alle, und jeder empfing seinen Segen. Jeder einzelne spürte nach der Berührung durch den Meister eine unbeschreibliche Seligkeit. Einige lachten, andere weinten, einige begannen zu meditieren und andere beteten. Einige sahen Licht, einige hatten Visionen ihres Erwählten Ideals und andere spürten in ihrem Körper das Aufsteigen spiritueller Kräfte.

Narendra, der von einem Fieber nach Erkenntnis verzehrt wurde, beklagte sich beim Meister, daß alle anderen Frieden erlangt hätten, nur er nicht. Der Meister fragte ihn, was er begehre. Narendra bat um *Samādhi*, damit er drei oder vier Tage lang die ganze Welt vergessen möchte. »Du Narr!« schalt ihn der Meister. »Es gibt einen höheren Zustand. Singst du nicht immer ›Alles, was ist, bist Du‹? Erledige erst deine Familienangelegenheiten, und dann komm zu mir. Du wirst einen Zustand erfahren, der noch höher ist als *Samādhi*.«

Der Meister machte kein Hehl daraus, daß er Narendra zu seinem spirituellen Erben machen wollte. Narendra sollte nach Rāmakrishnas Fortgang die Arbeit weiterführen. Rāmakrishna sagte zu ihm: »Ich übergebe diese jungen Männer deiner Obhut. Sorge dafür, daß sie sich spirituell entwickeln und nicht nach Hause zurückkehren.« Eines Tages bat er die jungen Männer, als Vorbereitung auf ihr Mönchsleben ihre Nahrung zu erbetteln, ohne an Kastenunterschiede zu denken. Sie gehorchten dem Meister und begaben sich mit der Bettelschale auf den Weg. Einige Tage darauf gab er jedem das gelbe Gewand des *Sannyāsins*, Girīsh eingeschlossen, der in bezug auf Entsagung von niemandem übertroffen wurde. So legte der Meister selbst den Grundstein für den zukünftigen Rāmakrishna-Orden.

Rāmakrishna nahm von Tag zu Tag ab. Seine Diät sank auf ein Minimum herab, und er konnte fast nichts mehr schlucken. Er flüsterte M zu: »Ich ertrage dies alles freudig, weil ihr sonst weinen würdet. Wenn ihr alle der Meinung seid, daß es besser wäre, den Körper aufzugeben, statt diese Qualen zu erleiden, dann bin ich bereit.« Am nächsten Morgen sagte er zu seinen niedergedrückten Schülern, die an seinem Bett versammelt waren: »Wißt ihr, was ich sehe? Ich sehe, daß alles nur Gott ist. Menschen und Tiere sind nur mit Haut bespannte Rahmengestelle, und Er bewegt sich in ihren Köpfen und Gliedern. Ich sehe, daß Gott selbst zum Block, zum Scharfrichter und zum Opfer geworden ist.« Die Gefühle überwältigten ihn. Halbbewußt sagte er: »Ich habe jetzt keine Schmerzen mehr, es geht mir gut.« Er blickte auf Latu und sagte: »Dort sitzt Latu und hat seinen Kopf in die Hand gestützt. Für mich ist es Gott, der in dieser Haltung dasitzt.«

Er behandelte Narendra und Rakhal wie eine Mutter und streichelte sanft ihre Wangen. Im Flüsterton sagte er zu M: »Wäre es diesem Körper vergönnt gewesen, noch etwas länger zu bleiben, dann hätten viel mehr Seelen Erleuchtung erlangt.« Er schwieg einen Augenblick und sagte dann: »Die MUTTER hat es aber anders beschlossen. Sie ruft mich ab, damit die Menschen, die mich arglos und töricht finden, mich nicht ausnützen können, indem sie mich überreden, die seltene Gabe der Spiritualität an sie auszuteilen.« Einige Minuten später zeigte er auf seine Brust und sagte: »Zwei Wesen wohnen hier. Das eine ist Sie und das andere Ihr Verehrer. Dieser brach seinen Arm, und er ist es, der jetzt krank ist. Versteht ihr das?« Nach einer Pause fügte er hinzu: »Ach, wem sage ich das alles? Wer kann mich verstehen? Schmerz ist unvermeidbar, solange es den Körper gibt. Gott nimmt einen Körper an zum Wohle Seiner Verehrer.«

Man ist sich nicht sicher, ob der Meister tatsächlich von Schmerzen gequält wurde. In den spirituellen Trancezuständen zumindest – diese hatte er fast unentwegt in den letzten Tagen seines irdischen Lebens – verlor er völlig das Bewußtsein von Körper, Krankheit und Leiden. Latu sagte später einmal: »Während Rāmakrishna krank war, litt er unter keinen wirklichen Schmerzen. Er sagte oft: ›O mein Geist, vergiß den Körper, vergiß die Krankheit und bleibe in Seligkeit versunken!‹ Nein, er hat nicht wirklich gelitten. Er war oft in einem Zustand, wo sich die Freude sichtbar im Körper manifestierte. Selbst wenn er zum Sprechen nicht fähig war, ließ er uns irgendwie erkennen, daß es kein Leid für ihn gab, und alle, die ihn beobachteten, waren sich dessen bewußt. Die Menschen, die ihn nicht verstanden, dachten, daß er sehr stark leiden müsse. Welche spirituelle Freude hat er in dieser Zeit auf uns übertragen! Das wäre unmöglich gewesen, wenn er körperlich so gelitten hätte. Wir erhielten eine große Belehrung in diesen Tagen. Er sagte uns: ›*Brahman* bleibt stets von allem unberührt. Es gibt in Ihm die drei *Gunas*, aber sie haben keine Wirkung auf Ihn, genau wie der Wind, der die Gerüche trägt, geruchlos bleibt. *Brahman* ist Unendliches Sein, Unendliche Weisheit, Unendliche Seligkeit. In Ihm gibt es keine Täuschung, kein Leid, keine Krankheit, keinen Tod, kein Werden und kein Vergehen. Das Transzendente Wesen und das Wesen in uns sind ein und dasselbe. Es gibt nur ein unteilbares Absolutes Sein.‹«

Die Heilige Mutter begab sich heimlich zu einem *Shiva*-Tempel auf der anderen Seite des Ganges, um sich bei der Gottheit für des Meisters Genesung zu verwenden. Dort wurde ihr enthüllt, daß sie sich auf das unvermeidliche Ende vorbereiten müsse.

Narendra meditierte eines Tages im Erdgeschoß, während der Meister in seinem Bett im ersten Stock wach lag. In tiefer Meditation hatte Narendra das Gefühl, als ob hinter seinem Kopf eine Lampe brenne. Plötzlich verlor er das Bewußtsein. Es war die langersehnte, alles auslöschende Erfahrung des *Nirvikalpa Samādhi*, in der die verkörperte Seele ihre Einheit mit dem Absoluten erfährt. Nach einer ganzen Weile erlangte er sein Bewußtsein teilweise zurück, konnte aber seinen Körper nicht finden. Er sah nur seinen Kopf und rief: »Wo ist mein Körper?« Gopal der Ältere kam herein und sagte: »Warum, er ist doch hier, Naren!« Narendra konnte ihn aber nicht finden. Gopal rannte erschrocken hinauf zum Meister. Rāmakrishna sagte: »Laß ihn nur eine Weile zappeln, er hat mich lange genug deswegen gequält.«

Nach einer ganzen Zeit erlangte Narendra sein volles Bewußtsein zurück. In Frieden gebadet ging er zum Meister, der zu ihm sagte: »Jetzt hat die MUTTER dir alles gezeigt. Diese Enthüllung bleibt jedoch hinter Schloß und Riegel, und ich verwahre den Schlüssel. Wenn du das Werk der MUTTER verrichtet hast, wirst du den Schatz wiederfinden.«

Einige Tage darauf war Narendra mit dem Meister allein. Rāmakrishna sah ihn an und ging in *Samādhi*. Narendra spürte, wie eine feine Kraft ihn durchdrang, und verlor das äußere Bewußtsein. Als er in den normalen Zustand zurückkehrte, sah er Tränen in den Augen des Meisters.

Rāmakrishna sagte zu ihm: »Heute habe ich dir alles gegeben und bin nur noch ein armer Fakir, der nichts mehr besitzt. Durch diese Kraft wirst du der Welt viel Gutes tun und erst zurückkehren, wenn alles vollbracht ist.« Von jetzt an lebte der Meister in seinem Schüler.

Zweifel sind jedoch schwer zu überwinden. Ein oder zwei Tage später dachte Narendra bei sich: »Wenn er inmitten dieser rasenden Schmerzen sich als Gottheit ausgibt, nur dann werde ich ihn als Göttliche Inkarnation anerkennen.« Er saß allein am Bett des Meisters. Es war nur ein flüchtiger Gedanke, aber der Meister lächelte. Seine letzten Kräfte zusammenraffend, sagte er mit großer Bestimmtheit: »Er, der einst *Rāma* und *Krishna* war, ist jetzt in diesem Körper Rāmakrishna – aber nicht in deinem *Vedānta*-Sinne.« Narendra war tief beschämt.

Mahāsamādhi

Sonntag, der 15. August 1886. Der Puls des Meisters wurde unregelmäßig. Die Schüler standen an seinem Bett. Als die Dämmerung hereinbrach, rang Rāmakrishna nach Atem. Kurz darauf beklagte er sich, daß er hungrig sei. Etwas flüssige Nahrung wurde ihm eingeflößt. Etwas konnte er schlucken, der Rest lief über sein Kinn. Zwei Schüler fächelten ihn. Ganz plötzlich ging er in ein *Samādhi* von ungewöhnlicher Art. Der Körper wurde steif. Sashi brach in Tränen aus. Doch nach Mitternacht kam der Meister wieder zu sich. Er war jetzt sehr hungrig und nahm etwas Pudding zu sich. Dabei sagte er, daß er sich wieder stark fühle. Er saß aufrecht an fünf oder sechs Kissen gelehnt, die von Sashi gestützt wurden, der ihn fächelte. Narendra nahm seine Füße in den Schoß und massierte sie. Der Meister sagte wiederholt zu ihm: »Kümmere dich um diese Jungen.« Dann wollte er wieder liegen. Dreimal rief er mit schallender Stimme den Namen *Kālīs*, der von ihm im Leben so geliebten Göttin, und sank zurück. Zwei Minuten nach ein Uhr kam ein schwaches Geräusch aus seiner Kehle, und er fiel etwas auf die Seite. Ein Schauer lief über seinen Körper. Seine Haare standen zu Berge. Seine Augen richteten sich auf seine Nasenspitze. Sein Gesicht wurde von einem Lächeln verklärt. Die letzte Ekstase hatte begonnen. *Mahāsamādhi* war eingetreten, die gänzliche Auflösung, aus der das Bewußtsein nie mehr zurückkehrt. Narendra konnte es nicht mehr ertragen und lief die Treppe hinunter.

Dr. Sarkar traf am frühen Morgen ein und erklärte, daß erst vor einer halben Stunde der Tod eingetreten sei. Um fünf Uhr wurde die Leiche des Meisters heruntergetragen, auf eine Bahre gelegt, in ein gelbes Gewand gekleidet und mit Sandelpaste und Blumen geschmückt. In einer Prozession wurde die Leiche zum Verbrennungsplatz getragen, der am *Baranagore Ghat* am Ganges gelegen war.

Während die Schüler mit der heiligen Asche in das Gartenhaus zurückkehrten, erfaßte sie eine ruhige Gelassenheit, und sie riefen: »Sieg unserem *Guru.*«

Die Heilige Mutter weinte in ihrem Zimmer, nicht um ihren Gatten, sondern weil sie fühlte, daß MUTTER *Kālī* sie verlassen hatte. Als sie die Zeichen ihrer Witwenschaft anlegen wollte, hörte sie in einer Eingebung die tröstenden Worte: »Ich bin nur von einem Raum in einen anderen gegangen.«

1. Meister und Schüler

Februar 1882

An einem Sonntag des Frühjahrs 1882, wenige Tage nach Rāmakrishnas Geburtstag, begegnete M dem Meister zum ersten Mal. Rāmakrishna lebte im *Kālī*-Tempel am Ufer des Ganges in Dakshineswar.

M, der sonntags Muße hatte, war mit seinem Freund Sidhu nach Baranagore gegangen, um dort einige Gärten zu besuchen. Als sie durch Prasanna Bannerjis Garten spazierten, sagte Sidhu: »Am Ufer des Ganges gibt es einen hübschen Garten, in dem ein *Paramahamsa* lebt. Hast du Lust hinzugehen?« M war einverstanden, und sie gingen in den Tempelgarten von Dakshineswar. Sie erreichten in der Dämmerung den Haupteingang und betraten das Zimmer von Rāmakrishna. Er saß auf einem hölzernen Bettgestell und blickte nach Osten. Mit leuchtendem Antlitz sprach er über Gott. Der Raum war voller Menschen, die alle auf dem Boden saßen und schweigend seine Worte in sich hineintranken.

M stand sprachlos da. Es war ihm, als stände er an einem Ort, an dem alle heiligen Plätze zusammenträfen und *Shukadeva* selbst das Wort Gottes verkünde, oder als ob *Chaitanya* mit seinen Anhängern in Puri Gottes Lob sänge.

Rāmakrishna sagte: »Wenn ihr einmal beim Hören von *Haris* oder *Rāmas* Namen Tränen vergießt und euch die Haare zu Berge stehen, dann dürft ihr gewiß sein, daß die Formen der Anbetung für euch überflüssig geworden sind. Nur dann habt ihr das Recht, dem Ritual zu entsagen, oder vielmehr wird das Ritual von allein wegfallen. Dann genügt es, den Namen *Rāmas* oder *Haris* zu wiederholen oder auch einfach OM.«

M blickte sich verwundert um und dachte: »Welch schöner Ort! Was für ein interessanter Mann! Wie wohltuend seine Worte sind, ich möchte gar nicht wieder fortgehen.« Nach einigen Minuten sagte er sich: »Ich werde erst einmal alles ansehen und dann zurückkommen und mich niedersetzen.«

Als er mit Sidhu den Raum verließ, hörte er aus dem Tempel die Musik der Abendandacht erklingen mit Gongs, Glocken, Trommeln und Zimbeln. Auch vom *Nahabat* am Südende des Gartens ertönte Musik. Die Klänge ergossen sich über den Ganges und verloren sich in der Ferne. Es wehte ein sanfter Frühlingswind, der den Duft der Blumen herübertrug, und der Mond war gerade aufgegangen. Es war, als bereiteten Natur und Mensch sich auf die Abendandacht vor. M und Sidhu besuchten die zwölf *Shiva*-Tempel, den *Rādhākanta*-Tempel und den Tempel der *Kālī*. Beim Anblick dieser Gottesverehrung war M's Herz von Freude erfüllt.

Auf dem Rückweg zu Rāmakrishnas Zimmer unterhielten sich die beiden. Sidhu berichtete, daß die Rani Rasmani den Tempel gebaut habe, und daß dort täglich Gott als *Kālī*, *Krishna* und *Shiva* verehrt würde. Als sie an Rāmakrishnas Tür ankamen, war diese geschlossen, und Brinde, die Dienerin, stand davor. M hatte eine englische Erziehung genossen und wollte nicht unangemeldet eintreten. Er fragte sie: »Ist der Heilige anwesend?« Brinde sagte: »Ja, er ist in seinem Zimmer.«

M: »Wie lange wohnt er schon hier?«

Brinde: »Oh, schon lange.«

M: »Liest er viele Bücher?«

Brinde: »Bücher? Nein, mein Lieber, die hat er alle auf der Zunge.«

M hatte gerade sein Studium beendet und war überrascht, daß Rāmakrishna keine Bücher las.

M: »Wahrscheinlich ist er bei seiner Abendandacht. Dürfen wir hineingehen? Sag ihm bitte, daß wir ihn gern sehen möchten.«

Brinde: »Geht hinein, Kinder, geht und setzt euch.«

Rāmakrishna saß auf seiner Couch. Räucherstäbchen waren angezündet und alle Türen geschlossen. M faltete beim Eintreten die Hände und grüßte den Meister. Rāmakrishna bat sie, Platz zu nehmen und fragte: »Wo wohnst du, und was hast du für einen Beruf? Warum bist du nach Baranagore gekommen?« M beantwortete die Fragen, stellte aber fest, daß der Meister zeitweise geistesabwesend zu sein schien. Später hörte er, daß dieser Zustand *Bhāva*, Ekstase, genannt wird. M beobachtete später, daß Rāmakrishna häufig nach Anbruch der Dunkelheit in diese Stimmung geriet und die äußere Welt dabei völlig vergaß.

M: »Wahrscheinlich wollt Ihr Eure Abendandacht verrichten. Dürfen wir uns deshalb verabschieden?«

Rāmakrishna (völlig versunken): »Nein. Abendandacht? Nein, das ist es nicht.«

Nach einer kurzen Unterhaltung grüßte M den Meister und verabschiedete sich. »Komm wieder!« sagte Rāmakrishna.

M's zweiter Besuch fand um acht Uhr morgens statt. Der Barbier war gerade eingetroffen, um Rāmakrishna zu rasieren. Da es noch kühl war, hatte er sich in einen Wollschal gehüllt. M erblickend sagte der Meister: »Du bist also gekommen. Das ist gut. Setz dich!« Er lächelte. Beim Sprechen stotterte er leicht.

Rāmakrishna: »Wo wohnst du?«

M: »In Kalkutta.«

Rāmakrishna: »Wo hältst du dich hier auf?«

M: »Bei meiner älteren Schwester in Ishan Kavirajs Haus.«

Rāmakrishna: »Oh, bei Ishan. Sag' mir, wie geht es Keshab? Er war sehr krank.«

M: »Ich habe auch davon gehört, aber ich glaube, daß es ihm jetzt gut geht.«

Rāmakrishna: »Ich habe ein Gelübde getan, bei Keshabs Genesung der Göttlichen Mutter frische Kokosnuß und Zucker darzubringen. Manchmal wache ich in den frühen Morgenstunden auf und bete: ›MUTTER, bitte, laß Keshab gesund werden! Wenn Keshab nicht mehr am Leben ist, mit wem soll ich mich unterhalten, wenn ich nach Kalkutta komme?‹ Deshalb habe ich mich entschlossen, Ihr ein Opfer darzubringen.

Prataps Bruder kam hierher. Er blieb einige Tage. Er hatte keine Arbeit und wollte hierbleiben. Ich erfuhr, daß er Frau und Kinder bei seinem Schwiegervater zurückgelassen hatte. Er hat eine ganze Horde davon. Ich stellte ihn zur Rede. Stell dir vor, er ist der Vater von so vielen Kindern! Sollen die Nachbarn sie ernähren und aufziehen? Er schämt sich nicht einmal, daß andere seine Frau und seine Kinder ernähren und daß sie im Hause seines Schwiegervaters zurückgeblieben sind. Ich habe ihn heftig gescholten und ihn aufgefordert, Arbeit zu suchen. Darauf war er bereit, von hier fortzugehen.

Bist du verheiratet?«

M: »Ja.«

Rāmakrishna (sich schüttelnd): »O Rāmlal! Er ist verheiratet!«

M saß regungslos wie jemand, der ein schreckliches Verbrechen begangen hat, und blickte zu Boden. Er sagte bei sich: »Ist es etwas so Böses, verheiratet zu sein?«

Der Meister fuhr fort: »Hast du Kinder?«

Diesmal konnte M sein eigenes Herz schlagen hören. Mit zitternder Stimme flüsterte er: »Ja, ich habe Kinder.«

Rāmakrishna sagte sehr traurig: »Ach je, er hat sogar Kinder!«

Von diesen Vorwürfen getroffen, saß M sprachlos da. Sein Stolz hatte einen Stoß bekommen. Nach einigen Minuten blickte Rāmakrishna ihn freundlich an und sagte: »Du hast gewisse gute Zeichen, ich erkenne sie, wenn ich eines Menschen Stirn, Augen und so weiter betrachte. Sag mir jetzt einmal, wie ist deine Frau? Ist sie weise oder unwissend?«

M: »Sie ist ganz in Ordnung, aber ich fürchte, sie ist unwissend.«

Meister (mit sichtlichem Mißvergnügen): »Aber du bist ein *Jñāni* (ein Wissender)!«

Wieder wurde M's Selbstbewußtsein stark erschüttert.

Meister: »Nun, glaubst du an einen gestalthaften oder einen gestaltlosen Gott?«

M, völlig überrascht, sagte zu sich: »Wie kann man an einen gestaltlosen Gott glauben, wenn man Ihn sich in Gestalt vorstellt, und wenn man glaubt, daß Gott eine Gestalt besitzt, wie kann man Ihn sich dann ohne Gestalt vorstellen? Kann eine weiße Flüssigkeit wie Milch schwarz sein?«

M: »Ich ziehe es vor, mir Gott gestaltlos zu denken.«

Meister: »Sehr gut. Es genügt, an einen Aspekt zu glauben. Du glaubst an einen gestaltlosen Gott; das ist ganz in Ordnung. Aber denke ja nicht, daß dies allein richtig sei und alles andere falsch. Vergiß nicht, daß der gestalthafte Gott genau so wahr ist wie der gestaltlose. Halte dich aber an deine eigene Überzeugung.«

Die Vorstellung, daß beide gleich wahr seien, überraschte M. Das war aus seinen Büchern nicht hervorgegangen. Sein Selbstbewußtsein erhielt somit seinen dritten Stoß. Da es aber noch nicht völlig zermalmt war, fuhr er fort, mit dem Meister zu argumentieren.

M: »Angenommen, jemand glaubt an den gestalthaften Gott; dann ist Er aber doch gewiß nicht das Bildnis aus Lehm!«

Meister (ihn unterbrechend): »Aber warum aus Lehm? Es ist ein Bildnis des Geistigen.«

M verstand nicht, was »Bildnis des Geistigen« bedeutete. Er sagte zum Meister: »Man sollte denen, die das Bildnis aus Lehm anbeten, klarmachen, daß es nicht Gott ist und daß sie bei der Anbetung Gott im Auge haben sollten und nicht die Lehmform. Man sollte Lehm nicht anbeten.«

Meister (in scharfem Ton): »Das mögt ihr Leute in Kalkutta gern: Vorträge halten und anderen das Licht anzünden! Keiner denkt darüber nach, wie er selbst Licht erlangen könnte. Wer bist du, daß du andere belehren willst?

Er, der HERR des Universums, wird jeden belehren. Er allein wird uns belehren, der dieses Universum geschaffen hat, der Sonne, Mond, Menschen, Tiere und alle anderen Wesen entstehen ließ, der für ihren Unterhalt sorgt, der den Kindern Eltern gab und ihnen Liebe schenkt, um sie aufzuziehen. Der HERR hat so viele Dinge vollbracht; wird Er nicht auch den Menschen zeigen, wie sie Ihn verehren sollen? Wenn sie der Belehrung bedürfen, wird Er der Lehrer sein. Er ist unser Innerer Führer.

Angenommen, es wäre ein Fehler, das Bildnis aus Lehm anzubeten; wüßte Gott nicht, daß Er allein dadurch angesprochen wird? Diese Anbetung wird Ihn erfreuen. Warum willst du dir den Kopf darüber zerbrechen? Bemühe dich lieber um Erkenntnis und Hingabe!«

Diesmal spürte M, daß sein Selbstbewußtsein völlig zerstört war. Er sagte zu sich: »Ja, er hat recht. Was habe ich andere zu belehren? Habe ich Gott erkannt? Liebe ich Ihn wirklich? Wie passend ist das Sprichwort: ›Ich habe selbst nicht genug Platz in meinem Bett, aber ich lade einen Freund ein, es mit mir zu teilen.‹ Ich weiß nichts über Gott; dennoch will ich andere belehren. Welche Schande! Wie töricht bin ich doch! Dies ist weder Mathematik noch Geschichte oder Literatur, die man anderen beibringen kann. Nein, es ist das große Geheimnis über Gott. Was er sagt, leuchtet mir ein.«

Meister: »Du sprachst von der Anbetung eines Lehmbildnisses. Selbst wenn das Bildnis aus Lehm ist, besteht für diese Art der Anbetung ein Bedürfnis. Gott hat verschiedene Anbetungsformen vorgesehen. Er, der HERR des Universums, hat all diese Formen geschaffen, um den verschiedenen Menschen auf ihren verschiedenen Erkenntnisstufen dienlich zu sein.

Die Mutter kocht für die Mägen ihrer verschiedenen Kinder verschiedene Speisen. Angenommen, sie hat fünf Kinder. Gibt es Fisch, so bereitet sie daraus verschiedene Gerichte: gebratenen Fisch, gekochten Fisch, eingelegten Fisch und so fort, um den verschiedenen Mündern und Mägen entgegenzukommen.

Verstehst du, was ich meine?«

M (demütig): »Ja. Aber wie kann ich mein Denken auf Gott richten?«

Meister: »Wiederhole Gottes Namen und singe Sein Lob. Besuche ab und zu Gottesverehrer und Heilige. Das Denken kann nicht bei Gott verweilen, wenn es Tag und Nacht in Weltlichkeit, weltlichen Pflichten und Verantwortungen versunken ist. Es ist unbedingt notwendig, ab und zu in die Einsamkeit zu gehen und an Gott zu denken. Es ist anfangs sehr schwer, sein Denken auf Gott zu richten, wenn man nicht in der Einsamkeit meditiert hat. Ein junger Baum sollte eingezäunt werden, damit das Vieh ihn nicht zerstört.

Es gibt drei Arten der Meditation: beim Ausüben der Pflichten ständig an Gott zu denken; in einer stillen Ecke des Hauses über Ihn zu meditieren; oder im Wald über Ihn nachzudenken. Dabei solltest du ständig zwischen dem Wirklichen und dem Unwirklichen unterscheiden. Nur Gott ist wirklich. Er ist das Ewige. Alles andere ist unwirklich, weil es unbeständig ist. Durch derartige Unterscheidung kann man die vergänglichen Objekte aus seinem Denken vertreiben.«

M: »Wie sollten wir uns in der Welt verhalten?«

Meister: »Tu deine Pflicht, aber richte dein Denken auf Gott. Kümmere dich um Frau und Kinder, Vater und Mutter; behandle sie, als wären sie das Teuerste für dich, aber erkenne im innersten Herzen, daß sie dir nicht gehören.

Das Dienstmädchen im Hause eines reichen Mannes versieht alle Haushaltspflichten, aber ihre Gedanken weilen in ihrem Heimatdorf. Sie erzieht die Kinder ihres Herrn, als wären es ihre eigenen. Sie nennt sie sogar ›mein *Rāma*‹ oder ›mein *Hari*‹, aber sie weiß ganz genau, daß sie ihr nicht gehören.

Die Schildkröte schwimmt im Wasser herum, aber weißt du, wo ihre Gedanken weilen? Am Ufer, wo sie ihre Eier gelegt hat. Versieh all deine Pflichten in der Welt, aber richte dein Denken auf Gott. Wenn du in die Welt hineingehst, ohne Liebe zu Gott entwickelt zu haben, wirst du in sie verstrickt. Ihre Gefahren, Sorgen und Leiden werden dich überwältigen. Je mehr du an weltliche Dinge denkst, desto größer wird deine Verhaftung an sie sein.

Bevor du eine Jackbaumfrucht aufbrichst, mußt du deine Hände mit Öl einreiben, sonst sind sie voll klebriger Milch. Sichere dir erst das Öl der göttlichen Liebe und lege dann deine Hände an die Welt.

Um diese göttliche Liebe erlangen zu können, muß man in die Einsamkeit gehen. Wenn man aus Milch Butter gewinnen will, muß man sie erst ruhen lassen; wird sie zu sehr bewegt, kann sie sich nicht setzen. Wenn du alle andere Arbeit hinlegst und an einem stillen Ort zu kirnen beginnst, dann wirst du Butter erhalten.

Wenn man in der Einsamkeit meditiert, erlangt man Erkenntnis, Leidenschaftslosigkeit und Hingabe. Es geht aber mit dem Denken bergab, sobald es in die Welt verstrickt ist. In der Welt denkt man nur an ›Frauen und Gold‹.

Die Welt ist Wasser und das Denken Milch. Gießt man Milch ins Wasser, so werden sie eins, man kann die reine Milch nicht mehr finden. Macht man aber Butter aus der Milch und legt diese ins Wasser, dann schwimmt sie darauf. Versieh deine spirituellen Übungen in der Einsamkeit und erlange die Butter der Erkenntnis und Liebe. Selbst wenn du die Butter in das Wasser der Welt legst, wird sie sich nicht mehr vermischen und oben treiben.

Gleichzeitig mußt du dich im Unterscheiden üben. ›Frauen und Gold‹ sind unbeständig. Gott ist die einzige Ewige Wirklichkeit. Was kann man mit Geld kaufen? Nahrung, Kleidung und Wohnung – nicht mehr. Gott kann mit Geld nicht verwirklicht werden. Geld kann also nie das Ziel des Lebens sein. Das ist der Unterschied. Hast du das verstanden?«

M: »Ja, Herr.«

Meister: »Bedenke einmal, was an Geld und an einem schönen Körper dran ist. Übe dich im Unterscheiden, und du wirst finden, daß selbst der Körper der schönsten Frau nur aus Knochen, Fleisch, Fett und anderen unerfreulichen Dingen besteht. Warum sollte der Mensch Gott aufgeben, um seine Aufmerksamkeit auf diese Dinge zu richten? Warum sollte er ihretwegen Gott vergessen?«

M: »Ist es möglich, Gott zu sehen?«

Meister: »Ja, gewiß. Wenn man ab und zu in die Einsamkeit geht, Gottes Namen wiederholt, seinen Ruhm verkündet und zwischen dem Wirklichen und dem Unwirklichen zu unterscheiden lernt, dann erlangt man die Möglichkeit, Gott zu sehen.«

M: »Welche Bedingungen sind notwendig, um Gott sehen zu können?«

Meister: »Verlange mit brennendem Herzen nach dem Herrn, und du wirst Ihn gewiß sehen. Die Menschen vergießen Eimer voll Tränen wegen Frau und Kindern. Sie schwimmen in Tränen des Geldes wegen. Wer aber weint nach Gott? Weine nach Ihm mit echtem Verlangen!

Verlangen ist wie die rosige Dämmerung. Der Dämmerung folgt die Sonne. Dem Verlangen folgt die Schau Gottes.

Gott enthüllt sich einem Strebenden, der sich mit der Kraft dreier Anziehungskräfte zu Ihm hingezogen fühlt: der Anziehungskraft, die Besitz auf einen Weltling ausübt, der Anziehungskraft, die eine Mutter für ihr Kind besitzt und der Anziehungskraft eines keuschen Weibes auf ihren Mann. Wer sich mit der vereinten Macht dieser drei Anziehungskräfte zu Ihm hingezogen fühlt, der wird Ihn erlangen.

Der springende Punkt ist, Gott zu lieben, wie die Mutter ihr Kind, die keusche Frau ihren Mann und der Weltliche seinen Reichtum liebt. Vereinige diese drei Kräfte der Liebe, diese drei Anziehungskräfte, und richte sie alle auf Gott. Dann wirst du Ihn gewiß sehen.«

An einem Sonntagnachmittag kam M zum dritten Mal zu Rāmakrishna. Er war tief beeindruckt von den ersten beiden Besuchen. Unentwegt hatte er an den Meister denken müssen und an die einfache Art, in der er die tiefen Wahrheiten des spirituellen Lebens erklärt hatte. Noch nie war er einem solchen Menschen begegnet.

Rāmakrishna saß auf der schmalen Couch. Das Zimmer war voller Verehrer, die den Feiertag benutzten, um den Meister zu sehen. M war noch mit niemandem bekannt und nahm deshalb in einer Ecke Platz. Der Meister lächelte, als er sich mit seinen Anhängern unterhielt.

Er wandte sich besonders an einen jungen Mann von neunzehn Jahren, der Narendranath hieß, Student war und den *Brahmo Samāj* besuchte. Er hatte leuchtende Augen, seine Worte waren voller Kraft, und er sah aus wie ein Gottliebender.

Die Unterhaltung ging um weltliche Menschen, die auf alle herabblicken, die spirituellen Dingen nachgehen. Der Meister sprach über die große Anzahl solcher Menschen auf der Welt, und wie man mit ihnen umgehen sollte.

Meister (an Narendra gewandt): »Was hältst du davon? Weltliche

Menschen reden so viel über die, die nach spirituellen Dingen streben. Aber beobachte einmal, wenn ein Elefant durch die Straße geht und die herrenlosen Köter kläffen und Krach machen. Der Elefant blickt sich nicht einmal um. Wenn die Menschen Schlechtes über dich reden, was denkst du dann?«

Narendra: »Ich werde denken, daß Hunde mich anbellen.«

Meister (lächelnd): »O nein, so weit darfst du nicht gehen, mein Kind! (Gelächter) Gott wohnt in allen Wesen. Sei aber nur mit guten Menschen vertraut und meide die schlechten. Gott ist selbst im Tiger, aber deshalb kannst du den Tiger noch lange nicht umarmen. (Gelächter) Du könntest sagen: ›Warum vor einem Tiger davonlaufen, der auch eine Manifestation Gottes ist?‹ Die Antwort darauf ist: ›Die dir den Rat geben davonzulaufen, sind auch Manifestationen Gottes, warum nicht auf ihren Rat hören?‹

Ich will euch eine Geschichte erzählen. In einem Wald lebte ein Heiliger, der viele Schüler hatte. Eines Tages lehrte er sie, in allen Wesen Gott zu sehen. Ein Schüler ging in den Wald, um Holz für das Opferfeuer zu sammeln. Plötzlich hörte er den Warnschrei: ›Geht aus dem Weg, ein wildgewordener Elefant kommt angelaufen!‹ Alle außer dem Schüler des Heiligen ergriffen die Flucht. Er überlegte, daß der Elefant auch Gott sei, nur in einer anderen Form; warum sollte er davonlaufen? Er stand still und verbeugte sich vor dem Tier und begann, sein Lob zu singen. Der Elefantentreiber auf dem Elefanten schrie: ›Lauf weg! Lauf weg!‹ Aber der Schüler rührte sich nicht. Der Elefant ergriff ihn mit dem Rüssel, warf ihn zur Seite und rannte weiter. Verletzt und zerschunden lag der Schüler am Boden. Als sein Lehrer und seine Mitschüler von dem Unglück hörten, kamen sie herbei und trugen ihn in die Einsiedelei. Durch eine Medizin kam er wieder zu sich. Jemand fragte ihn: ›Du wußtest doch, daß der Elefant kam. Warum bist du nicht davongelaufen?‹ ›Aber unser Lehrer hat doch gesagt, daß Gott selbst alle diese Formen der Menschen und Tiere angenommen hat. Da dachte ich, daß Gott der Elefant herankäme, und bin nicht davongelaufen.‹ Darauf sagte der Lehrer: ›Ja, mein Kind, es stimmt, daß Gott der Elefant herankam, aber Gott der Elefantentreiber riet dir, nicht stehen zu bleiben. Da sie alle Manifestationen Gottes sind, hättest du den Worten des Elefantentreibers vertrauen sollen.‹« (Gelächter)

Ein Anhänger: »Wenn ein böser Mensch uns Schaden zufügen will oder es tatsächlich tut, sollten wir dann den Mund halten?«

Meister: »Wer in der Gesellschaft lebt, sollte Zorn zeigen, um sich vor üblen Menschen zu schützen. Er sollte aber niemandem Schaden zufügen in der Annahme, Schaden zu erleiden.

Hört folgende Geschichte. Junge Kuhhirten ließen ihre Kühe auf einer Weide grasen, auf der eine giftige Schlange lebte. Alle hatten Angst vor ihr. Eines Tages ging ein *Brahmachāri* über die Wiese. Die Jungen liefen zu ihm und sagten: ›Geht nicht diesen Weg, dort lebt eine giftige Schlange.‹ ›Was ist mit ihr?‹, fragte der *Brahmachāri.* ›Ich habe keine Angst vor Schlangen, ich kenne einige *Mantras.*‹ Er ging über die Wiese, aber die Kuhhirten gingen vor Angst nicht mit. Als die Schlange mit erhobenem Haupt auf ihn zukam, sprach er ein *Mantra*, und die Schlange lag wie ein Regenwurm zu seinen Füßen. Der *Brahmachāri* sagte: ›Warum richtest du Unheil an? Ich werde dir ein heiliges Wort geben. Wenn du es wiederholst, wird deine Heftigkeit dich verlassen, und du wirst Gott erkennen.‹ Er gab der Schlange das heilige Wort und weihte sie in das spirituelle Leben ein. Die Schlange verneigte sich vor ihrem Lehrer und fragte: ›Wie soll ich die spirituellen Übungen durchführen?‹ ›Wiederhole das heilige Wort‹, sagte der Lehrer, ›und füge niemandem Schaden zu.‹ Beim Fortgehen sagte er: ›Ich werde dich wiedersehen.‹

Einige Tage vergingen, und die Kuhhirten merkten, daß die Schlange nicht mehr biß. Sie warfen mit Steinen nach ihr. Statt zornig zu werden, benahm die Schlange sich wie ein Regenwurm. Darauf gingen die Jungen dicht heran, ergriffen sie beim Schwanz, schlugen sie mehrmals auf den Boden und warfen sie fort, da sie glaubten, sie sei tot.

Nach ungefähr einem Jahr kam der *Brahmachāri* vorbei und fragte nach der Schlange. Die Kuhhirten sagten ihm, sie sei tot. Er schenkte ihnen keinen Glauben. Er ging zur Wiese, suchte umher und rief sie bei dem Namen, den er ihr gegeben hatte. Als sie die Stimme ihres Lehrers vernahm, kam sie aus ihrem Loch und verneigte sich ehrfürchtig vor ihm. ›Wie geht es dir?‹ fragte der *Brahmachāri.* ›Es geht mir gut‹, sagte die Schlange. ›Aber warum bist du so mager?‹ fragte der Lehrer. Die Schlange erwiderte: ›Ihr habt mir befohlen, niemanden zu verletzen, daher habe ich von Blättern und Früchten gelebt. Das hat mich wohl so abmagern lassen.‹

Die Schlange war gutherzig geworden und konnte niemandem

mehr böse sein. Sie hatte völlig vergessen, daß die Hirten sie beinahe getötet hätten.

Der *Brahmachāri* sagte: ›Es kann nicht allein der Mangel an Nahrung sein, der dich in diesen Zustand gebracht hat. Es muß einen anderen Grund haben. Denk einmal nach!‹ Da erinnerte sich die Schlange, daß die Jungen sie auf den Boden geschleudert hatten und sagte: ›Ich erinnere mich jetzt; die Hirten haben mich heftig auf den Boden geworfen. Schließlich konnten sie ja nicht wissen, daß ich mich so sehr verändert habe und niemanden mehr beiße oder verletze.‹ Der *Brahmachāri* rief aus: ›Welch eine Schande! Was bist du für ein Narr! Du kannst dich nicht einmal beschützen! Ich habe dir aufgetragen, nicht mehr zu beißen, aber habe ich dir das Zischen verboten? Warum hast du sie nicht durch Zischen verscheucht?‹

Böse Menschen muß man manchmal anzischen. Man muß sie erschrecken, damit sie einem nichts tun, aber man darf kein Gift über sie spritzen, denn man soll andere nicht verletzen.

In Gottes Schöpfung gibt es viele Dinge: Menschen, Tiere, Bäume und Pflanzen. Es gibt gute und böse Tiere und wilde wie den Tiger. Einige Bäume tragen süße Früchte, andere giftige. So gibt es auch unter den Menschen gute und böse, heilige und nicht heilige. Einige sind Gott ergeben und andere der Welt.

Man kann die Menschen in vier Gruppen einteilen: die an die Welt Gebundenen, die Befreiung Suchenden, die Befreiten und die ewig Freien.

Zu den ewig Freien können wir Heilige wie *Nārada* zählen. Sie leben zum Wohle der anderen und lehren sie die spirituelle Wahrheit.

Die Gebundenen sind in Weltlichkeit versunken und haben Gott vergessen. Nicht einmal aus Versehen denken sie an Gott.

Die Befreiung Suchenden wollen sich von der Verhaftung an die Welt lösen. Einige unter ihnen schaffen es, andere nicht.

Die befreiten Seelen wie *Sādhus* und *Mahātmas* sind der Welt – ›Frauen und Gold‹ – nicht mehr verhaftet. Ihr Denken ist von aller Weltlichkeit befreit. Sie meditieren ständig über die Herrlichkeit Gottes.

Angenommen, in einem See ist ein Netz ausgeworfen zum Fischefangen. Einige Fische sind so schlau, daß sie nie gefangen werden. Sie sind den ewig Freien zu vergleichen. Aber die meisten Fische gehen ins Netz. Einige versuchen herauszukommen; sie sind wie die Befreiung Suchenden. Nicht allen Fischen gelingt es. Einige wenige springen über das Netz, so daß es klatscht. Dann rufen die Fischer: ›Seht, da ist ein Großer entkommen!‹ Doch die meisten Fische bleiben gefangen, weil sie keine Anstrengungen machen herauszukommen. Im Gegenteil, sie vergraben sich im Morast und Netz, liegen ganz still und denken: ›Wir brauchen uns nicht zu fürchten, hier sind wir ganz sicher.‹ Die Armen wissen nicht, daß der Fischer sie mitsamt dem Netz herausziehen wird. Sie sind wie die an die Welt Gebundenen.

Die gebundenen Seelen denken nie an Gott. Haben sie Muße, dann verbringen sie ihre Zeit mit Klatsch und törichtem Geschwätz oder fruchtlosem Tun. Fragt man sie nach dem Grund, dann lautet die Antwort: ›Ich kann nicht stillsitzen, deshalb mache ich einen Zaun.‹ Plagt sie die Langeweile, dann beginnen sie, Karten zu spielen.«

Tiefes Schweigen herrschte im Raum.

Einer der Anwesenden: »Gibt es denn keine Hilfe für einen weltlichen Menschen?«

Meister: »Aber gewiß! Er sollte ab und zu die Gesellschaft heiliger Männer suchen und in der Einsamkeit über Gott meditieren. Außerdem sollte er sich im Unterscheiden üben und Gott um Glauben und Hingabe bitten. Wenn ein Mensch Glauben besitzt, hat er bereits alles. Es gibt nichts Größeres als den Glauben.«

Zu Kedar gewandt: »Du wirst sicher über die gewaltigen Kräfte des Glaubens gehört haben. In den *Purānas* heißt es, daß *Rāma*, der ja Gott selbst war – eine Verkörperung des Absoluten *Brahman* –, eine Brücke bauen mußte, um nach Ceylon zu gelangen. *Hanumān* aber, sein großer Verehrer, vertraute auf *Rāmas* Namen, sprang mit einem Satz über die See und erreichte das andere Ufer. Er brauchte keine Brücke. (Alle lachen)

Einmal wollte ein Mann die See überqueren. Bibhishana schrieb *Rāmas* Namen auf ein Blatt, knotete es in eine Ecke seines Gewandes und sagte zu ihm: ›Hab keine Angst. Habe Vertrauen und wandle übers Wasser. Doch merke dir: In dem Moment, in dem du den Glauben verlierst, wirst du ertrinken.‹ Der Mann ging mühelos übers Wasser. Plötzlich hatte er das intensive Verlangen nachzusehen, was in sein Gewand eingeknotet war. Er machte den Knoten auf und fand nur das Blatt mit dem Namen *Rāmas*. ›Was!‹ rief er aus. ›Nur *Rāmas* Namen?‹ Sobald der Zweifel in ihm auftauchte, ging er unter.

Wenn ein Mensch auf Gott vertraut, dann wird er durch seinen

Glauben gerettet werden, selbst wenn er so schreckliche Sünden begangen hat wie das Töten einer Kuh, eines Brahmanen oder einer Frau. Er sollte nur zu Gott sagen: ›O Herr, ich werde so etwas nicht wieder tun!‹ Er braucht sich dann nicht mehr zu fürchten.«

Als er dies gesagt hatte, begann der Meister zu singen:

> Wenn ich nur scheiden kann von hier
> mit *Durgās* Namen auf den Lippen,
> wie kannst Du dann, o Segensreiche,
> Befreiung mir versagen,
> bin ich auch noch so unwürdig?
> Mag ich Wein gestohlen haben,
> ein noch Ungeborenes getötet,
> eine Kuh oder ein Weib erschlagen haben,
> verschuldet gar eines Brahmanen Tod –
> dennoch, sei dies auch alles wahr,
> so kann doch nichts von alledem in mir
> die kleinste Spur von Furcht erregen,
> denn durch die Macht Deines geliebten Namens
> kann meine arme Seele trotzdem noch
> selbst nach dem Reiche *Brahmans* trachten.

Auf Narendra zeigend, sagte der Meister: »Seht, wie dieser Junge sich hier benimmt. Wenn er sich am Tempeleingang mit den anderen balgt, ist er ein ganz anderer. Ein Kind, das sonst umhertobt, scheint ganz sanft zu sein, wenn es bei seinem Vater sitzt. Narendra gehört zu den ewig Freien. Sie sind nie der Welt verhaftet. Wenn sie älter werden, spüren sie ein inneres Erwachen und streben direkt zu Gott. Sie kommen auf die Welt, um andere zu belehren. Nichts kümmert sie in dieser Welt. Sie sind ›Frauen und Gold‹ nicht verhaftet.

Die *Veden* berichten vom *Homa*-Vogel, der hoch oben am Himmel lebt. Dort legt er sein Ei, das herabfällt; aber durch die Höhe dauert es viele Tage. Im Fallen wird es ausgebrütet, und das Küken fällt weiter. Es öffnet die Augen, und Flügel wachsen ihm. Sobald es sieht, daß es fällt, und erkennt, daß es auf der Erde zerschmettert werden wird, schießt es aufwärts zu seiner Mutter hoch am Himmel.«

An diesem Punkt verließ Narendra den Raum. Kedar, Prankrishna, M und viele andere blieben.

Meister: »Narendra zeichnet sich beim Singen, Musizieren und Studium wie auch in allen anderen Dingen aus. Kürzlich diskutierte er mit Kedar und riß seine Argumente in Stücke. (Alle lachen)

Zu M: »Gibt es im Englischen ein Buch über Vernunft?«

M: »Ja, es nennt sich Logik.«

Meister: »Berichte mir, was es enthält.«

M war ein wenig verwirrt. Er sagte: »Ein Teil des Buches befaßt sich damit, vom Allgemeinen auf das Besondere zu schließen, zum Beispiel: Alle Menschen sind sterblich. Gelehrte sind Menschen. Darum sind Gelehrte sterblich. Ein anderer Teil handelt von der Methode, vom Besonderen zum Allgemeinen zu gelangen, zum Beispiel: Diese Krähe ist schwarz; jene Krähe ist schwarz; alle Krähen, die wir sehen, sind schwarz. Deshalb sind alle Krähen schwarz. Diese Schlußfolgerung kann aber fehlerhaft sein, denn es mag in einem anderen Land eine weiße Krähe geben. Ein anderes Beispiel: Wenn es regnet, muß eine Wolke da sein. Darum kommt Regen aus einer Wolke. Noch ein Beispiel: Dieser Mensch hat 32 Zähne; jener hat auch 32 Zähne; alle Menschen, die wir kennen, haben 32 Zähne. Folglich haben Menschen 32 Zähne. Englische Logik befaßt sich mit solchen Ableitungen und Folgerungen.«

Rāmakrishna hatte kaum zugehört, er war geistesabwesend. Die Unterhaltung kam nicht weiter.

Als sich die Versammlung auflöste, verstreuten sich die Zuhörer im Tempelgarten. M ging hinüber zum *Panchavatī*. Es war gegen fünf Uhr nachmittags. Nach einer Weile kehrte er zu Rāmakrishna zurück. Dort auf der kleinen nördlichen Veranda bot sich ihm ein erstaunlicher Anblick.

Rāmakrishna stand regungslos, von einigen Jüngern umgeben. Narendra sang. M hatte außer dem Meister niemanden so gut singen hören. Als er auf Rāmakrishna blickte, war er sprachlos. Der Meister stand bewegungslos mit jenseits gerichtetem Blick. Er schien nicht einmal zu atmen. Ein Anwesender sagte ihm, daß der Meister in *Samādhi* sei.

Narendra sang:

> Meditiere, mein Geist, über *Hari*, den Herrn,
> über Ihn, den makellos Einen,
> der durch und durch reiner Geist ist!

Wie unvergleichlich ist das in Ihm leuchtende Licht!
Wie verzaubert Seine herrliche Gestalt die Seele!
Wie ist Er allen Ihn Liebenden teuer!

Schöner und schöner in frisch erblühender Liebe,
die den Glanz von Millionen Monden beschämt!
Wie Blitze strahlt die Herrlichkeit Seiner Gestalt.
Vor lauter Freude stehn mir die Haare zu Berge.

Als die letzte Zeile erklang, erschauerte der Meister. Seine Haare standen zu Berge, und Tränen der Freude liefen über seine Wangen. Um seine Lippen spielte ein Lächeln. Sah er die unvergleichliche Schönheit Gottes, die den Glanz unzähliger Monde beschämt? War dies die Schau Gottes, das Wesen alles Geistigen? Wieviel Entsagung und Übung, wieviel Glaube und Hingabe mußten erforderlich sein für eine solche Schau!

Das Lied ging weiter:

Verehre Seine Füße im Lotus des Herzens;
mit heiterem Geist und Augen, die strahlen vor Liebe
nimm diesen Anblick ohnegleichen wahr.

Wieder dieses betörende Lächeln, der Körper regungslos wie zuvor, die Augen halb geschlossen, als schauten sie ein wunderbares inneres Gesicht.

Das Lied klang aus. Narendra sang die letzte Strophe:

Gefangen im Bann Seiner Liebesekstase
versenk dich für immer, mein Geist, in Ihn,
der reine Weisheit und reine Wonne ist.

M hatte auch am nächsten Tag frei. Er kam nachmittags gegen drei Uhr nach Dakshineswar. Narendra, Bhāvanath und einige andere Jünger saßen auf einer Matte auf dem Fußboden. Alle waren um die Zwanzig herum. Rāmakrishna saß auf der kleineren Couch und unterhielt sich lächelnd mit ihnen.

Kaum hatte M den Raum betreten, als der Meister laut lachte und zu den jungen Leuten sagte: »Da kommt er wieder.« Alle lachten mit.

M verbeugte sich tief und nahm Platz. Bisher hatte er den Meister aufgrund seiner englischen Erziehung mit zusammengelegten Händen begrüßt. Jetzt aber fiel er nach orthodoxer Hindu-Art zu seinen Füßen nieder.

Der Meister erklärte, warum er gelacht hatte. Er sagte: »Ein Mann hatte einem Pfau nachmittags um vier Uhr eine Opiumpille gegeben. Am nächsten Tag genau um dieselbe Zeit stellte sich der Pfau wieder ein. Er hatte den Rausch der Droge verspürt und kam pünktlich, um eine weitere Pille zu bekommen.« (Alle lachten)

Der Meister hatte viel Spaß mit den jungen Leuten und behandelte sie wie seine vertrautesten Freunde. Herzhaftes Gelächter erfüllte den Raum. Das Ganze war eine Offenbarung für M. Er dachte: »Habe ich ihn nicht erst gestern gottestrunken gesehen? Schwamm er da nicht im Ozean göttlicher Liebe – ein Anblick, den ich vorher nie erlebt hatte? Heute jedoch benimmt er sich wie ein gewöhnlicher Mensch. Hat er nicht am ersten Tag mit mir gescholten? Hat er nicht gesagt: ›Aber du bist ein *Jñāni*!‹? Hat er nicht erklärt, daß Gott in Wahrheit ebenso gestalthaft ist wie gestaltlos? Hat er nicht gesagt, daß Gott allein wirklich ist und alles andere eine Täuschung? Hat er mir nicht geraten, unverhaftet in der Welt zu leben wie ein Dienstmädchen im Hause eines reichen Mannes?«

Rāmakrishna genoß die Gesellschaft der jungen Leute. Ab und zu schaute er auf M, der schweigend dasaß. Der Meister sagte zu Rāmlal: »Er ist schon älter. Deshalb ist er etwas ernst und sitzt ganz still, während die Jungen Spaß machen.« M war damals achtundzwanzig Jahre alt.

Der Meister sagte zu Narendra und M: »Ich würde euch gern englisch sprechen und argumentieren hören.« Beide lachten. Sie unterhielten sich weiter in ihrer Muttersprache. M vermochte vor dem Meister nicht mehr zu argumentieren. Obgleich Rāmakrishna darauf drängte, unterhielten sie sich nicht auf englisch.

Gegen fünf Uhr verabschiedeten sich alle mit Ausnahme von Narendra und M. Als M nach einem Spaziergang im Tempelgarten ins Zimmer des Meisters zurückkehrte, sagte Rāmakrishna zu ihm: »Wenn die Bauern zum Markt gehen, um Ochsen für den Pflug zu kaufen, können sie die guten von den schlechten sehr schnell unterscheiden, indem sie ihre Schwänze berühren. Einige legen sich müde nieder, wenn sie dort angefaßt werden. Die Bauern erkennen sofort, daß sie keine Kraft haben, und lehnen sie ab. Sie wählen nur Ochsen, die umherspringen und Leben zeigen, wenn sie am Schwanz gepackt werden. Narendra ist wie ein Ochse dieser Art. Er ist voll innerer Kraft.«

Der Meister lächelte, als er dies sagte, und fuhr fort: »Es gibt Menschen, die haben keinerlei Energie. Sie sind wie Milchreis – weich und schlaff. Keine innere Kraft!«

Die Dämmerung brach herein. Der Meister meditierte über Gott. Er sagte zu M: »Geh und unterhalte dich mit Narendra und sag mir, was du von ihm hältst.«

Die Abendandacht im Tempel war beendet. M traf Narendra am Ufer des Ganges, und sie begannen eine Unterhaltung. Narendra erzählte M von seinem Studium, daß er Mitglied des *Brahmo Samāj* sei, und so weiter.

Es war spät am Abend und Zeit für M's Rückkehr, aber er mochte noch nicht gehen und begab sich auf die Suche nach Rāmakrishna. Der Gesang des Meisters hatte ihn fasziniert, und er wollte mehr hören. Er fand den Meister schließlich im *Natmandir* des *Kālī*-Tempels auf und ab gehend. Drinnen brannten zu beiden Seiten des Bildnisses der Göttlichen Mutter Lampen. Eine einzige Lampe im geräumigen *Natmandir* ließ Licht und Dunkelheit zu einem mystischen Zwielicht verschwimmen, in dem die Gestalt des Meisters nur schwach zu erkennen war.

M war vom Gesang des Meisters verzaubert und fragte ihn zögernd, ob an diesem Abend noch gesungen würde. »Nein, heute abend nicht mehr«, sagte Rāmakrishna nach einigem Überlegen. Sich an etwas erinnernd, fügte er hinzu: »Aber ich werde bald Balaram Bose in Kalkutta besuchen. Komm dorthin, da wirst du mich singen hören.« M sagte zu.

Als Rāmakrishna mit M in der Halle auf und ab ging, sagte er zu ihm: »Ich möchte dich etwas fragen. Was hältst du von mir?«

M schwieg. Wieder fragte Rāmakrishna: »Was hältst du von mir? Wieviel Prozent Gotteserkenntnis besitze ich?«

M: »Ich weiß nicht genau, was Ihr mit Prozent meint, aber über eines bin ich mir im klaren: Nie zuvor habe ich solch eine Erkenntnis, solche ekstatische Liebe, solchen Glauben an Gott und solche Entsagung gesehen.«

Der Meister lachte.

M verbeugte sich vor ihm und nahm Abschied. Er hatte bereits den Haupteingang des Tempelgartens erreicht, als ihm plötzlich etwas einfiel und er zu Rāmakrishna zurückging, der sich noch im *Natmandir* aufhielt. Der Meister ging im dämmrigen Licht allein in der Halle auf und ab, sich seines Selbstes erfreuend – wie ein Löwe, der in der Wüste lebt und umherstreift.

In stiller Verwunderung versuchte M, die Größe dieser Seele zu ermessen.

Meister: »Weshalb bist du zurückgekommen?«

M: »Wahrscheinlich gehört das Haus, zu dem ich kommen soll, einem reichen Manne. Man läßt mich vielleicht nicht hinein. Ich werde lieber nicht hingehen. Ich würde Euch lieber hier treffen.«

Meister: »Aber nein, warum? Erwähne einfach meinen Namen. Sag, daß du mich sehen möchtest. Dann wird man dich zu mir lassen.«

M nickte und verabschiedete sich, nachdem er den Meister gegrüßt hatte.

2. *Der Besuch bei Vidyāsāgar*

Sonnabend, 5. August 1882

Pandit Iswar Chandra Vidyāsāgar war bekannt als Gelehrter, Erzieher, Schriftsteller und Philanthrop. Er war einer der Schöpfer der modernen bengalischen Sprache, aber auch im Sanskrit und in der Dichtkunst sehr bewandert. Seine Großzügigkeit war zu einem Begriff unter seinen Landsleuten geworden; der größte Teil seines Einkommens ging an Witwen, Waisen, arme Studenten und andere Bedürftige. Sein Mitgefühl beschränkte sich nicht nur auf Menschen. Er trank jahrelang keine Milch, um sie den Kälbern nicht zu entziehen, und benutzte kein Fuhrwerk, weil er den Pferden kein Unbehagen bereiten wollte. Er war ein unbezähmbarer Geist, was er bewies, als er den einträglichen Posten als Leiter des Sanskrit College in Kalkutta wegen einer Meinungsverschiedenheit mit den Behörden aufgab. Für seine Mutter hegte er eine besonders große Verehrung. Einmal, als keine Fähre vorhanden war, durchschwamm er unter Lebensgefahr einen reißenden Fluß, um ihren Wunsch zu erfüllen, an der Hochzeit seines Bruders teilzunehmen. Er lebte in großer Einfachheit. Den Beinamen Vidyāsāgar – »Ozean des Wissens« – hatte man ihm wegen seiner umfassenden Bildung verliehen.

Rāmakrishna hatte Vidyāsāgar schon immer einmal besuchen wollen. Als er hörte, daß M Lehrer an Vidyāsāgars Schule war, fragte er ihn: »Kannst du mich mit Vidyāsāgar bekannt machen? Ich würde ihn sehr gern kennenlernen.« M überbrachte Rāmakrishnas Wunsch dem *Pandit*, der sofort einverstanden war.

Am Nachmittag des 5. August verließ der Meister in einer Kutsche Dakshineswar. Bhāvanath, M und Hazra begleiteten ihn. Vidyāsāgar lebte im Zentrum Kalkuttas, ungefähr zehn Kilometer von Dakshineswar entfernt. Unterwegs unterhielt sich Rāmakrishna mit seinen

Gefährten. Als sie sich aber dem Hause Vidyāsāgars näherten, wandelte sich plötzlich seine Stimmung. Er wurde von einer Ekstase ergriffen. M hatte davon nichts bemerkt und zeigte auf ein Haus, in dem Rammohan Roy gelebt hatte. Der Meister sagte unwirsch: »Diese Dinge interessieren mich jetzt nicht.«

Der Wagen hielt vor Vidyāsāgars Haus. Der Meister stieg aus, und M führte ihn hinein. Der Hof war voller Blumen. Als der Meister auf das Haus zuging, sagte er zu M: »Mein Hemd ist nicht zugeknöpft. Wird das Vidyāsāgar stören?« M sagte: »Nein, macht Euch keine Sorgen. Nichts an Euch wird ihn stören. Ihr braucht das Hemd nicht zuzuknöpfen.« Er nahm die Versicherung hin wie ein Kind.

Vidyāsāgar war ungefähr zweiundsechzig Jahre alt, sechzehn Jahre älter als der Meister. Er erhob sich, um den Meister zu begrüßen. Rāmakrishna stand vor der Bank und stützte eine Hand auf den Tisch. Er sah Vidyāsāgar aufmerksam an, als ob sie sich schon lange kannten, und lächelte in ekstatischer Stimmung. Einige Minuten verweilte er so. Ab und zu kehrte er ins normale Bewußtsein zurück, und um dies zu halten, sagte er: »Ich möchte gern etwas Wasser trinken.«

Inzwischen hatten sich einige Verwandte und Freunde Vidyāsāgars eingefunden. Rāmakrishna, immer noch in Ekstase, saß auf der Bank. Vidyāsāgar bat jemanden, Wasser zu holen, und fragte M, ob der Meister Süßigkeiten möchte. Da M keine Einwände erhob, ging Vidyāsāgar selbst und brachte die Süßigkeiten. Sie wurden vor den Meister gestellt. Bhāvanath und Hazra erhielten auch ihren Teil. Als man sie M anbot, sagte Vidyāsāgar: »Er gehört fast zur Familie; um ihn brauchen wir uns nicht zu kümmern.« Auf einen jungen Mann Bezug nehmend, sagte der Meister zu Vidyāsāgar: »Er ist ein netter junger Mann mit gesundem Kern. Er gleicht dem Flusse Phalgu, dessen Oberfläche mit Sand bedeckt ist, aber wenn man etwas gräbt, kommt Wasser zum Vorschein.«

Nachdem er von den Süßigkeiten genommen hatte, begann der Meister, sich lächelnd mit Vidyāsāgar zu unterhalten. Inzwischen hatte sich der Raum mit Menschen gefüllt, die saßen oder standen.

Meister: »Heute bin ich endlich an den Ozean gekommen; bisher sah ich nur Marschen, Kanäle oder höchstens Flüsse. Heute aber stehe ich dem *Sāgar*, dem Ozean, gegenüber.« (Alle lachten)

Vidyāsāgar (lächelnd): »Dann nehmt bitte etwas Salzwasser mit nach Hause.«

Meister: »O nein, warum Salzwasser? Ihr seid ja nicht der Ozean der Unwissenheit. Ihr seid der Ozean von *Vidyā*, des Wissens. Ihr seid der Ozean aus gequirlter Milch.« (Alle lachten)

Vidyāsāgar: »Nun, Ihr könnt das auch so sehen.«

Der *Pandit* schwieg. Rāmakrishna sagte: »Euer Tun ist von *Sattva*, der Güte und Reinheit, inspiriert. Obgleich es von der feurigen und eifernden Art des *Rajas* ist, wird es von *Sattva* beeinflußt. Barmherzigkeit entspringt aus *Sattva*. Tätigkeit zum Wohle anderer gehört zu *Rajas*, aber dieses *Rajas* hat *Sattva* als Basis und ist unschädlich. *Shuka* und andere Heilige gaben den Menschen aus Barmherzigkeit religiöse Anweisungen und belehrten sie über Gott. Ihr verteilt Nahrung und Gelehrsamkeit. Auch das ist gut. Wenn diese Tätigkeit selbstlos ausgeübt wird, dann führt sie zu Gott. Die meisten Menschen arbeiten aber des Ruhmes und Verdienstes wegen. Ihr Tun ist nicht selbstlos.

Bloße *Pandits* gleichen einer kranken Frucht, die nicht reif wird und hart bleibt. Solche Früchte entbehren der Frische und des reifen Aromas. Die Geier kreisen hoch am Himmel, aber ihre Augen sind auf das Aas am Boden gerichtet. Die Buchgelehrten stehen im Ruf, weise zu sein, aber sie sind ›Frauen und Gold‹ verhaftet. Wie die Geier suchen sie nach Beute. Sie sind an die Welt des Nichtwissens gebunden. Barmherzigkeit, Gottesliebe und Entsagung sind die Zeichen wahrer Erkenntnis.«

Vidyāsāgar hatte schweigend zugehört. Auch die anderen blickten wie gebannt auf den Meister und folgten aufmerksam seinen Worten.

Obgleich Vidyāsāgar Hindu-Philosophie studiert hatte, lehnte er es ab, spirituelle Anweisungen zu geben. Als M ihn einmal darüber befragte, sagte er: »Die Philosophen haben nicht zu erklären vermocht, was in ihrem Bewußtsein vorgeht.« In seinem täglichen Leben folgte er aber dem Ritual der Hindu-Religion und trug die heilige Schnur der Brahmanen. Über Gott hatte er einmal gesagt: »Es ist wirklich unmöglich, Gott zu erkennen. Was ist also unsere Pflicht? Es scheint mir, daß wir so leben sollten, daß die Erde ein Paradies würde, wenn andere unserem Beispiel folgten.«

Rāmakrishna lenkte die Unterhaltung jetzt auf die Erkenntnis *Brahmans*.

Meister: »*Brahman* ist jenseits von *Vidyā* und *Avidyā*, Erkenntnis und Nichterkenntnis. ES ist jenseits der *Māyā*, der Täuschung der Zweiheit.

Die Welt besteht aus der trügerischen Zweiheit von Erkenntnis und Nichterkenntnis. Sie enthält Erkenntnis und Hingabe und auf der anderen Seite Verhaftung an ›Frauen und Gold‹, Recht und Unrecht, Gut und Böse. *Brahman* hat keine Verbindung mit ihnen. Gut und Böse gehören dem *Jīva*, der individualisierten Seele an, wie auch Recht und Unrecht. *Brahman* wird von ihnen nicht berührt.

Man kann beim Schein einer Lampe im *Bhāgavatam* lesen oder bei demselben Licht Fälschungen herstellen – die Lampe berührt das nicht. Die Sonne läßt ihr Licht auf Böse wie auf Tugendhafte scheinen.

Ihr mögt fragen, wie dann Leid, Sünde und Unglück erklärt werden können. Die Antwort lautet, daß sich all das nur auf den *Jīva* bezieht. *Brahman* bleibt unberührt. Die Schlange trägt Gift in sich; wenn auch andere an ihrem Biß sterben mögen, wird doch die Schlange von ihrem eigenen Gift nicht berührt.

Was *Brahman* ist, kann nicht beschrieben werden. Alle Dinge dieser Welt – die *Veden*, die *Purānas*, die *Tantras* und die sechs philosophischen Systeme – sind entweiht worden, wie Nahrung, die in den Mund genommen wurde, denn sie sind in den Mund genommen und ausgesprochen worden. Nur eins ist in dieser Weise nie entweiht worden, und das ist *Brahman*. Niemand hat je sagen können, was *Brahman* ist.«

Vidyāgar (zu seinen Freunden gewandt): »Oh, das ist eine bemerkenswerte Feststellung; ich habe heute etwas dazugelernt!«

Meister: »Ein Mann hatte zwei Söhne und sandte beide zu einem Lehrer, damit sie über die Erkenntnis *Brahmans* belehrt würden. Nach einigen Jahren kehrten beide zurück und verneigten sich vor ihrem Vater. Um die Tiefe ihrer Erkenntnis zu prüfen, fragte er zuerst den Älteren. Er sagte: ›Mein Sohn, du hast alle Schriften studiert. Jetzt erzähle mir etwas über das Wesen *Brahmans*.‹ Der Knabe begann, *Brahman* zu erklären, indem er die verschiedenen Texte aus den *Veden* zitierte. Der Vater sagte kein Wort. Er richtete dann an den jüngeren dieselbe Frage. Der Knabe blieb stumm und stand mit niedergeschlagenen Augen da. Kein Wort kam über seine Lippen. Der Vater war erfreut und sagte zu ihm: ›Mein Sohn, du hast ein wenig von *Brahman* verstanden. Was Es ist, läßt sich nicht durch Worte ausdrücken.‹

Die Menschen glauben oft, *Brahman* ganz verstanden zu haben. Eine Ameise kletterte einmal auf einen Berg aus Zucker. Ein Körnchen füllte ihren Magen. Ein anderes nahm sie in den Mund und machte sich auf den Heimweg. Unterwegs dachte sie: ›Nächstes Mal werde ich den ganzen Berg heimtragen.‹ So arbeitet das oberflächliche Denken. Es erkennt nicht, daß *Brahman* jenseits von Worten und Gedanken ist. Wie bedeutend ein Mensch auch sein mag, was kann er über *Brahman* wissen? *Shukadeva* und ähnliche Heilige mögen große Ameisen gewesen sein, aber selbst sie konnten höchstens acht oder zehn Zuckerkörner schleppen!

Womit könnte man das vergleichen, was in den *Veden* und *Purānas* berichtet wird? Angenommen, jemand ist am Ozean gewesen, und ein anderer fragt ihn, wie er aussieht. Er reißt vor Bewunderung seinen Mund weit auf und sagt: ›Welch ein Anblick! Was für gewaltige Wellen! Und welch ein Getöse!‹ So ähnlich ist die Beschreibung *Brahmans* in den heiligen Schriften. Die *Veden* sagen, daß *Brahman* dem Wesen nach Seligkeit ist – Es ist *Satchidānanda.*

Im *Samādhi* erlangt man *Brahman*-Erkenntnis – man verwirklicht *Brahman.* In diesem Zustand hört das Denken auf, und der Mensch wird stumm. Er ist dann nicht fähig, das Wesen *Brahmans* zu beschreiben.

Eine Salzpuppe wollte einmal die Tiefe des Ozeans messen. (Alle lachten) Sie wollte berichten, wie tief das Wasser sei. Sie war dazu nicht in der Lage, denn kaum war sie im Wasser, da löste sie sich schon auf. Wer hätte da noch über die Tiefe des Wassers berichten können?«

Frage: »Angenommen, jemand hat im *Samādhi Brahman*-Erkenntnis erlangt. Spricht er dann nicht mehr?«

Meister: »*Shankara* erhielt sich sein Ich der Erkenntnis, um andere belehren zu können. Nach der Vision *Brahmans* schweigt der Mensch. Solange er *Brahman* nicht verwirklicht hat, grübelt er darüber nach. Wenn man Butter in einer Pfanne zerläßt, gibt es ein zischendes Geräusch, bis das Wasser verdunstet ist. Sind alle Spuren von Wasser verschwunden, dann macht die Butter kein Geräusch mehr. Gießt man Kuchenteig in diese Butter, dann zischt sie wieder. Ist der Kuchen gebacken, dann hören alle Geräusche auf. So kehrt auch ein Mensch, der im *Samādhi* gegründet ist, in das relative Bewußtsein zurück, um andere belehren zu können, und spricht dann über Gott.

Die Biene summt, solange sie auf der Blüte sitzt. Sie wird still, wenn sie den Honig trinkt. Vom Honig berauscht, beginnt sie aber manchmal wieder zu summen.

Wenn ein leerer Krug ins Wasser getaucht wird, macht er ein gurgelndes Geräusch; wenn er vollgelaufen ist, wird es still. (Alle lachten) Wird aber das Wasser in ein anderes, leeres Gefäß gegossen, dann gibt es wieder dasselbe Geräusch.

Die alten *Rishis* erlangten *Brahman*-Erkenntnis. Man kann diese Erkenntnis nicht haben, solange auch nur eine Spur von Weltlichkeit vorhanden ist. Wie sehr haben die *Rishis* sich bemüht! Früh am Morgen verließen sie ihre Klause und meditierten in der Einsamkeit den ganzen Tag über *Brahman.* Abends kehrten sie in ihre Einsiedelei zurück und lebten von Früchten und Wurzeln. Sie hielten ihr Bewußtsein frei von den Objekten des Sehens, Hörens und Fühlens und den anderen Dingen weltlicher Natur. Nur so erfuhren sie *Brahman* als ihr eigenes inneres Bewußtsein.

Im *Kaliyuga* jedoch, unserem eisernen Zeitalter, wo der Mensch völlig von der Nahrung abhängig ist, kann er die Vorstellung, Körper zu sein, nicht völlig abschütteln. In diesem Bewußtseinszustand hat er kein Recht zu sagen: ›Ich bin Er.‹ Wenn ein Mensch weltliche Dinge verrichtet, sollte er nicht sagen: ›Ich bin Brahman.‹ Wer die weltlichen Dinge nicht loswerden kann und auch sein Ichbewußtsein nicht, der sollte die Vorstellung hegen: ›Ich bin Gottes Diener, ich bin Sein Verehrer.‹ Man kann Gott auch verwirklichen, wenn man dem Pfad der Hingabe folgt.

Der Wissende, der *Jñāni,* gibt seine Identifizierung mit den weltlichen Dingen auf, indem er unterscheidet: ›Nicht dies, nicht das.‹ Nur dann kann er *Brahman* verwirklichen. Es ist, als wenn man Stufe für Stufe zum Dach eines Hauses hinaufsteigt. Der *Vijñāni* jedoch, der Allwissende, der noch enger mit *Brahman* vertraut ist, verwirklicht noch mehr. Er erfährt, daß die Stufen aus demselben Material bestehen wie das Dach: Mauersteine und Zement. Was in der Intuition als *Brahman* erfahren wurde durch den auflösenden Prozeß ›nicht dies, nicht das‹, wird als Das erkannt, was zum Universum wurde mit all seinen lebenden Wesen. Der *Vijñāni* erkennt, daß die Wirklichkeit, die *nirguna* – eigenschaftslos – ist, auch *saguna* ist – mit Eigenschaften.

Ein Mensch kann nicht immer auf dem Dach leben. Er muß wieder herunterkommen. Die im *Samādhi Brahman* erleben, kommen wieder herunter und entdecken, daß *Brahman* zum Universum geworden ist mit all seinen lebenden Wesen. In der Tonleiter gibt es verschiedene Noten, aber man kann seine Stimme nicht lange auf der höchsten Note halten. Das Ich löst sich nicht völlig auf. Ein Mensch, der aus dem *Samādhi* zurückkommt, erkennt, daß es *Brahman* ist, Das zum Ich, zum Universum und zu allen lebenden Wesen geworden ist. Das nennt man *Vijñāna.*

Der Weg der Erkenntnis führt genauso zur Wahrheit wie der Pfad, der Erkenntnis und Liebe vereint. Der Weg der Liebe ist so gut wie der Weg der Erkenntnis. Alle Wege führen schließlich zur selben Wahrheit. Solange Gott aber den Ichfunken in uns erhält, ist es leichter, dem Weg der Liebe zu folgen.

Der *Vijñāni* weiß, daß *Brahman* tätigkeitslos und ohne Bewegung ist wie der Berg *Sumeru.* Der *Vijñāni* sieht ferner, daß *Brahman* auch *Bhagavān,* der Persönliche Gott, ist. Die lebenden Wesen, das Universum, Denken, Intelligenz, Liebe, Entsagung, Erkenntnis – alle sind Manifestationen Seiner Macht. (Lächelnd:) Wenn ein Fürst weder Haus noch Eigentum besitzt oder gezwungen ist, alles zu verkaufen, nennt man ihn dann noch einen Fürsten? (Alle lachten) Gott ist in diesen Manifestationen. Wäre Er das nicht, wer würde Ihm gehorchen? (Alle lachen)

Seht Euch nur die Vielseitigkeit des Universums an. Was gibt es da nicht alles! Sonne, Mond und Sterne, und welche Vielfalt an lebenden Wesen: kleine und große, gute und böse, starke und schwache, einige mit mehr, andere mit weniger Kraft!«

Vidyāsāgar: »Hat Gott einigen mehr Kraft gegeben und anderen weniger?«

Meister: »Gott ist in allen Wesen, selbst in einer Ameise, als Alldurchdringendes Bewußtsein. Aber die Manifestationen Seiner Kraft sind unterschiedlich, wie könnte sonst ein Mensch zehn andere in die Flucht jagen, und ein anderer nicht einem standhalten? Warum haben alle Menschen vor Euch Respekt? Sind Euch zwei Hörner gewachsen? (Gelächter) Ihr besitzt Barmherzigkeit und Wissen. Deshalb verehren Euch die Menschen und zeigen Euch ihre Achtung. Stimmt das nicht?«

Vidyāsāgar lächelte.

Der Meister fuhr fort: »Reine Gelehrsamkeit ist wertlos. Das Ziel des Studiums ist die Erkenntnis Gottes und Seine Verwirklichung. Ein Heiliger hütete einmal sorgsam ein Buch. Als er gefragt wurde, was es enthielte, öffnete er es. Auf allen Seiten stand nur ›*Om Rāma*‹.

Worin liegt die Bedeutung der *Gītā*? Man findet sie, wenn man das Wort zehnmal wiederholt. Es wird dann ›*Tāgī*‹ daraus. Das bezeichnet einen Menschen, der Gottes wegen allem entsagt hat. Die *Gītā* lehrt: ›O Mensch, entsage allem und suche nur Gott!‹ Ob man ein Mönch oder ein Familienvater ist, man muß alle Verhaftungen ablegen.

Weshalb empfindet ein *Jñāni* Liebe zu Gott? Weil noch Ichbewußtsein in ihm ist; das verschwindet zwar im *Samādhi*, kehrt aber zurück. Bei den normalen Menschen verschwindet es nie. Man mag einen *Ashvattha*-Baum fällen, aber am nächsten Tag hat er schon wieder Schößlinge. (Alle lachen)

Selbst wenn man Erkenntnis erlangt hat, taucht dieses Ichbewußtsein wieder auf, niemand weiß woher. Man träumt von einem Tiger; dann wacht man auf, aber das Herz klopft noch heftig. All unser Leiden ist auf dieses ›Ich‹ zurückzuführen.

Hanumān wurde einmal von *Rāma* gefragt: ›Was hältst du von mir?‹ *Hanumān* erwiderte: ›O *Rāma*, solange ich Ichbewußtsein habe, sehe ich, daß Du das Ganze bist und ich ein Teil, daß Du der Herr bist und ich Dein Diener. Wenn ich aber Erkenntnis der Wahrheit habe, o *Rāma*, dann weiß ich, daß Du ich bist und ich Du.‹

Die Einstellung von Herr und Diener ist die richtige. Da dieses ›Ich‹ bleibt, sollte es Gottes Diener sein.

›Ich‹ und ›mein‹ – das ist Nichterkenntnis. Mein Haus, mein Reichtum, mein Wissen, mein Besitz – die Einstellung, aus der heraus solche Dinge gesagt werden, stammt aus Nichterkenntnis. Die Einstellung aus Erkenntnis lautet im Gegensatz dazu: ›O Gott, Du bist der Herr, und all diese Dinge gehören Dir. Haus, Familie, Kinder, Diener und Freunde – sie alle gehören Dir.‹

Man sollte ständig an den Tod denken; niemand entkommt ihm. Wir sind hierhergeboren, um gewisse Pflichten zu erfüllen, wie Menschen, die von außerhalb nach Kalkutta zur Arbeit kommen. Wenn jemand den Garten eines reichen Mannes besucht, dann spricht der Verwalter von ›unserem‹ Garten, ›unserem‹ Teich und so weiter. Wird der Verwalter aber wegen einer Verfehlung entlassen, dann kann er nicht einmal offen seine wertlose Holzkiste mitnehmen. Die läßt er sich heimlich vom Torhüter bringen. (Gelächter)

Kann man Gott mit dem Verstand erfassen? Wir sollten Seine Diener sein, uns Ihm hingeben und zu Ihm beten.

Lächelnd zu Vidyāsāgar: »Nun, was ist Eure Einstellung?«

Vidyāsāgar (mit einem Lächeln): »Eines Tages werde ich sie Euch verraten.« (Alle lachen)

Meister (lachend): »Gott kann durch reine Gelehrsamkeit nicht verwirklicht werden.«

Von göttlicher Liebe erfaßt sang der Meister:

> Wer weiß denn schon, wer MUTTER *Kālī* ist?
> Selbst die sechs *Darshanas*
> vermögen nicht, Sie zu enthüllen.
> SIE ist es, wie die Schriften sagen,
> die das Innere Selbst des *Yogis* ist,
> der nur im Selbst all seine Freude findet;
> SIE, die aus eigenem, freiem Willen
> in allem wohnt, was lebt.

Der Meister sagte: »Habt Ihr auf die Zeile geachtet: ›Selbst die sechs *Darshanas* vermögen nicht, SIE zu enthüllen.‹? SIE kann durch bloße Gelehrsamkeit nicht verwirklicht werden. Man braucht Glauben und Liebe. Wenn ein Mensch Glauben an Gott besitzt, braucht er nichts zu fürchten, selbst wenn er die schrecklichsten Sünden begangen hat.

Glaube und Hingabe! Durch Hingabe kann Gott leicht erfahren werden. In ekstatischer Liebe wird Er erfaßt.«

Nach diesen Worten sang der Meister:

> Mein Herz, wie kannst du danach trachten,
> das Wesen Gottes zu erkennen?
> Irrst wie ein Narr umher,
> den man in einen dunklen Raum gesperrt!
> Ekstatische Liebe ist's, die Ihn erfaßt;
> wie kannst du ohne sie Ihn je ermessen?
> Nur durch Bejahung, niemals durch Verneinung,
> wirst du Ihn erkennen können;
> nicht durch den *Veda*, noch durch *Tantra*,
> auch nicht durch die sechs *Darshanas*.
> Im Elixier der Liebe nur
> erfreut Er sich, mein Herz.
> In Freude, die nie endet,
> wohnt Er im Innersten des Menschen.
> Und diese Liebe ist's,
> um deretwillen je und je

die mächtigen *Yogis* ihre Übungen vollziehn.
Wenn Liebe erst erwacht,
dann zieht wie ein Magnet
der Herr die Seele zu Sich hin.

ER ist's, sagt Rāmprasād*,
Dem ich mich nahe als der MUTTER;
doch soll ich dies Geheimnis öffentlich verraten?
Aus diesen Andeutungen, mein Herz, erahne,
was jenes Wesen ist.

Beim Singen ging der Meister in *Samādhi.* Er saß auf der Bank, blickte nach Westen und hatte die Hände zusammengelegt; sein Körper war aufrecht und regungslos. Alle betrachteten ihn erwartungsvoll. Auch Vidyāsāgar war sprachlos und konnte die Augen nicht von ihm wenden.

Nach einiger Zeit schien Rāmakrishna in das normale Bewußtsein zurückzukehren. Er holte tief Atem und sagte mit einem Lächeln: »Für die Erkenntnis Gottes braucht man ekstatische Liebe und Hingabe. Man muß Gott lieben. ER, der *Brahman* ist, wird als MUTTER angesprochen.

ER ist's, sagt Rāmprasād*,
Dem ich mich nahe als der MUTTER;
doch soll ich dies Geheimnis öffentlich verraten?
Aus diesen Andeutungen, mein Herz, erahne,
was jenes Wesen ist.

Rāmprasād bittet sein Denken, das Wesen Gottes zu erahnen. Er möchte verstehen lernen, daß Das, was die *Veden Brahman* nennen, von ihm als MUTTER angesprochen wird. ER, der Eigenschaftslose, besitzt auch Eigenschaften. ER, der *Brahman* ist, ist auch *Shakti.* Als untätig vorgestellt, wird ER *Brahman* genannt; wenn man an Ihn als Schöpfer, Erhalter und Zerstörer denkt, nennt man Ihn Urkraft, *Kālī.*

Brahman *und* Shakti *sind identisch, wie Feuer und seine Brennkraft. Wenn wir vom Feuer sprechen, denken wir automatisch an seine*

* der Dichter des Liedes

Brennkraft. Die Brennkraft bedingt wiederum das Feuer. Wer das eine akzeptiert, muß auch das andere akzeptieren.

Es ist Brahman *allein, das als MUTTER angesprochen wird. Das geschieht, weil eine Mutter das Objekt großer Liebe ist. Man kann Gott einfach durch Liebe erfahren. Ekstatische Empfindung, Hingabe, Liebe und Glaube – das sind die Mittel.*

Der Meister sang:

So tief, wie ein Mensch meditiert,
so tief ist seine Liebe;
so tief, wie seine Liebe,
so groß ist sein Gewinn;
und Glaube ist die Wurzel von allem.
Wenn in dem Nektarsee von MUTTER Kālīs Füßen
mein Denken tief versunken bleibt,
wozu dann Andacht oder Opfergaben?

Worauf es ankommt, ist das Aufgehen in Gott – intensive Liebe zu Ihm. Der Nektarsee ist der See der Unsterblichkeit. Ein Mensch, der in ihm versinkt, stirbt nicht, sondern wird unsterblich.«

(Zu Vidyāsāgar:) »Es ist ein gutes Tun, dem Ihr Euch widmet. Es ist sehr gut, wenn Ihr es selbstlos verrichtet, Euer Ich überwindet und die Vorstellung aufgebt, der Handelnde zu sein. Durch solche Tätigkeit entwickelt man Liebe und Hingabe an Gott und verwirklicht Ihn schließlich.

Je mehr Ihr Gott lieben lernt, desto weniger werdet Ihr am Tun interessiert sein. Wenn eine Frau ein Kind erwartet, wird ihre Schwiegermutter sie von allen Pflichten entbinden. Sie läßt sie immer weniger tun. Wenn die Zeit der Niederkunft herannaht, darf sie gar nichts mehr tun, damit das Kind geschont und Schwierigkeiten bei der Geburt vermieden werden.

Euer Wirken zum Wohle Eurer Mitmenschen bringt in Wirklichkeit Euch selbst Nutzen. Wenn Ihr es selbstlos verrichten könnt, wird Euer Denken geläutert, und Ihr entwickelt Gottesliebe. Sobald Ihr diese Liebe erlangt habt, könnt Ihr Ihn auch erkennen.

Die Menschen können in Wirklichkeit der Welt nicht helfen. Das kann nur Gott, der die Sonne und den Mond geschaffen hat, der den Eltern Liebe zu ihren Kindern verleiht, der edle Seelen mit Barmherzigkeit ausstattet und Heiligen und Gläubigen göttliche Liebe schenkt. Wer für andere tätig ist ohne selbstsüchtige Motive, der tut sich selbst Gutes.

In Eurem Herzen liegt Gold verborgen, aber Ihr wißt es noch nicht. Es ist mit einer dünnen Erdschicht bedeckt. Solltet Ihr es entdecken, so werdet Ihr all diese Tätigkeiten vermindern. Nach der Geburt ihres Kindes kümmert sich die Mutter nur noch um das Kind. Ihre Schwiegermutter nimmt ihr alle Haushaltspflichten ab.

Durch selbstloses Tun wächst die Liebe zu Gott. Durch Seine Gnade werdet Ihr Ihn im Laufe der Zeit erkennen. Man kann Gott schauen. Man kann mit Ihm reden, wie ich mit Euch spreche.«

In schweigender Verwunderung lauschten alle den Worten des Meisters. Es war, als richte die Göttin der Weisheit, auf Rāmakrishnas Zunge sitzend, diese Worte nicht nur an Vidyāsāgar, sondern an die ganze Menschheit zu ihrem Wohle.

Es war fast neun Uhr abends, als der Meister aufbrechen wollte.

Meister (mit einem Lächeln zu Vidyāsāgar): »Die Worte, die ich sprach, waren wirklich überflüssig. Ihr wißt das alles, seid Euch dessen aber einfach noch nicht bewußt. Es gibt in *Varunas* Schatzkiste zahllose Edelsteine, aber er selbst weiß es nicht.«

Vidyāsāgar: »Ihr könnt es ausdrücken, wie Ihr wollt.«

Meister (lächelnd): »O ja, es gibt viele reiche Leute, die nicht einmal die Namen ihrer Diener kennen und nicht wissen, wieviele kostbare Dinge sich in ihrem Hause befinden.« (Alle lachen)

Jeder war von den Worten des Meisters begeistert. Sich noch einmal an Vidyāsāgar wendend, sagte er lächelnd: »Bitte besucht einmal den Tempelgarten – ich meine den Garten der Rasmani. Er ist ganz entzückend.«

Vidyāsāgar: »Natürlich werde ich kommen. Ihr wart so freundlich, mich hier zu besuchen, warum sollte ich Euren Besuch nicht erwidern?«

Meister: »Mich besuchen? Wo denkt Ihr hin!«

Vidyāsāgar: »Wieso? Warum sagt Ihr das? Erklärt es mir bitte.«

Meister (lächelnd): »Seht, wir sind wie kleine Fischerboote. Wir können uns in kleinen Kanälen, flachen Gewässern und auch in großen Flüssen bewegen. Ihr aber seid ein großes Schiff und könntet unterwegs auf Grund geraten!« (Alle lachen)

Vidyāsāgar schwieg. Rāmakrishna sagte lachend: »Aber in dieser

Jahreszeit kann selbst ein Schiff dahingelangen.«

M sagte zu sich: »Dies ist wirklich der Monsun der erwachenden Liebe. In solcher Zeit kümmert man sich nicht um Prestige oder Formalitäten.«

Vidyāsāgar und seine Freunde verbeugten sich vor Rāmakrishna, und der Wagen setzte sich nach Dakshineswar in Bewegung. Die kleine Gruppe mit Vidyāsāgar an der Spitze, der immer noch die brennende Kerze hielt, stand noch lange am Tor und schaute dem Meister nach, bis er verschwunden war.

3. Anweisungen an Familienväter

Donnerstag, 24. August 1882

Rāmakrishna unterhielt sich mit Hazra, als M eintraf. Er begrüßte den Meister ehrfürchtig. Der Meister ging mit M auf der Veranda auf und ab und unterhielt sich mit ihm.

Meister: »Einige spirituelle Übungen sind notwendig, um erkennen zu können, was in einem liegt.«

M: »Muß man sein ganzes Leben lang spirituelle Übungen verrichten?«

Meister: »Nein, aber zu Anfang muß man sich aufmachen und etwas tun. Danach wird die Arbeit leichter. Der Steuermann hält das Ruder fest in der Hand, wenn er durch Wellen, Sturm und Riffe steuert. Sobald er die Klippen passiert hat und ein günstiger Wind weht, macht er es sich bequem und berührt kaum das Ruder. Er setzt seinen Kurs und zündet seine Pfeife an. So genießt auch der Strebende Ruhe und Frieden, wenn er die Wellen und Stürme von ›Frauen und Gold‹ hinter sich gebracht hat.

Einige sind mit den Merkmalen eines *Yogis* geboren, aber auch sie müssen vorsichtig sein. ›Frauen und Gold‹ sind die einzigen Hemmnisse, die den Menschen vom *Yoga*-Weg abkommen lassen und ihn in Weltlichkeit hinabziehen. Vielleicht hat er noch Verlangen nach Vergnügen. Hat er seine Wünsche erfüllt, so richtet er sein Denken wieder auf Gott und erlangt den alten Bewußtseinszustand, der ihn für *Yoga*-Übungen geeignet macht.

Ohne Stetigkeit im Denken gibt es keinen *Yoga*. Der Wind der Weltlichkeit rührt unser Denken auf, das mit einer Kerzenflamme verglichen werden kann. Wenn diese Flamme nicht mehr flackert, dann hat man *Yoga* erlangt.

Manchmal habe ich eine *Rajas*-Stimmung benutzt, um Entsagung üben zu können. Einmal hatte ich das Verlangen, ein golddurchwirktes Gewand anzulegen, einen Ring an meinem Finger zu tragen und eine Wasserpfeife zu rauchen. Mathur Babu besorgte alle diese Dinge für mich. Ich legte das golddurchwirkte Gewand an und sagte nach einer Weile zu mir: ›Dies nennt man also ein golddurchwirktes Gewand!‹ Dann zog ich es aus und warf es fort. Ich konnte es nicht mehr ertragen. Darauf sagte ich zu mir: ›So, mein Denken, dies nennt man einen Schal und dies einen Ring und dies das Rauchen einer Wasserpfeife.‹ Ich warf diese Dinge ein für allemal fort, und das Verlangen nach ihnen kehrte nie wieder in mein Bewußtsein zurück.«

Es war schon fast dunkel. Der Meister und M unterhielten sich allein auf der Südostveranda.

Meister: »Das Denken eines *Yogis* ist stets auf Gott gerichtet, stets im Selbst versunken. Man erkennt einen solchen Menschen, wenn man ihn nur ansieht. Seine Augen sind weit offen, mit einem ziellosen Blick, wie die Augen eines Vogels, der seine Eier ausbrütet. Seine ganze Aufmerksamkeit ist auf die Eier gerichtet, deshalb hat er diesen leeren Blick. Kannst du mir einmal solch ein Bild zeigen?«

M: »Ich werde versuchen, eins zu beschaffen.«

Als der Abend hereinbrach, wurden die Tempel erleuchtet. Rāmakrishna saß auf seiner niedrigen Couch und meditierte über die Göttliche Mutter. Dann wiederholte er die Namen Gottes. Räucherkerzen und eine Öllampe wurden angezündet. Der Wind trug den Klang der Muschelhörner und Gongs herüber, als die Abendandacht im *Kālī*-Tempel begann. Das Mondlicht ergoß sich über alle Gebäude.

Meister: »Tu deine Pflicht in völliger Selbstlosigkeit. Vidyāsāgar leistet gute Arbeit. Versuche, deine Pflichten zu erledigen, ohne nach einem Ergebnis zu trachten.«

M: »Ja, aber kann man Gott verwirklichen, während man seine Pflichten versieht?«

Meister: »Alle ohne Ausnahme müssen arbeiten. Gottes Namen zu singen und Seinen Ruhm zu verkünden, ist auch Arbeit, genauso wie die Meditation eines Nicht-Dualisten über ›Ich bin Er‹. Atmen ist Tätigkeit. Es gibt keine Möglichkeit, alle Tätigkeit aufzugeben. Versieh deshalb dein Werk, aber bringe das Ergebnis Gott dar.«

M: »Darf ich Anstrengungen machen, um mehr Geld zu verdienen?«

Meister: »Das ist statthaft, um eine religiöse Familie zu unterhalten.

Du darfst versuchen, dein Einkommen zu steigern, es muß aber auf ehrenhafte Weise geschehen. Ziel des Lebens ist nicht das Geldverdienen, sondern Gott zu dienen. Geld ist unschädlich, wenn es für den Dienst Gottes benutzt wird.«

M: »Wie lange sollte man sich Frau und Kindern gegenüber verpflichtet fühlen?«

Meister: »Solange sie der Nahrung und Kleidung bedürfen. Man braucht keine Verantwortung für einen Sohn zu übernehmen, der sich selbst erhalten kann. Wenn die jungen Nestlinge gelernt haben, ihre Nahrung selbst zu suchen, jagt die Mutter sie fort, wenn sie bei ihr Nahrung suchen.«

M: »Wie lange muß man seine Pflicht erfüllen?«

Meister: »Die Blüte fällt ab, wenn die Frucht kommt. Nach der Erkenntnis Gottes hat man keine Pflichten mehr und auch kein Empfinden mehr für sie.

Erledige die wenigen Pflichten, die dir auferlegt sind; dann wirst du Frieden haben. Wenn die Herrin des Hauses mit Kochen und mit dem Haushalt fertig ist und sich ins Bad begibt, wird sie nicht zurückkommen, soviel man auch rufen mag.«

M: »Was bedeutet die Erkenntnis Gottes? Was meint Ihr mit ›Schau Gottes‹, und wie erlangt man sie?«

Meister: »Nach Auffassung der *Vaishnavas* können die Strebenden und Gottsucher in verschiedene Klassen eingeteilt werden: die Anfänger; die darum kämpfen, Gott zu sehen; die Vollkommenen; und die das Höchste erlangen. Wer gerade seinen Fuß auf den Weg gesetzt hat, ist ein Anfänger. Wer schon einige Zeit spirituelle Übungen gemacht hat wie Meditation, *Japam* und das Singen von Gottes Namen, ist eine strebende Seele. Wer durch innere Erfahrung weiß, daß Gott existiert, der ist eine vollkommene Seele. Der *Vedānta* gibt ein Beispiel dafür. Der Hausherr schläft in einem dunklen Raum. Jemand tappt in der Dunkelheit umher, um ihn zu finden. Er berührt das Bett und sagt: ›Nein, das ist er nicht.‹ Darauf berührt er das Fenster und sagt: ›Nein, das ist er nicht.‹ *Vedānta* nennt das den Prozeß des ›Nicht dies, nicht das.‹ Schließlich berührt er den Körper des Hausherrn und ruft aus: ›Hier ist er!‹ Mit anderen Worten, er ist sich jetzt des Vorhandenseins bewußt. Er hat ihn gefunden, kennt ihn aber noch nicht genau.

Dann gibt es den, der das Höchste erlangt. Es ist ganz etwas anderes, wenn man mit jemandem vertraut reden kann, wenn man Gott durch Liebe und Hingabe wirklich kennt. Der Vollkommene hat Gott zweifellos erlangt, aber nur, wer die höchste Höhe erklommen hat, besitzt völlige Erkenntnis.«

M: »Wenn man Gott sieht, sieht man Ihn dann mit diesen Augen?«

Meister: »Mit den leiblichen Augen kann man Gott nicht sehen. Im Verlauf der spirituellen Übungen erlangt man einen ›Körper der Liebe‹ mit Augen der Liebe und Ohren der Liebe. Man sieht Gott mit den Augen der Liebe und vernimmt die Stimme Gottes mit den Ohren der Liebe.

Ohne intensive Liebe zu Gott ist das nicht möglich. Man erblickt Gott nur dann überall, wenn man Ihn mit großer Intensität liebt. Es ist wie bei einem Gelbsüchtigen, der alles gelb sieht. Dann weiß man: ›Ich bin wirklich Er.‹

Wer Tag und Nacht an Gott denkt, der sieht Ihn überall. Wie jemand, der eine Flamme lange angestarrt hat und dann überall Flammen sieht.«

»Aber das ist nicht die wirkliche Flamme«, schoß es M durch den Kopf.

Rāmakrishna, der die Gedanken lesen konnte, sagte: »Man kann sein Bewußtsein nicht verlieren, wenn man an Ihn denkt, der Geist und Bewußtsein ist. Shivanath machte einmal die Bemerkung, daß zuviel Nachdenken über Gott das Bewußtsein verwirrt. Darauf sagte ich zu ihm: ›Wie kann man bewußtlos werden, wenn man an Bewußtsein denkt?‹«

M: »Ja, das ist mir klar. Es ist ja nicht wie das Nachdenken über ein unwirkliches Objekt. Wie kann ein Mensch seine Intelligenz verlieren, wenn er sein Denken auf Ihn richtet, dessen Wesen Ewige Intelligenz ist?«

Meister: »Durch Gottes Gnade hast du das begriffen. Die Zweifel des Denkens schwinden nicht ohne Seine Gnade. Zweifel schwinden nur durch Selbstverwirklichung.

Man braucht nichts mehr zu fürchten, wenn einem Gottes Gnade zuteil geworden ist. Ein Kind kann sehr leicht hinfallen, aber es besteht keine Gefahr, wenn der Vater es bei der Hand hält. Jedes Leid hört für den Menschen auf, wenn Gott in Seiner Gnade seine Zweifel ausgelöscht und Sich ihm enthüllt hat. Diese Gnade wird aber nur dem zuteil, der mit verlangendem Herzen zu Ihm betet und spirituelle Übungen versieht. Die Mutter hat Mitleid mit ihrem Kind, wenn es aufgeregt umherläuft. Sie hatte sich versteckt und zeigt sich ihm jetzt wieder.«

»Aber warum läßt Gott uns umherirren?« dachte M.

Sofort sagte Rāmakrishna: »Es ist Sein Wille, daß wir ein bißchen umherirren. Es ist ein großer Spaß. Gott hat die Welt sozusagen zu Seinem Vergnügen geschaffen. Man nennt das *Mahāmāyā* – die große Illusion. Deshalb muß man Zuflucht nehmen zur Göttlichen Mutter, der Kosmischen Kraft. Sie hat uns in diese Täuschungen verstrickt. Man kann Gott erst erkennen, wenn alle Täuschungen überwunden sind.«

16. Oktober 1882

Es war Montag, einige Tage vor dem *Durgā Pūjā*, dem Fest der Göttlichen Mutter. Rāmakrishna war in fröhlicher Stimmung, denn Narendra war bei ihm. Narendra hatte einige junge Mitglieder des *Brahmo Samāj* mitgebracht. Außerdem waren Rakhal, Rāmlal, Hazra und M da.

Narendra hatte mit Rāmakrishna zusammen Mittag gegessen. Danach hatte man eine Matte mit einer Auflage und einem weißen Laken darüber ausgebreitet, damit die Schüler ausruhen konnten. Einige Kissen vervollständigten das einfache Bett. Der Meister saß neben Narendra und unterhielt sich angeregt mit seinen Anhängern. Mit leuchtendem Lächeln, die Augen auf Narendra gerichtet, gab er ihnen spirituelle Ratschläge, ausgeschmückt mit Ereignissen aus seinem eigenen Leben.

Meister: »Nachdem ich *Samādhi* erfahren hatte, wollte ich nur noch von Gott hören. Ich suchte Plätze auf, an denen die heiligen Schriften rezitiert und erklärt wurden. Ich besuchte Krishnakishore, damit er mir aus dem *Rāmāyana* vorlas.

Am Ufer des Ganges hatte sich einmal ein Heiliger niedergelassen. Er lebte in Ariadaha, nicht weit von Dakshineswar. Wir wollten ihn besuchen. Ich sagte zu Haladhari: ›Krishnakishore und ich wollen den Heiligen besuchen; gehst du mit?‹ Haladhari antwortete: ›Was nützt es, einen menschlichen Körper zu sehen, der nicht mehr ist als ein Käfig aus Lehm.‹ Haladhari hatte die *Gītā* und die *Vedānta*-Philosophie studiert und bezeichnete den Heiligen deshalb als ›Käfig aus Lehm‹. Als ich Krishnakishore erzählte, was Haladhari geantwortet hatte, sagte er ärgerlich: ›Wie anmaßend von Haladhari, eine solche

Bemerkung zu machen! Wie kann er den Körper eines Mannes, der ständig an Gott denkt, über *Rāma* meditiert und alles des Herrn wegen aufgegeben hat, als ›Käfig aus Lehm‹ bezeichnen? Weiß er nicht, daß solch ein Mensch verkörperte Geistigkeit ist?‹ Er war so aufgebracht über Haladharis Bemerkung, daß er ihn nicht mehr ansah und nicht mehr mit ihm sprach.

Krishnakishore fragte mich einmal, warum ich die heilige Schnur abgelegt hätte. In jenen Tagen der Gottesschau war mir, als geriete ich in einen gewaltigen Sturm. Alles wurde fortgeblasen. Keine Spur meines alten Wesens blieb zurück. Ich verlor jegliches Bewußtsein dieser Welt und konnte keine Kleidung an meinem Körper ertragen, noch viel weniger die heilige Schnur. Deshalb sagte ich zu Krishnakishore: ›Du wirst das verstehen, wenn du in den gottestrunkenen Zustand gerätst, in dem ich jetzt bin.‹

Und das geschah tatsächlich. Auch er machte diesen gottestrunkenen Zustand durch, in dem er nur noch *OM* wiederholte und sich in seinem Zimmer einschloß. Seine Angehörigen hielten ihn für geistesverwirrt und riefen einen Arzt. Krishnakishore sagte zu dem Doktor: ›Heilt mich mit allen Mitteln von meiner Krankheit, aber nicht von meinem *OM*. (Alle lachten)

Als ich ihn einmal besuchte, war er in gedrückter Stimmung. Ich fragte ihn nach dem Grund, und er sagte: ›Der Steuereinnehmer war hier und drohte, meine Messingtöpfe, Tassen und andere Utensilien wegzunehmen, wenn ich die Steuern nicht bezahlte. Deshalb bin ich besorgt.‹ Ich sagte: ›Aber warum sollte dich das bekümmern? Laß ihn Töpfe und Pfannen fortnehmen! Laß ihn doch deinen Körper einsperren! Was rührt dich das? Du bist doch *Kha*!‹ Er hatte mir gesagt, er sei *Kha*, der Geist, so alldurchdringend wie der Himmel. Er hatte diese Vorstellung aus dem *Rāmāyana*, und ich neckte ihn, indem ich ihn ›*Kha*‹ nannte. Deshalb sagte ich an jenem Tage lächelnd zu ihm: ›Du bist *Kha*, Steuern sollten dich nicht kümmern.‹

In diesem gottberauschten Zustand sprach ich alles aus, was ich dachte, und nahm auf niemanden Rücksicht. Selbst hochstehenden Persönlichkeiten sagte ich die Wahrheit.

In diesem Zustand ging ich einmal an den Ganges in Baranagore. Ich traf dort Yaya Mukherji, der den Namen Gottes wiederholte. Er war aber mit den Gedanken ganz woanders. Ich ging zu ihm hin und schlug ihn zweimal auf die Wange.

Einmal weilte die Rani Rasmani im Tempelgarten. Sie kam in den Tempel der Göttlichen Mutter, was sie häufiger zu tun pflegte, wenn ich *Kālī* anbetete, und bat mich zu singen. Während ich sang, merkte ich, daß sie geistesabwesend war. Sofort gab ich ihr einen Schlag auf die Wange. Sie war überrascht und saß mit gefalteten Händen da.

Von diesem Bewußtseinszustand alarmiert, sagte ich zu Haladhari: ›Sieh nur meinen Zustand! Wie kann ich ihn wieder loswerden?‹ Nachdem ich eine Zeitlang aufrichtig zur Göttlichen Mutter gebetet hatte, war ich in der Lage, diese Gewohnheit wieder abzulegen.

Wenn man in diesen Bewußtseinszustand gerät, erträgt man keine Unterhaltung mehr, es sei denn über Gott. Ich fing an zu weinen, wenn die Menschen über weltliche Dinge sprachen. Als ich Mathur Babu auf einer Pilgerfahrt begleitete, verbrachten wir einige Tage in Benares im Hause Rāja Babus. Ich saß mit Mathur, Rāja Babu und anderen im Wohnzimmer und mußte mit anhören, wie sie über weltliche Dinge wie Gewinn und Verlust im Geschäft redeten. Ich weinte bitterlich und sagte zur Göttlichen Mutter: ›MUTTER, wo hast Du mich hingeführt? In Dakshineswar war ich viel besser dran. Hier muß ich ständig über »Frauen und Gold« hören. In Dakshineswar konnte ich das vermeiden.‹«

Der Meister bat die Anwesenden, besonders Narendra, etwas auszuruhen, und legte sich selbst auf die niedrige Couch.

Spät am Nachmittag fing Narendra an zu singen. Rakhal, Latu, M, Hazra und Priya, Narendras *Brahmo*-Freund, waren da. Der Gesang wurde von Trommeln begleitet:

> Mit frohem Antlitz singet den geliebten Namen Gottes,
> bis er wie ein Sturmwind den Nektarsee aufwühlt;
> trinkt diesen Nektar ohne Unterlaß.
> (Trinkt ihr ihn selbst und teilet ihn mit allen.)
> Wenn je das Herze euch verdorrt,
> dann wiederholet Gottes Namen.
> (Wenn es verdorrt im Wüstensande dieser Welt,
> wird Gottesliebe es aufs neu beleben.)
>
> Gebt acht, daß ihr niemals vergeßt zu singen
> den mächtigen Namen Gottes.
> Wenn euch Gefahr ins Antlitz starrt,

betet zum Vater, zu Ihm, dem Allerbarmer.
Sprenget der Sünde Band mit einem Freudenschrei
(und ruft: »Gott, Gott allein gehört der Sieg!«).
Kommt, lasset uns von Sinnen sein in Gottes Segen,
erfüllt sein unsres Herzens Sehnen,
gestillt sein unser Durst im Yogaweg der Liebe.

(Die Zeilen in Klammern hatte Rāmakrishna improvisiert.)

Als das Lied zuende war, hielt Rāmakrishna Narendra lange in den Armen und sagte: »Du hast uns heute sehr glücklich gemacht!« Das Herz des Meisters war an diesem Abend so erfüllt, daß er sich vor Freude kaum fassen konnte. Es war gegen acht Uhr abends. Berauscht von göttlicher Liebe ging er auf der Veranda im Norden seines Zimmers auf und ab. Dann und wann hörte man, wie er zur Göttlichen Mutter sprach.

Während die Verehrer zu Abend aßen, stand Rāmakrishna dabei und beobachtete sie mit großem Vergnügen. Nach dem Abendessen ruhten sich alle im Zimmer des Meisters aus und unterhielten sich mit ihm. Es war ein Freudenfest. Der Meister bat Narendra, das Lied zu singen, das mit den Worten begann: »Am Firmament der Weisheit ...«

Narendra sang, und die anderen begleiteten ihn mit Trommeln und Zimbeln:

Am Firmament der Weisheit
geht der volle Mond der Liebe auf,
der Liebesfluten Wogen
fließen überall.
O Herr, wie bist Du voller Seligkeit!
Lob sei Dir und Preis!

Auf allen Seiten leuchten
Gottliebende wie Sterne um den Mond;
ihr Freund, der Herr, der Allerbarmer,
spielt freudevoll mit ihnen.
O sieh! Des Paradieses Pforten,
wie stehn sie weit geöffnet heut!

Der milde Frühlingswind des Neuen Tages
weckt neue Freudenwellen;
sanft weht er auf die Erde
den Duft von Gottes Liebe nieder,
bis alle *Yogis*, ganz berauscht von dieser Liebe,
in Seligkeit versunken sind.

Auf dem Meer der Welt entfaltet sich
der Lotus dieses Neuen Tages.
O siehe da die MUTTER sitzen,
von segensvoller Majestät umhüllt!
Sieh, wie die Bienen dort den Nektar schlürfen,
vor Freude wie von Sinnen!

Sieh, wie der MUTTER Antlitz strahlt,
das so bezaubert alle Herzen
und zieht in Ihren Bann das ganze All!
Um Ihre Lotusfüße sammeln
sich Scharen trunkner Heiliger,
vor Freude tanzend.

Wie unvergleichlich Ihre Schönheit ist!
Wunschlosigkeit ohn Ende
durchzieht das Herz, wenn Sie erscheint.
O Bruder, sagt Premdas*,
demütig bitt' ich dich und alle andern,
singt der MUTTER Preis!

Rāmakrishna sang und tanzte, und die Anhänger tanzten um ihn herum.

Kurz vor Mitternacht legten sich Narendra und die anderen auf dem Fußboden im Zimmer des Meisters zum Schlafen nieder.

In der Dämmerung wachten einige Verehrer auf und sahen, wie der Meister, nackt wie ein Kind, im Zimmer auf und ab ging und die Namen der verschiedenen Götter und Göttinnen wiederholte. Seine Stimme war wie Nektar. Bald blickte er auf den Ganges, bald blieb er

* der Dichter des Liedes

vor den Bildern, die an der Wand hingen, stehen und verbeugte sich vor ihnen. Ab und zu sagte er: »O MUTTER, Du bist *Brahman*, und Du bist *Shakti*. Du bist *Purusha*, und Du bist *Prakriti*. Du bist *Virāt*, Du bist die vierundzwanzig kosmischen Prinzipien.«

Inzwischen hatte die Morgenandacht im *Kālī*- und *Rādhākanta*-Tempel begonnen. Der Klang von Muschelhörnern und Zimbeln ertönte. Die Besucher gingen nach draußen und sahen, wie die Priester und die Diener Blumen für die Andacht pflückten.

Als Narendra und seine Freunde ihr Bad im Ganges beendet hatten, sagte der Meister zu ihnen: »Geht zum *Panchavatī* und meditiert unter dem *Banyan*. Soll ich euch etwas geben, worauf ihr sitzen könnt?«

Narendra und seine *Brahmo*-Freunde meditierten im *Panchavatī*. Rāmakrishna ging nach einer Weile zu ihnen. M war auch anwesend.

Der Meister sagte zu den *Brahmo*-Anhängern: »In der Meditation muß man ganz in Gott versunken sein. Kann man die Edelsteine, die auf dem Meeresgrund liegen, finden, wenn man nur an der Oberfläche schwimmt?«

Darauf sang er:

Nimm *Kālīs* Namen, mein Geist, und tauche hinab,
tief in das unergründliche Meer der Seele;
glaub aber nie, es sei ohne Perlen,
wenn der erste Versuch dir keine beschert.
Fest entschlossen und selbstbeherrscht
bahne dir, tief tauchend, den Weg
zum Reiche von *Kālī*, der MUTTER.

Bedenke, tief in dem Meer
der Erkenntnis von MUTTER *Kālī*
liegen die schimmernden Perlen des Friedens;
wenn du voll Liebe der Schriften Gebote befolgst,
kannst du sie dir als Besitz erringen.

Doch in den stillen Tiefen des Meeres
lauern sechs Krokodile* – Lust, Zorn und die andern –
schwimmen umher und suchen nach Beute.

* Die sechs Leidenschaften: Lust, Zorn, Geiz, Verblendung, Stolz und Neid

Mit der Unterscheidung Öl salbe deinen Körper;
allein sein durchdringender Duft
wird dich schützen vor ihrer Berührung.

Zahllose kostbare Perlen
liegen verstreut auf dem Grunde des Meeres.
Tauche hinab, sagt Rāmprasād*,
und sammle sie ein mit vollen Händen.

Narendra und seine Freunde stiegen vom Zementsockel des *Panchavatī* herab und standen neben dem Meister. Er ging mit ihnen in sein Zimmer zurück und sagte: »Wenn ihr in den Ozean hinabtaucht, können Krokodile euch angreifen. Sie werden euch aber in Ruhe lassen, wenn ihr euren Körper mit dem Öl der Unterscheidung einreibt. Es gibt ohne Zweifel sechs Krokodile – Lust, Zorn, Neid und so weiter – in euch, in den abgründigen Tiefen eurer Seele. Schützt euch mit dem Öl der Unterscheidung und Entsagung, und sie werden euch nicht anrühren.

Was kann man durch Vorträge und Gelehrsamkeit schon erreichen, wenn einem Unterscheidung und Leidenschaftslosigkeit fehlen! Nur Gott ist wirklich, alles andere ist unwirklich. Gott allein ist Sein, alles andere ist Nichts. Das ist es, was man Unterscheidungsvermögen nennt.

Laßt erst Gott in eurem Herzen wohnen, und dann haltet Vorträge, so viel ihr wollt. Was nützt die bloße Wiederholung von ›*Brahmā*‹, wenn ihr keine Unterscheidung und Leidenschaftslosigkeit besitzt! Es ist wie der leere Klang eines Muschelhorns.

In einem Dorf lebte ein junger Mann namens Padmalochan. Die Leute riefen ihn ›Podo‹. In diesem Dorf stand ein heruntergekommener Tempel. Er enthielt kein Götterbild. Büsche und Bäume wuchsen auf seinen Mauerruinen. Fledermäuse hausten in ihm, und der Fußboden war mit Staub und dem Unrat der Fledermäuse bedeckt. Die Dorfbewohner mieden den Tempel. Eines Abends hörten die Leute des Dorfes aus der Richtung des Tempels den Klang eines Muschelhorns. Sie dachten, jemand habe ein Bildnis aufgestellt, um die Abendandacht zu verrichten. Einer von ihnen öffnete vorsichtig die Tür und

* Der Dichter des Liedes

sah, wie Padmalochan in einer Ecke des Tempels ins Muschelhorn blies. Kein Bildnis war errichtet. Der Tempel war weder gefegt noch aufgewischt. Überall lag Unrat und Schmutz. Darauf rief er Podo zu:

Du hast kein Bildnis aufgestellt
hier drin im Schrein, du Narr!
Du bläst das Muschelhorn und machst
das Durcheinander nur noch schlimmer.
Elf Fledermäuse kreischen hier
ununterbrochen Tag und Nacht.

Es ist sinnlos, Krach zu machen, wenn wir Gott in unser Herz schließen und Ihn erkennen wollen. Reinigt zuerst euer Denken. In einem geläuterten Herzen hält Gott Einzug. Man kann kein heiliges Bild in einen Tempel bringen, der mit dem Unrat der Fledermäuse bedeckt ist. Die elf Fledermäuse sind unsere elf Organe: fünf Tätigkeitsorgane, fünf Wahrnehmungsorgane und das Denken.

Ruft erst die Gottheit an, dann könnt ihr Vorträge halten nach Herzenslust. Taucht tief hinab. Taucht bis auf den Grund und sammelt die Edelsteine. Dann dürft ihr auch andere Dinge tun. Niemand will tief tauchen. Die Menschen meiden spirituelle Übungen und Gebet, sie besitzen weder Entsagung noch Leidenschaftslosigkeit. Sobald sie ein paar Worte gelernt haben, beginnen sie sofort, Vorträge zu halten. Es ist schwer, andere zu belehren. Nur wenn ein Mensch von Gott den Auftrag dazu erhält, nachdem er Ihn erkannt hat, ist er berechtigt zu lehren.«

Mit diesen Worten kam der Meister zum Westende der Veranda. M stand neben ihm. Rāmakrishna hatte ständig betont, daß Gott ohne Unterscheidungsvermögen und Entsagung nicht erkannt werden könne. Dies bekümmerte M sehr. Er war achtundzwanzig Jahre alt, hatte eine westliche Hochschulbildung genossen und war verheiratet. Da er Pflichtgefühl besaß, fragte er sich, ob Unterscheidung und Leidenschaftslosigkeit bedeuteten, daß man »Frauen und Gold« aufgeben müsse. Er wußte wirklich nicht, was er tun sollte.

M: »Was soll man tun, wenn die eigene Frau sagt: ›Du vernachlässigst mich; ich werde Selbstmord begehen.‹?«

Meister (ganz ernst): »Verlasse solch eine Frau, wenn sie ein Hindernis in deinem spirituellen Leben ist. Laß sie Selbstmord begehen, oder was sie sonst tun mag! Eine Frau, die das spirituelle Leben ihres Mannes behindert, ist gottlos.«

M hatte sich, tief in Gedanken versunken, an die Wand gelehnt. Narendra und die anderen schwiegen. Der Meister wechselte einige Worte mit ihnen; dann, auf M zugehend, flüsterte er ihm ins Ohr: »Wenn aber ein Mann aufrichtige Liebe zu Gott empfindet, dann vermag er alle zu beherrschen, den König, den Bösewicht und seine Frau. Aufrichtige Gottesliebe auf seiten des Gatten hilft der Frau schließlich, ein spirituelles Leben zu führen. Wenn der Ehemann gut ist, so wird durch Gottes Gnade seine Frau seinem Beispiel folgen.«

Diese Worte hatten eine besänftigende Wirkung auf M. Er hatte immer schon gedacht: »Laß sie doch Selbstmord begehen, wenn sie will. Was kann ich dabei machen?«

M: »Dies ist wirklich eine schreckliche Welt!«

Meister: »Deshalb hat ja *Chaitanya* zu Nityānanda gesagt: ›Für den weltlich Gesinnten gibt es keine Hoffnung auf Befreiung.‹«

Bei einer anderen Gelegenheit hatte der Meister, als er mit M allein war, zu ihm gesagt: »Es gibt keine Hoffnung für einen weltlichen Menschen, wenn er nicht Gott ergeben ist. Er braucht aber nichts zu fürchten, wenn er nach der Erkenntnis Gottes in der Welt verbleibt. Er hat von der Welt nichts zu befürchten, wenn er Hingabe erlangt hat und ab und zu in der Einsamkeit spirituellen Übungen nachgeht. *Chaitanya* hatte unter seinen Anhängern verschiedene Familienväter, aber sie waren dies nur dem Namen nach, denn sie waren der Welt nicht mehr verhaftet.«

Es war Mittag. Die Andacht war vorüber, und im Tempel wurden die Speisen dargebracht. Rāmakrishna setzte sich zum Essen nieder, und Narendra und die anderen Anhänger erhielten von den Speisen, die im Tempel geopfert worden waren.

Sonntag, 22. Oktober 1882

Es war *Vijaya*, der letzte Tag der *Durgā*-Anbetung, an dem das Bildnis im Wasser eines Sees oder eines Flusses versenkt wird.

Gegen neun Uhr morgens saß M in Rāmakrishnas Zimmer auf dem Fußboden in der Nähe des Meisters, der zurückgelehnt auf der niedrigen Couch saß. Rakhal lebte zur Zeit beim Meister, und Narendra wie auch Bhāvanath besuchten ihn häufig. Baburam hatte ihn erst ein oder zweimal besucht.

Meister (zu M): »Wie kommst du mit deiner Meditation voran? Welcher Aspekt Gottes liegt dir mehr, der gestalthafte oder der gestaltlose?«

M: »Im Augenblick kann ich mein Denken nicht auf den gestalthaften Gott richten. Andererseits kann ich mich nicht ständig auf den gestaltlosen Gott konzentrieren.«

Meister: »Du siehst also, daß man nicht plötzlich sein Denken auf den gestaltlosen Aspekt Gottes konzentrieren kann. Es ist klüger, am Anfang an den gestalthaften Gott zu denken.«

M: »Heißt das, man sollte über ein Lehmbildnis meditieren?«

Meister: »Wieso Lehm? Diese Bilder sind eine Verkörperung des Absoluten Bewußtseins.«

M: »Trotzdem muß man an Hände, Füße und andere Teile des Körpers denken. Ich sehe aber ein, daß man sein Denken nicht konzentrieren kann, wenn man nicht zu Anfang über den gestalthaften Gott meditiert. Gott kann doch mühelos die verschiedensten Formen annehmen. Kann man auch über die Form der eigenen Mutter meditieren?«

Meister: »Ja, man sollte seine Mutter verehren. Sie ist wirklich eine Verkörperung *Brahmans.*«

M schwieg. Nach einigen Minuten fragte er den Meister: »Was empfindet man, wenn man an den gestaltlosen Gott denkt? Läßt sich das beschreiben?«

Nach einigem Nachdenken sagte der Meister: »Weißt du, womit man es vergleichen kann?« Er schwieg einen Augenblick und schilderte M dann mit wenigen Worten die Erfahrung, die man bei der Erkenntnis Gottes, sei er gestalthaft oder gestaltlos, macht.

Meister: »Man muß spirituell üben, um das richtig verstehen zu können. Angenommen, es liegen Schätze in einem Raum; wenn man sie sehen und in Besitz nehmen will, so muß man sich die Mühe machen, den Schlüssel zu beschaffen, die Tür aufzuschließen und die Schätze fortzutragen. Angenommen aber, der Raum ist verschlossen, und man steht vor der Tür und sagt: ›Jetzt habe ich die Tür geöffnet; jetzt habe ich die Truhe aufgebrochen; jetzt habe ich den Schatz entnommen‹, so führt solches Vor-sich-Hinbrüten vor der Tür zu nichts. Man muß üben.

Die *Jñānis* denken an Gott ohne Form. Sie glauben nicht an eine Göttliche Inkarnation. *Krishna* preisend, sagte *Arjuna*: ›Du bist Absolutes *Brahman.*‹ *Krishna* erwiderte: ›Folge mir, und du wirst wissen, ob ich Absolutes *Brahman* bin oder nicht.‹ Danach führte *Krishna Arjuna* an einen bestimmten Ort und fragte ihn, was er dort sehe. ›Ich sehe einen gewaltigen Baum‹, sagte *Arjuna*, ›und daran hängen Früchte wie Trauben von Brombeeren.‹ Darauf sagte *Krishna* zu *Arjuna*: ›Geh näher heran, und du wirst sehen, daß es keine Brombeeren sind, sondern Trauben unzähliger *Krishnas* wie ich.‹ Mit anderen Worten: Unzählige Göttliche Inkarnationen erscheinen und verschwinden am Baum des Absoluten *Brahman*.

Ich akzeptiere einen gestalthaften Gott, wenn ich in Gesellschaft von Menschen bin, die diesem Ideal folgen, stimme aber auch mit denen überein, die an den gestaltlosen Gott glauben.«

M (lächelnd): »Ihr seid so unendlich wie Er, über den wir uns unterhalten. Wahrlich, niemand kann Eure Tiefe ergründen.«

Meister: »Ah, ich merke, du hast es herausgefunden. Ich will dir etwas sagen. Man sollte verschiedene Wege gehen. Man sollte jeden Glauben eine Zeitlang ausüben.

Es gibt zwei Arten von *Yogis*. Einige reisen von einem heiligen Ort zum anderen und haben ihren Seelenfrieden noch nicht gefunden. Anderen, die alle Heiligtümer besucht haben, ist es gelungen, ihr Denken zur Ruhe zu bringen. Heiter und gelassen haben sie sich an einem Ort niedergelassen und reisen nicht mehr umher. An diesem Ort sind sie glücklich, sie spüren kein Bedürfnis mehr, Heiligtümer zu besuchen. Begeben sie sich doch noch einmal an einen Pilgerort, dann nur, um neu inspiriert zu werden.

Man wird von einem heiligen Ort zweifelsohne inspiriert. Ich habe Mathur nach Vrindavan begleitet. Hriday und die Damen von Mathurs Familie waren mit dabei. Kaum hatte ich das *Kaliyadaman Ghat* erblickt, wurde ich von einem spirituellen Gefühl überwältigt. Hriday mußte mich baden wie ein kleines Kind.

In der Abenddämmerung pflegte ich am Ufer des Jamuna spazieren zu gehen, wenn die Kühe von ihren Weiden heimkehrten. Beim Anblick dieser Kühe wurde ich an *Krishna* erinnert. Ich rannte herum und schrie wie ein Besessener: ›Oh, wo ist *Krishna*? Wo ist mein *Krishna*?‹

Ich besuchte Syamakunda und Radhakunda und den heiligen Berg Govardhan. Beim Anblick des Berges war ich überwältigt und rannte auf den Gipfel. Ich verlor jedes Bewußtsein der äußeren Welt. Die

Bewohner mußten mich herunterbringen. Als ich auf dem Wege nach Syamakunda und Radhakunda die Weiden, die Bäume, die Vögel und die Rehe sah, geriet ich in Ekstase. Mein Gewand war naß von Tränen. Ich sagte: ›O *Krishna*, alles ist noch wie in den alten Tagen, nur Du bist nicht hier.‹ Ich saß in der Sänfte und konnte keinen Ton mehr herausbringen. Hriday folgte der Sänfte und bat die Träger, vorsichtig mit mir zu sein.«

Gegen elf Uhr erhielt der Meister sein Mittagessen, die Opfergaben aus dem *Kālī*-Tempel. Nach der Mittagsruhe setzte er die Unterhaltung mit seinen Anhängern fort. Ab und zu sagte er *»OM«* oder wiederholte die heiligen Namen der Gottheiten.

Nach Sonnenuntergang begann die Abendandacht in den Tempeln. Da es der *Vijaya*-Tag war, grüßten die Verehrer zuerst die Göttliche Mutter und nahmen dann den Staub von den Füßen des Meisters.

4. Der Meister und Keshab

27. Oktober 1882

Es war an einem Freitag, dem Tag des Lakshmi *Pūjā*. Keshab hatte für Rāmakrishna eine Dampferfahrt auf dem Ganges arrangiert.

Gegen vier Uhr nachmittags warf der Dampfer mit Keshab und seinen *Brahmo*-Anhängern an Bord vor dem *Kālī*-Tempel in Dakshineswar Anker. Die Passagiere sahen das *Badeghat* und den Eingang vor sich. Zu ihrer Linken lagen sechs *Shiva*-Tempel, und zu ihrer Rechten weitere sechs. Vor dem blauen Herbsthimmel hoben sich die weiße Kuppel des *Kālī*-Tempels, die Baumspitzen des *Panchavatī* und die Silhouetten der Kiefern ab. Die Gärten zwischen den beiden *Nahabats* waren voll duftender Blumen, und am Ufer des Ganges zogen sich Reihen blühender Pflanzen hin. Der blaue Himmel spiegelte sich im braunen Wasser des heiligen Ganges, der mit der Tradition der indo-arischen Zivilisation in so enger Verbindung steht. Die äußere Welt schien heiter und gelassen und erfüllte die Herzen der *Brahmo*-Anhänger mit Frieden.

Rāmakrishna unterhielt sich in seinem Zimmer mit Vijay und Haralal. Einige Schüler von Keshab kamen herein. Sich vor dem Meister verbeugend, sagten sie: »Der Dampfer ist eingetroffen. Keshab hat uns gebeten, Euch an Bord zu bringen.« Ein kleines Boot brachte den Meister zum Dampfer. Kaum hatte er das Boot betreten, als er in *Samādhi* ging. Vijay begleitete ihn.

M befand sich unter den Passagieren. Als das Boot längsseits des Dampfers ging, stürzten alle an die Reling, um einen Blick auf Rāmakrishna zu werfen. Keshab war sehr besorgt, ihn sicher an Bord zu bringen. Mit großen Schwierigkeiten brachte man den Meister ins Körperbewußtsein zurück und führte ihn in eine Kabine. Noch völlig versunken, ging er mechanisch und stützte sich auf einen Anhänger.

Keshab und die anderen verbeugten sich, aber er wurde ihrer gar nicht gewahr. In der Kabine standen ein Tisch und ein paar Stühle. Man setzte ihn auf einen der Stühle. Keshab und Vijay nahmen zwei andere. Alle anderen saßen entweder auf dem Boden oder mußten draußen stehen. Sie blickten begierig durch Tür und Fenster. Rāmakrishna ging wieder in tiefes *Samādhi* und war der äußeren Welt völlig unbewußt.

Die Luft im Raum wurde durch die vielen Menschen stickig, und Keshab öffnete die Fenster. Die Begegnung mit Vijay verwirrte ihn, denn da sie sich über gewisse Prinzipien des *Brahmo Samāj* nicht einig geworden waren, hatte Vijay sich von Keshabs Organisation getrennt und war einer anderen Gesellschaft beigetreten.

Die *Brahmo*-Anhänger blickten erwartungsvoll auf den Meister. Er kehrte langsam ins normale Bewußtsein zurück, aber der Rausch des Göttlichen hielt noch an, und er flüsterte bei sich: »MUTTER, warum hast Du mich hierher gebracht? Sie sind eingemauert und nicht frei. Kann ich sie frei machen?« Fand der Meister, daß die hier versammelten Menschen in den Gefängnismauern der Welt eingeschlossen waren? Ließ ihre Hilflosigkeit ihn diese Worte an die Göttliche Mutter richten?

Rāmakrishna wurde sich der äußeren Welt wieder bewußt. Nilmadhav und ein *Brahmo*-Anhänger unterhielten sich über Pavhari Baba. Ein anderer *Brahmo*-Schüler sagte zum Meister: »Diese beiden Herren haben Pavhari Baba besucht. Er lebt in Ghazipur und ist ein Heiliger wie Ihr.« Der Meister konnte kaum sprechen und lächelte nur. Der Schüler fuhr fort: »Pavhari Baba hat eine Photographie von Euch in seinem Zimmer.« Auf seinen Körper deutend, sagte der Meister lächelnd: »Nur ein Kissenbezug.«

Dann fuhr er fort: »Denkt daran, daß das Herz des Strebenden der Wohnsitz Gottes ist. Sicher wohnt Er allen Wesen inne, aber im Herzen Seiner Verehrer manifestiert Er sich besonders. Ein Gutsbesitzer besucht alle Teile seines Besitzes irgendwann einmal, aber die Leute sagen, daß man ihn gewöhnlich in seinem Wohnzimmer findet. Das Herz des Verehrers ist Gottes Wohnzimmer.

ER, den die *Jñānis Brahman* nennen, ist den *Yogis* als *Ātman* und den *Bhaktas* als *Bhagavān* bekannt. Ein Brahmane wird Priester genannt, wenn er den Gottesdienst im Tempel versieht, und Koch, wenn er in der Küche das Essen bereitet. Der *Jñāni*, der den Weg der Erkenntnis geht, trachtet die Wirklichkeit zu ergründen, indem er sagt:

›Nicht dies, nicht das.‹ *Brahman* ist weder dies noch das. ES ist weder das Universum noch seine lebenden Wesen. Solche Überlegungen machen das Denken stetig. Es verschwindet schließlich ganz, und der Strebende geht in *Samādhi*. Das ist die Erkenntnis *Brahmans*. Es ist die unerschütterliche Überzeugung des *Jñānis*, daß nur *Brahman* wirklich ist, die Welt dagegen Schein. Alle diese Namen und Formen sind eine Täuschung, wie ein Traum. Was *Brahman* ist, kann nicht beschrieben werden. Man kann nicht einmal sagen, daß *Brahman* eine Person sei. Das ist die Auffassung der *Jñānis*, der Anhänger der *Vedānta*-Philosophie.

Die *Bhaktas* jedoch akzeptieren alle Bewußtseinszustände. Sie halten auch den Wachzustand für wirklich. Sie glauben nicht, daß die Welt unwirklich ist wie ein Traum, sondern sagen, daß dieses Universum eine Manifestation von Gottes Macht und Herrlichkeit ist. Gott hat dies alles geschaffen – Himmel, Sterne, Sonne, Mond, Berge, Menschen und Tiere. Sie bilden Seine Herrlichkeit. ER ist in uns, in unserem Herzen, und wiederum auch außerhalb. Die Fortgeschrittenen sagen, daß Er zu diesem allem geworden ist – den vierundzwanzig kosmischen Prinzipien, dem Universum und allen lebenden Wesen. Der Verehrer Gottes will Zucker schmecken und nicht Zucker werden.« (Alle lachten)

Der Dampfer nahm Kurs auf Kalkutta. Die Passagiere jedoch, die ihre Augen auf den Meister gerichtet hatten und seinen eindrucksvollen Worten lauschten, spürten nichts von seiner Bewegung. Dakshineswar blieb mit seinen Tempeln und Gärten zurück. Die Schaufeln des Raddampfers peitschten das Wasser des Ganges. Die Zuhörer merkten nichts davon. Wie gebannt blickten sie auf den großen *Yogi*, dessen Antlitz leuchtete, dessen Augen vor Freude strahlten – ein Mann, der Gottes wegen alles aufgegeben hatte, der nichts anderes kannte als Gott. Unentwegt strömten Worte der Weisheit von seinen Lippen.

Meister: »Die *Jñānis*, die dem nicht-dualen *Vedānta* anhängen, sagen, daß Schöpfung, Erhaltung und Zerstörung, sowie das ganze Universum mit all seinen lebenden Wesen eine Manifestation *Kālīs* sei, der Göttlichen Kraft. Wenn man darüber nachdenkt, erkennt man, daß sie alle eine Täuschung sind wie der Traum. *Brahman* allein ist wirklich, alles andere unwirklich. Selbst diese *Shakti* ist unwirklich wie ein Traum.

Selbst wenn man sein Leben lang grübelt, über den Bereich der *Shakti* kommt man nicht hinaus, wenn man nicht fest im *Samādhi* gegründet ist. Selbst wenn man sagt: ›Ich meditiere‹ oder ›ich kontempliere‹, bewegt man sich immer noch im Bereich der *Shakti.*

Diese Urkraft ist immer am Werke. Sie schafft, erhält und zerstört, als wenn Sie spielt. Diese Kraft wird *Kālī* genannt. *Kālī* ist nichts anderes als *Brahman*, und *Brahman* ist nichts anderes als *Kālī.* Es ist ein und dieselbe Wirklichkeit. Wenn wir Sie uns untätig vorstellen, nennen wir Sie *Brahman.* Wenn Sie tätig wird, wie in Schöpfung, Erhaltung und Zerstörung, nennen wir Sie *Kālī* oder *Shakti.* Es ist ein und dieselbe Wirklichkeit, der Unterschied liegt nur im Namen und in der Form.

Nach der Auflösung des Universums am Ende eines großen Zyklus sammelt die Göttliche Mutter den Samen für die nächste Schöpfung ein. Sie gleicht einer ältlichen Jungfer, die einen Krimskramstopf besitzt, in dem sie alles sammelt, was man im Haus gebrauchen kann. (Alle lachten)

Ja, Hausfrauen besitzen solche Töpfe, in denen sie Muscheln, Pillen, Kürbiskerne und andere Samen aufbewahren. Bei Bedarf nehmen sie daraus. Genauso sammelt meine Göttliche Mutter, die Verkörperung *Brahmans*, nach der Auflösung des Universums den Samen für die nächste Schöpfung ein. Nach der Schöpfung waltet die Urkraft im Universum. Sie bringt diese Erscheinungswelt hervor und durchdringt sie. In den *Veden* wird die Schöpfung mit einem Spinnengewebe verglichen. Die Spinne webt das Netz aus ihrem Körper und bleibt in ihm. Gott ist zu diesem Universum geworden und zu allem, was in ihm enthalten ist.

Ist *Kālī*, meine Göttliche Mutter, wirklich schwarz? Sie erscheint schwarz aus der Ferne, aber nicht, wenn man Sie näher kennt. Der Himmel erscheint blau, aber bei näherer Betrachtung hat er keine Farbe. Auch das Wasser des Ozeans scheint blau zu sein, aber wenn man es mit der Hand schöpft, ist es farblos.

Gefangenschaft und Befreiung sind beide Ihr Werk. Durch Ihre *Māyā* werden weltliche Menschen in ›Frauen und Gold‹ verstrickt, und durch Ihre Gnade erlangen sie Befreiung. Sie wird die Erlöserin genannt und die Befreierin von den Fesseln, die uns an die Welt binden.

Die Göttliche Mutter scherzt und spielt. Dieses Universum ist Ihr

Spiel. Sie ist eigenwillig und geht Ihre eigenen Wege. Sie ist voller Seligkeit. Einem von hunderttausend schenkt Sie die Freiheit.«

Ein *Brahmo*-Schüler: »Wenn Sie will, kann Sie doch allen die Freiheit schenken. Warum hält Sie uns in dieser Welt gefangen?«

Meister: »Das ist Ihr Wille. Sie will das Spiel mit Ihren Geschöpfen fortsetzen. Beim Versteckspielen hört das Herumlaufen auf, sobald alle das Mal berührt haben. Das Spiel kann dann nicht weitergehen, und das mißfällt Ihr. Sie hat Spaß am Fortgang des Spieles.«

Brahmo-Schüler: »Können wir Gott nicht auch ohne völlige Entsagung verwirklichen?«

Meister (lachend): »Natürlich, warum solltet ihr allem entsagen? Ihr seid richtig, so wie ihr seid, auf dem mittleren Weg.

Ich will euch die Wahrheit sagen: Es ist nichts Falsches daran, in der Welt zu leben. Ihr müßt nur euer Denken auf Gott richten, sonst ist alles umsonst. Tut mit der einen Hand eure Pflicht und haltet euch mit der anderen an Gott. Ist die Pflicht erfüllt, packt Gott mit beiden Händen.

Alles hängt vom Denken ab. Fesselung und Befreiung existieren nur im Denken. Das Denken nimmt jede Farbe an. Es ist wie ein weißes Laken, das frisch aus der Wäscherei kommt. Taucht man es in rote Farbe, so wird es rot, und taucht man es in blaue oder grüne, dann wird es blau oder grün. Es nimmt die Farbe an, in die man es taucht. Habt ihr schon bemerkt, daß man, wenn man ein bißchen Englisch gelesen hat, sofort anfängt, englische Worte zu gebrauchen? Dann zieht man Schuhe an und flötet eine Melodie, und so geht es weiter. Wenn ein Gelehrter Sanskrit studiert, rasselt er sofort Sanskritverse herunter. Geratet ihr in schlechte Gesellschaft, werdet ihr wie eure Gefährten denken und reden. Wenn ihr euch aber in der Gesellschaft von Gottesverehrern befindet, denkt und sprecht ihr nur noch über Gott.

Denken ist alles. Ein Mann hat auf der einen Seite seine Frau und auf der anderen seine Tochter. Beiden zeigt er seine Zuneigung auf verschiedene Weise, aber sein Bewußtsein ist ein und dasselbe.

Bindung liegt im Denken, und Freiheit liegt auch im Denken. Der Mensch ist frei, wenn er ständig denkt: ›Ich bin eine freie Seele. Wie kann ich gebunden sein, ob ich nun in der Welt lebe oder im Walde? Ich bin ein Kind Gottes, des Königs der Könige. Wer kann mich binden?‹ Nach einem Schlangenbiß kann man das Gift loswerden, wenn man felsenfest erklärt: ›Es ist kein Gift in mir.‹ Wenn man genauso entschlossen erklärt: ›Ich bin nicht gebunden, ich bin frei‹, dann wird man auch frei.

Irgend jemand gab mir einmal ein christliches Buch. Ich bat ihn, mir daraus vorzulesen. Es handelte von nichts anderem als Sünde. (Zu Keshab) Sünde ist auch das einzige, was die Leute in deinem *Brahmo Samāj* hören. Der Schwächling, der unentwegt sagt: ›Ich bin gebunden, ich bin gebunden‹, kann nur in Bindung enden. Wer Tag und Nacht sagt: ›Ich bin ein Sünder‹, der wird schließlich zum Sünder.

Man muß einen solch starken Glauben an Gott besitzen, daß man sagen kann: ›Was! Ich habe Gottes Namen wiederholt. Wie kann Sünde da noch an mir haften? Wie könnte ich noch ein Sünder sein?‹

Wenn ein Mensch Gottes Namen wiederholt, werden sein Körper und sein Denken geläutert. Warum sollte man nur über Sünde, Hölle und solche Dinge reden? Sagt entschlossen: ›O Herr, ich habe gewiß Böses getan, aber ich werde es nicht wieder tun.‹ Habt vor allem Vertrauen zu Ihm.

Ich habe meine Göttliche Mutter nur um reine Liebe gebeten. Ich habe Blumen zu Ihren Lotusfüßen dargebracht und gebetet: ›MUTTER, hier ist Deine Tugend, und hier ist Dein Laster. Nimm sie beide und schenke mir nur reine Liebe zu Dir. Hier ist Deine Erkenntnis, und hier ist Deine Unwissenheit. Nimm sie beide und schenke mir nur reine Liebe zu Dir. Hier ist Dein *Dharma*, und hier ist Dein *Adharma*. Nimm sie beide, MUTTER, und schenke mir nur reine Liebe zu Dir.‹

Warum sollte man Gott nicht in der Welt verwirklichen können? Wenn man aber in der Welt lebt, muß man dann und wann in die Einsamkeit gehen. Es ist eine große Hilfe für den Menschen, wenn er auch nur für drei Tage seine Familie verläßt, für sich allein lebt und zu Gott betet. Selbst wenn er nur einen Tag Zeit hat, um in der Einsamkeit an Gott zu denken, wird ihm das gut tun.«

Die Ebbe hatte eingesetzt. Der Dampfer näherte sich Kalkutta. Er passierte die Howrah-Brücke, und der Botanische Garten kam in Sicht. Der Kapitän wurde gebeten, weiter flußab zu fahren. Die Passagiere waren von den Worten des Meisters verzaubert und hatten jeden Zeitbegriff verloren. Viele wußten gar nicht, wie weit sie gefahren waren.

Keshab bot Puffreis und Kokosraspel an. Alle waren vergnügt. Der

Meister bemerkte jedoch, daß Keshab und Vijay sich aus dem Wege gingen, und hätte sie gerne versöhnt.

Meister zu Keshab: »Sieh, da sitzt Vijay. Euer Streit erscheint mir wie der Kampf zwischen *Shiva* und *Rāma*. *Shiva* war *Rāmas Guru*. Obgleich sie gegeneinander kämpften, einigten sie sich bald. Aber die Grimassen der Geister – der *Shiva*-Anhänger – und das Gegibber der Affen – der *Rāma*-Anhänger – nahm kein Ende! (Alle lachten) Solcher Streit kommt selbst in der eigenen Familie vor. *Rāmānuja* vertrat den eigenschaftsbehafteten Nicht-Dualismus. Sein *Guru* war jedoch ein reiner Nicht-Dualist. Sie fanden keine Übereinstimmung und versuchten, einander zu widerlegen. Das kommt immer wieder vor. Dem Lehrer bleibt der Schüler aber immer teuer.«

Alle stimmten den Worten des Meisters freudig zu.

Meister (zu Keshab): »Du siehst dir die Menschen nicht genau genug an, bevor du sie zu deinen Schülern machst, und deshalb verlassen sie dich wieder.

Die Menschen sehen zwar alle gleich aus, aber sie haben nicht alle das gleiche Wesen. Bei einigen dominiert *Sattva*, bei anderen *Rajas* und bei anderen *Tamas*. Du wirst schon bemerkt haben, daß die *Puli*-Pasteten alle gleich aussehen. Ihr Inhalt ist aber verschieden. Einige enthalten Dickmilch, andere Kokos und einige nur gekochte Linsen. (Alle lachten)

Wollt ihr meine Einstellung wissen? Ich esse, trinke und bin glücklich. Alles andere weiß die Göttliche Mutter. Drei Worte gibt es aber, die mich stören: *Guru*, Meister und Vater.

Es gibt nur einen *Guru*, und das ist *Satchidānanda*. ER allein ist der Lehrer. Meine Einstellung zu Gott ist die eines Kindes zur Mutter. Man findet Millionen menschlicher *Gurus*. Alle wollen Lehrer sein. Aber wer will Schüler sein?

Es ist sehr schwierig, andere zu belehren. Ein Mensch kann nur dann lehren, wenn Gott sich ihm enthüllt und ihm den Auftrag gegeben hat. Nur wenn man Gottes Auftrag empfangen hat, werden die Menschen einem zuhören.

Ihr wißt doch, wie leicht die Leute in Kalkutta zu begeistern sind. Die Milch im Topf kocht und läuft über, solange das Feuer darunter brennt. Geht das Feuer aus, ist alles ruhig. Die Leute in Kalkutta lieben Sensationen. Man kann sie manchmal einen Brunnen graben sehen. Sie sagen, sie suchen Wasser; stoßen sie aber auf einen Stein, so geben sie es auf und versuchen es woanders. Dort finden sie vielleicht Sand und geben es auch da auf. Dann beginnen sie an einem dritten Platz zu suchen, und so geht es weiter. Es genügt nicht, wenn ein Mensch sich einbildet, Gottes Auftrag empfangen zu haben.

Gott enthüllt sich dem Menschen, ja Er spricht zu ihm. Nur so erhält man Seinen Auftrag. Wie gewaltig sind die Worte eines solchen Lehrers! Aber Vortragskünstler? Die Menschen hören ihnen ein paar Tage zu und vergessen sie wieder. Sie reagieren nicht auf bloße Worte.

Um andere belehren zu können, bedarf es der Autorität, sonst wird die Belehrung zum Hohn. Ein Mensch, der selbst unwissend ist, beginnt andere zu belehren – wie ein Blinder, der den Blinden führt. Statt zu helfen, richtet solche Belehrung nur Schaden an. Nach der Erkenntnis Gottes erlangt man die innere Schau. Nur dann kann man die spirituellen Gebrechen eines Menschen erkennen und Anweisungen geben.

Ohne Gottes Auftrag wird der Mensch eitel. Er redet sich ein, die Menschen belehren zu können. Diese Eitelkeit entsteht aus Nichtwissen, denn nur ein Unwissender glaubt, daß er der Handelnde ist. Der Mensch erlangt Befreiung in diesem Leben, wenn er spürt: ›Gott ist der Handelnde. ER allein tut alles. Ich vermag nichts.‹ Die Leiden und Sorgen der Menschen entstehen nur aus ihrer hartnäckigen Vorstellung, der Handelnde zu sein.

Ihr sprecht davon, der Welt Gutes zu tun. Ist die Welt etwas so Kleines? Wer seid ihr, daß ihr der Welt Gutes tun könnt? Erkennt erst einmal Gott, erkennt Ihn durch spirituelle Übungen. Wenn Er euch die Kraft dazu verleiht, könnt ihr anderen Gutes tun, sonst nicht.«

Brahmo-Anhänger: »Müssen wir alle Aktivität aufgeben, bis wir Gott erkannt haben?«

Meister: »Nein, warum solltet ihr? Seid tätig durch Kontemplation, Gebet und tägliche Andacht.«

Brahmo: »Was ist aber mit unseren weltlichen Pflichten, dem Geldverdienen und dergleichen?«

Meister: »Ja, auch sie müssen erfüllt werden, aber nur, soweit sie für euren Lebensunterhalt notwendig sind. Gleichzeitig solltet ihr in der Einsamkeit zu Gott beten, daß Er es euch ermöglicht, diese Pflichten in selbstloser Weise zu verrichten. Ihr solltet zu Ihm sagen: ›O Gott, verringere meine weltlichen Pflichten, sonst könnte ich Dich leicht vergessen, wenn ich in zu viele Tätigkeiten verstrickt bin. Ich bilde mir ein, selbstlose Arbeit zu tun, aber sie erweist sich als selbstsüchtig.‹ Menschen, die im Übermaß Almosen geben und Speisen an die Armen verteilen, werden Opfer ihres Verlangens nach Ansehen und Ehre.

Sambhu Mallick sprach einmal davon, daß er Krankenhäuser, Schulen, öffentliche Wasserbehälter und Straßen bauen wolle und dergleichen. Ich sagte zu ihm: ›Reiß dich nicht um solche Arbeit! Erledige nur, was sich dir anbietet und dringend notwendig ist. Erledige das ohne Verhaftung.‹ Es ist nicht gut, in zu viele Tätigkeiten verstrickt zu sein, weil man Gott darüber vergißt. Einige kommen zum *Kālī*-Tempel und verbringen ihre ganze Zeit damit, Gaben unter die Armen zu verteilen. Sie haben keine Zeit, die MUTTER im Schrein zu besuchen! (Gelächter) Strebt erst danach, das Bildnis der Göttlichen Mutter zu sehen, selbst wenn ihr euch durch die Menge drängeln müßt. Dann könnt ihr Almosen geben oder auch nicht. Arbeit ist nur ein Mittel zur Gottverwirklichung. Ein Gottliebender sagt: ›O Herr, gib mir einen Platz zu Deinen Füßen. Laß mich stets in Deiner Gegenwart verweilen und schenke mir aufrichtige und echte Liebe zu Dir!‹

Karma-Yoga ist sehr schwierig. Es ist im *Kaliyuga* außerordentlich schwierig, die Riten der Schriften zu befolgen. Heutzutage dreht sich das Leben des Menschen um den Broterwerb. Er hat keine Zeit für die vielen vorgeschriebenen Riten. Angenommen, jemand hat einen Fieberanfall. Versucht man eine langsame Heilung mit den alten, natürlichen Mitteln, so kann es schon zu spät sein. Der Patient verträgt keine Verzögerung. Heutzutage ist eine drastische Patentmedizin angebracht. Im *Kaliyuga* ist *Bhakti-Yoga,* der Weg der Gottesverehrung, am wirksamsten. Der Weg der Gottesverehrung ist die Religion dieses Zeitalters. (Zu den *Brahmo*-Anhängern:) Ihr geht auch den Weg der Hingabe. Ihr seid wahrlich gesegnet, weil ihr *Haris* Namen singt und den Ruhm der Göttlichen Mutter verkündet. Ich mag eure Einstellung. Ihr haltet die Welt nicht für einen Traum wie die Nicht-Dualisten. Ihr seid keine *Brahmajñānis* wie sie, sondern *Bhaktas,* Gottliebende. Daß ihr von Ihm als Persönlichkeit sprecht, halte ich auch für gut, denn ihr seid Gottesverehrer. Ihr werdet Ihn gewiß erkennen, wenn ihr Ihn ernsthaft und aufrichtig anruft.«

Der Dampfer warf am Kayalaghat Anker, und die Passagiere machten sich zum Aussteigen bereit. Als sie an Deck kamen, sahen sie, daß der Vollmond aufgegangen war. Die Bäume, Häuser und Boote auf dem Ganges waren in sein helles Licht getaucht. Für den Meister wurde eine Kutsche gemietet, und M und ein paar Freunde stiegen mit ein. Der Meister fragte nach Keshab. Er kam und erkundigte sich, ob für die Rückkehr des Meisters nach Dakshineswar gesorgt sei. Dann nahm er mit einer Verbeugung Abschied von Rāmakrishna.

Die Kutsche fuhr durch den europäischen Teil der Stadt. Der Meister genoß den Anblick der hübschen Häuser zu beiden Seiten der hell beleuchteten Straßen. Plötzlich sagte er: »Ich bin durstig. Was machen wir?« Nandalal, Keshabs Neffe, ließ das Gefährt vor dem Indischen Klub halten, um Wasser zu holen. Der Meister erkundigte sich, ob das Glas auch sauber sei, und als man ihm das bestätigte, trank er das Wasser.

Als die Kutsche weiterfuhr, steckte der Meister den Kopf aus dem Fenster und blickte mit kindlichem Vergnügen auf die Menschen, Wagen und Pferde auf den Straßen, die das Mondlicht überflutete. Ab und zu hörte er europäische Damen am Klavier singen. Er war in sehr fröhlicher Stimmung.

28. Oktober 1882

Es war Sonnabend. Das halbjährliche *Brahmo*-Fest, das in den Herbst und den Frühling fiel, wurde in Benimadhav Pals herrlichem Gartenhaus gefeiert, ungefähr drei Meilen nördlich von Kalkutta. Das Haus lag abgelegen, wie für Kontemplation geschaffen. Blütenbeladene Bäume, künstliche Teiche und grüner Rasen steigerten die Schönheit des Grundstücks. Der Meister traf ein, als das Licht der untergehenden Sonne die Wolken vergoldete.

Viele Anhänger hatten der Morgenandacht beigewohnt, und am Nachmittag waren weitere Menschen aus Kalkutta und den Nachbardörfern gekommen. Shivanath, ein *Brahmo*-Anhänger, den der Meister ins Herz geschlossen hatte, befand sich unter den Mitgliedern des *Brahmo Samāj*. Er hatte schon ungeduldig auf Rāmakrishnas Eintreffen gewartet.

Als die Kutsche, die den Meister und einige Anhänger brachte, am Gartenhaus hielt, erhoben sich die Anwesenden respektvoll, um ihn zu begrüßen. Es war plötzlich ganz still, als ob im Theater der Vorhang aufging. Die Menschen, die sich miteinander unterhalten hatten, richteten ihre Aufmerksamkeit jetzt auf den Meister, um kein Wort zu versäumen, das von seinen Lippen kam.

Beim Anblick Shivanaths rief der Meister fröhlich aus: »Ah, da ist Shivanath! Du bist ein Gottesverehrer. Dein Anblick erfreut mein Herz. Ein Haschischraucher ist glücklich, wenn er einem anderen begegnet. Manchmal umarmen sie sich im Überschwang der Freude.«

Alle brachen in Gelächter aus.

Meister: »Viele Menschen kommen zum Tempelgarten in Dakshineswar. Wenn ich Besucher entdecke, die Gott gegenüber gleichgültig sind, dann sage ich zu ihnen: ›Ihr setzt euch besser da drüben hin.‹ Oder manchmal sage ich: ›Geht umher und seht euch die herrlichen Gebäude an.‹ (Gelächter)

Oft werden Gottesverehrer von wertlosen Menschen begleitet. Ihre Begleiter sind in grobe Weltlichkeit verstrickt und halten überhaupt nichts von spirituellen Gesprächen. Wenn sich die Verehrer lange mit mir über Gott unterhalten, werden die anderen unruhig. Sie können nicht mehr stillsitzen und flüstern: ›Wann gehen wir? Wie lange wird es noch dauern?‹ Wenn der Verehrer sagt: ›Warte noch ein bißchen, wir werden gleich gehen‹, antworten die weltlichen Menschen angewidert: ›Rede nur ruhig weiter. Wir werden im Boot auf dich warten.‹ (Alle lachten)

Weltliche Menschen hören nicht zu, wenn man sie auffordert, allem zu entsagen und sich mit ganzem Herzen Gott zu widmen. Wie weltliche Menschen mit *Sattva*, *Rajas* und *Tamas* begabt sind, so ist auch *Bhakti* von den drei *Gunas* gekennzeichnet.

Wollt ihr wissen, wie sich ein weltlicher Mensch mit *Sattva*-Eigenschaften verhält? Vielleicht ist sein Haus hier und da ein wenig verfallen. Er kümmert sich nicht um die Reparaturen. Seine Andachtshalle ist vielleicht voller Taubenschmutz und der Hof mit Moos bedeckt. Ihn stört das nicht. Die Einrichtung des Hauses mag alt sein, er denkt nicht daran, sie aufzupolieren und hübsch zu machen. Kleidung interessiert ihn überhaupt nicht, alles ist ihm gut genug. Aber der Mann selbst ist freundlich, ruhig und bescheiden, er tut niemandem etwas zuleide.

Dann gibt es die weltlichen Menschen mit *Rajas*-Tendenzen. Solch ein Mann trägt eine Uhr mit Kette und zwei oder drei Ringe an den Fingern. Die Einrichtung des Hauses ist tipptopp. An den Wänden hängen Bilder der Königin, des Prince of Wales und anderer Prominenter. Das Gebäude ist frisch gestrichen und fleckenlos sauber. Seine Garderobe ist umfangreich, und selbst seine Diener haben eine Livree.

Die Merkmale eines weltlichen Menschen mit *Tamas* sind Schlaf, Lust, Zorn, Egoismus und dergleichen.

In gleicher Weise kann *Bhakti sattva*-artig sein. Solch ein Verehrer meditiert ganz heimlich über Gott, vielleicht sogar unter seinem Moskitonetz. Andere glauben, er schliefe. Da er spät aufsteht, glauben sie, daß er die Nacht über nicht gut geschlafen habe. Die Liebe zu seinem Körper geht nur so weit, daß er seinen Hunger stillt, und auch das nur mit Reis und einfachem Gemüse. Er kennt keinen Aufwand bei den Mahlzeiten, keinen Luxus in seiner Kleidung und kein Getue mit den Möbeln. Niemandem redet er des Geldes wegen nach dem Munde.

Der Strebende mit *Rajas-Bhakti* trägt das Kastenzeichen auf der Stirn und um den Hals eine Kette aus *Rudraksha*-Perlen. (Alle lachten) Bei der Andacht trägt er seidene Gewänder. Er liebt den äußeren Prunk.

Ein Mensch mit *Tamas-Bhakti* besitzt einen brennenden Glauben. Solch ein Verehrer erpreßt im wahrsten Sinne des Wortes Wohltaten von Gott, so wie Räuber einen Menschen des Geldes wegen überfallen. ›Binde! Schlage! Töte!‹, das ist seine Art, die Art der Straßenräuber.«

Als er dies gesagt hatte, begann der Meister mit erhobenem Blick und liebestrunkener Stimme zu singen:

Warum sollt' ich nach Ganga oder Gaya,
nach Kashi, Kanchi oder Prabhas gehn,
solange ich noch atmen kann
mit *Kālīs* Namen auf den Lippen?
Wozu bedarf der Mensch
der Andacht noch der Rituale,
wenn er der MUTTER Namen wiederholt
zu den drei heiligen Tagesstunden?
So dicht die Riten ihm auch folgen mögen,
nie werden sie ihn übertreffen.
Wohltätigkeit, Gelübde, milde Gaben
sind nicht nach Madans* Sinn.
Der segensvollen MUTTER Lotusfüße
sind sein Gebet und seine Opfergaben.

* Der Dichter des Liedes

Wer könnte jemals ganz begreifen
die Kraft von Ihrem heil'gen Namen?
Ja, *Shiva* selbst, der Gott der Götter, singt
fünffachen Mundes Ihr zu Lob und Preis!

Der Meister war außer sich vor Liebe zur Göttlichen Mutter. Er sagte: »Man muß die feste Überzeugung haben: ›Was! Ich habe den Namen der MUTTER gesungen. Wie kann ich da noch ein Sünder sein? Ich bin Ihr Kind und Erbe Ihrer Macht und Herrlichkeit.›

Wenn ihr eurem *Tamas* eine spirituelle Richtung zu geben vermögt, könnt ihr mit seiner Hilfe Gott verwirklichen. Zwingt Gott eure Forderungen auf. ER ist kein Fremder für euch. ER ist euer Eigentum.

Außerdem kann man die *Tamas*-Eigenschaft zum Wohle der anderen einsetzen. Es gibt drei Arten von Ärzten: die guten, die mittleren und die schlechten. Der Arzt, der den Puls des Patienten fühlt und nur sagt: ›Nehmt die Medizin regelmäßig‹, gehört zu den schlechten. Er kümmert sich nicht darum, ob der Patient die Medizin wirklich nimmt oder nicht. Der mittlere Arzt versucht auf verschiedene Weise, den Patienten zur Einnahme der Medizin zu bewegen. Er sagt freundlich: ›Mein lieber Mann, wie könnt Ihr Heilung erwarten, wenn Ihr die Medizin nicht nehmt? Nehmt dieses Mittel, ich habe es selbst für Euch zubereitet.‹ Der beste Arzt aber ist derjenige, der dem Patienten das Knie auf die Brust setzt und ihm mit Gewalt die Medizin einflößt, selbst wenn er sich hartnäckig weigert, sie einzunehmen. Dies ist die *Tamas*-Manifestation eines Arztes. Sie schadet dem Patienten nicht, sondern bringt ihm im Gegenteil Gutes.

Wie bei den Ärzten, so gibt es auch drei Arten von religiösen Lehrern. Der schlechte gibt dem Schüler nur Anweisungen, ohne sich nach seinen Fortschritten zu erkundigen. Der mittlere macht alle Anstrengungen, dem Schüler alles beizubringen und bittet ihn, die Dinge sorgfältig zu überdenken. Auch sonst zeigt er ihm auf vielerlei Weise seine Zuneigung. Dann aber gibt es einen Lehrertyp, der notfalls Gewalt anwendet, wenn der Schüler unwillig oder unaufmerksam ist. Ihn halte ich für den besten Lehrer.«

Brahmo-Anhänger: »Ist Gott gestalthaft oder nicht?«

Meister: »Niemand kann mit Bestimmtheit sagen, daß Gott nur dies wäre und nichts anderes. ER ist gestaltlos, nimmt aber auch Gestalt an.

Wißt ihr, was ich meine? Stellt euch *Brahman*, Absolutes Sein-Wissen-Seligkeit, als einen uferlosen Ozean vor. Durch den Kälteeinfluß – die Liebe des *Bhakta* – gefriert das Wasser an einigen Stellen zu Eis. Mit anderen Worten, Gott nimmt für Seine Verehrer ab und zu verschiedene Formen an und enthüllt sich als Persönlichkeit. Mit dem Aufgehen der Sonne der Erkenntnis schmelzen die Eisblöcke. Dann empfindet man Gott nicht mehr als Persönlichkeit und sieht in Ihm keine Formen mehr. Was Er ist, kann nicht beschrieben werden. Wer will Ihn beschreiben? Wer es versucht, löst sich auf, er findet sein ›Ich‹ nicht mehr.

Wenn man sich selbst analysiert, läßt sich so etwas wie ein ›Ich‹ nicht finden. Nehmen wir zum Beispiel eine Zwiebel. Erst lösen wir die äußere Haut, dann schälen wir die weißen Schichten eine nach der anderen ab; zum Schluß bleibt nichts.

In diesem Zustand spürt man das Vorhandensein des Ichs nicht mehr. Wer ist noch da, um es suchen zu können? Wer kann beschreiben, was er in diesem Zustand – in seinem eigenen Reinen Bewußtsein – vom wirklichen Wesen *Brahmans* empfindet?

Es gibt ein Zeichen für vollkommene Erkenntnis. Wer sie erlangt hat, schweigt. Dann löst sich das ›Ich‹, das mit einer Salzpuppe verglichen werden kann, im Ozean von Sein-Wissen-Seligkeit auf und wird eins mit Ihm. Nicht eine Spur von Unterschied bleibt erhalten. Solange die Selbstanalyse nicht vollkommen ist, wird heftig argumentiert. Ist sie vollendet, folgt Schweigen.

Alle Sorgen und Überlegungen finden ihr Ende, sobald das Ich stirbt. Man mag Tausende von Vernunftgründen haben, das ›Ich‹ wird dadurch nicht verschwinden. Für Menschen wie euch und mich ist es gut, das Gefühl zu haben, ein Gottliebender zu sein.«

Brahmo-Anhänger: »Ist es möglich, Gott zu sehen, und warum sehen wir Ihn nicht?«

Meister: »Ja, sicher kann man Ihn sehen. Man kann Seine Gestalten sehen und auch Seinen gestaltlosen Aspekt. Wie soll ich euch das erklären?«

Brahmo: »Durch welche Mittel kann man Gott sehen?«

Meister: »Könnt ihr mit verlangendem Herzen nach Ihm weinen? Die Menschen vergießen Ströme von Tränen um ihrer Kinder, Frauen und Reichtümer willen. Wer aber weint nach Gott? Solange das Kind mit seinem Spielzeug beschäftigt ist, kann sich die Mutter um ihren

Haushalt kümmern. Ist das Kind dessen überdrüssig, so wirft es das Spielzeug beiseite und schreit nach seiner Mutter. Dann nimmt die Mutter den Reistopf vom Herd, läuft hin und schließt ihr Kind in die Arme.«

Brahmo: »Warum gibt es so viele verschiedene Meinungen über das Wesen Gottes?«

Meister: »Ein Andächtiger denkt an Gott, wie er sich Ihn vorstellt. In Wirklichkeit gibt es keine Verwirrung über Gott. Gott erklärt Seinem Verehrer alles, wenn dieser Ihn irgendwie erkennt. Ihr habt noch keinen Schritt in diese Richtung getan. Wie könnt ihr erwarten, alles über Gott zu wissen?

Kennt ihr die Geschichte von dem Mann, der in den Dschungel ging und auf einem Baum ein kleines Tier sah? Als er zurückkam, berichtete er einem anderen, daß er ein Tier von leuchtend roter Farbe gesehen habe. Dieser erwiderte: ›Ich habe das Tier auch im Dschungel gesehen, aber warum nennst du es rot? Es ist grün.‹ Ein anderer, der dabei war, widersprach beiden und bestand darauf, daß es gelb sei. Andere kamen hinzu und bezeichneten es als grau, violett, blau und so fort. Schließlich stritten sie miteinander. Um den Streit zu schlichten, gingen sie alle zu dem Baum. Unter ihm saß ein Mann, und als sie ihn fragten, sagte er: ›Ich wohne unter diesem Baum und kenne das Tier ganz genau. Alle eure Beschreibungen stimmen. Manchmal scheint es rot zu sein, manchmal gelb und zu anderen Zeiten blau, grau, violett und so fort. Es ist ein Chamäleon. Manchmal hat es überhaupt keine Farbe.‹

Wer ständig an Gott denkt, kennt Sein wirkliches Wesen und weiß, daß Er sich den Suchenden in verschiedenen Formen und Aspekten enthüllt. Gott hat Eigenschaften und auch wiederum keine. Nur der Mann, der unter dem Baum lebte, wußte, daß ein Chamäleon verschiedene Farben annehmen kann und manchmal farblos ist. Die anderen verschwendeten ihre Zeit mit sinnlosen Argumenten.

Kabir sagte: ›Das gestaltlose Absolute ist mein Vater, und der gestalthafte Gott ist meine Mutter.‹ Gott enthüllt sich in der Form, die Sein Verehrer am meisten schätzt. Seine Liebe zu Seinem Verehrer kennt keine Grenzen.

Ihr geht den Weg der *Bhakti*. Das ist sehr gut, es ist ein einfacher Weg. Wer kann Gottes Unendlichkeit ganz erfassen? Welche Notwendigkeit besteht denn, das Unendliche zu kennen? Nachdem ich diese seltene menschliche Geburt angenommen habe, ist es meine höchste Aufgabe, Liebe zu Gott zu entwickeln.

Wenn ein Krug Wasser genügt, um meinen Durst zu stillen, brauche ich doch nicht die Wassermenge in einem See zu messen. Wenn ein Mann von einer halben Flasche Wein betrunken wird, was braucht er da noch zu wissen, wieviel Wein sich in der Taverne befindet? Wozu braucht man das Unendliche zu kennen?

Die verschiedenen Bewußtseinszustände des *Brahmajñāni* sind in den *Veden* beschrieben. Der Weg der Erkenntnis ist außerordentlich schwierig. *Jñāna* ist unerreichbar, solange man noch eine Spur von Weltlichkeit besitzt und ›Frauen und Gold‹ verhaftet ist. Es ist nicht der geeignete Weg für das *Kaliyuga.*

Die *Veden* sprechen von sieben Bewußtseinszentren. Ist das Denken mit Weltlichkeit beschäftigt, verweilt das Bewußtsein in den drei niederen Zentren des Nabels, des Zeugungsorgans und des Ausscheidungsorgans. In diesem Zustand meidet das Denken höhere Zustände und denkt nur an ›Frauen und Gold‹. Das vierte Zentrum liegt in der Gegend des Herzens. Hier spürt das Denken den ersten Schimmer des spirituellen Bewußtseins. Man sieht überall Licht. Ein Mensch, der dieses göttliche Licht wahrnimmt, ist sprachlos vor Staunen. Sein Denken geht nicht mehr hinunter zu den Objekten der Welt.

Das fünfte Zentrum liegt in der Kehle. Wenn das Denken es erreicht, wird der Strebende von Nichtwissen und Täuschung befreit. Außer über Gott mag er über nichts mehr sprechen und hören. Wenn Menschen über weltliche Dinge reden, verläßt er sie sofort.

Das sechste Zentrum liegt in der Stirn. Weilt das Denken dort, sieht der Strebende Tag und Nacht die Gestalt Gottes. Auch hier bleibt noch eine Spur vom Ich. Beim Anblick der unvergleichlichen Schönheit Gottes ist man wie berauscht und stürzt vorwärts, um Ihn zu umarmen. Aber vergeblich! Es ist wie bei dem Licht in der Laterne: Man glaubt, das Licht berühren zu können, aber das Glas ist davor.

Das siebente Zentrum befindet sich am Scheitel des Kopfes. Gelangt das Denken dorthin, geht man in *Samādhi.* Dann nimmt der *Brahmajñāni Brahman* direkt wahr. In diesem Zustand hält sich der Körper nicht mehr lange. Der Strebende ist der äußeren Welt nicht mehr bewußt. Gießt man Milch in seinen Mund, dann läuft sie heraus. In diesem Bewußtseinszustand gibt er seinen Körper innerhalb von einundzwanzig Tagen auf. Das ist der Zustand des *Brahmajñāni.* Euer

Weg aber ist die Gottesverehrung. Es ist ein guter und leichter Weg.

Wenn man *Samādhi* erlangt hat, hört alle Tätigkeit auf. Alle Anbetungen, wie Andacht, *Japam* und so fort, und auch alle weltlichen Pflichten haben für solch einen Menschen aufgehört zu existieren. Am Anfang wird viel über Arbeit geredet. Wenn ein Mensch sich auf Gott zu bewegt, wird sein Tun immer weniger, bis er nicht einmal mehr Gottes Namen und Ruhm verkünden kann. (Zu Shivanath:) Solange du nicht da warst, redeten die Leute viel über dich und deine Tugenden. Sobald du aber eintrafst, hörte das alles auf. Dein Anblick macht alle glücklich. Jetzt sagen sie nur: ›Ah! Shivanath ist da.‹ Alles andere Gerede über dich hat aufgehört.

Ich habe festgestellt, daß die Menschen zu Anfang des religiösen Lebens viel Aufhebens von ihrer Arbeit machen. Sobald sich aber ihr Denken mehr mit Gott beschäftigt, läßt ihre Aktivität nach. Schließlich entsagen sie der Arbeit ganz und gehen in *Samādhi.*

Normalerweise bleibt der Mensch nach der Erlangung von *Samādhi* nicht mehr am Leben, mit Ausnahme von Heiligen wie *Nārada*, die weiterleben, um den anderen spirituelles Licht zu bringen. Das gleiche gilt für Göttliche Inkarnationen wie *Chaitanya.* Nachdem man einen Brunnen gegraben hat, wirft man Korb und Spaten weg. Einige aber bewahren sie auf, um ihren Nachbarn zu helfen. Die großen Seelen, die ihren Körper nach der Erlangung von *Samādhi* nicht aufgeben, empfinden Mitleid mit den Leiden der anderen. Die sind nicht selbstsüchtig genug, um mit ihrer eigenen Erleuchtung zufrieden zu sein.

(Zu Shivanath und den anderen *Brahmos*) Könnt ihr mir sagen, warum ihr so viel von Gottes Macht und Ruhm sprecht? Ich habe Keshab dasselbe gefragt. Eines Tages kam Keshab mit seinem Anhang nach Dakshineswar. Ich wollte ihn gern sprechen hören. Auf dem Hof oberhalb des *Badeghats* wurde eine Versammlung abgehalten. Keshab hielt einen Vortrag. Er sprach sehr gut. Ich fiel in Trance. Nach dem Vortrag sagte ich zu Keshab: ›Warum sagst du so häufig Dinge wie: »O Gott, Du schufst den Himmel, die Sterne und das Meer!« und dergleichen?‹ Diejenigen, die Pracht lieben, ergötzen sich auch gern an Gottes Pracht.

Es ist der Mensch, den man sucht, weil man sich an ihm erfreut. Was braucht man da zu wissen, wo er wohnt, wieviel Häuser, Gärten, Verwandte oder Diener er besitzt, oder wieviel Geld er hat? Ich vergesse alles, wenn ich Narendra sehe.

Taucht tief hinab in Gottes Seligkeit! Was braucht ihr da noch Seine unendliche Schöpfung und Seine unbegrenzte Herrlichkeit?
Der Meister sang:

Tauche, mein Geist, tauche tief
in das Meer von Gottes Schönheit.
Wenn du hinabtauchst zum tiefsten Grund,
findest du dort das Juwel der Liebe.

Entzünde, mein Geist, entzünde in dir
der wahren Weisheit leuchtendes Licht
auf daß es brenne strahlend hell
in deinem Herzen immerdar.

Höre, mein Geist, höre auf ihn,
der dein Boot in den sicheren Hafen führt,
auf ihn, sagt Kabir*, der dein *Guru* ist,
und meditiere über seine heiligen Füße.

Meister (zu Shivanath): »Ich habe dich gern. Wie könnte ich leben, ohne Gottesverehrer mit reiner Seele zu sehen? Es ist mir, als wären sie in einer früheren Geburt meine Freunde gewesen.«

Brahmo: »Glaubt Ihr an eine Wiedergeburt der Seele?«

Meister: »Ja, man sagt, daß es so etwas gibt. Können wir mit unserem begrenzten Verstand Gottes Wege ergründen? Viele Menschen haben von Wiedergeburt gesprochen, warum sollte ich daran zweifeln?«

Gegen acht Uhr begann die Abendandacht. Danach fingen die Andächtigen an zu singen. Rāmakrishna tanzte, berauscht von Gottesliebe, und die *Brahmo*-Anhänger tanzten, von Trommeln und Zimbeln begleitet, um ihn herum. Alle waren in freudiger Stimmung, und der Ort hallte wider vom heiligen Namen Gottes.

Danach genossen der Meister und seine Verehrer ein üppiges Mahl, das ihr Gastgeber Benimadhav vorbereitet hatte.

* der Dichter des Liedes

Ramakrishna saß am Nachmittag auf der Westveranda seines Zimmers. Unter anderen waren Baburam, Ramdayal und M bei ihm. Diese drei wollten die Nacht über in Dakshineswar bleiben. M wollte noch einen weiteren Tag bleiben, da er Weihnachtsferien hatte. Baburam war erst kürzlich hinzugekommen.

Meister: »Ein Mensch erlangt schon in diesem Leben Befreiung, wenn er erkennt, daß Gott der einzig Handelnde ist. Keshab kam einmal mit Sambhu Mallick zu mir. Ich sagte zu ihm: ›Nicht einmal ein Blatt bewegt sich ohne Gottes Willen.‹ Wo gibt es Willensfreiheit? Alles geschieht nach Gottes Willen. Deshalb sage ich: ›O MUTTER, ich bin die Maschine, und Du bedienst sie. Ich bin der Wagen, und Du fährst ihn. Ich bewege mich, wie Du mich lenkst. Ich tue, was Du mir befiehlst.‹«

Die Anhänger sangen im Zimmer des Meisters:

Singe, o Vogel, der tief mir im Herzen nistet,
singe, o Vogel, der auf dem *Kalpa*-Baum *Brahmans* sitzt,
singe zu Gottes ewigem Preis.

Koste, o Vogel, des *Kalpa*-Baums viererlei Früchte:
Dharma, *Artha*, *Kāma* und *Moksha*.
Singe, o Vogel: »ER allein ist der Trost meiner Seele.«
Singe, o Vogel: »ER ist meines Lebens nie endende Freude.«

O du meines Lebens herrlicher Vogel,
sing laut in meinem Herzen ohn Unterlaß!
Sing immerdar, sing, wie der durstige Chatak
singt nach den Regentropfen der Wolken!

In den Tempeln begann die Abendandacht. Der Meister erklärte seinen Anhängern die verschiedenen Arten des *Samādhi*. Die Unterhaltung wandte sich den Freuden und Leiden des Lebens zu, der Frage, warum Gott so viel Leid zuläßt.

M: »Vidyāsāgar sagte einmal ganz pikiert: ›Was nützt es, Gott anzurufen? Denkt zum Beispiel nur daran, wie Dschingis Khan einst ein Land überfiel und viele Gefangene machte. Es waren über hunderttausend. Der Befehlshaber seiner Armee sagte zu ihm: »Majestät, wer soll sie ernähren? Wir können sie nicht mit uns herumschleppen. Andererseits ist es genauso gefährlich, sie freizulassen. Was soll ich tun?« Dschingis Khan sagte: »Das ist wahr. Was kann man da tun? Bring sie alle um.« Er gab den Befehl, sie alle zu töten. Hat Gott nicht diesem Schlachten zugesehen, ohne ihm Einhalt zu gebieten? Deshalb brauche ich Gott nicht, selbst wenn Er vorhanden wäre. Ich erwarte nichts Gutes von Ihm.‹«

Meister: »Können wir Gottes Handlungen und Motive verstehen? ER schafft, erhält und zerstört. Wissen wir, warum Er zerstört? Ich sage zur Göttlichen Mutter: ›O MUTTER, ich brauche das nicht zu verstehen. Schenke mir nur Liebe zu Dir!‹ Die Erlangung von *Bhakti* ist das Ziel des menschlichen Lebens. Alles andere weiß die MUTTER besser. Ich bin in den Garten gekommen, um Mangos zu essen. Was brauche ich da die Bäume, Zweige und Blätter zu zählen? Ich esse die Mangos; die Zahl der Bäume und Blätter brauche ich nicht zu kennen.«

Baburam, M und Ramdayal schliefen in der Nacht auf dem Fußboden im Zimmer des Meisters.

Es war am frühen Morgen; das Zimmer war dunkel. Rāmakrishna saß auf seinem Bett und unterhielt sich mit den Verehrern.

Meister: »Denkt daran, daß *Dāyā* – Barmherzigkeit – und *Māyā* – Verhaftung – zwei verschiedene Dinge sind. Verhaftung ist die Auffassung, daß die Angehörigen einem gehören. Es ist die Liebe, die man für seine Eltern, Geschwister, Frau und Kinder empfindet. Barmherzigkeit ist die Liebe zu allen Wesen dieser Welt. Es ist die Fähigkeit, in allem das Selbe zu sehen. Wenn ihr Beispiele von Barmherzigkeit seht wie bei Vidyāsāgar, so wißt, daß das durch Gottes Gnade geschieht. Durch Barmherzigkeit dient man allen Wesen. *Māyā* kommt auch von Gott. Durch *Māyā* sorgt Gott dafür, daß wir uns um unsere Angehörigen kümmern. Eines sollte man sich aber vor Augen halten: *Māyā* hält uns in Nichtwissen und verstrickt uns in die Welt, während *Dāyā* unser Herz läutert und uns von ihren Fesseln befreit.

Gott kann ohne Reinheit des Herzens nicht erkannt werden. Wenn man die Leidenschaften wie Lust, Zorn und Gier überwindet, wird einem Gottes Gnade zuteil. Dann schaut man Gott. Ich habe viele Dinge versucht, um die Lust zu überwinden.

Als ich elf Jahre alt war und in Kamarpukur lebte, hatte ich mein erstes *Samādhi*-Erlebnis. Es gibt bestimmte Merkmale der Schau Gottes. Man sieht Licht, spürt Freude und das Aufsteigen eines starken Stromes in der Brust, wie die Explosion einer Rakete.«

Am nächsten Tage kehrten Baburam und Ramdayal nach Kalkutta zurück. M blieb noch einen Tag beim Meister.

5. Der Meister und Vijay Goswami

Donnerstag, 14. Dezember 1882

Nach einer kurzen Mittagspause saß Rāmakrishna auf seinem Bett. Vijay, Balaram, M und einige andere saßen auf dem Fußboden und blickten auf den Meister. Durch die Tür konnten sie den heiligen Ganges sehen. Alle waren warm angezogen, da es Winter war. Vijay hatte unter einer Kolik gelitten und seine Medizin mitgebracht.

Vijay war ein bezahlter Prediger des *Brahmo Samāj*. Es gab aber verschiedene Dinge, in denen er mit den *Brahmo*-Autoritäten nicht übereinstimmte. Er stammte aus einer guten Familie Bengalens, die wegen ihrer Frömmigkeit und spirituellen Eigenschaften bekannt war. Als Anhänger des *Brahmo Samāj* meditierte er über das gestaltlose *Brahman*, aber die Liebe zu Gott, die er von seinen Vorfahren geerbt hatte, wartete nur auf den geeigneten Augenblick, um sich mit aller Kraft manifestieren zu können. Deshalb wurde Vijay von dem gottberauschten Zustand Rāmakrishnas unwiderstehlich angezogen und suchte häufig seine Gesellschaft. Er lauschte den Worten des Meisters mit großer Aufmerksamkeit, und sie tanzten zusammen in einer Ekstase göttlicher Liebe.

Ein junger Mann namens Vishnu, der in Ariadaha lebte, hatte Selbstmord begangen, indem er sich die Kehle durchgeschnitten hatte. Das Gespräch kam auf ihn.

Meister: »Ich war sehr betrübt, als ich von seinem Tod hörte. Er war noch ein Schüler und kam oft hierher. Er hatte mir häufiger gesagt, daß er dem weltlichen Leben nichts abgewinnen könne. Er lebte bei Verwandten in den westlichen Provinzen und meditierte damals in der Einsamkeit der Hügel und Wälder. Er sagte mir, daß er die Visionen vieler göttlicher Gestalten gehabt habe.

Vielleicht war dies seine letzte Geburt. Er muß in seinem vorigen

Leben die meisten seiner Pflichten schon erfüllt haben. Was übrig blieb, hat er wahrscheinlich in diesem Leben geschafft.«

Ein Verehrer: »Ich war sehr erschrocken, als ich von dem Selbstmord hörte.«

Meister: »Selbstmord ist ohne Zweifel eine große Sünde. Ein Mensch, der sich selbst tötet, muß immer wieder auf diese Welt zurückkehren und ihre Leiden durchmachen.

Wenn aber ein Mensch nach der Schau Gottes seinen Körper aufgibt, nenne ich das nicht Selbstmord. Es schadet nichts, wenn man den Körper auf diese Weise aufgibt. Nach der Erlangung der Erkenntnis geben einige Menschen ihren Körper auf. Nachdem das Gold in die Form gegossen ist, kann man die Form ganz lassen oder sie zerbrechen.

Vor vielen Jahren kam ein junger Mann aus Baranagore nach Dakshineswar. Sein Name war Gopal Sen. In meiner Gegenwart geriet er in solche Ekstase, daß Hriday ihn stützen mußte aus Angst, er könne hinfallen und sich etwas brechen. Eines Tages berührte der junge Mann meine Füße und sagte: ›Ich werde Euch nicht wiedersehen; deshalb möchte ich von Euch Abschied nehmen.‹ Einige Tage später hörte ich, daß er seinen Körper aufgegeben habe.«

Rāmakrishna begann, die weltlichen Menschen zu beschreiben.

Meister: »In Weltlichkeit Versunkene sind nie ganz bei Sinnen. Sie erleben so viel Leid, Kummer und Gefahren, und dennoch wachen sie nicht auf.

Das Kamel mag Dornenbüsche gern. Je mehr es davon frißt, desto mehr blutet sein Maul, aber es läßt nicht davon ab. Der weltliche Mensch erlebt so viel Leid und Konflikte, aber in wenigen Tagen hat er alles vergessen und setzt das alte Leben fort. Angenommen, ein Mann hat seine Frau verloren, oder sie ist ihm davongelaufen. Was macht er? Er heiratet wieder!

Oder nehmen wir das Beispiel einer Mutter: Ihr Sohn stirbt; nach wenigen Tagen jedoch vergißt sie ihren Schmerz, putzt sich und legt ihren Schmuck wieder an. Ein Vater macht bankrott durch die Hochzeiten seiner Töchter; dennoch setzt er Jahr für Jahr weitere Kinder in die Welt. Menschen ruinieren sich durch Prozesse; dennoch laufen sie weiter zum Gericht. Es gibt Menschen, die ihre Kinder weder ernähren noch kleiden können; dennoch haben sie jedes Jahr mehr.

Der weltliche Mensch gleicht einer Schlange, die einen zu großen

Frosch zu schlucken versucht. Weder kann sie ihn herunterschlucken noch wieder loswerden. Die gebundene Seele mag erkennen, daß die Welt ohne Substanz ist wie eine Trockenpflaume, nur Haut und Kern, aber sie vermag sie nicht aufzugeben und sich Gott zuzuwenden.

Ich begegnete einmal einem von Keshabs Verwandten, der fünfzig Jahre alt war. Er spielte Karten, als wäre die Zeit für ihn noch nicht gekommen, an Gott zu denken!

Es gibt noch eine andere Eigenheit der gebundenen Seele. Verpflanzt man sie aus ihrer weltlichen Umgebung in eine spirituelle, dann läuft sie davon. Ein Wurm, der im Schmutz lebt, fühlt sich dort sehr wohl. Er wühlt darin herum. Er wird sterben, wenn man ihn in einen Topf mit Reis setzt.«

Alle schwiegen.

Vijay: »Unter welchen Bedingungen kann eine gebundene Seele Befreiung erlangen?«

Meister: »Ein Mensch kann sich von der Verhaftung an ›Frauen und Gold‹ freimachen, wenn er durch die Gnade Gottes starke Entsagung entwickelt. Wie sieht diese starke Entsagung aus? Wer nur leichte Entsagung betreibt, der sagt: ›Alles wird sich im Laufe der Zeit ergeben. Im Augenblick will ich nur Gottes Namen wiederholen.‹ Ein Mensch mit starker Entsagung ist jedoch so ruhelos nach Gott wie eine Mutter nach ihrem Kind. Ein Mensch mit starker Entsagung sucht nichts anderes als Gott. Die Welt ist für ihn wie ein tiefer Brunnen, er hat das Gefühl, darin ertrinken zu müssen. Seine Verwandten sind für ihn Giftschlangen, denen er entfliehen möchte, und er tut es auch. Er sagt nicht: ›Erst werde ich mich um meine Familie kümmern und dann an Gott denken.‹ Er besitzt große innere Entschlußkraft.

Ich werde euch eine Geschichte über starke Entsagung erzählen. Irgendwo im Lande herrschte eine große Trockenheit. Die Bauern begannen, Kanäle zu graben, um ihre Felder zu bewässern. Einer von ihnen war ein Mann von fester Entschlossenheit. Er hatte sich geschworen, nicht eher mit dem Graben aufzuhören, als bis er die Verbindung zwischen seinem Feld und dem Fluß hergestellt hatte. Er ging an die Arbeit. Die Zeit für sein Bad nahte. Seine Frau schickte ihre Tochter mit Öl zu ihm. Das Mädchen sagte: ›Vater, es ist bereits sehr spät. Reib dich mit Öl ein und nimm dein Bad.‹ ›Verschwinde‹, donnerte der Bauer, ›ich hab jetzt keine Zeit.‹ Es war schon Nachmittag, und der Bauer arbeitete immer noch auf seinem Feld. Er dachte nicht ans Baden. Schließlich kam seine Frau und sagte: ›Warum hast du dein Bad nicht genommen? Das Essen wird kalt. Du übertreibst alles. Du kannst die Arbeit morgen beenden oder heute nach dem Essen.‹ Der Bauer begann fürchterlich zu schimpfen, rannte mit dem Spaten in der Hand auf seine Frau los und schrie dabei: ›Was? Bist du von Sinnen? Es hat nicht geregnet. Die Ernte vertrocknet. Was sollen die Kinder essen? Ihr werdet alle verhungern. Ich habe geschworen, so lange nicht an Bad und Essen zu denken, bis ich das Wasser auf mein Feld gebracht habe.‹ Die Frau sah seinen Geisteszustand und lief ängstlich davon. Nach einem ganzen Tag harter Arbeit gelang es dem Bauern am Abend, die Verbindung zum Fluß herzustellen. Da setzte er sich hin und sah dem Wasser zu, wie es sich gurgelnd über sein Feld ergoß; Frieden und Freude erfüllten ihn. Er ging heim, rief seine Frau und sagte: ›Jetzt gib mir das Öl und stopf mir meine Pfeife.‹ In ruhiger Gelassenheit beendete er sein Bad und seine Mahlzeit, ging zu Bett und schnarchte nach Herzenslust. Seine Entschlossenheit ist ein Beispiel für starke Entsagung.

Zu einem anderen Bauern, der ebenfalls einen Kanal grub, um sein Feld zu bewässern, kam auch seine Frau aufs Feld und sagte: ›Es ist sehr spät. Komm nach Haus. Man soll die Dinge nicht übertreiben.‹ Der Bauer erhob keine Einwände, legte seinen Spaten beiseite und sagte zu seiner Frau: ›Gut, wie du meinst. Ich werde heimkehren.‹ (Alle lachen) Sein Feld bekam kein Wasser. Das ist ein Fall von schwacher Entsagung.

Wie der Bauer ohne festen Entschluß kein Wasser auf sein Feld bringen kann, so kann auch keiner ohne intensives Verlangen Gott verwirklichen. (Zu Vijay:) Warum kommst du nicht mehr so häufig wie früher?«

Vijay: »Ich möchte gern, aber ich kann nicht, da ich die Stellung beim *Brahmo Samāj* angenommen habe.«

Meister: »›Frauen und Gold‹ binden den Menschen und berauben ihn seiner Freiheit. Frauen schaffen das Bedürfnis nach Gold. Der Frauen wegen wird ein Mann Sklave des anderen und verliert seine Freiheit.

Die Priester des *Govinda*-Tempels in Jaipur lebten zuerst im Zölibat und kannten keine Furcht. Der König von Jaipur ließ sie einmal rufen, aber sie gehorchten ihm nicht. Sie sagten zu dem Boten: ›Laß den König herkommen, wenn er uns sehen will.‹ Nach einer Beratung mit seinen Ministern beschloß der König, sie zu verheiraten. Von da an brauchte er sie nicht mehr zu rufen. Sie kamen von selbst und sagten: ›Wir sind gekommen, Majestät, um unseren Segen zu erteilen. Hier sind die geheiligten Blumen aus dem Tempel.‹ Sie kamen von allein, denn jetzt brauchten sie ständig Geld für das eine oder andere, für Hausbau, Kindtaufe oder ein Ritual im Zusammenhang mit der Ausbildung ihrer Kinder.

(Zu Vijay:) Du weißt selbst, wie weit du gesunken bist, seitdem du anderer Menschen Diener wurdest. Man kann erleben, daß Menschen mit Universitätsbildung, Gelehrte mit einer umfangreichen englischen Erziehung, eine Stellung bei den englischen Herren suchen und täglich mit Füßen getreten werden. Ein Grund dafür sind ihre Frauen. Sie haben geheiratet und müssen Frau und Kinder versorgen. So gern sie auch möchten, sie können nicht mehr zurück. Da sie für eine Familie sorgen müssen, erleiden sie Kränkungen, Erniedrigungen und Sklaverei.«

Anhänger: »Sollen wir deshalb die Frauen hassen?«

Meister: »Wer Gott verwirklicht hat, blickt nicht mehr mit begierigen Augen auf eine Frau; er fürchtet sie auch nicht mehr. Er sieht ganz klar, daß Frauen die vielfältigen Aspekte der Göttlichen Mutter sind. Er verehrt sie alle wie die Göttliche Mutter selbst.

(Zu Vijay:) Komm ab und zu hierher. Ich sehe dich so gern.«

Vijay: »Ich habe verschiedene Pflichten im *Brahmo Samāj* übernommen, deshalb kann ich nicht regelmäßig kommen, aber ich werde mich bemühen, Euch so oft wie möglich zu besuchen.«

Meister: »Der religiöse Lehrer hat eine schwierige Aufgabe. Man kann ohne Gottes direkten Auftrag niemanden belehren. Die Menschen hören nicht zu, wenn man nicht autorisiert ist. Solche Belehrung hat keine Aussagekraft. Erst gilt es, durch spirituelle Übungen Gott zu erlangen. Mit Gottes Auftrag kann man dann Vorträge halten.«

Vijay: »Bringen die Lehren des *Brahmo Samāj* den Menschen keine Befreiung?«

Meister: »Wie kann ein Mensch den anderen von den Bindungen dieser Welt freimachen? Nur Gott, der Schöpfer dieser weltbezaubernden *Māyā*, kann den Menschen vor der *Māyā* retten. Es gibt nur eine Zuflucht, das ist der große Lehrer *Satchidānanda*. Wie kann ein Mensch, der weder Gott erkannt noch Seinen Auftrag erhalten hat und nicht mit göttlicher Kraft ausgestattet ist, andere aus dem Gefängnis dieser Welt befreien?

Als ich einmal am *Panchavatī* vorbei zum Pinienhain ging, hörte ich einen Ochsenfrosch quaken. Ich dachte: ›Sicher hat eine Schlange ihn geschnappt.‹ Als ich zurückkam, ertönte das ängstliche Quaken immer noch. Ich ging hin und sah, daß eine Wasserschlange ihn gepackt hatte. Die Schlange konnte ihn weder herunterschlucken noch wieder ausspucken, und das Leiden des Froschs nahm kein Ende. Ich dachte, wenn eine Kobra ihn gepackt hätte, wäre nach dreimaligem Quaken alles zu Ende gewesen. Da es nur eine Wasserschlange war, mußten beide leiden. Wenn ein Mensch in die Hände eines richtigen Lehrers fällt, ist sein Ich nach dreimaligem Quaken vernichtet. Ist es aber ein unreifer Lehrer, müssen Lehrer und Schüler endlos leiden. Der Schüler wird weder sein Ich noch die Fesseln der Welt los. Wenn ein Schüler an einen ungeeigneten Lehrer gerät, kann er keine Befreiung erlangen.«

Vijay: »Warum sind wir so gebunden? Warum vermögen wir Gott nicht zu schauen?«

Meister: »*Māyā* ist nichts anderes als der Egoismus der verkörperten Seele. Dieser Egoismus hat alles wie ein Schleier überdeckt. Alle Schwierigkeiten enden, wenn das Ego stirbt. Wenn ein Mensch durch Gottes Gnade erkennt, daß nicht er der Handelnde ist, wird er zum *Jīvanmukta*; obgleich im Körper lebend, ist er befreit. Er braucht nichts mehr zu fürchten. Diese *Māyā*, das heißt das Ich, ist wie eine Wolke, durch die man die Sonne nicht sehen kann; sie wird aber sichtbar, sobald die Wolke verschwunden ist. Wenn durch die Gnade des *Gurus* unser Ich verschwindet, dann sehen wir Gott.

Der *Jīva* ist nichts anderes als die Verkörperung von *Satchidānanda*. Da aber *Māyā* oder das Ich verschiedene *Upādhis* schafft, Formen und Grenzen des Daseins, vergißt er sein wirkliches Selbst.

Jeder *Upādhi* verändert das Wesen des Menschen. Wenn ein schwächlicher Mensch hohe Stiefel anzieht, beginnt er zu pfeifen und steigt die Treppen hinauf wie ein Engländer, von Stufe zu Stufe springend. Wenn ein Mensch einen Federhalter in die Hand bekommt, beginnt er sofort, auf jegliches Papier zu kritzeln; das ist die Macht eines Federhalters!

Geld ist auch ein großer *Upādhi*. Der Besitz von Geld schafft gewaltige Unterschiede. Mit Geld ist der Mensch nicht mehr derselbe.

Ein Brahmane kam häufig in den Tempelgarten. Äußerlich schien er ganz bescheiden zu sein. Eines Tages fuhr ich mit Hriday nach Konnagar. Kaum hatten wir das Boot verlassen, als wir am Ufer des Ganges den Brahmanen sitzen sahen. Als er uns erblickte, rief er: ›Hallo Priester! Wie geht's?‹ Ich bemerkte seinen Tonfall und sagte zu Hriday: ›Der Mann muß zu Geld gekommen sein, sonst könnte er nicht so sprechen.‹ Hriday lachte.

Ein Mensch kann sein Ich loswerden, wenn er Erkenntnis erlangt. Durch Erkenntnis erreicht er *Samādhi*, und sein Ich verschwindet. Es ist aber sehr schwierig, solche Erkenntnis zu erringen.

Das Ich, das uns zum Weltling macht und uns an ›Frauen und Gold‹ bindet, ist das unreife Ich.

Was ist dieses unreife Ich? Dieses Ich sagt: ›Was! Die kennen mich nicht? Ich habe so viel Geld! Wer ist reicher als ich?‹ Wenn ein Dieb ihm nur zehn Rupien stiehlt, nimmt er ihm erst das Geld wieder ab und verprügelt ihn dann. Damit nicht genug, übergibt er ihn der Polizei, damit er am Ende eingesperrt wird. Das unreife Ich sagt: ›Was! Weiß dieser Gauner nicht, wen er bestohlen hat? Wie konnte er es wagen, mir zehn Rupien zu stehlen?‹«

Vijay: »Wenn man ohne Vernichtung des Ichs die Verhaftung an die Welt nicht loswerden und somit keine *Samādhi*-Erfahrung erlangen kann, dann ist es doch ratsam, dem Pfad des *Brahmajñāna* zu folgen, um dadurch *Samādhi* zu erlangen. Wenn das Ich auf dem Weg der Gottesverehrung nicht vernichtet wird, sollte man den Weg der Erkenntnis wählen.«

Meister: »Es stimmt, daß der eine oder andere durch *Samādhi* sein Ich los wird, aber diese Fälle sind sehr selten. Man mag tausendmal mit dem Verstand dagegen angehen, das Ich läßt sich nicht ausrotten. Heute fällt man einen Peepal-Baum, und morgen zeigt er schon wieder Schößlinge. Wenn das Ich schon bleiben muß, dann laß es als Diener-Ich bleiben. Solange man lebt, sollte man sagen: ›O Gott, Du bist der Herr, und ich bin Dein Diener.‹ Ein Ich, das spürt: ›Ich bin der Diener Gottes, ich bin Sein Verehrer‹, richtet keinen Schaden an.«

Vijay: »Was wird aus Lust, Zorn und den anderen Leidenschaften, wenn das ›Diener-Ich‹ erhalten bleibt?«

Meister: »Wer wirklich so empfindet, bei dem bleiben Lust, Zorn und dergleichen nur noch dem Anschein nach bestehen. Hat er Gott erlangt, betrachtet er sich als Diener oder Anbeter Gottes und kann niemanden mehr verletzen. Durch den Stein der Weisen wird ein Schwert in Gold verwandelt. Es behält die Form des Schwertes, aber es kann nicht mehr verletzen.

Wenn der vertrocknete Zweig einer Kokosnußpalme abfällt, erinnert nur noch eine Narbe am Stamm daran, daß hier ein Zweig gesessen hat. Ebenso bleibt bei einem Menschen, der Gott erkannt hat, nur der Schein eines Ichs zurück, der Anschein von Zorn und Lust. Er wird wie ein Kind. Ein Kind ist den drei *Gunas* nicht verhaftet. Es läßt die Dinge genauso schnell wieder los, wie es sie ergriffen hat. Man kann ihm ein Tuch entlocken, das fünf Rupien wert ist, und ihm dafür eine Puppe im Wert von einem Anna geben, obgleich es zuerst sagen wird: ›Nein, ich gebe es nicht her, mein Pappi hat es mir gekauft.‹ Für ein Kind sind alle Menschen gleich. Es weiß nichts von hoch und niedrig. Es macht keine Kastenunterschiede. Es weiß weder, was Haß ist, noch was heilig oder nicht heilig ist.

Selbst nach der Erlangung von *Samādhi* erhalten sich einige das ›Diener-Ich‹ oder das ›Verehrer-Ich‹. Der *Bhakta* behält dieses Ich-Bewußtsein. Er sagt: ›O Gott, Du bist der Herr, und ich bin Dein Diener, Du bist der Allmächtige, und ich bin Dein Verehrer.‹ Er empfindet so selbst nach der Schau Gottes. Sein Ich ist nicht völlig ausgelöscht. Durch ständiges Üben dieser Art des Ich-Bewußtseins erlangt man schließlich Gott. Das nennt man *Bhakti-Yoga.*

Man kann aber auch *Brahman*-Erkenntnis durch den *Bhakti*-Weg erlangen. Gott ist allmächtig. Wenn Er will, kann Er seinem Anbeter auch *Brahmajñāna* verschaffen. Der Gottesverehrer sucht aber gewöhnlich keine Erkenntnis des Absoluten. Er möchte lieber in dem Bewußtsein leben, daß Gott der Herr und er Sein Diener ist, oder daß Gott die Göttliche Mutter ist, und er Ihr Kind.«

Vijay: »Aber verwirklichen am Ende nicht auch diejenigen Ihn, die nach der *Vedānta*-Philosophie unterscheiden?«

Meister: »Ja, man kann Ihn auch auf dem Weg der Unterscheidung erlangen. Das nennt man *Jñāna-Yoga.* Es ist ein ausgesprochen schwieriger Weg. Wenn ein Mensch die feste Erkenntnis erlangt, daß *Brahman* allein wirklich ist und die Welt eine Täuschung, dann verbleibt er im *Samādhi.* Wie ich schon sagte, hängt das Leben des Menschen im *Kaliyuga* völlig von Essen und Trinken ab. Wie kann er da das Bewußtsein haben, daß nur *Brahman* wirklich und die Welt eine Täuschung ist? Es ist im *Kaliyuga* schwer, die Empfindung zu entwikkeln: ›Ich bin nicht der Körper, ich bin nicht das Denken, ich bin nicht die vierundzwanzig kosmischen Prinzipien, ich bin jenseits von Freude und Leid, ich bin über Krankheit und Sorgen, über Alter und Tod erhaben.‹ Soviel man auch argumentieren und deuteln mag, die Überzeugung, daß Körper und Seele eins sind, wird aus unerwarteten Ecken wieder auftauchen. Man kann von dieser Körperidentifizierung nicht loskommen, deshalb ist der *Bhakti*-Weg der geeignetste für die Menschen des *Kaliyuga*. Es ist ein leichter Weg.

Es gibt einen Ausspruch: ›Ich möchte nicht Zucker werden, ich möchte ihn essen.‹ Ich sage nie: ›Ich bin *Brahman*.‹ Ich sage: ›Du bist mein Herr, und ich bin Dein Diener.‹ Mein Wunsch ist es, Gottes Herrlichkeit zu verkünden. Es ist gut, Gott als den Herrn zu betrachten und sich selbst als Seinen Diener. Die Menschen sagen, daß die Wellen zum Ganges gehören. Niemand würde sagen, daß der Ganges zu den Wellen gehört. Die Vorstellung ›Ich bin Er‹ ist nicht heilsam. Wer sie hegt, während er noch seinen Körper als das Selbst betrachtet, fügt sich selbst Schaden zu und kommt im spirituellen Leben nicht voran. Er täuscht sich selbst und die anderen, weil er seinen eigenen Bewußtseinszustand nicht versteht.

Aber nicht jede Art von *Bhakti* läßt uns Gott verwirklichen. Ohne *Prema-Bhakti* kann man Gott nicht erlangen, ohne Liebe und Begehren Ihn nicht verwirklichen. Solange man nicht gelernt hat, Gott zu lieben, solange kann man Ihn auch nicht erkennen.

Einige erlangen *Prema-Bhakti* sofort. Sie ist ihnen angeboren. Sie haben sie von Kindheit an. Schon im frühen Alter weinen sie nach Gott. *Vaidhi-Bhakti* dagegen ist wie das Fächeln, um Wind zu machen. Man braucht einen Fächer zum Windmachen. So ähnlich übt man *Japam*, Enthaltsamkeit und Fasten, um Gottesliebe zu erlangen. Man kann den Fächer beiseite legen, wenn der Südwind weht. *Japam* und Askese hören auf, wenn man spontane Liebe zu Gott empfindet. Wie kann man die Zeremonien der Schriften befolgen, wenn man von Sinnen ist vor Liebe zu Gott?

Hingabe an Gott wird ›grün‹ genannt, solange sie sich nicht in Liebe zu Gott verwandelt hat; aber sie wird ›reif‹, wenn sie zu solcher Liebe geworden ist.

Ein Mensch mit ›grüner‹ *Bhakti* kann spirituelle Gespräche und Anweisungen nicht verdauen, wohl aber ein Mensch mit ›reifer‹ *Bhakti*. Ein Bild, das auf eine schwarzgefärbte, photographische Platte fällt, bleibt erhalten. Auf einer Glasplatte jedoch mögen sich tausend Bilder reflektieren, aber nicht eines bleibt. Wird das Bild fortgenommen, so ist das Glas wieder wie zuvor. Man kann spirituelle Anweisungen nur verdauen, wenn man zuvor Liebe zu Gott entwickelt hat.

Wenn man solche Liebe zu Gott empfindet, fühlt man sich nicht mehr körperlich zu Frau, Kindern, Verwandten und Freunden hingezogen. Man hat nur noch Mitleid mit ihnen. Die Welt erscheint einem dann als ein fremdes Land, als ein Ort, an dem man nur seine Pflichten erledigen muß. Es ist wie bei einem Manne, der auf dem Lande wohnt, aber nach Kalkutta zum Arbeiten kommt. Er muß in Kalkutta eine Wohnung mieten, um seinen Pflichten nachkommen zu können. Wenn man Liebe zu Gott entwickelt, wird man seine Verhaftung an Welt und weltliche Weisheit völlig los.

Man kann Gott nicht sehen, solange noch eine Spur von Weltlichkeit zurückgeblieben ist. Feuchte Streichhölzer zünden nicht, soviel man sie auch gegen die Schachtel reiben mag. Man verschwendet nur eine Menge Hölzer. Ein mit Weltlichkeit getränktes Denken ist wie ein feuchtes Streichholz. Wenn ein Gottliebender nur ein einziges Mal diese ekstatische Liebe zu Gott empfindet, diese gereifte Hingabe, dieses brennende Verlangen, dann schaut er Gott in Seinen beiden Aspekten, mit und ohne Gestalt.«

Vijay: »Wie kann man Gott schauen?«

Meister: »Ohne Reinheit des Herzens kann man Gott nicht sehen. Durch die Verhaftung an ›Frauen und Gold‹ ist das Denken befleckt, sozusagen mit Staub bedeckt. Wenn eine Nadel im Schmutz liegt, kann der Magnet sie nicht anziehen. Wäscht man den Schmutz ab, wird der Magnet wirksam. So kann auch der Schmutz unseres Denkens mit den Tränen unserer Augen fortgespült werden. Die Flecken werden entfernt, wenn man unter Tränen des Bedauerns sagt: ›O Gott, ich werde nie wieder etwas Böses tun.‹ Darauf zieht Gott, der wie ein Magnet ist, unser Denken wie eine Nadel an. Dann erlangt der Strebende *Samādhi* und somit die Schau Gottes.

Gott erscheint nicht so bald im Herzen eines Menschen, der glaubt, sein eigener Meister zu sein. ER wird schaubar, sobald sich Seine Gnade ergießt. ER ist die Sonne der Erkenntnis. Ein einziger Seiner Strahlen hat die Welt mit dem Licht der Erkenntnis erhellt. Dadurch können wir einander sehen und Erkenntnis erlangen. Man kann Gott nur sehen, wenn Er Sein Licht auf Sein eigenes Antlitz richtet.

Der Wächter mit seiner Laterne geht in der dunklen Nacht seine Runden. Man kann sein Gesicht nicht sehen, aber im Schein seiner Laterne sieht man die anderen. Will man den Wächter sehen, dann muß man ihn bitten, das Licht auf sein eigenes Gesicht zu richten. In gleicher Weise muß man Gott bitten: ›O Herr, sei mir gnädig und richte das Licht der Erkenntnis auf Dein Antlitz, damit ich es zu sehen vermag.‹ Ein Haus ohne Licht läßt auf Armut schließen, deshalb sollte man das Licht der Erkenntnis in seinem Herzen entzünden.«

Vijay mußte seine Medizin nehmen. Der Meister bat einen Schüler, etwas Wasser zu bringen. Er war voller Mitgefühl. Er hatte für Vijays Fahrgeld gesorgt, da dieser zu arm war, um es bezahlen zu können. Vijay, Balaram, M und andere Jünger fuhren in einem Boot nach Kalkutta zurück.

Freitag, 9. März 1882

Um neun Uhr morgens waren der Meister, Rakhal, M und andere Anhänger im Zimmer des Meisters versammelt. Es war Neumond. Wie immer an einem solchen Tage vereinigte sich Rāmakrishnas Bewußtsein wieder und wieder mit der Göttlichen Mutter.

Die Unterhaltung bezog sich auf das Leben des Familienvaters in der Welt.

Anhänger: »Warum hat Gott uns in die Welt gestellt?«

Meister: »Die Welt ist das Feld der Tätigkeit. Durch Tätigkeit erlangt man Erkenntnis. Der *Guru* weist seinen Schüler an, das eine zu tun und das andere zu lassen. Er rät ihm, zu handeln ohne das Ergebnis zu begehren. Die Unreinheiten des Denkens werden durch Pflichterfüllung beseitigt. Es ist, wie wenn man durch Medikamente unter der Aufsicht eines zuständigen Arztes von einer Krankheit geheilt wird.

Warum macht Gott uns nicht frei? ER befreit uns, sobald die Krankheit geheilt ist. ER entläßt uns aus dieser Welt, sobald wir ›Frauen und Gold‹ hinter uns haben.«

Zu dieser Zeit war Rāmakrishna von mütterlicher Liebe erfüllt. Rakhal war bei ihm. Rakhals Einstellung zum Meister war die eines Kindes zu seiner Mutter. Er saß an den Schoß des Meisters gelehnt, wie ein Kind an der Brust seiner Mutter.

Rakhal saß so da, als ein Mann hereinstürzte und berichtete, daß eine hohe Flutwelle den Ganges heraufkomme. Der Meister und seine

Anhänger liefen zum *Panchavatī*, um sie zu sehen. Beim Anblick eines Bootes, das von der Flut mitgerissen wurde, rief Rāmakrishna aus: »Seht nur! Hoffentlich passiert ihm nichts!«

Sie saßen alle im *Panchavatī*. Der Meister bat M, die Ursache der Flut zu erklären. M zeichnete auf den Boden die Stellung von Sonne, Mond und Erde und versuchte, die Gravitation, Neumond, Vollmond, Ebbe und Flut zu erklären.

Meister: »Hör auf! Ich kann da nicht folgen. Es verwirrt mich, und mein Kopf schmerzt. Wie kann man von Dingen wissen, die so weit entfernt sind?

Seht, während meiner Kindheit konnte ich gut malen, aber beim Rechnen brummte mir der Kopf. Selbst einfaches Rechnen konnte ich nicht lernen.«

Der Meister schlummerte nach dem Mittagessen ein wenig. Adhar und andere Verehrer trafen ein. Es war Adhars erster Besuch. Er war Regierungsangestellter und ungefähr dreißig Jahre alt.

Meister: »Man sollte den Verstand nicht zu viel gebrauchen. Es genügt, wenn man die Göttliche Mutter liebt. Zuviel Verstand bringt nur Verwirrung. Man erhält klares Wasser, wenn man von der Oberfläche eines Teiches trinkt. Taucht man die Hand tiefer und rührt das Wasser auf, dann wird es trübe. Bittet Gott deshalb um Hingabe.«

Sonntag, 11. März 1883

Rāmakrishna hatte Geburtstag. Viele seiner Schüler und Anhänger wollten dieses glückliche Ereignis in Dakshineswar feiern. Schon am frühen Morgen strömten seine Anhänger herbei, allein oder in Gruppen. Nach der Morgenandacht in den Tempeln ertönte Musik vom *Nahabat*. Es war Frühling. Die Bäume, Büsche und Pflanzen waren mit neuen Blättern und Blüten bedeckt. Die ganze Luft schien von Freude erfüllt zu sein. Alle Verehrer waren frohen Herzens.

M traf am frühen Morgen ein. Der Meister unterhielt sich lächelnd mit Bhāvanath, Rakhal und Kālīkrishna. M verbeugte sich vor ihm.

Meister: »Ich bin froh, daß du gekommen bist. (Zu den anderen:) Solange man Scham, Haß oder Furcht empfindet, ist man nicht spirituell. Heute herrscht große Freude. Aber die Toren, die nicht singen und tanzen vor Verrücktheit nach Gott, werden Gott nie erlangen. Wie kann man Scham oder Furcht empfinden, wenn der Name Gottes gesungen wird? Jetzt singt bitte alle.«

Bhāvanath und sein Freund Kālīkrishna sangen. Als Rāmakrishna die Lieder hörte, versank er in Meditation. Bald darauf flüsterte Kālīkrishna mit Bhāvanath, dann verbeugte er sich vor dem Meister und ging. Rāmakrishna war überrascht. Er fragte: »Wo geht er hin?«

Bhāvanath: »Er hat geschäftlich zu tun.«

Meister: »Worum handelt es sich?«

Bhāvanath: »Er muß zum Institut für Werktätige in Baranagore.«

Meister: »Was für ein Pech für ihn! Ein Strom der Seligkeit wird heute fließen. Er hätte es genossen. Welch ein Jammer!«

Rāmakrishna fühlte sich nicht wohl und wollte deshalb nicht im Ganges baden. Einige Eimer Wasser wurden vom Fluß heraufgeholt, und mit Hilfe der Verehrer nahm er auf der Ostveranda sein Bad. Er legte ein neues Gewand an und sang unentwegt den Namen Gottes. Von Anhängern begleitet, ging er über den Hof zum *Kālī*-Tempel mit dem heiligen Namen der Göttlichen Mutter auf den Lippen. Sein Blick war nach innen gerichtet wie bei einem Vogel, der seine Eier ausbrütet.

Im Tempel warf er sich vor dem Bildnis nieder und betete zur Göttlichen Mutter. Er hielt sich an keine vorgeschriebenen Riten der Andacht. Bald brachte er dem Bildnis Blumen und Sandelpaste dar, bald legte er sie auf seinen eigenen Kopf. Nachdem er seine Andacht beendet hatte, bat er Bhāvanath, die frische Kokosnuß zu tragen, die man der MUTTER geopfert hatte.

Als der Meister in sein Zimmer zurückkehrte, fand er weitere Verehrer vor, darunter Rām, Nityagopal und Kedar. Sie verbeugten sich vor dem Meister, der sie freundlich begrüßte.

Meister: »Gewöhnliche Menschen erkennen das Auftauchen einer Göttlichen Inkarnation nicht. ER kommt im Geheimen. Nur wenige Seiner vertrauten Schüler erkennen Ihn. Daß *Rāma* sowohl Absolutes *Brahman* als auch eine Inkarnation Gottes in menschlicher Form war, wurde nur von zwölf *Rishis* erkannt. Die anderen Heiligen sagten: ›*Rāma*, wir kennen dich nur als Dasarathas Sohn.‹«

Einige Anhänger aus Konnagar trafen ein. Sie sangen in Begleitung von Trommeln und Zimbeln. Als sie die Veranda vor dem Zimmer des Meisters erreichten, fiel er in den Gesang ein und tanzte im Rausch göttlicher Freude. Ab und zu ging er in *Samādhi* und stand regungslos wie eine Statue. In diesem Zustand legten seine Verehrer Jasmingirlanden um seinen Hals. Der verzauberte Meister erinnerte sie an *Chai-*

tanya, eine andere Inkarnation Gottes. Der Meister machte drei Stufen des göttlichen Bewußtseins durch: die innere, wenn er die gesamte äußere Welt vergaß; die halbbewußte, wenn er mit den Verehrern in ekstatischer Liebe tanzte; und die bewußte, wenn er laut mit ihnen sang. Es war ein göttlicher Anblick, wenn der Meister im *Samādhi* regungslos dastand, die duftenden Blumenkränze um den Hals, sein Gesicht leuchtend vor Liebe, und die Anhänger singend und tanzend um ihn herum.

Zur Zeit des Mittagessens legte Rāmakrishna ein neues gelbes Gewand an und setzte sich auf die niedrige Couch. Das Leuchten seines Antlitzes vermischte sich mit dem Gelb seines Gewandes und verzauberte die Anwesenden.

Ein *Vaishnava Goswami* war anwesend. Der Meister sagte zu ihm: »Nun, was sagt Ihr? Welchen Weg sollte man gehen?«

Goswami: »Es genügt, Gottes Namen zu singen. Die Schriften betonen die Wirkung von Gottes Namen im *Kaliyuga.*«

Meister: »Ja, über die Heiligkeit von Gottes Namen besteht kein Zweifel. Was kann aber ein Name bewirken, wenn kein Verlangen eines Anbeters dahintersteht? Die Seele sollte ruhelos nach der Schau Gottes verlangen. Angenommen, ein Mensch wiederholt mechanisch Gottes Namen, während sein Denken bei ›Frauen und Gold‹ weilt. Kann er da irgend etwas erreichen? Wenn ein Mensch durch Gottes Namen geläutert wird, aber sofort danach wieder sündigt, dann besitzt er keine geistige Kraft und hat sich nicht geschworen, nie wieder zu sündigen. Ein Bad im Ganges wäscht viele Sünden ab, aber was nützt es. Man sagt, daß die Sünden am Ufer des Ganges auf den Bäumen hocken. Kaum ist der Mensch dem heiligen Wasser entstiegen, springen die alten Sünden wieder auf seine Schultern. (Alle lachten) Dieselben alten Sünden nehmen wieder von ihm Besitz, kaum daß er aus dem Wasser ist.

Deshalb sage ich: Singt Gottes Namen, aber betet dabei um Liebe zu Ihm. Bittet Ihn, eure Verhaftung an vergängliche Dinge wie Reichtum, Name und körperliche Bequemlichkeit täglich zu mindern.

(Zum *Goswami* gewandt:) Mit Aufrichtigkeit und Ernsthaftigkeit kann Gott in jeder Religion verwirklicht werden. Die *Vaishnavas* werden Gott erkennen, die *Shāktas*, die *Vedāntins* und die *Brahmos.* Die Moslems und die Christen werden Ihn auch erkennen. Alle werden Gott verwirklichen, wenn sie ernsthaft und aufrichtig sind.

Einige Menschen sind streitsüchtig. Sie sagen: ›Ohne die Anbetung *Krishnas* kann man nichts erlangen‹, oder ›alles ist vergeblich ohne die Anbetung *Kālīs*, unserer Göttlichen Mutter‹, oder ›Rettung ist nur durch das Christentum möglich‹. Das ist reiner Dogmatismus. Der Dogmatiker sagt: ›Nur meine Religion ist wahr, die Religionen der anderen sind falsch.‹ Das ist eine schlechte Einstellung. Gott kann auf verschiedenen Wegen erreicht werden.

Man kann mit Überzeugung nur von Gott sprechen, wenn man Ihn gesehen hat. Wer Ihn gesehen hat, weiß, daß Gott Gestalt hat und daß Er zugleich gestaltlos ist. ER hat viele andere Aspekte, die man nicht beschreiben kann.

Einige Blinde kamen in die Nähe eines Tieres, von dem man sagte, daß es ein Elefant sei. Sie tasteten nach seinem Körper. Einer sagte, der Elefant sei wie eine Säule; er hatte sein Bein berührt. Ein anderer sagte, er sei wie ein Fächer; er hatte das Ohr berührt. So gaben auch die anderen ihre Meinung ab, je nachdem, ob sie den Schwanz, den Bauch oder einen anderen Teil berührt hatten. Genauso beschränkt ein Mensch Gott nur auf den einen Aspekt, den er gesehen hat. Er ist überzeugt, daß Gott nichts anderes sein kann.

(Zum *Goswami*:) Wie könnt Ihr behaupten, daß die einzige Wahrheit über Gott darin besteht, daß Er eine Gestalt hat? Es stimmt, daß Gott in menschlicher Gestalt auf die Erde kommt, zum Beispiel als *Krishna*. Es stimmt, daß Gott sich Seinen Verehrern in verschiedenen Formen enthüllt. Aber es stimmt auch, daß Gott gestaltlos ist. ER ist unsichtbares, Absolutes Sein-Wissen-Seligkeit. Die *Veden* sagen, Er sei gestaltlos und nehme auch Gestalt an. Sie beschreiben Ihn als eigenschaftslos und als mit Eigenschaften versehen.«

Am Abend sangen seine Anhänger im *Panchavatī*, wo sich der Meister zu ihnen gesellte. Es war für alle ein glücklicher Tag.

6. Im Kreis der Anhänger

Sonntag, 8. April 1883

Sonntagmorgen. Der Meister saß in seinem Zimmer, neben ihm sein geliebter Schüler Rakhal. M traf ein und begrüßte den Meister. Ramlal, Kishori, Manilal Mallick und verschiedene andere Verehrer stellten sich nach und nach ein. Manilal Mallick, ein Geschäftsmann, war gerade in Benares gewesen, wo er einen Bungalow besaß.

Meister: »Du bist also in Benares gewesen. Hast du dort irgendwelche Heilige gesehen?«

Manilal: »Ja, ich erwies Trailanga Swāmi, Bhaskarānanda und anderen meine Ehrerbietung. Trailanga Swāmi hält sich streng an sein Schweigegelübde. Bhaskarānanda dagegen ist zu allen freundlich.«

Meister: »Hast du dich mit Bhaskarānanda unterhalten?«

Manilal: »Ja, wir hatten ein langes Gespräch, unter anderem über Gut und Böse. Er sagte zu mir: ›Meide den Pfad des Bösen. Laß alle sündigen Gedanken fahren. So will Gott uns handeln sehen. Verrichte nur Pflichten, die tugendhaft sind.‹«

Meister: »Ja, das ist ein Weg, der für die weltlich Gesinnten gedacht ist. Wessen spirituelles Bewußtsein jedoch erwacht ist und wer erkannt hat, daß Gott allein wirklich ist und alles andere Schein, der folgt einem anderen Ideal. Er weiß, daß Gott allein der Handelnde ist und die anderen Seine Instrumente.

Wessen spirituelles Bewußtsein erwacht ist, der macht keine falschen Schritte mehr. Er braucht keine Vernunftgründe, um das Böse zu meiden. Er ist so erfüllt von der Liebe zu Gott, daß jede seiner Handlungen gut ist. Er ist sich voll bewußt, daß er nicht der Handelnde ist, sondern nur der Diener Gottes.

Voll erwachte Seelen sind jenseits von Tugend und Laster. Sie erkennen, daß es Gott ist, der alles tut.

Die Mönche eines Klosters mußten täglich ihre Nahrung erbetteln. Eines Tages sah ein Mönch, der Almosen sammelte, wie ein Grundbesitzer erbarmungslos auf einen Mann einschlug. Der barmherzige Mönch trat dazwischen und bat den Grundbesitzer einzuhalten. Dieser war aber so zornig, daß er seine Wut an dem unschuldigen Mönch ausließ. Er schlug ihn, bis dieser die Besinnung verlor. Jemand benachrichtigte das Kloster. Die Mönche liefen herbei und fanden ihren Bruder. Sie trugen ihn ins Kloster und legten ihn auf ein Bett. Traurig saßen sie um ihn herum, und einer schlug vor, man solle ihm etwas Milch geben. Als man ihm die Milch einflößte, kam er wieder zu sich. Er öffnete die Augen und blickte umher. Einer der Mönche sagte: ›Laßt uns sehen, ob er wieder voll bei Bewußtsein ist und uns erkennt.‹ Er rief ihm ins Ohr: ›Wer hat dir die Milch gegeben?‹ ›Bruder‹, erwiderte der Heilige mit schwacher Stimme, ›der mich geschlagen hat, gibt mir jetzt die Milch.‹

Solch ein Bewußtsein kann man nur nach der Erkenntnis Gottes erlangen.«

Manilal: »Was Ihr ausführt, setzt einen sehr hohen spirituellen Zustand voraus. Ich habe mit Bhaskarānanda ganz allgemein über solche Themen gesprochen.«

Ein Verehrer: »Wie kann ich Liebe zu Gott entwickeln?«

Meister: »Wiederhole Seinen Namen, und die Sünden werden verschwinden. So wirst du Lust, Zorn und das Verlangen nach Sinnesvergnügen überwinden.«

Verehrer: »Wie schaffe ich es, an Gottes Namen Freude zu haben?«

Meister: »Bete zu Gott mit verlangendem Herzen, daß Er dir diese Freude verschafft. ER wird sicher unseren Wunsch erfüllen.

Wie das Streben eines Menschen, so ist auch sein Gewinn. Zwei Freunde gingen durch eine Straße, als sie einige Leute sahen, die einer Vorlesung aus dem *Bhāgavatam* lauschten. ›Komm, Freund‹, sagte der eine, ›laß uns der heiligen Schrift zuhören.‹ Er ging hin und setzte sich. Der zweite warf nur einen Blick auf das Ganze und ging in ein Freudenhaus. Doch schon sehr bald fühlte er sich abgestoßen. ›Schäm dich!‹ sagte er zu sich selbst, ›dein Freund lauscht den heiligen Worten über *Hari*, und wo bist du gelandet?‹ Aber der Freund, der dem *Bhāgavatam* zugehört hatte, war auch unbefriedigt. ›Wie bin ich blöd!‹ sagte er zu sich, ›ich höre auf dieses Blabla, und mein Freund macht sich eine gute Zeit.‹ Beide starben. Der Bote des Todes kam zur

Seele des Mannes, der dem *Bhāgavatam* zugehört hatte, und schleppte sie zur Hölle. Der Bote Gottes kam zur Seele des anderen, der in das Bordell gegangen war, und trug sie hinauf zum Himmel.

Wahrlich, der Herr blickt in das Herz des Menschen und beurteilt ihn nicht danach, was er tut oder wo er lebt.

Jeder kann Erkenntnis erlangen. Es gibt zwei Wesenheiten: *Jīvātman*, die individuelle Seele, und *Paramātman*, die Höchste Seele. Durch Gebet können alle individuellen Seelen mit der Höchsten Seele vereinigt werden. Jedes Haus hat einen Gasanschluß, durch den man Gas vom Gaswerk beziehen kann. Stellt einen Antrag, und man wird euch mit Gas versorgen. Dann wird euer Haus erleuchtet sein.

Einige Menschen sind bereits spirituell erwacht; sie haben besondere Zeichen. Sie wollen von nichts anderem hören und über nichts anderes reden als über Gott. Sie gleichen dem *Chatak*-Vogel, der um Regenwasser bittet, obgleich die Ozeane, der Ganges und alle anderen Flüsse genügend Wasser führen. Der Vogel wird nur Regenwasser trinken, selbst wenn er am Verdursten ist.

Gebundene Seelen, weltliche Menschen, sind wie Seidenraupen. Die Raupe könnte den Kokon durchbrechen, den sie selbst gesponnen hat, aber sie ist ihm zu sehr verhaftet, als daß sie ihn verlassen könnte, und so stirbt sie in ihm.

Freie Seelen werden nicht von ›Frauen und Gold‹ beherrscht. Sie sind wie Seidenraupen, die den Kokon durchbrechen, den sie mit so viel Sorgfalt gesponnen haben. Solche Seelen sind ungewöhnlich und selten.

Māyā schafft die Täuschung. Nur wenige erwachen spirituell und entkommen dem Zauber der *Māyā*. Sie werden nicht mehr von ›Frauen und Gold‹ beherrscht.

Es gibt zwei Arten vollkommener Seelen: solche, die durch spirituelle Übungen Vollkommenheit erreichen, und solche, die sie durch Gottes Gnade erlangen. Einige Bauern müssen ihr Feld unter großer Anstrengung bewässern, wenn sie eine gute Ernte haben wollen. Andere jedoch brauchen sich überhaupt nicht anzustrengen; ihre Felder werden vom Regen überflutet, sie brauchen kein Wasser zu schleppen. Man muß spirituell hart arbeiten, um den Klauen der *Māyā* zu entkommen, aber wer durch Gottes Gnade Befreiung erlangt, braucht nichts zu tun. Solche Menschen sind aber selten.

Dann gibt es die Klasse der Ewig-Vollkommenen. Sie werden jedesmal mit voll erwachtem spirituellen Bewußtsein geboren. Nehmt eine Quelle, deren Austritt verstopft ist. Räumt man das Hindernis fort, dann schießt das Wasser hervor. Die Menschen sind überrascht, wenn sie sehen, wie sich der Gotteseifer der ewig-vollkommenen Seele manifestiert. Sie sagen: ›Woher kommt all diese Hingabe, Entsagung und Liebe?‹«

Die Unterhaltung wandte sich dem spirituellen Eifer der Gottesverehrer zu, für den die *Gopis* in Vrindavan ein gutes Beispiel sind. Ramlal sang:

Du bist mein Ein und Alles, Herr!
Du meines Lebens Leben, Du mein tiefstes Sein.
In den drei Welten hab ich niemanden als Dich zu eigen.
Du bist mein Frieden, meine Freude, meine Hoffnung,
Du meine Hilfe, Du mein Reichtum und mein Ruhm;
Du meine Weisheit, meine Stärke Du.

Du meine Heimat, Du mein Zufluchtsort der Ruhe!
Mein liebster Freund und nächster Anverwandter;
Du meine Gegenwart und meine Zukunft,
meine Erlösung und mein Himmel;
Du meine Schriften und Gebote.
Du bist mein *Guru* voller Gnade,
Du die Quelle meiner grenzenlosen Seligkeit.

Du bist der Weg und Du das Ziel,
Du der Anbetungswürdige, o Herr!
Du bist die Mutter mit dem zarten Herzen;
Du bist der Vater, der mich züchtigt,
Du der Schöpfer und Beschützer,
Du der Rudergänger, der mein Boot
über das Meer des Lebens führt.

Meister: »Ah, welch herrlicher Gesang! Du bist mein Ein und Alles!«

Ramlal sang noch einmal, diesmal den Jammer der *Gopis* beschreibend, die von ihrem Geliebten *Krishna* getrennt waren. Der Meister ging in tiefes *Samādhi.* Sein Körper war regungslos, er saß mit gefalteten Händen, wie auf der Fotografie von ihm. Freudentränen entströmten seinen Augen. Nach langer Zeit kehrte er in das normale Bewußtsein zurück. Er murmelte etwas, wovon die Verehrer nur wenige Worte verstanden.

Der Meister fuhr fort: »Ich sehe alles wie ein Gelbsüchtiger. Nur Dich sehe ich überall, o *Krishna*, Freund der Schwachen! O ewiger Gefährte meiner Seele! O *Govinda*!«

Bei den Worten »O ewiger Gefährte meiner Seele! O *Govinda*!« ging der Meister wieder in *Samādhi*. Es herrschte völliges Schweigen. Die Augen der eifrigen und begierigen Verehrer waren auf den Meister gerichtet, einen Gott-Menschen mit unendlichen Möglichkeiten.

Adhar Sen traf mit verschiedenen Freunden ein. Es war sein zweiter Besuch. Sein Freund Saradacharan begleitete ihn. Saradacharan war tieftraurig über den Tod seines ältesten Sohnes. Als pensionierter Schulinspektor hatte er sich dem Gebet und der Meditation hingegeben. Adhar hatte ihn zum Meister gebracht, weil er sich Trost für ihn erhoffte.

Aus *Samādhi* kommend, sah der Meister alle Augen auf sich gerichtet. Sich an die Andächtigen wendend, sagte er: »Die spirituelle Weisheit weltlicher Menschen tritt selten in Erscheinung. Sie ist wie eine Kerzenflamme; nein, eher wie ein einzelner Sonnenstrahl, der durch einen Riß in der Wand fällt. Weltliche Menschen wiederholen Gottes Namen, aber es steckt kein Eifer dahinter. Sie sind wie Kinder, die bei Gott schwören, weil sie diese Worte gehört haben, als ihre Tanten sich stritten. Weltliche Menschen haben keine Energie. Wenn sie Erfolg haben, ist alles in Ordnung; sind sie aber erfolglos, dann stört es sie kaum.«

Rāmakrishna war diesmal schon etwas vertrauter mit Adhar, der über das Leid seines Freundes berichtete. Der Meister sagte: »Was kann man tun? Seid bereit für den Tod. Der Tod hat das Haus betreten. Man kann nur mit Gottes Namen gegen ihn kämpfen. Gott allein ist der Handelnde. Ich sage: ›O Herr, ich tue, was Du mich tun läßt. Ich spreche, wie Du durch mich sprichst.‹ Überantwortet euch Gott. Überlaßt Ihm alle Verantwortung. Sein Wille wird geschehen.

Haus, Frauen und Kinder sind vergänglich, ihre Existenz ist von kurzer Dauer. Wenn von einer großen Palme zwei Früchte herunterfallen, wird man nicht darüber jammern.

Gott ist dreifach tätig: Er schafft, erhält und zerstört. Der Tod ist unvermeidlich. Zur Zeit der Auflösung wird alles vergehen. Nichts bleibt. Dann sammelt die Göttliche Mutter den Samen ein für die künftige Schöpfung.«

Sonntag, 22. April 1883

Anläßlich des Halbjahresfestes des *Brahmo Samāj* besuchte Rāmakrishna das Haus von Benimadhav Pal in Sinthi, nicht weit von Kalkutta. Viele Anhänger des *Samāj* waren anwesend und saßen um den Meister herum. Einige stellten Fragen.

Brahmo: »Welchen Weg sollte man einschlagen?«

Meister: »Den der Bindung an Gott – mit anderen Worten: Ihn lieben. Und zweitens den des Gebetes.«

Brahmo: »Welchen Weg – den der Liebe oder den des Gebetes?«

Meister: »Erst Liebe und dann Gebet.«

Fortfahrend sagte der Meister: »Man sollte stets Gottes Namen und Herrlichkeit verkünden und zu Ihm beten. Ein alter Topf muß jeden Tag geschrubbt werden. Was nützt es, ihn nur einmal zu reinigen? Ferner sollte man Unterscheidung und Entsagung üben und sich der Unwirklichkeit der Welt bewußt werden.«

Brahmo: »Ist es gut, der Welt zu entsagen?«

Meister: »Nicht für alle. Wer mit dem Vergnügen noch nicht durch ist, sollte auch der Welt nicht entsagen.«

Brahmo: »Was heißt ›mit dem Vergnügen durch sein‹?«

Meister: »Ich meine das Vergnügen an ›Frauen und Gold‹. Die meisten Menschen spüren kein Verlangen nach Gott, solange sie nicht ihre Erfahrung mit Geld, Namen, Ruhm und Bequemlichkeit gemacht haben, das heißt, solange sie diese Vergnügen nicht durchschaut haben.«

Brahmo: »Wer ist wirklich schlecht, der Mann oder die Frau?«

Meister: »Es gibt Frauen mit spiritueller Erkenntnis, und es gibt Frauen, die erkenntnislos sind. Eine Frau mit Erkenntnis führt ihren Mann zu Gott, aber die Frau als Verkörperung der Täuschung läßt ihn Gott vergessen und zieht ihn hinab in den Ozean der Weltlichkeit.«

Brahmo: »Wie gelangt man zur Leidenschaftslosigkeit, und warum kann nicht jeder sie erlangen?«

Meister: »Leidenschaftslosigkeit ist nur möglich, wenn man das Vergnügen satt hat. Man kann ein Kind leicht mit Süßigkeiten oder Spielzeug locken. Wenn es aber alles aufgegessen und ausgespielt hat, schreit es: ›Ich will zu meiner Mutti.‹ Wird es nicht zu seiner Mutter gebracht, so wirft es das Spielzeug fort und schreit aus vollem Halse.«

Die Mitglieder des *Brahmo Samāj* sind Gegner des *Guru*-Systems des orthodoxen Hinduismus. Deshalb befragten sie den Meister darüber.

Brahmo: »Ist ohne einen *Guru* spirituelle Erkenntnis unmöglich?«

Meister: »Der einzige *Guru* ist *Satchidānanda*. Wenn ein Mensch in Gestalt eines *Gurus* euer spirituelles Bewußtsein wachruft, dann dürft ihr gewiß sein, daß Gott diese menschliche Form zu eurem Wohle angenommen hat. Der *Guru* ist wie ein Gefährte, der euch an die Hand nimmt und führt. Nach der Erkenntnis Gottes verschwindet der Unterschied zwischen *Guru* und Schüler. Die Beziehung bleibt erhalten, bis der Schüler Gott geschaut hat.«

Nach Eintritt der Dunkelheit sprach der Prediger des *Brahmo Samāj* von der Kanzel. Die Andacht wurde ergänzt durch Zitate aus den *Upanishaden* und durch *Brahmo*-Gesänge.

Nach der Andacht unterhielt sich der Meister mit dem Prediger.

Meister: »Für mich ist die gestaltlose Gottheit wie auch der gestalthafte Gott wirklich. Was meint Ihr dazu?«

Prediger: »Ich vergleiche den gestaltlosen Gott mit der Elektrizität, die dem Auge nicht sichtbar, aber dennoch spürbar ist.«

Meister: »Ja, beides stimmt. Der gestalthafte Gott ist so wirklich wie der gestaltlose Gott. Wißt Ihr, womit man es vergleichen kann, wenn Gott nur als gestaltlos beschrieben wird? Mit einem Manne, der nur einen Ton auf seiner Flöte bläst, obgleich sie sieben Löcher hat. Auf demselben Instrument spielt ein anderer verschiedene Melodien. Auf wieviele Weisen kann man sich an einem Persönlichen Gott erfreuen! Es gibt die Haltung des Dieners, des Freundes, der Mutter, des Gatten oder des Geliebten.

Das Wesen *Brahmans* läßt sich nicht beschreiben. Man kann nur schweigen. Wer kann das Unendliche in Worte kleiden? So hoch ein Vogel auch steigen mag, es gibt immer noch höhere Regionen.

Nach der Schau Gottes wird der Mensch von Seligkeit überwältigt. Er wird still. Wer will reden? Wer will erklären?«

Prediger: »Ja, das sagt der *Vedānta*.«

Meister: »Im Banne von Gottes *Māyā* vergißt der Mensch seine wahre Natur. Er vergißt, daß er der Erbe der unendlichen Herrlichkeit seines VATERS ist. Diese göttliche *Māyā* besteht aus den drei

Gunas. Alle drei sind Räuber, sie rauben dem Menschen seine Schätze, lassen ihn seine wahre Natur vergessen. Die drei *Gunas* sind *Sattva, Rajas* und *Tamas.* Von diesen zeigt nur *Sattva* den Weg zu Gott. Aber selbst *Sattva* vermag uns nicht zu Gott zu bringen.

Ich will euch eine Geschichte erzählen. Ein reicher Mann ging durch einen Wald, als drei Räuber ihn überfielen und ihm alles fortnahmen. Dann sagte der eine Räuber: ›Es ist nicht gut, wenn er am Leben bleibt, wir wollen ihn töten.‹ Er zog sein Schwert, als der zweite eingriff und sagte: ›Töten ist sinnlos; wir wollen ihn festbinden und zurücklassen. Dann kann er die Polizei nicht benachrichtigen.‹ So fesselten die Räuber ihn und gingen fort.

Nach einer Weile kam der dritte Räuber zurück und sagte: ›Ihr seid sicher verletzt, kommt, ich werde Eure Fesseln lösen.‹ Der Räuber band den Mann los und führte ihn aus dem Wald. Als sie die Straße erreichten, sagte der Räuber: ›Geht hier entlang, Ihr werdet leicht nach Hause finden.‹ ›Aber du mußt mitkommen‹, sagte der Mann, ›du hast so viel für mich getan.‹ ›Nein, das ist nicht möglich‹, sagte der Räuber, ›die Polizei würde mich einsperren.‹

Der erste Räuber, der gesagt hatte: ›Wir wollen ihn töten‹, ist *Tamas*; es zerstört. Der zweite Räuber ist *Rajas*; es bindet den Menschen an die Welt und verstrickt ihn in vielfältige Tätigkeit; *Rajas* läßt uns Gott vergessen. Nur *Sattva* zeigt den Weg zu Gott; es erzeugt Tugenden wie Mitleid, Rechtschaffenheit und Hingabe. *Sattva* ist wie die letzte Stufe einer Treppe; danach kommt das Dach. *Brahman* ist die Zuflucht des Menschen. Man kann *Brahman*-Erkenntnis nur erlangen, wenn man die drei *Gunas* überwunden hat.«

Prediger: »Das war ein wunderbarer Vortrag.«

Meister: »Ihr seid ein Prediger und predigt vielen Menschen. Ihr seid ein großer Dampfer, ich bin nur ein Fischerboot.« (Alle lachten)

Montag, 4. Juni 1883

Um neun Uhr morgens begannen die Anhänger herbeizuströmen. Der Meister saß am Eingang seines Zimmers und blickte auf den Ganges. M hatte die Nacht beim Meister verbracht und saß neben ihm. Balaram und andere Verehrer waren auch da. Rakhal lag auf dem Fußboden und hatte seinen Kopf in den Schoß des Meisters gelegt. Der Meister bat Balaram, zum Mittagessen zu bleiben, und beschrieb dann die Tage seiner Gottestrunkenheit.

Meister: »Oh, was habe ich bewußtseinsmäßig durchgemacht! Als ich das Erlebnis zuerst hatte, nahm ich weder Tag noch Nacht wahr. Die Leute sagten, ich sei geisteskrank. Was sollten sie sonst sagen? Dann hat man mich verheiratet. Ich war damals von Gott berauscht. Ich machte mir Sorgen wegen meiner Frau. Dann dachte ich, sie könnte auch so leben wie ich.

Ich besuchte das Haus meines Schwiegervaters. Man veranstaltete einen *Kirtan*. Es wurde ein großes religiöses Fest daraus, und Gottes Name wurde eifrig gesungen. Ich dachte über meine Zukunft nach und sagte zur Göttlichen Mutter: ›MUTTER, ich werde meine spirituellen Erlebnisse für echt halten, wenn die Grundbesitzer der Gegend mir Achtung erweisen.‹ Sie kamen tatsächlich von selbst und unterhielten sich mit mir.

Was war das für ein ekstatischer Zustand! Die kleinste Anregung rief mein spirituelles Bewußtsein wach. Ich betete die Göttliche Mutter in einem vierzehnjährigen Mädchen an. Ich sah in ihr die Verkörperung der MUTTER.

Ich lud damals junge Mädchen ein, um sie anzubeten. Sie waren für mich die Verkörperung der Göttlichen Mutter.

Einmal begab ich mich in Kalkutta zum *Maidan*, um frische Luft zu schöpfen. Viele Menschen waren dort versammelt, um dem Aufstieg eines Ballons zuzusehen. Plötzlich sah ich einen englischen Jungen, der sich an einen Baum lehnte. Seine Haltung erinnerte mich an *Krishna*, und ich ging in *Samādhi*.

Damals war ich der äußeren Welt kaum bewußt. Mathur lud mich für einige Tage in seine Wohnung nach Janbazar ein. Als ich dort wohnte, betrachtete ich mich als Zofe der Göttlichen Mutter. Die Damen des Hauses hatten keine Scheu vor mir. Sie waren so unbekümmert wie vor einem kleinen Kinde.

Auch jetzt ruft der geringste Anlaß Gottbewußtsein in mir hervor. Rakhal pflegte halblaut Gottes Namen zu wiederholen; ich konnte mich dann nicht mehr beherrschen. Es ließ mein spirituelles Bewußtsein aufsteigen, das mich überwältigte.«

Nach dem Essen ruhte der Meister sich aus. Manilal Mallick, ein altes Mitglied des *Brahmo Samāj*, trat ein und begrüßte den Meister, der noch auf seinem Bett lag. Ab und zu fragte Manilal ihn etwas, und der Meister antwortete halb im Schlaf mit wenigen Worten. Dann richtete er sich auf und wandte sich an seine Anhänger.

Meister: »Einige denken: ›Ach, ich bin gebunden und werde nie Erkenntnis und Hingabe erlangen!‹ Empfängt man aber die Gnade des *Guru*, dann braucht man nichts mehr zu fürchten. Eine Tigerin griff einmal eine Ziegenherde an. Als sie auf ihre Beute zusprang, gebar sie ein Junges und starb. Das Kleine wuchs in der Ziegenherde auf. Die Ziegen fraßen Gras, und das Tigerjunge tat dasselbe. Die Ziegen mekkerten, und es meckerte auch. Langsam wuchs es zu einem großen Tiger heran. Eines Tages griff wieder ein Tiger die Herde an. Er war erstaunt, einen Gras fressenden Tiger zu erblicken. Der wilde Tiger schnappte ihn und schleppte ihn ans Wasser. ›Sieh dein Gesicht an! Du gleichst mir. Hier ist etwas Fleisch. Friß es!‹ Der Gras fressende Tiger wollte aber nicht und begann zu meckern. Doch dann schmeckte er das Blut und begann vom Fleisch zu fressen. Darauf sagte der wilde Tiger: ›Siehst du jetzt, daß zwischen dir und mir kein Unterschied besteht? Komm und folge mir in den Wald!‹

Alle Furcht verschwindet, wenn die Gnade des *Guru* euch trifft. Er wird euch erkennen lassen, wer ihr seid, und was euer wirkliches Wesen ist.«

Es war ein heißer Junitag des Jahres 1883. Rāmakrishna saß auf den Stufen des *Shiva*-Tempels. M kam mit Eis und anderen Gaben. Nach der Begrüßung des Meisters setzte er sich auf die Stufen.

Meister: »Der Mann von Mani Mallicks Enkelin war hier. Er hat in einem Buch gelesen, daß Gott nicht weise und allwissend sein könne, sonst würde Er nicht so viel Leid zulassen. Was den Tod anbelangt, sollte man einen Menschen sofort töten, anstatt ihn endlos leiden zu lassen. Ferner schreibt der Verfasser, daß er eine bessere Welt schaffen würde, wenn er der Schöpfer wäre.«

M hörte überrascht zu, gab aber keinen Kommentar.

Meister: »Wie kann ein Mensch jemals Gottes Wege verstehen? Auch ich halte Gott manchmal für gut und manchmal für schlecht. ER narrt uns durch Seine *Māyā*. Manchmal weckt Er uns auf, und manchmal läßt Er uns unwissend bleiben. Einen Augenblick verschwindet die Nichterkenntnis, aber im nächsten Augenblick überzieht sie unser Denken wieder. Wenn man einen Mauerstein in einen Teich wirft, der mit Schlingpflanzen bedeckt ist, so sieht man für einen Augenblick das Wasser, aber im nächsten Moment ist alles wieder zu.

Man erfährt Freude und Leid, Geburt und Tod, Krankheit und

Kummer, solange man sich mit dem Körper identifiziert. Sie gehören alle dem Körper an, nicht der Seele. Vielleicht bringt uns Gott nach dem Tod des Körpers an einen besseren Ort. Nach Erlangung der Selbsterkenntnis betrachtet man Freude und Leid, Geburt und Tod nur noch wie einen Traum. Wie wenig wissen wir doch! Kann ein Ein-Liter-Topf zehn Liter Milch fassen?«

Zur Dämmerung begann die Abendandacht in den verschiedenen Tempeln. Der Meister saß auf seiner Couch, in Kontemplation über die Göttliche Mutter versunken. Verschiedene Verehrer waren anwesend. M wollte die Nacht beim Meister verbringen.

Später begann der Meister ein Gespräch mit einem Anhänger. Er sagte: »Es ist ratsam, in den frühen Morgen- und Abendstunden zu meditieren und außerdem jeden Tag nach Eintritt der Dunkelheit.« Er unterwies den Strebenden in der Meditation über den Persönlichen Gott und die Unpersönliche Wirklichkeit.

Später setzte er sich auf die Westseite der Veranda. Es war gegen neun Uhr.

Meister: »Wer hierher kommt, wird sicher seine Zweifel überwinden. Was meinst du?«

M: »Ja, das stimmt.«

Ein Boot zog auf dem Ganges dahin, weit vom Ufer entfernt. Der Bootsmann begann zu singen. Der Klang seiner Stimme hallte über das Wasser und drang an das Ohr des Meisters, der in eine spirituelle Stimmung geriet. Die Haare standen ihm zu Berge. Er sagte zu M: »Fühl nur einmal meinen Körper!« M war sehr überrascht.

Sonnabend, 21. Juli 1883

Es war vier Uhr nachmittags, als Rāmakrishna mit Rāmlal und zwei anderen Jüngern in einer Kutsche nach Kalkutta aufbrach. Als sie das Tor des *Kālī*-Tempels passierten, trafen sie M, der vier Mangos in der Hand hielt. Der Wagen hielt, und M begrüßte den Meister.

Meister: »Komm mit, wir fahren zu Adhar.«

M stieg freudig ein. Da er englisch erzogen war, glaubte er nicht an Charakterzüge, die aus früheren Geburten stammen. Er hatte aber einige Tage vorher zugegeben, daß Adhars große Hingabe an den Meister auf gute Taten früherer Geburten zurückzuführen sei. Später hatte er erneut darüber nachgedacht und festgestellt, daß er von Neigungen aus früheren Geburten doch nicht ganz überzeugt war. Er war deshalb nach Dakshineswar gekommen, um mit Rāmakrishna darüber zu sprechen.

Meister: »Nun, was hältst du von Adhar?«

M: »Er hat großes Verlangen nach Gott.«

Meister: »Adhar hält große Stücke auf dich.«

M schwieg erst und begann dann, über Neigungen aus früheren Geburten zu sprechen.

M: »Ich kann an Wiedergeburt und vererbte Neigungen nicht glauben. Kann das in irgendeiner Weise meine Zuneigung zu Gott beeinträchtigen?«

Meister: »Es genügt zu glauben, daß in Gottes Schöpfung alles möglich ist. Man darf nur nicht glauben, daß die eigenen Vorstellungen einzig wahr und die aller anderen falsch sind. Dann wird Gott alles erklären.

Was versteht ein Mensch von der Tätigkeit Gottes? Die Facetten Seiner Schöpfung sind unendlich. Ich versuche nicht, Gottes Handlungen zu verstehen. Ich habe gehört, daß in Seiner Schöpfung alles möglich ist, und daran muß ich stets denken. Deshalb verschwende ich keinen Gedanken an die Welt, sondern meditiere nur über Gott.

Kann man Gottes Werk je begreifen? ER ist so nah und trotzdem erkennen wir Ihn nicht!«

M: »Ja, das ist wahr!«

Meister: »Gott hat alles mit Seiner *Māyā* bedeckt. ER läßt uns nicht alles wissen. *Māyā* besteht aus ›Frauen und Gold‹. Wer *Māyā* beiseite schiebt, kann Gott sehen. Als ich einmal jemandem Gottes Tun erklären wollte, zeigte Gott mir plötzlich den Teich in Kamarpukur. Ich sah, wie ein Mann den grünen Schaum beiseite schob und das Wasser trank, das kristallklar war. Gott enthüllte mir, daß *Satchidānanda* vom Schaum der *Māyā* bedeckt ist. Wer den grünen Schaum beiseite schiebt, kann das Wasser trinken.

Das Bewußtsein Gottes macht dieses Universum bewußt. Manchmal sehe ich, wie dieses Bewußtsein selbst im kleinsten Fisch zappelt. Manchmal sehe ich das Universum vom Bewußtsein Gottes durchtränkt wie die Erde mit Wasser zur Regenzeit.

Ich habe so viele Visionen, aber ich bin nicht eitel deshalb.«

M (lächelnd): »Von Eitelkeit könnt Ihr doch nicht sprechen!«

Meister: »Auf mein Wort, ich empfinde nicht die geringste Eitelkeit.«

M: »In Griechenland lebte einmal ein Mann, der hieß Sokrates. Eine Stimme aus dem Himmel hatte ihm gesagt, daß er weise sei. Sokrates war über diese Enthüllung erstaunt. Er meditierte lange in der Einsamkeit darüber und erfaßte dann ihre Bedeutung. Er sagte zu seinen Freunden: ›Ich allein von allen Leuten habe erkannt, daß ich nichts weiß.‹ Aber jeder glaubt, weise zu sein, und in Wirklichkeit sind alle ohne Erkenntnis.«

Meister: »Ab und zu sage ich mir: ›Welche Erkenntnis in mir läßt so viele Menschen zu mir kommen?‹ Vaishnavacharan war ein großer Gelehrter. Er pflegte zu sagen: ›Ich kann in den Schriften alles finden, worüber Ihr redet. Aber wißt Ihr, warum ich zu Euch komme? Um es aus Eurem Munde zu hören.‹«

M: »Alle Eure Worte stimmen mit den Schriften überein.«

Meister: »Hast du sonst jemanden gefunden, der mir ähnelt, einen Gelehrten oder einen Heiligen?«

M: »Gott hat Euch mit Seinen eigenen Händen geschaffen, während er die anderen mit der Maschine gemacht hat. Alle anderen schuf Er nach ein und demselben Gesetz.«

Meister (lachend zu den anderen): »Habt ihr gehört, was er gesagt hat?«

Sie näherten sich Adhars Haus. Rāmakrishna sagte zu M: »Halte dich an die Wahrheit, und du wirst Gott gewiß erkennen.«

Sie erreichten Adhars Haus, und Rāmakrishna nahm in der Vorhalle Platz. Ramlal, Adhar, M und die anderen Verehrer saßen in seiner Nähe.

Die Dämmerung brach herein, und die Lampen wurden angezündet. Rāmakrishna grüßte mit gefalteten Händen die Göttliche Mutter und versank in Meditation. Dann wiederholte er die Namen Gottes: »*Govinda*! *Govinda*! *Satchidānanda*! *Hari*! *Hari*!« Jedes Wort war wie Nektar für die Ohren der Verehrer.

Adhar bewirtete Rāmakrishna mit Früchten und Süßigkeiten.

Sonntag, 22. Juli 1883

Den Feiertag ausnutzend, waren viele Schüler, die Familienväter waren, nach Dakshineswar gekommen. Adhar, Rakhal und M trafen in einer gemieteten Kutsche ein.

Rāmakrishna hatte sich nach dem Mittagessen ein wenig ausgeruht. Im Zimmer herrschte eine Atmosphäre von Reinheit und Heiligkeit.

An den Wänden hingen Bilder von Göttern und Göttinnen, darunter eines von Jesus, der den versinkenden Petrus rettet. Vor dem Zimmer standen blühende Blumen, und der Blick fiel auf den Ganges. Der Meister saß auf seiner Couch und die Anhänger auf Matten und Teppichen, die auf dem Fußboden ausgebreitet waren. Alle Augen waren auf ihn gerichtet.

Ein Anhänger: »Ihr seid doch Pandit Vidyāsāgar begegnet. Was haltet Ihr von ihm?«

Meister: »Vidyāsāgar ist gelehrt und barmherzig, aber es fehlt ihm die innere Schau. Gold ist in ihm verborgen. Hätte er es entdeckt, würde er seine Aktivität einschränken und schließlich ganz aufgeben. Hätte er erkannt, daß Gott in seinem Herzen wohnt, würde er sein Denken nur noch auf Gott richten. Einige Menschen müssen lange Zeit selbstlos handeln, bevor sie Leidenschaftslosigkeit erlangen und ihr Denken auf ein spirituelles Ideal richten können. Auch sie werden schließlich von Gott aufgesogen.

Vidyāsāgars Handlungen sind in Ordnung. Barmherzigkeit ist eine edle Eigenschaft. *Brahman* aber ist jenseits aller Eigenschaften. *Brahman* kann nicht beschrieben werden. Selbst wer Es kennt, spricht nicht darüber.

Vier Freunde entdeckten auf einem Spaziergang einen Garten hinter einer Mauer. Die Mauer war sehr hoch. Alle waren neugierig, was sich dahinter verbarg. Einer kletterte auf die Mauer. Was er dort sah, machte ihn sprachlos vor Staunen, er konnte nur noch ›Ah!‹ ausrufen, dann sprang er hinunter. Die anderen kletterten auch auf die Mauer und sprangen auch mit dem Aufschrei ›Ah!‹ auf der anderen Seite hinunter. Wer konnte da noch berichten, was sich dahinter befand?«

Verehrer: »Kann man eine Organisation aufrechterhalten, nachdem man *Brahman*-Erkenntnis erlangt hat?«

Meister: »Einmal unterhielt ich mich mit Keshab über die Erkenntnis *Brahmans.* Er bat mich um weitere Erklärungen. Ich sagte: ›Wenn ich weitergehe, wirst du nicht in der Lage sein, deine Organisation und deine Anhänger zu halten.‹ ›Dann hört bitte auf‹, sagte Keshab. (Alle lachten) Dennoch sagte ich zu ihm: ›Ich‹ und ›Mein‹ bedeuten Nichterkenntnis. Ohne solche Nichterkenntnis kann man nicht denken: ›Ich bin der Handelnde. Dies ist meine Frau, dies sind meine Kinder, das ist mein Besitz.‹ Keshab sagte darauf: ›Wenn man dieses Ich aufgibt, bleibt doch überhaupt nichts mehr zurück.‹ Ich sagte: ›Ich will nicht, daß du das ganze Ich aufgibst. Du solltest nur das unreife Ich aufgeben. Das unreife Ich läßt uns denken: »Ich bin der Handelnde. Es sind meine Frau und meine Kinder. Ich bin ein Lehrer.« Entsage dem unreifen Ich und erhalte dir das reife Ich, das dich empfinden läßt, daß du Gottes Diener bist, Sein Verehrer, daß Gott der Handelnde ist und du Sein Instrument.‹

Ich bat Keshab, sein unreifes Ich abzulegen. Das Ich, das spürt: ›Ich bin der Diener und Anbeter Gottes‹, kann niemanden mehr verletzen. Ich sagte zu ihm: ›Du hast unentwegt von deiner Organisation und deinem Anhang gesprochen. Aber es gibt auch Leute, die deine Organisation verlassen.‹ Keshab antwortete: ›Das ist wahr. Nach einigen Jahren gehen sie woanders hin. Was aber noch viel schlimmer ist: Wenn sie mich verlassen, beschimpfen sie mich auch noch.‹ Ich sagte: ›Warum prüfst du sie nicht vorher genau? Was nützt es, alle und jeden zum Schüler zu machen?‹

Es ist schwer, über die drei *Gunas* hinauszugelangen. Ohne die Erkenntnis Gottes ist das nicht möglich. Der Mensch lebt im Bereich der *Māyā*. *Māyā* gestattet ihm nicht, Gott zu sehen. Sie macht ihn zum Opfer des Nichtwissens.

Hriday kaufte einmal ein Stierkalb. Ich sah, wie er es im Garten anband, damit es grasen konnte, und fragte ihn: ›Hriday, warum bindest du das Kalb jeden Tag dort an?‹ ›Onkel‹, sagte er, ›ich will das Kalb in unser Dorf schicken. Wenn es stark genug ist, werde ich es vor den Pflug spannen.‹ Als ich diese Worte hörte, dachte ich: ›Welch unergründliches Spiel der Göttlichen *Māyā*! Kamarpukur und Sihore sind so weit von Kalkutta entfernt. Dieses arme Kalb muß den ganzen Weg laufen. Dann wird es aufwachsen, um schließlich vor den Pflug gespannt zu werden. So ist die Welt. Dies ist wirklich *Māyā*!‹ Ich fiel besinnungslos zu Boden.«

Mittwoch, 26. September 1883

M kam nachmittags und fand den Meister auf der Couch sitzend.

Meister: »Wie kommt es, daß du hier bist? Hast du keine Schule?«

M: »Unsere Schule hat heute um halb zwei Uhr geschlossen.«

Meister: »Warum so früh?«

M: »Vidyāsāgar hat die Schule besucht. Sie gehört ihm. Immer wenn er kommt, haben die Knaben einen halben Tag frei.«

Meister: »Warum hält Vidyāsāgar sein Wort nicht? Neulich sagte er, daß er mich besuchen wolle, aber er hat sein Wort nicht gehalten.

Es besteht ein großer Unterschied zwischen einem Gelehrten und einem Heiligen. Das Denken des Gelehrten ist auf ›Frauen und Gold‹ gerichtet, das Denken des *Sādhus* aber ruht zu Füßen *Haris*. Ein Gelehrter sagt so und handelt ganz anders. Nicht so ein *Sādhu*. Wer sich Gott ganz ergeben hat, bei dem sind Wort und Tat eins.

Einmal kam ein *Vedānta*-Mönch hierher. Beim Anblick einer Wolke fing er an zu tanzen. Bei einem Regenschauer geriet er vor Freude in Ekstase. Er wurde sehr zornig, wenn ihm jemand während der Meditation zu nahe kam. Ständig übte er sich im Unterscheiden: ›Nur *Brahman* ist wirklich, die Welt ist Schein.‹ Da diese Vielfalt der Erscheinung auf *Māyā* zurückzuführen ist, lief er immer mit einem Prisma von einem Kronleuchter umher. Durch das Prisma sieht man verschiedene Farben, aber in Wirklichkeit ist keine Farbe da. So existiert auch in Wirklichkeit nichts anderes als *Brahman*. Durch *Māyā*, durch den Egoismus, aber scheint es so, als ob es Vielfalt gäbe. Der *Sādhu* blickte jedes Objekt nur einmal an, damit *Māyā* und Verhaftung ihn nicht täuschen konnten. Er blieb drei Tage hier. Einmal hörte er den Klang einer Flöte vom Ufer des Ganges und sagte, daß jeder, der *Brahman* erkannt hat, bei solch einem Klang in *Samādhi* ginge.«

Während der Meister über den Mönch sprach, bot er den Zuhörern in Bewegungen und Gebärden das Bild eines *Paramahamsas*: die Augen vor Freude leuchtend und der Körper völlig nackt. Dann nahm er wieder auf der Couch Platz, und die fesselnden Worte strömten weiter von seinen Lippen.

Meister: »Ich habe *Vedānta* von Nangta gelernt: ›Nur *Brahman* ist wirklich, die Welt ist Schein.‹ Der Zauberer zaubert. Er läßt einen Mangobaum entstehen, der sogar Früchte trägt. Doch das sind alles Tricks. Wirklich ist nur der Zauberer.«

M: »Es scheint, als wäre das ganze Leben nur ein langer Schlaf. So viel habe ich verstanden, daß wir die Dinge nicht richtig sehen. Wir nehmen die Welt mit einem Denken wahr, das nicht einmal das Wesen des Himmels begreift. Wie kann also unsere Wahrnehmung richtig sein?«

Meister: »Wie kann ein Mensch richtig sehen? Sein Denken ist in einem Zustand des Deliriums, wie bei einem Fieberkranken.«

Der Meister sang mit seiner wohlklingenden Stimme:

Was für ein Delirium, unter dem ich leide!
Deine Gnade, o MUTTER, ist meine einzige Heilung ...

Der Meister fuhr fort: »Es ist wirklich ein Delirium. Seht nur, wie die weltlichen Menschen miteinander streiten. Niemand weiß, warum. Oh, wie sie schreien und sich beschimpfen!«

Der Meister und M gingen zum *Kālī*-Tempel.

Meister: »Diese Welt mag ja ein Netzwerk der Täuschung sein, aber man nennt sie auch eine Stätte der Fröhlichkeit. Man kann diese Welt in eine Stätte der Fröhlichkeit verwandeln.«

M: »Aber wo gibt es ungetrübte Seligkeit auf dieser Welt?«

Meister: »Wahrlich, das stimmt!«

Rāmakrishna stand vor dem Bildnis *Kālīs* und warf sich der Göttlichen Mutter zu Füßen. M folgte seinem Beispiel. Dann setzte der Meister sich vor den Schrein und blickte auf das segensreiche Bildnis. M saß neben ihm.

M: »Da es kein ungestörtes Glück auf dieser Welt gibt, warum sollten wir dann überhaupt einen Körper annehmen? Ich weiß, daß der Körper entstanden ist, um die Ergebnisse früheren Tuns zu ernten. Aber wer weiß, was er jetzt wieder anstellt? Das Unglück ist, daß wir von den acht Bindungen überwältigt werden.«

Meister: »Es sind nicht acht Bindungen, sondern acht starke Fesseln. Und wenn schon! Durch Gottes Gnade fallen diese Fesseln sofort. Weißt du, wie das ist? Angenommen, ein Raum hat tausend Jahre im Dunkeln gelegen. Wenn jemand ein Licht hineinbringt, ist die Dunkelheit in einem Augenblick verschwunden, nicht nach und nach. Hast du einmal einem Zauberer zugesehen? Er hat ein Tau mit vielen Knoten in der Hand, das er mit einem Ende festbindet. Dann schüttelt er es ein oder zweimal, und alle Knoten sind verschwunden. Ein anderer versucht vergeblich, die Knoten zu lösen. Durch die Gnade des *Guru* verschwinden alle Knoten der Nichterkenntnis in einem einzigen Augenblick.

Zerbrich dir nicht den Kopf! Wer kann Gott je ergründen? Von Nangta habe ich gelernt, daß dieses ganze Universum nur ein Bruchteil von *Brahman* ist.

Hazra steckt voller Kalkulation. Er sagt: ›Soviel von Gott ist zum Universum geworden, und soviel bleibt über.‹ Mein Kopf schmerzt bei dieser Rechnerei! Ich weiß, daß ich nichts weiß. Manchmal denke ich: ›Gott ist gut‹, und manchmal denke ich: ›ER ist schlecht.‹ Was kann ich von Ihm wirklich wissen?«

M: »Wie wahr! Wer kann Gott je ergründen? Jeder glaubt, mit seiner winzigen Intelligenz Gott ganz verstanden zu haben.«

Meister: »Wer kann Gott ergründen? Ich versuche es gar nicht erst. Ich rufe Ihn als MUTTER an. Laß die MUTTER tun, was Sie will. Wenn es Ihr Wille ist, werde ich Sie erkennen, aber ich werde auch erkenntnislos glücklich sein, wenn Sie es so bestimmt. Ein kleines Kind verlangt nur nach seiner Mutter. Es weiß nicht, wie reich seine Mutter ist, und will es auch gar nicht wissen. Was es weiß, ist: ›Ich habe eine Mutter, und mir kann nichts passieren.‹ Selbst das Kind einer Magd weiß, daß es eine Mutter hat. Wenn es Streit mit dem Sohn des Hauses hat, sagt es: ›Ich werde es meiner Mutter sagen. Ich habe eine Mutter.‹ Meine Einstellung ist die eines Kindes.«

Rāmakrishna betete zur Göttlichen Mutter: »O MUTTER, Du Verkörperung des *OM*! MUTTER, was haben die Menschen alles über Dich berichtet! Ich verstehe sie alle nicht, MUTTER. Ich habe meine Zuflucht zu Deinen Füßen genommen. Ich habe bei Dir Schutz gesucht. O MUTTER, ich bete darum, nur reine Liebe zu Dir zu empfinden, eine Liebe, die keine Erwiderung erwartet. MUTTER, betöre mich nicht mit Deiner weltverzaubernden *Māyā*. Ich suche Deinen Schutz. Ich habe Zuflucht bei Dir genommen.«

Die Abendandacht in den Tempeln war beendet. Rāmakrishna saß wieder mit M in seinem Zimmer.

Meister: »Du hast als Ideal den gestaltlosen Gott gewählt, stimmt das?«

M: »Ja, aber ich glaube auch, was Ihr sagt, daß für Gott alles möglich ist. Es ist absolut möglich für Gott, Gestalt anzunehmen.«

Meister: »Gut, aber denke daran, daß ER als Bewußtsein das ganze belebte und unbelebte Universum durchdringt. Eins wollte ich dich noch fragen: Besitzt Geld eine Anziehung für dich?«

M: »Nein, aber ich muß Geld verdienen, um frei von Sorgen zu sein und unbekümmert an Gott denken zu können.«

Meister: »Oh, das ist ganz natürlich!«

M: »Ich glaube nicht, daß es Gier ist.«

Meister: »Du hast recht, wer soll sich sonst um deine Kinder kümmern? Was wird aus ihnen, wenn du glaubst, nicht der Handelnde zu sein?«

M: »Ich habe gehört, daß man keine Erkenntnis erlangen kann, solange man Pflichtbewußtsein besitzt. Pflicht ist wie die verzehrende Sonne.«

Meister: »Bleib bei deiner gegenwärtigen Einstellung. Es ist etwas anderes, wenn das Pflichtbewußtsein von selbst verschwindet.«

Mittwoch, 28. November 1883

Um zwei Uhr nachmittags ging M vor Keshabs Haus auf und ab. Er wartete ungeduldig auf Rāmakrishnas Eintreffen. Keshabs Krankheit hatte sich verschlimmert, und es bestand wenig Aussicht auf Besserung. Da der Meister ihn sehr schätzte, kam er von Dakshineswar, um ihn zu sehen.

Gegen fünf Uhr traf die Kutsche ein, und Rāmakrishna stieg mit Rakhal, Latu und den anderen Anhängern aus. Er wurde von Keshabs Angehörigen empfangen, die ihn und seine Anhänger auf die Veranda des Obergeschosses führten. Der Meister setzte sich auf eine Couch.

Nach langem Warten wurde er ungeduldig. Keshabs Schüler erklärten, daß er ruhe und bald erscheinen werde. Rāmakrishna wurde immer ungeduldiger und sagte zu Keshabs Schülern: »Warum muß er herauskommen? Warum kann ich nicht hineingehen und ihn sehen?«

Prasanna: »Er wird in wenigen Minuten hier sein.«

Meister: »Verschwinde! Du machst all diese Umstände. Laß mich hineingehen.«

Prasanna begann, über Keshab zu reden, um die Aufmerksamkeit des Meisters abzulenken. »Keshab hat sich völlig verändert. Er spricht jetzt wie Ihr zur Göttlichen Mutter. Er hört, was die MUTTER sagt, er lacht und weint.«

Als der Meister das hörte, geriet er in Ekstase und versank plötzlich in *Samādhi.*

Er saß aufrecht, in tiefer Ekstase, mit unbewegten Augen. Eine ganze Zeit verging. Es gab keine Anzeichen dafür, daß sein normales Bewußtsein zurückkehren würde.

Es wurde langsam dunkel. Im Wohnzimmer, wohin man den Meister bringen wollte, wurden die Lampen angezündet. Als er langsam in das Tagesbewußtsein zurückkehrte, konnte man ihn, wenn auch mit Schwierigkeiten, ins Wohnzimmer führen. Der Raum war gut eingerichtet. Beim Anblick der Möbel murmelte der Meister: »Diese Dinge waren einmal notwendig, aber was nützen sie jetzt?«

Der Meister befand sich in einem Rausch göttlichen Bewußtseins. Die *Brahmo*-Anhänger saßen im hell erleuchteten Raum um den Meister herum. Latu, Rakhal und M blieben in seiner Nähe. Er sagte halb zu sich selbst: »Körper und Seele! Der Körper wurde geboren und wird sterben. Für die Seele gibt es keinen Tod. Sie gleicht der Betelnuß. Wenn die Nuß reif ist, läßt sie von der Schale. Wenn sie grün ist, kann man sie nur schwer aus der Schale lösen. Nach der Erkenntnis Gottes identifiziert man sich nicht mehr mit dem Körper. Dann weiß man, daß Körper und Seele zwei verschiedene Dinge sind.«

In diesem Augenblick kam Keshab herein. Wer sich des Mannes erinnerte, der im Rathaus oder im *Brahmo*-Tempel gesprochen hatte, war entsetzt, dieses Skelett zu sehen, das nur noch mit Haut überzogen war. Er konnte kaum stehen und suchte Halt an der Wand. Mühsam setzte er sich vor der Couch nieder. Inzwischen hatte Rāmakrishna sich von dort erhoben und sich auf den Boden gesetzt. Keshab verneigte sich tief vor dem Meister und blieb lange in dieser Stellung, wobei seine Stirn die Füße des Meisters berührte. Dann richtete er sich auf. Rāmakrishna war noch in Ekstase. Er murmelte etwas, er sprach zur Göttlichen Mutter.

Keshab sagte mit erhobener Stimme: »Ich bin hier.« Er nahm Rāmakrishnas linke Hand und streichelte sie. Der Meister war in tiefem *Samādhi*, völlig von göttlicher Liebe berauscht. Er sprach zu sich selbst, und die Verehrer lauschten wie gebannt.

Meister: »Solange sich ein Mensch mit den *Upādhis* verbindet, sieht er Vielfalt, wie die Gestalt von Keshab, Prasanna, Amrita und so fort. Aber nach der Erlangung vollkommener Erkenntnis sieht er nur Ein Bewußtsein überall. Dieselbe Erkenntnis offenbart ihm, daß dieses Eine Bewußtsein zum Universum mit all seinen Wesen und den vierundzwanzig kosmischen Prinzipien geworden ist. Die Manifestation der Göttlichen Kraft jedoch ist unterschiedlich in den verschiedenen Wesen. ER ist es, der zu allem wurde, aber in einigen Fällen ist die Manifestation stärker als in anderen.

Die Seele, durch die sich Gott vergnügt, ist mit Seiner besonderen Kraft ausgestattet. Der Hausherr mag sich überall in seiner Wohnung aufhalten, aber meistens findet man ihn im Wohnzimmer. Der Strebende ist Gottes ›Wohnzimmer‹. Wenn man einen Menschen große Taten vollbringen sieht, darf man annehmen, daß sich besondere Kräfte Gottes durch ihn manifestieren.

Nach der Verwirklichung Gottes sieht man Ihn in allen Wesen. Seine größte Manifestation ist der Mensch. Unter den Menschen manifestiert Er sich am deutlichsten in Verehrern, die von *Sattva* bestimmt sind und nicht mehr nach ›Frauen und Gold‹ begehren. Wo soll ein Mensch mit *Samādhi*-Erfahrung sein Denken ruhen lassen, wenn er aus *Samādhi* zurückkommt? Er sucht die Gesellschaft von Gottesverehrern mit reinem Herzen, die voller *Sattva* sind und ›Frauen und Gold‹ überwunden haben. Wie soll sich solch ein Mensch sonst beschäftigen in der relativen Bewußtseinsebene?

(Lächelnd zu Keshab:) Warum bist du krank? Das hat seinen Grund. Viele spirituelle Empfindungen sind durch deinen Körper gegangen, deshalb ist er krank geworden. Wenn eine Empfindung in uns aufsteigt, wissen wir sehr wenig darüber. Den Stoß, den sie dem Körper versetzt, spüren wir erst sehr viel später. Ich habe große Dampfer auf dem Ganges vorbeifahren sehen und kaum darauf geachtet. Welch ein schreckliches Getöse aber, wenn bald darauf die Wellen ans Ufer schlagen! Manchmal bricht ein Stück des Ufers ab und fällt ins Wasser.

Wenn ein Elefant in eine Hütte einbricht, richtet er Verwüstungen an und zerbricht sie zuletzt. Der Elefant göttlicher Empfindungen dringt in die Hütte dieses Körpers ein und reißt sie in Stücke.

Weißt du, was wirklich passiert? Bei einem Hausbrand brennen erst nur drinnen ein paar Dinge. Danach kommt der große Ausbruch. So zerstört das Feuer der Erkenntnis zuerst die Feinde des spirituellen Lebens wie Leidenschaft, Zorn und so fort. Dann kommt das Ich an die Reihe, und schließlich geht der Körperrahmen in Stücke.

Du magst denken, daß alles vorübergeht, aber Gott wird dich nicht eher erlösen, als bis auch die letzte Spur deiner Krankheit verschwunden ist. Du kannst das Krankenhaus nicht einfach verlassen, weil dein Name dort eingetragen ist. Solange du nicht vollkommen geheilt bist, wird der Doktor dich nicht entlassen. Warum hast du dich im Krankenhaus überhaupt eintragen lassen?« (Alle lachten)

Keshab lachte herzlich über des Meisters Beispiel vom Krankenhaus. Dann sprach Rāmakrishna über seine eigene Krankheit.

Meister (zu Keshab): »Hriday pflegte zu sagen: ›Nie zuvor habe ich solche göttliche Ekstase gesehen und nie zuvor solche Krankheit.‹ Ich litt damals unter hartnäckigem Durchfall. Es war, als ob Millionen von Ameisen an meinem Gehirn nagten. Trotzdem ging die spirituelle Unterhaltung Tag und Nacht weiter. Dr. Rāma wurde gerufen. Er fand mich in spirituelle Gespräche vertieft. ›Er ist ein Verrückter‹, sagte er, ›nur noch Haut und Knochen sind von ihm übrig, und dennoch führt er seine Gespräche fort.‹

Damit der Tau wirken kann, entfernt der Gärtner die Erde an der Basra-Rose bis auf die Wurzeln. Durch die Feuchtigkeit treibt die Pflanze danach kräftiger. Wahrscheinlich wirst du deshalb bis zu den Wurzeln durchgeschüttelt. (Keshab und der Meister lachten) Es kann sein, daß du gewaltige Dinge vollbringst, wenn du wiederkommst.

Immer, wenn ich hörte, daß du krank seist, war ich stark beunruhigt. Als ich von deiner letzten Krankheit vernahm, betete ich zur Göttlichen Mutter. Ich brachte Ihr Obst und Süßigkeiten dar und bat Sie um deine Genesung.«

Die Anwesenden waren tief berührt von Rāmakrishnas Liebe zu Keshab und seiner Sorge um den *Brahmo*-Führer.

Meister: »Aber diesmal war ich ehrlich gesagt nicht so beunruhigt. Erst seit zwei oder drei Tagen habe ich mir Sorgen gemacht.«

Keshabs Mutter kam herein und sagte zum Meister: »Hier grüßt Euch die Mutter.«

Rāmakrishna lächelte. Sie sagte darauf: »Die Mutter bittet Euch, Keshab zu segnen, damit er von seiner Krankheit geheilt werde.«

Meister: »Bete bitte zur Göttlichen Mutter, die allen Segen spendet. SIE wird dich von deinen Sorgen befreien. (Zu Keshab:) Bleib nicht zu lange in den inneren Räumen. Du wirst in der Gesellschaft der Frauen nur herabsinken. Es wird dir besser gehen, wenn du nur Gespräche über Gott hörst.«

Der Meister sagte das mit ernster Stimme und lachte dann wie ein Kind. Er sagte zu Keshab: »Zeig mir deine Hand!« Er wog sie spielerisch und sagte: »Nein, deine Hand ist leicht. Heuchler haben schwere Hände.« (Alle lachten)

Keshabs Mutter sagte in der Tür noch einmal: »Gebt Keshab bitte Euren Segen!«

Meister (ernst): »Was vermag ich? Gott allein segnet alle. ER wirkt Sein eigenes Werk, aber die Menschen nennen es das ihre.

Gott lacht bei zwei Gelegenheiten. Er lacht, wenn zwei Brüder Land zwischen sich aufteilen. Sie spannen ein Tau über das Land und sagen: ›Diese Seite ist mein, und die andere Seite ist dein.‹ Gott lacht und sagt: ›Das ganze Universum gehört Mir, und von diesem kleinen Stück sagen sie: Diese Seite ist mein, und die andere Seite ist dein.‹

Gott lacht zum anderen, wenn der Arzt zur weinenden Mutter, deren Kind schwer krank ist, sagt: ›Hab keine Angst, Mutter, ich werde dein Kind heilen.‹ Der Arzt weiß nicht, daß niemand das Kind retten kann, wenn es Gottes Wille ist, daß es stirbt.«

Gerade da bekam Keshab einen Hustenanfall, der länger anhielt. Alle waren traurig beim Anblick seiner Qual. Er war erschöpft und konnte nicht länger bleiben. Er verneigte sich tief vor dem Meister und verließ den Raum.

Dem Meister wurden Erfrischungen gereicht. Keshabs ältester Sohn wurde neben ihn gesetzt. Amrita stellte den Knaben vor und bat Rāmakrishna, ihn zu segnen. Der Meister sagte: »Es ist mir nicht gegeben, irgend jemanden zu segnen.« Mit einem Lächeln streichelte er den Knaben.

Amrita (lächelnd): »Nun gut, wie Ihr wollt.«

Meister (zu den Anhängern): »Ich kann so etwas nicht sagen wie ›Sei geheilt!‹ Ich bitte die Göttliche Mutter niemals darum, mir Heilkräfte zu geben. Ich bitte Sie nur um reine Liebe.«

Nachdem der Meister die Erfrischungen zu sich genommen hatte, wollte er aufbrechen. Die *Brahmo*-Anhänger begleiteten ihn zum Wagen, der auf der Straße wartete. Als er die Treppe herunterkam, bemerkte er, daß im Erdgeschoß kein Licht brannte, und sagte deshalb zu Amrita und Keshabs anderen Schülern: »Das Haus sollte gut beleuchtet sein. Ohne Licht wird es von Armut betroffen. Bitte sorgt dafür, daß es nicht wieder vorkommt.«

Rāmakrishna fuhr darauf mit einigen Anhängern nach Dakshineswar.

7. Pandit Shashadar

Sonnabend, 2. Februar 1884

Es war drei Uhr nachmittags. Rāmakrishna hatte sich mit Rakhal, Mahimacharan, Hazra und anderen Verehrern unterhalten, als M eintrat und den Meister begrüßte. Er hatte Schiene, Polster und Binde mitgebracht, um den verletzten Arm des Meisters zu bandagieren.

Einige Tage vorher hatte sich der Meister, als er zum Pinienhain ging, den linken Arm ausgerenkt. Er war in Ekstase gewesen, und niemand hatte ihn begleitet.

Meister: »Nun, ich bin die Maschine, und Gott bedient sie, aber warum mußte mir das passieren?«

Weinend wie ein Kind sagte er zur Göttlichen Mutter: »O *Brahmamāyī*! O MUTTER! Warum hast Du mir das angetan? (Zu seinen Anhängern:) Wird der Arm wieder in Ordnung kommen?« Sie beruhigten ihn wie ein kleines Kind und sagten: »Sicher werdet Ihr wieder ganz gesund werden.«

Meister (zu Rakhal): »Dir kann man keinen Vorwurf machen, obgleich du hier wohnst, um auf mich aufzupassen.«

Der Meister geriet wieder in eine spirituelle Stimmung und sagte: »*OM*! *OM*! MUTTER, was sag ich da! Raube mir nicht mein Bewußtsein durch die Erkenntnis *Brahmans, MUTTER!* Gib sie denen, die danach suchen. O *Ānandamāyī*! O segensreiche MUTTER!«

Laut »*Ānandamāyī*!« ausrufend, brach er in Tränen aus und sagte:

MUTTER, dies ist der Kummer,
der tief mein Herz betrübt,
daß selbst mit Dir als MUTTER,
und obgleich ich doch hellwach,
es Räuberei in meinem Hause gibt.

Wieder sagte er zur Göttlichen Mutter: »Was habe ich falsch gemacht, MUTTER? Tu ich überhaupt etwas? Du, MUTTER, tust doch alles. Ich bin die Maschine, die Du bedienst.«

Der Meister erzählte und lachte wieder wie ein Kind, das, auch wenn es leidet, manchmal seine Krankheit vergißt und lacht und spielt.

Meister: »Es wird euch alles nichts nützen, solange ihr nicht *Satchidānanda* erfahrt. Es geht nichts über Unterscheidung und Entsagung. Die Hingabe des weltlichen Menschen an Gott ist vorübergehend wie ein Wassertropfen auf einer glühenden Pfanne. Vielleicht blickt er zufällig einmal auf eine Blume und ruft: ›Welch herrliche Schöpfung Gottes!‹

Man muß ruhelos sein nach Gott. Gott wird sicherlich unsere Gebete erhören, wenn wir ruhelos nach Ihm sind. Da Er uns geschaffen hat, können wir unseren Erbanspruch anmelden. Er ist unser Vater, unsere Mutter. Wir können Ansprüche erheben. Wir können sagen: ›Enthülle Dich mir, sonst werde ich mir die Kehle durchschneiden!‹«

Rāmakrishna unterwies die Strebenden, wie sie die Göttliche Mutter anrufen sollten.

Meister: »Ich habe so zu Ihr gebetet: ›O MUTTER! O Segensreiche! Enthülle Dich mir! Du mußt!‹ Oder ich sagte: ›O Herr der Schwachen! O Herr des Universums! Gewiß bin ich nicht außerhalb Deines Universums. Ich habe weder Erkenntnis noch Beherrschung. Ich besitze keine Hingabe. Ich weiß nichts. Du mußt gnädig sein und Dich mir enthüllen!‹«

So lehrte der Meister seine Anhänger das Beten. Sie waren tief berührt. Mahimacharan standen die Tränen in den Augen.

Um fünf Uhr nachmittags kam Dr. Madhusudan, um den Arm des Meisters zu bandagieren. Man legte eine Decke auf den Boden, und der Meister ließ sich lächelnd darauf nieder. Als sein Arm versorgt war, sagte er: »Ich habe nicht viel Vertrauen zu euch Ärzten aus Kalkutta. Als Sambhu in Delirium verfiel, sagte Dr. Sarvadhikari: ›Das hat nichts zu bedeuten, das ist nur die Auswirkung der Medizin.‹ Kurz darauf tat Sambhu seinen letzten Atemzug.«

Die Abendandacht in den Tempeln war beendet. Wenige Minuten danach traf Adhar aus Kalkutta ein. Mahimacharan, Rakhal und M waren im Zimmer.

Adhar: »Wie geht es Euch?«

Meister: »Sieh nur, wie mein Arm verletzt ist! (Lächelnd:) Da brauchst du nicht weiter zu fragen!«

Adhar setzte sich zu den anderen. Der Meister sagte zu ihm: »Massiere bitte meine Füße«, was Adhar dann vorsichtig tat.

Der Meister unterhielt sich mit Mahimacharan.

Meister: »Es wäre gut, wenn du selbstlose Liebe zu Gott üben könntest. Wer solche Liebe besitzt, sagt: ›O Herr, ich suche weder Befreiung, noch Ruhm, Reichtum oder Gesundheit. Nichts von alledem. Ich will nur Dich!‹ Zu einem Reichen kommen viele Menschen mit den verschiedensten Wünschen. Wenn aber jemand nur aus Liebe kommt, ohne eine Gunst zu erbitten, dann fühlt der Reiche sich zu ihm hingezogen.«

Mahimacharan schwieg. Der Meister fuhr fort.

Meister: »Ich will dir etwas sagen, was zu deiner Stimmung paßt. *Vedānta* sagt, daß man das wahre Wesen seines Selbstes erkennen muß. Solch eine Erkenntnis ist aber unmöglich ohne die Überwindung des Ichs. Das Ich ist wie ein Stock, der das Wasser zu unterteilen scheint. Es läßt dich glauben, du seist einer und ich ein anderer. Wenn sich im *Samādhi* das Ich auflöst, erkennt man *Brahman* als sein eigenes inneres Bewußtsein.

Man kann die Erkenntnis *Brahmans* nicht erlangen, wenn man nicht sehr vorsichtig mit Frauen ist. Deshalb ist es schwer für die, die in der Welt leben, solche Erkenntnis zu erlangen. So vorsichtig du auch sein magst, du bekommst Flecken, wenn du in einem Raum voller Ruß lebst.

Ein *Sannyāsin* muß ›Frauen und Gold‹ entsagen. Er sollte nicht einmal das Bild einer Frau betrachten, und genausowenig Gold berühren, das heißt Geld. Selbst Geld in seiner Nähe hat Sorgen, Berechnung, Unverschämtheit, Zorn und ähnliche Übel zur Folge.

Ein Mensch wird den Mut haben, Entsagung zu üben, wenn er in einem *Sannyāsin* hundertprozentige Entsagung erblickt. Nur dann wird er versuchen, ›Frauen und Gold‹ aufzugeben. Wenn ein *Sannyāsin* kein Beispiel gibt, wer sollte es dann tun?«

Es war acht Uhr abends. Rāmakrishna bat Mahimacharan, einige Hymnen aus den Schriften zu zitieren. Mahima las den ersten Vers der *Uttara Gītā*, der das Wesen des Höchsten *Brahman* beschreibt:

Brahman ist eins, teillos, fleckenlos
und nicht im Raum gebannt;
ohne Anfang und Ende,
für den Verstand und das Denken unerkennbar.

Der zweifach Geborene verehrt die Gottheit im Feuer.
Die *Munis* kontemplieren über Ihn im Herzen.
Menschen mit geringer Weisheit sehen Ihn im Bildnis.
Die *Yogis*, die die Schau des Selbst erlangt haben,
sehen Ihn überall.

Kaum hatte der Meister die Worte »die *Yogis*, die die Schau des Selbst erlangt haben« vernommen, als er aufstand und in *Samādhi* ging. Sprachlos blickten die Anhänger auf diesen *Yogi*, der selbst die Schau des Selbst erlangt hatte.

Nach langer Zeit gewann der Meister das Bewußtsein der äußeren Welt zurück und nahm wieder Platz. Mahima las aus dem *Yatipanchaka*:

Ich bin Sie, die Göttliche Mutter, in der die Täuschungsdinge des Universums wie durch Zauber sichtbar werden und in der das Universum aufleuchtet als Ihr Spiel. Ich bin Sie, die Verkörperung des Bewußtseins und das Selbst des Universums, das einzige Sein, Erkenntnis und Seligkeit.

Als der Meister die Zeile hörte »ich bin Sie, die Verkörperung des Bewußtseins«, sagte er lächelnd: »Was im Mikrokosmos ist, ist auch im Makrokosmos.«

Mahima las die Beschreibung des *OM*:

Es ist wie das unaufhörliche Fließen von Öl,
wie der langanhaltende Klang einer Glocke.

Über die Merkmale des *Samādhi* las er:

Der in *Samādhi* gegründete Mensch sieht die oberen,
mittleren und unteren Regionen mit *Ātman* erfüllt.
Er sieht überall nur *Ātman*.

Sonntag, 24. Februar 1884

Rāmakrishna hatte sich nach dem Mittagessen ausgeruht, und Mani Mallick saß neben ihm auf dem Fußboden, als M eintraf. M begrüßte den Meister und setzte sich neben Mani. Der verletzte Arm des Meisters war noch verbunden.

Meister: »Wie bist du hergekommen?«

M: »Mit einer Kutsche bis Alambazar, und dann zu Fuß.«

Manilal: »Er hat ganz schön geschwitzt!«

Meister (mit einem Lächeln): »Das läßt mich glauben, daß meine Visionen nicht nur Hirngespinste sind. Warum würde sonst dieser ›Engländer‹ sich so viel Mühe machen, hierher zu kommen?«

Rāmakrishna sprach mit ihnen über seine Gesundheit und seinen verletzten Arm.

Meister: »Ab und zu werde ich ungeduldig wegen meines Armes. Ich frage diesen und jenen, ob er wieder heil wird. Rakhal wird dann zornig. Er begreift meine Stimmung nicht. Manchmal sage ich mir: ›Laß ihn doch gehen!‹ Dann wiederum sage ich zur MUTTER: ›MUTTER, wohin soll er gehen? Warum sollte er in der Bratpfanne der Welt verschmoren?‹

Diese kindliche Ungeduld ist nicht Neues. Ich bat Mathur damals immer, meinen Puls zu fühlen und mir zu sagen, ob ich krank sei. (Zu M) Kannst du mir sagen, warum ich so ungeduldig bin?«

M: »Euer Bewußtsein wird ständig von *Samādhi* aufgesogen. Ein Bruchteil davon ist zum Wohle der Suchenden im Körper verblieben. Deshalb die Ungeduld mit dem Befinden des Körpers.«

Meister: »Das ist wahr. Ein wenig Bewußtsein hängt am Körper. Es möchte die Liebe Gottes und die Gesellschaft der Verehrer genießen.«

Mani Mallick berichtete dem Meister von einer Ausstellung, die in Kalkutta stattfand.

Manilal: »Wenn Ihr gesund wäret, könntet Ihr die Ausstellung auf dem *Maidan* besuchen.«

Meister: »Ich würde doch nichts sehen, wenn ich ginge. Vielleicht fiele mein Blick auf etwas, und ich würde bewußtlos. Man hat mich einmal in den zoologischen Garten mitgenommen. Ich ging sofort in *Samādhi*, als ich den Löwen erblickte. Der Träger *Durgās* erweckte in mir das Bewußtsein der Göttlichen Mutter selbst. Wie konnte ich da noch andere Tiere sehen? Ich mußte heimkehren, nachdem ich nur den Löwen gesehen hatte.«

Mani Mallick war fünfundsechzig Jahre alt und schon viele Jahre Mitglied des *Brahmo Samāj.* Rāmakrishna hatte ihm Anweisungen gegeben, die seiner Einstellung entsprachen.

Meister: »Erzähle den anderen doch bitte deine kleine Geschichte.«

Manilal: »Mehrere Leute fuhren in einem Boot über den Ganges, unter ihnen ein *Pandit*, der mit seiner Bildung protzte und von seinem Studium der *Veden*, des *Vedānta* und der sechs Philosophiesysteme sprach. Er fragte einen Mitreisenden: ›Kennst du den *Vedānta*?‹ ›Nein.‹ ›Den *Sānkhya* und *Patanjala*?‹ ›Nein.‹ ›Hast du überhaupt keine Philosophie gelesen?‹ ›Nein.‹ Der *Pandit* strotzte vor Eitelkeit, während die Passagiere schweigend dasaßen. Plötzlich kam ein heftiger Sturm auf, und das Boot begann zu sinken. Einer der Passagiere fragte den *Pandit*: ›Könnt Ihr schwimmen, Herr?‹ ›Nein‹, erwiderte der *Pandit.* Der Passagier sagte: ›Ich kenne weder den *Sānkhya* noch den *Patanjala*, aber ich kann schwimmen.‹«

Meister: »Was hat ein Mensch davon, wenn er viele Schriften kennt? Wichtig ist zu wissen, wie man den Ozean der Welt überquert. Nur Gott ist wirklich, alles andere ist Schein.

Während *Arjuna* seinen Pfeil auf das Auge des Vogels richtete, fragte *Drona* ihn: ›Was siehst du? Siehst du diese Könige?‹ ›Nein‹, erwiderte Arjuna. ›Siehst du mich?‹ ›Nein.‹ ›Den Baum?‹ ›Nein.‹ ›Den Vogel auf dem Baum?‹ ›Nein.‹ ›Was siehst du dann?‹ ›Nur das Auge des Vogels.‹

Wer nur das Auge des Vogels sieht, kann das Ziel treffen. Nur der ist klug, der sieht, daß Gott allein wirklich ist und alles andere Schein. Was brauche ich da noch weitere Informationen?

(Zu M:) Seit mein Arm verletzt ist, hat sich ein tiefer Wandel in mir vollzogen. Ich habe jetzt nur noch Freude am *Naralīlā*, der menschlichen Manifestation Gottes. Es gibt zwei Aspekte der Wirklichkeit: *Nitya* und *Līlā*. *Nitya*, das Absolute, ist Unteilbares *Satchidānanda*; *Līlā*, das Spiel, nimmt verschiedene Formen an als Gott, als Götter, als Mensch und als Universum.

Vaishnavacharan pflegte zu sagen, daß man vollkommene Erkenntnis erlangt habe, wenn man glaube, daß Gott sich als Mensch vergnügt. Ich wollte das damals nicht zugeben. Jetzt aber weiß ich, daß er recht hatte. Vaishnavacharan liebte Bilder von Menschen, die Sanftmut und Liebe ausdrücken.

(Zu Manilal:) Gott vergnügt sich in menschlicher Form. Er ist zu

Mani Mallick geworden. Die *Sikhs* lehren: ›Du bist *Satchidānanda.*‹

Ab und zu hat der Mensch eine Ahnung seines wirklichen Selbstes und ist sprachlos vor Verwunderung. Er schwimmt dann in einem Ozean der Freude. Es ist, als wenn man plötzlich einem lieben Verwandten begegnet.

(Zu M:) Warum werde ich ungeduldig, wenn ich krank bin? Weil die MUTTER mich in den Zustand eines Kindes versetzt hat. Das Kind verläßt sich völlig auf seine Mutter. Ich besitze nicht die Natur eines Jñāni, der sagt: ›Was! Wie kann ich krank werden?‹

Die MUTTER hält mich im Zustande eines *Bhakta*, eines *Vijñāni.* Deshalb scherze ich mit Rakhal und den anderen. Als *Jñāni* könnte ich das nicht.

In diesem Zustand erkenne ich, daß die MUTTER zu allem wurde. Ich sehe Sie überall. Im Kālī-Tempel erkannte ich, daß die MUTTER zu allem wurde – auch zum Bösen.

Einmal wollte ich Rāmlals Mutter schelten, aber ich mußte mich zurückhalten, da ich in ihr eine Form der Göttlichen Mutter vor mir sah.«

Sonntag, 2. März 1884

Rāmakrishna saß auf seiner Couch und lauschte der Andachtsmusik Trailokya Sannyals vom *Brahmo Samāj.* Er hatte sich von seiner Armverletzung noch nicht ganz erholt und trug noch eine Schiene. Viele Anhänger, darunter Narendra, Surendra und M saßen auf dem Fußboden.

Narendras Vater, ein Anwalt am Obergericht in Kalkutta, war plötzlich gestorben. Er hatte keine Vorsorge für die Familie getroffen, die sich dadurch ernsthaften finanziellen Schwierigkeiten ausgesetzt sah. Die Familienmitglieder mußten manchmal ohne Nahrung auskommen. Narendra war dadurch in großer Sorge.

Trailokya sang:

O Herr, zu Deinen Füßen Zuflucht suchend
hab' ich für immer aufgegeben,
auf Rasse oder Kaste stolz zu sein,
mich abgewandt von Scham und Furcht.
Einsamer Pilger auf des Lebens Straße –
wo könnt ich sonst wohl Zuflucht finden?

Um Deines Namens willen dulde ich den Hohn der Menschen,
die mit bitteren Worten meiner spotten
und mich hassen, weil ich Dich so liebe.
Freund wie auch Fremder spielt mir übel mit.
Du bist der Hüter meines Namens;
ob Du mich strafest oder mich errettest –
die Ehre des Namens Deines Dieners
ist auch die Deine, o geliebter Herr.
Du bist der Herrscher meiner Seele,
die Liebesglut in meinem Herzen;
tu mit mir, wie es Dir gefällt.

Der Meister sagte zu Trailokya: »Deine Lieder gehen mir zu Herzen, sie sind echt. Nur wer zum Ozean gegangen ist, kann sein Wasser schöpfen.«

Trailokya sang:

Du bist es, der da tanzt, o Herr!
Und Du, der singt das Lied!
Du bist's, der in die Hände klatscht
zum Takte der Musik.
Der Mensch, obgleich Zuschauer nur,
glaubt töricht, das sei er.

Marionette nur, wird er zum Gott,
bewegt er sich mit Dir;
denn Du treibst die Maschine an,
Du bist es, der den Wagen fährt;
Der Mensch jedoch versinkt in Leid
und träumt dabei, er wäre frei.

Du bist die Wurzel aller Dinge,
Du bist die SEELE aller Seelen;
Du bist der Herrscher unsrer Herzen;
durch Deine grenzenlose Gnade
verwandelst Du den größten Sünder
in einen großen Heiligen.

Das Lied war zu Ende. Der Meister unterhielt sich mit den Verehrern.

Meister: »Es gibt drei Klassen von Gottesverehrern. Die niedrigste sagt: ›Gott thront dort oben‹ und zeigt dabei zum Himmel. Die mittlere sagt, daß Gott als ›Innerer Herrscher‹ im Herzen wohnt. Die höchste Klasse der Gottesverehrer sagt: ›Gott ist zu allem geworden. Alle Dinge, die wir wahrnehmen, sind die vielfachen Formen Gottes.‹ Narendra pflegte mich zu verspotten, indem er sagte: ›Ja, Gott ist zu allem geworden. Dann ist ein Topf Gott und eine Tasse Gott.‹ (Gelächter)

Alle Zweifel schwinden, wenn man Gott gesehen hat. Über Gott zu hören ist eine Sache, aber eine ganz andere ist es, Ihn zu sehen. Durch bloßes Hören erlangt man keine hundertprozentige Überzeugung. Wenn man aber Gott von Angesicht zu Angesicht gegenübersteht, dann ist man völlig überzeugt.

Nach der Schau Gottes schwindet die formale Anbetung. So endete auch meine Anbetung im Tempel. Ich pflegte die Gottheit im *Kālī*-Tempel anzubeten. Plötzlich wurde mir klar, daß alles reine Geistigkeit ist. Die Geräte der Andacht, der Altar, der Türrahmen – alles reine Geistigkeit. Menschen, Tiere und andere lebende Wesen – alles reine Geistigkeit. Da begann ich, wie ein Irrer Blumen in alle Richtungen zu verstreuen. Was immer ich sah, betete ich an.

Eines Tages, als ich während der Anbetung *Shivas* den Kopf des Bildnisses schmücken wollte, wurde mir enthüllt, daß *Virat*, dieses Universum, selbst *Shiva* ist. Damit nahm die Verehrung *Shivas* als Bildnis ihr Ende. Eines Tages beim Blumenpflücken wurde mir enthüllt, daß die blühenden Pflanzen so viele Sträuße Gottes waren.«

Trailokya: »Wie großartig ist Gottes Schöpfung!«

Meister: »O nein, so war es nicht, die Enthüllung kam in einem Aufblitzen. Es war keine Kalkulation. Mir wurde gezeigt, daß jede Pflanze ein Strauß ist, der die Allgestalt Gottes schmückt. Das war das Ende meines Blumenpflückens. Genauso betrachte ich die Menschen. Sehe ich einen Menschen, dann sehe ich, daß Gott selbst auf Erden wandert, hin und her, wie ein Kissen auf den Wellen. Das Kissen bewegt sich mit den Wellen auf und ab.

Der Körper hat wahrlich nur kurze Dauer. Gott allein ist wirklich. Die Körper kommen und gehen. Vor Jahren, als ich unter heftigen Verdauungsbeschwerden litt, sagte Hriday zu mir: ›Bitte doch die MUTTER um Heilung.‹ Ich schämte mich, zu Ihr über meine Krankheit zu sprechen. Ich sagte: ›MUTTER, im Museum habe ich ein Skelett gesehen. Es wurde mit Draht zu einer menschlichen Form zusammengehalten. O MUTTER, halte bitte meinen Körper noch etwas zusammen, damit ich Deinen Namen und Ruhm singen kann.‹«

Narendra saß zu Füßen des Meisters.

Meister (zu Trailokya und den anderen): »Freude und Leid sind im Körper unvermeidlich. Seht Narendra. Sein Vater ist tot, und seine Angehörigen müssen schweres Leid ertragen. Er weiß keinen Ausweg. Gott schenkt uns manchmal Glück und manchmal Leid.«

Trailokya: »Gott wird sich Narendras annehmen.«

Meister: »Aber wann? Hriday bat Sambhu Mallick einmal um Geld. In diesen Dingen hatte Sambhu die Auffassung eines ›Engländers‹. Er sagte zu Hriday: ›Warum sollte ich dir Geld geben? Du kannst deinen Lebensunterhalt durch Arbeit verdienen. Auch jetzt verdienst du doch etwas. Bei völliger Armut ist es etwas anderes. Der Zweck der Wohltätigkeit ist es, Blinden und Lahmen zu geben.‹ Darauf sagte Hriday: ›Sagt so etwas bitte nicht! Ich brauche Euer Geld nicht. Möge Gott verhüten, daß ich blind, taub oder bettelarm werde. Ich will nicht, daß Ihr mir etwas gebt, und will auch nichts annehmen.‹«

Der Meister sprach, als wäre er beleidigt, daß Gott Narendra nicht geholfen hatte. Ab und zu blickte er seinen geliebten Schüler voller Zuneigung an.

Narendra: »Ich studiere jetzt die Ansichten der Atheisten.«

Meister: »Es gibt zwei Auffassungen, eine besagt das Vorhandensein Gottes und eine Sein Nicht-Vorhandensein. Warum akzeptierst du nicht die erstere?«

Surendra: »Gott ist gerecht. Er muß sich um Seine Verehrer kümmern.«

Meister: »Die Schriften sagen, daß nur diejenigen Geld in dieser Geburt haben, die in früheren Leben wohltätig waren. Diese Welt ist Gottes *Māyā*, und es gibt viele verwirrende Dinge im Bereich der *Māyā*. Man kann sie nicht alle begreifen.

Gott hat mir enthüllt, daß nur der *Paramātman*, den die *Veden* als reine Seele beschreiben, unerschütterlich ist wie der Berg *Sumeru*, unverhaftet und jenseits von Freude und Leid. Es gibt viel Verwirrung in dieser Welt Seiner *Māyā*. Man kann durchaus nicht sagen, daß dies auf jenes folgt, oder daß dies das hervorbringt.«

Sonnabend, 5. April 1884

M traf um acht Uhr morgens ein und fand Rāmakrishna auf seiner Couch sitzend und einige Jünger zu seinen Füßen. Der Meister unterhielt sich mit ihnen. Prankrishna war auch anwesend.

Prankrishna stammte aus einer aristokratischen Familie und wohnte im Norden Kalkuttas. Er besaß eine gute Position in einer englischen Firma und war Rāmakrishna sehr ergeben. Obwohl er ein Familienvater war, studierte er mit großer Freude die *Vedānta*-Philosophie. Er war ein häufiger Besucher des Tempelgartens. Einmal hatte er in seinem Haus ein religiöses Fest gegeben und den Meister dazu eingeladen. Er badete jeden Morgen im heiligen Ganges. Sooft er es einrichten konnte, kam er in einem gemieteten Boot nach Dakshineswar.

Prankrishna: »Wie ist das Leben nach dem Tode?«

Meister: »Keshab hat mir auch diese Frage gestellt. Solange ein Mensch unwissend ist, also Gott nicht erkannt hat, muß er wiedergeboren werden. Nach Erlangung von Erkenntnis jedoch braucht er nicht mehr auf diese Erde oder auf eine andere Daseinsebene zurückzukommen.

Der Töpfer stellt seine Töpfe zum Trocknen in die Sonne. Einige sind gebrannt und andere ungebrannt. Läuft eine Kuh in sie hinein, so gehen einige in Scherben. Die Scherben der gebrannten Töpfe werden weggeworfen, sie sind nicht mehr zu gebrauchen. Die anderen werden vom Töpfer eingesammelt, der sie wieder zu einem Klumpen backt, um neue Töpfe daraus zu formen. Solange ein Mensch Gott nicht verwirklicht hat, muß er in die Hand des Töpfers zurückkehren, das heißt, er muß wieder und wieder geboren werden.

Was nützt es, ein gekochtes Reiskorn auszusäen? Es wird nicht keimen. Wenn ein Mensch im Feuer der Erkenntnis gekocht ist, ist er für eine neue Schöpfung nicht zu gebrauchen. Er ist befreit.

Nach Auffassung der *Purānas* sind Gott und Sein Verehrer zwei verschiedene Einheiten. Der Körper ist ein Teller, der mit dem Wasser von Verstand, Intelligenz und Ich gefüllt ist. *Brahman* ist die Sonne, die sich im Wasser spiegelt; dadurch sieht der Verehrer die göttliche Gestalt.

Nach Auffassung des *Vedānta* ist nur *Brahman* wirklich und alles andere *Māyā*, traumhaft und ohne Substanz. Das Ich liegt wie ein Stock über dem Ozean von *Satchidānanda*. (Zu M:) Höre, was ich sage: Wird dieses Ich fortgenommen, dann bleibt nur ein ungeteilter

Ozean von *Satchidānanda*. Solange der Stock des Ichs vorhanden ist, ist auch die Teilung da, hier ist ein Teil des Wassers, und dort der andere. Nach der Erlangung von *Brahman*-Erkenntnis ist man im *Samādhi* gegründet und das Ich ausgelöscht.

Ein Kind kennt keine Verhaftung. Es baut ein Kartenhaus, und wenn jemand es berührt, beginnt es zu schreien. Im nächsten Augenblick wirft es selbst das Haus um. Es kann sehr an einem Kleidungsstück hängen und sagen: ›Mein Papi hat es mir geschenkt; ich gebe es nicht her.‹ Aber im nächsten Augenblick kann man es ihm mit einem Spielzeug entlocken.

Dies sind die Merkmale eines *Jñānis*: Vielleicht hat er viel Besitz – Couch, Stühle, Gemälde und eine Kutsche. Aber es kann passieren, daß er von einem Tag zum andern alles liegen läßt und fortgeht nach Benares.«

Die Mittagsandacht in den Tempeln war vorüber. Glocken, Gongs und Zimbeln ertönten, und der Tempelgarten war von fröhlicher Geschäftigkeit erfüllt. Bettler, *Sādhus* und Gäste eilten zum Mittagessen mit Blatt- oder Metalltellern in den Händen. M nahm auch etwas *Prasād* vom *Kālī*-Tempel.

Rāmakrishna hatte etwas geruht, als verschiedene Anhänger, darunter Rām und Girindra, eintrafen. Sie setzten sich, nachdem sie den Meister begrüßt hatten.

Girindra: »Die *Brahmos* behaupten, daß Ihr kein Organisationstalent besäßet.« (Er sagte es auf englisch)

Meister: »Was heißt das?«

M: »Daß Ihr keine Sekte leiten könnt, daß Euer Intellekt etwas beschränkt ist. Solche Dinge erzählen sie.« (Alle lachten)

Meister (zu Rām): »Nun sag mir, warum mein Arm verletzt ist. Steh auf und halte einen Vortrag. (Gelächter)

Die *Brahmos* bestehen darauf, daß Gott gestaltlos ist. Was macht das? Es genügt, wenn man Ihn mit aufrichtigem Herzen anruft. Wenn ein Suchender aufrichtig ist, wird Gott, der ja der Innere Führer aller ist, dem Verehrer gewiß Sein wahres Wesen enthüllen.

Es taugt nichts, wenn wir behaupten, daß nur das Wahrheit ist, was wir selbst über Gott denken. Wenn wir Gott für gestaltlos halten, muß Er gestaltlos sein, und wenn wir Ihn gestalthaft sehen, dann muß Er Gestalt besitzen. Kann ein Mensch wirklich Gottes Wesen ergründen?

Ich sehe, wie die Menschen, die über Religion reden, sich ständig zanken. Hindus, Moslems, *Brahmos, Vaishnavas* – alle streiten miteinander. Sie sind nicht intelligent genug, um verstehen zu können, daß Er, den man *Krishna* nennt, auch *Shiva* und *Shakti* ist, und daß Er es ist, der auch Jesus und Allah genannt wird. Es gibt nur einen *Rāma,* aber er hat tausend Namen. Es gibt nur eine Wahrheit, aber die Weisen nennen sie mit verschiedenen Namen. Alle Menschen suchen dieselbe Wahrheit; die Unstimmigkeit beruht nur auf den Unterschieden von Klima, Temperament und Namen. Jeder geht auf Gott zu. Man wird Ihn verwirklichen, wenn man aufrichtig und voller Verlangen ist.«

Sonnabend, 24. Mai 1884

Es war fünf Uhr nachmittags. Rāmakrishna saß auf den Stufen des *Shiva*-Tempels. Adhar, Dr. Nitai, M und andere Anhänger waren bei ihm.

Meister: »Ich will euch etwas sagen. In mir ist ein Wandel eingetreten.«

Der Meister kam eine Stufe herunter und setzte sich zu den anderen. Es schien, als wollte er ihnen etwas von seinen tieferen Erfahrungen mitteilen.

Meister: »Ihr seid Gottesverehrer. Ich scheue mich nicht, euch zu sagen, daß ich jetzt die Geistgestalt Gottes nicht mehr sehe. ER enthüllt sich mir in menschlicher Gestalt. Ich genieße diese Gestalt Gottes, berühre und umarme sie. Gott sagt zu mir: ›Du hast einen Körper angenommen, genieße deshalb Gott in Seiner menschlichen Gestalt!‹

Gott wohnt in allen, aber im Menschen manifestiert Er sich stärker als in anderen Wesen. Ist der Mensch so unbedeutend? Er vermag an Gott und an das Unendliche zu denken, was andere lebende Wesen nicht können. Gott ist in allen Wesen, aber Er manifestiert sich im Menschen stärker als in allen anderen. Feuer ist in allen Wesen, allen Dingen, aber seine Gegenwart spüren wir besonders im Holz.

Eine Inkarnation ist eine größere Manifestation Gottes als andere Menschen. *Rāma* sagte zu *Lakshmana:* ›Bruder, wenn du in einem Menschen ekstatische Liebe zu Gott entdeckst, wenn er in göttlicher Ekstase lacht, weint und tanzt, dann darfst du gewiß sein, daß Ich in ihm wohne.‹«

Der Meister schwieg. Nach einigen Minuten nahm er die Unterhaltung wieder auf.

Meister: »Keshab kam häufig hierher. Dadurch veränderte er sich sehr. Er wurde ein bemerkenswerter Mensch. Viele Male kam er mit seinem Anhang, aber er wollte auch allein kommen. Keshab hatte in seinen früheren Lebensjahren nicht viel Gelegenheit gehabt, mit Heiligen zusammenzukommen.

Einmal besuchte ich ihn zusammen mit Hriday. Wir wurden in ein Zimmer geführt, in dem Keshab arbeitete. Er schrieb. Nach einer ganzen Zeit legte er die Feder beiseite und setzte sich zu uns auf den Boden. Er begrüßte uns nicht und bezeugte uns keine Achtung. Als er und seine Freunde hierherkamen, verbeugte ich mich vor ihnen, bevor sie mich begrüßen konnten. So haben sie allmählich gelernt, wie man einen Heiligen begrüßt, indem man mit der Stirn den Boden berührt.

Einmal kam Keshab mit seinen Anhängern hierher. Sie blieben bis zehn Uhr abends. Wir saßen alle im *Panchavatī*. Pratap und verschiedene andere schlugen vor, über Nacht zu bleiben. Keshab sagte: ›Nein, ich muß gehen, ich habe noch zu arbeiten.‹ Ich lachte und sagte: ›Kannst du nicht schlafen ohne den Geruch deines »Fischkorbes«?‹

Eine Fischfrau übernachtete einmal bei einer Blumenhändlerin. Sie kam mit ihrem leeren Korb, denn sie hatte auf dem Markt ihre Fische verkauft. Sie sollte in dem Raum schlafen, in dem die Blumen aufbewahrt wurden, aber der Duft ließ sie nicht einschlafen. Ihre Wirtin bemerkte das und sagte: »Warum wirfst du dich unruhig von einer Seite auf die andere?« Die Fischfrau erwiderte: »Ich weiß nicht, aber vielleicht stört der Duft der Blumen meinen Schlaf. Gib mir doch meinen Fischkorb, vielleicht wird das helfen.« Man gab ihr den Korb. Sie besprengte ihn mit Wasser, stellte ihn vor ihre Nase, schlief ein und schnarchte die ganze Nacht.‹

Wie ihr wißt, war Keshab ein großer Gelehrter. Er gab Unterricht in Englisch und wurde überall verehrt. Königin Viktoria hat sich mit ihm unterhalten. Als Keshab aber hierherkam, war er barfuß und brachte einige Früchte, wie es sich gehört, wenn man einen Heiligen besucht. Er war frei von Egoismus.«

Mittwoch, 25. Juni 1884

Es war *Rathayatra*, das Wagenfest der Hindus. Rāmakrishna war von Ishan in sein Haus in Kalkutta eingeladen worden. Seit längerer Zeit wollte der Meister gerne Pandit Shashadar Tarkachudamani treffen, der sich bei einem Nachbarn von Ishan aufhielt.

Um fünf Uhr nachmittags fuhr der Meister in einer Kutsche zu dem Haus, in dem Pandit Shashadar weilte. Sobald Rāmakrishna den Wagen bestieg, ging er in *Samādhi.* Durch die langen Jahre spiritueller Übungen mit dem ständigen Versunkensein im göttlichen Bewußtsein war der Körper des Meisters sehr abgemagert. Er litt bei jeder körperlichen Anstrengung, wie auch unter den Schwingungen weltlicher Gedanken um ihn herum. Keshab hatte einmal gesagt, daß Rāmakrishna, Christus und *Chaitanya* einem feinfühligen Menschentyp zugehörten, den man in einem Glaskasten vor den vulgären Kontakten mit der Welt schützen müsse.

Pandit Shashadar war nicht mehr jung, hatte eine helle Hautfarbe und trug um den Hals eine Kette aus *Rudraksha*-Perlen. Er war einer der angesehensten Sanskritgelehrten seiner Zeit, eine Säule des orthodoxen Hinduismus, der sich gefangen hatte, nachdem die erste Welle des Christentums und der westlichen Kultur über ihn hinweggebraust war. Der *Pandit* hatte durch seine klare Auslegung der Schriften, seine Aufrichtigkeit und Beredsamkeit eine große Anzahl der jungen, gebildeten Bengalis zur Religion ihrer Väter zurückgeführt.

Der *Pandit* begrüßte Rāmakrishna mit Ehrerbietung. Narendra, Rakhal, Rām, Hazra und M, die den Meister begleitet hatten, setzten sich so nahe wie möglich zu ihm, um keines seiner Worte zu versäumen.

Beim Anblick des *Pandits* ging der Meister wieder in *Samādhi.* Nach einer Weile blickte er den *Pandit* an und sagte mit einem Lächeln: »Sehr gut! Sehr gut!« Dann wandte er sich an den *Pandit* und sagte: »Erzählt mir etwas über Eure Vorträge.«

Pandit: »Ich versuche, die Anweisungen der Hindu-Schriften zu erklären.«

Meister: »Im *Kaliyuga* ist der von *Nārada* beschriebene Weg der Hingabe der beste. Wo sollen die Menschen die Zeit hernehmen, um die Riten nach Anweisung der Schriften durchzuführen? Heute kann man dem Fieberkranken nicht mehr die Mittel der orthodoxen Hindu-Ärzte aus Wurzeln und Kräutern geben. Bis sie langsam zu wirken beginnen, ist der Patient schon verstorben. Drastische allopathische Mittel sind jetzt notwendig. Ihr könnt den Menschen gern Anweisungen für die Riten in den Schriften geben, aber bittet sie dabei, ›Kopf und Schwanz‹ wegzulassen.

Ihr könnt Tausende von Vorträgen halten, sie werden auf weltliche

Menschen nicht den geringsten Eindruck machen. Kann man in eine Betonwand einen Nagel einschlagen? Eher wird die Spitze des Nagels abbrechen, als daß ein Loch entsteht. Weltlich gesinnten Menschen können Eure Vorträge nicht viel helfen, das werdet Ihr nach und nach erkennen.

Ihr könnt einen Gottliebenden nicht von einem weltlichen Menschen unterscheiden. Das ist natürlich nicht Eure Schuld. Wenn eine Sturmbö durch die Bäume fährt, kann man die Bäume nicht voneinander unterscheiden.«

Der Meister ging in *Samādhi.* Ein himmlisches Licht strahlte von seinem Antlitz. Er konnte kein Wort mehr hervorbringen. Sein Blick war nach innen gerichtet. Nach einer ganzen Weile begann er, die Umwelt wieder wahrzunehmen, und sagte: »Ich möchte etwas Wasser trinken.« Wenn der Meister nach einem *Samādhi*-Zustand Wasser begehrte, dann wußten seine Anhänger, daß er langsam der äußeren Welt wieder bewußt wurde.

Der Meister fuhr fort: »Als ich zuerst von Euch hörte, erkundigte ich mich, ob Ihr nur gebildet wärt oder auch Unterscheidung und Entsagung besäßet. Ein *Pandit*, der nicht zwischen dem Wirklichen und dem Unwirklichen zu unterscheiden vermag, ist überhaupt kein *Pandit.*

Es entsteht kein Schaden, wenn ein Lehrer die Menschen belehrt, der den Auftrag des Herrn erhalten hat. Niemand kann ihn verdammen, wenn Gott ihn beauftragt hat. Wenn ein Mensch auch nur einen Lichtstrahl der Göttin der Gelehrsamkeit aufgefangen hat, erlangt er so gewaltige Kräfte, daß selbst große Gelehrte unbedeutend dagegen sind.

Wenn die Lampe angezündet ist, kommen die Motten in Scharen, sie brauchen keine Einladung. Genauso braucht ein Prediger, der Gottes Auftrag erhalten hat, die Leute nicht einzuladen, noch die Zeit seiner Vorträge bekanntzugeben. Er besitzt eine solch unwiderstehliche Anziehungskraft, daß die Menschen von allein kommen. Sie kommen aus allen Schichten, selbst Könige und Aristokraten versammeln sich um ihn. Sagt der Magnet zum Eisen: ›Komm her?‹ Das ist nicht nötig. Durch die Anziehungskraft des Magneten stürzt das Eisen auf ihn zu.

Solch ein Prediger braucht kein Gelehrter zu sein, dennoch wird es ihm nicht an Weisheit mangeln. Macht Buchwissen weise? Wer Gottes

Auftrag hat, leidet an Weisheit keinen Mangel. Solche Weisheit kommt von Gott und ist unerschöpflich.

Kann es einem Prediger an Erkenntnis mangeln, wenn einmal der gütige Blick der Göttlichen Mutter auf ihn gefallen ist? Deshalb frage ich Euch, ob Ihr irgendeinen Auftrag von Gott erhalten habt.«

Hazra: »Ja, den muß er bekommen haben. (Zum *Pandit*:) Das stimmt doch?«

Pandit: »Auftrag? Nein, ich fürchte, den habe ich nicht erhalten.«

Gastgeber: »Er mag keinen Auftrag haben, aber er predigt aus Pflichtbewußtsein.«

Meister: »Was kann ein Mensch mit seinen Vorträgen erreichen, wenn er nicht Gottes Auftrag hat? Ein solcher Mensch kann noch so viel reden, ohne eine Wirkung zu erzielen. Die Menschen werden aber zuhören, wenn Gott ihn autorisiert hat. Ein Lehrer der Menschheit muß große Kräfte besitzen. Deshalb sage ich Euch, taucht tief hinab in den Ozean von *Satchidānanda.* Nichts wird Euch mehr kümmern, wenn Ihr Gott erkannt habt. Dann werdet Ihr von Ihm beauftragt werden, die Menschen zu belehren.«

Pandit: »Wie viele Heiligtümer habt Ihr besucht?«

Meister: »Ich habe einige besucht, aber Hazra ist weiter gegangen und auch höher gestiegen. Er besuchte Rishikesh, aber ich bin nicht so weit gekommen.

Ihr werdet bemerkt haben, daß Geier sehr hoch am Himmel kreisen; aber ihre Augen sind auf die Abfallgruben gerichtet. Wißt Ihr, was die Abfallgruben sind? Es sind ›Frauen und Gold‹.

Wozu Pilgerfahrten unternehmen, wenn man Liebe zu Gott da erlangen kann, wo man ist? Ich war in Benares und habe dort dieselben Bäume gesehen wie hier, dieselben grünen Tamarindenblätter.

Pilgerfahrten sind fruchtlos, wenn sie einem nicht dazu verhelfen, Gottesliebe zu erlangen. Liebe zu Gott ist das einzig Wichtige und Notwendige. Ihr kennt das Beispiel von den Geiern. Es gibt viele Menschen, die große Reden führen und erzählen, daß sie die vorgeschriebenen Pflichten der Schriften erfüllt haben. Dabei ist ihr Denken in Weltlichkeit verstrickt und ständig mit Geld, Besitz, Ansehen und Bequemlichkeit beschäftigt.«

Der Meister wollte sich verabschieden. Der *Pandit* und seine Freunde verneigten sich tief vor ihm.

Die Dunkelheit war noch nicht hereingebrochen, als der Meister mit seinen Anhängern in Ishans Haus zurückkehrte. Der Meister nahm im Wohnzimmer Platz, zusammen mit Ishan, dessen Sohn, einem *Pandit* und einigen Anhängern.

Meister (zu Ishan): »Ich habe zu Pandit Shashadar gesagt: ›Ihr habt gerade erst Euren Fuß auf den Baum gesetzt und erwartet schon eine Menge Früchte. Verrichtet erst einige spirituelle Übungen, dann könnt Ihr andere belehren.‹«

Ishan: »Jeder Prediger glaubt, andere erleuchten zu können. Das Glühwürmchen glaubt auch, daß es die Welt erhellt, bis ihm jemand sagt: ›O Glühwürmchen, wie kannst du die Welt erhellen? Du verstärkst nur die Intensität der Dunkelheit.‹«

Meister (lächelnd): »Shashadar ist aber kein bloßer Gelehrter, er besitzt auch etwas Unterscheidung und Leidenschaftslosigkeit.«

Der Meister wollte nach Dakshineswar zurückkehren. Ishan und die anderen Verehrer umringten ihn, während er Ishan noch einige Anweisungen gab.

Meister: »Ein Gottesverehrer, der das Leben eines Familienvaters führt und dennoch Gott anruft, ist wirklich ein Held. Gott denkt: ›Wer meinetwegen der Welt entsagt hat, wird sicher zu Mir beten, er muß Mir dienen. Was ist daran so bemerkenswert? Tut er es nicht, werden die Leute über ihn reden. Der aber ist wahrlich gesegnet, der inmitten seiner weltlichen Pflichten zu Mir betet. Er versucht, Mich zu finden, und muß dabei ein großes Hindernis überwinden, sozusagen einen tonnenschweren Stein beiseite schieben. Solch ein Mensch ist wirklich ein Held.‹

Lebe in dieser Welt wie eine Ameise. Die Welt besteht aus einer Mischung von Wahrheit und Unwahrheit, Zucker und Sand. Sei eine Ameise und nimm den Zucker.

Die Welt ist auch eine Mischung aus Milch und Wasser – der Seligkeit des Gottbewußtseins und der Freude des Sinnesvergnügens. Sei ein Schwan und trinke die Milch, ohne das Wasser zu berühren.

Lebe in der Welt wie ein Wasserhuhn. Der Vogel lebt im Wasser, aber er schüttelt es ab. Lebe in der Welt wie ein Aal. Der Fisch lebt zwar im Schlamm, aber seine Haut ist stets blank und rein.

Die Welt ist wirklich eine Mischung aus Wahrheit und Glaubenmachen. Halte dich nur an die Wahrheit.«

Rāmakrishna stieg in die Kutsche und fuhr nach Dakshineswar.

Montag, 30. Juni 1884

Rāmakrishna saß auf einer Matte, die auf dem Boden ausgebreitet war. Pandit Shashadar und einige Verehrer saßen neben ihm. Surendra, Baburam, M, Harish, Latu und Hazra waren auch da. Es war vier Uhr nachmittags.

Meister: »Es gibt viele Schriften wie die *Veden,* aber ohne Askese und spirituelle Übungen läßt Gott sich nicht verwirklichen. Gott läßt sich in den sechs Systemen – den *Veden,* den *Tantras* und den anderen – nicht finden.

Man sollte den Inhalt der Schriften kennen und nach ihren Anweisungen handeln. Ein Mann hatte einen Brief verloren. Er wußte nicht, wo er geblieben war, und begann, mit einer Lampe zu suchen. Schließlich fand er den Brief. Der Inhalt lautete: ›Schicke mir bitte fünf Pfund Sandesh und ein Tuch.‹ Der Mann las den Brief und warf ihn dann fort. Er brauchte ihn nicht mehr, denn er hatte nun nur noch die Sachen einzukaufen.

Besser als Lesen ist Hören, und besser als Hören ist Sehen. Man versteht die Schriften besser, wenn man sie aus dem Mund eines *Guru* oder eines Heiligen vernimmt. Man braucht dann über ihren unwesentlichen Teil nicht nachzudenken.

Aber Sehen ist noch besser als Hören, denn dann verschwinden alle Zweifel. Viele Dinge werden in den Schriften berichtet, aber das meiste ist nutzlos ohne direkte Wahrnehmung Gottes, ohne Hingabe und ohne Reinheit des Herzens. Im Almanach werden die jährlichen Regenmengen vorausgesagt; man kann das Buch aber noch so viel pressen, es wird kein Wassertropfen herauskommen, kein einziger Tropfen!«

Ein Schüler: »Bleibt der Körper nach der Erkenntnis Gottes erhalten?«

Meister: »Der gegenwärtige Körper bleibt, solange sein *Karma* nicht erschöpft ist, aber weitere Geburten sind nicht mehr möglich. Das Rad läuft, solange die Schwungkraft es antreibt, danach kommt es zum Stehen. Bei solch einem Menschen sind die Leidenschaften wie Lust und Zorn verbraucht. Der Körper bleibt, um noch einige Handlungen zu vollziehen.«

Der Meister schwieg einen Augenblick und fragte dann Pandit Shashadar, ob er rauchen wolle. Der *Pandit* ging zu diesem Zweck auf die Veranda und kam bald darauf zurück. Der Meister setzte sich auf die Couch und fuhr mit seiner Unterhaltung fort.

Meister: »Es gibt drei Arten von *Ānanda:* die Freude des weltlichen Vergnügens, die Freude der Anbetung und die Freude *Brahmans.* Die Freude des weltlichen Vergnügens ist die Freude an ›Frauen und Gold‹. Die Freude der Anbetung wird empfunden, wenn man Gottes Namen und Ruhm verkündet. Die Freude *Brahmans* ist die Freude der Gottesschau. Nachdem die alten *Rishis* die Freude der Gottesschau erfahren hatten, standen sie jenseits aller Konventionen und Regeln.

Gott erhält in Seinem Verehrer ein klein wenig Ich, selbst wenn Er ihm *Brahman*-Erkenntnis gegeben hat. Es ist das Ich des Verehrers, das Ich des *Jñāni.* Durch dieses Ich genießt der Strebende das unendliche Spiel Gottes.

Es ist eine Freude, im Unteilbaren *Brahman* aufzugehen. Es ist aber auch eine Freude, das *Līlā* – das Relative – zu beobachten, ohne im Absoluten zu versinken.

Ein reiner *Jñāni* ist monoton. Er sagt: ›Nicht dies, nicht das; die Welt ist nur ein Traum.‹«

Ein Verehrer: »Verschwindet das Ich eines Strebenden nie ganz?«

Meister: »Ja, es verschwindet manchmal. Dann erlangt man *Brahman*-Erkenntnis und geht in *Samādhi.* Auch ich verliere es, aber nicht für immer. Ich bete zur Göttlichen Mutter: ›O MUTTER, gib mir kein *Brahmajñāna*!‹ Früher kamen viele Besucher hierher, die an den gestalthaften Gott glaubten. Dann kamen die modernen *Brahmajñānis* (die Mitglieder des *Brahmo Samāj*). Zu der Zeit war ich meistens in *Samādhi.* Wenn ich das Bewußtsein zurückerlangte, sagte ich zur Göttlichen Mutter: ›O MUTTER, bitte gib mir kein *Brahmajñāna.*‹«

Pandit: »Erhört Gott unsere Gebete?«

Meister: »Gott ist der *Kalpataru* – der wunscherfüllende Baum. Man wird sicherlich bekommen, was man von Ihm erbittet, aber man muß in der Nähe des *Kalpataru* beten, nur dann werden die Gebete erhört. Wir müssen jedoch bedenken, daß Gott unsere innersten Gefühle kennt. Der Mensch erlangt die Erfüllung seiner Wünsche, die er während seines *Sādhanas* hegt. Wie man denkt, so empfängt man.

Ich pflegte weinend zur Göttlichen Mutter zu beten: ›O MUTTER, vernichte mit einem Donnerschlag mein Verstandesdenken.‹«

Pandit: »Dann hattet auch Ihr eine Neigung zum Verstandesdenken?«

Meister: »Ja, früher.«

Pandit: »Dann versichert uns bitte, daß auch wir diese Neigung loswerden. Wie seid Ihr Eure losgeworden?«

Meister: »Oh, irgendwie.«

Rāmakrishna schwieg und setzte nach einer Weile die Unterhaltung fort.

Meister: »Gott ist der *Kalpataru.* Man sollte in Seiner Nähe beten, dann bekommt man, was immer man wünscht.

Wie viele Dinge hat Gott geschaffen! Sein Universum ist unendlich. Was brauche ich alles über Seine unendliche Pracht zu wissen? Sollte das notwendig sein, dann will ich Ihn erst erkennen. Gott wird mir dann alles selbst berichten. Was brauche ich zu wissen, wie viele Häuser und wie viele Staatspapiere Jadu Mallick besitzt? Ich will mich nur mit ihm unterhalten; wenn das gelingt, wird er mir selbst alles berichten, sobald ich ihn danach frage. Wenn man mit dem Chef bekannt ist, wird man auch von seinen Angestellten respektiert.« (Alle lachten)

Der Meister freute sich über die Bescheidenheit des *Pandits.* Er lobte ihn den Verehrern gegenüber.

Meister: »Er hat gute Anlagen. Es ist nicht schwer, einen Nagel in eine Lehmwand zu schlagen. Die Spitze wird aber abbrechen, wenn sie auf einen Stein stößt. Es gibt Menschen, deren spirituelles Bewußtsein nicht erwacht, selbst wenn sie tausendmal über Gott hören. Sie sind wie ein Krokodil, dessen Haut man selbst mit einem Schwert nicht durchdringen kann.

Pandit: »Man kann aber ein Krokodil verletzen, wenn man einen Speer in seinen Bauch stößt.« (Alle lachten)

Meister (lächelnd): »Was nützt es, viele Schriften zu lesen? Was nützt es, Philosophie zu studieren? Was nützt es, große Reden zu führen? Wenn man das Bogenschießen erlernen will, muß man zuerst auf einen Bananenbaum zielen, dann auf ein Schilfrohr, dann auf eine Kerzenflamme und schließlich auf einen fliegenden Vogel. Am Anfang sollte man sich auf den gestalthaften Gott konzentrieren.

Durch Unterscheidung, Entsagung und brennendes Verlangen kann man Gott erkennen. Welche Art Verlangen? Man sollte nach Gott verlangen, wie eine Kuh nach ihrem Kalb verlangt.«

Pandit: »Die *Veden* sagen dasselbe: ›O Gott, wir rufen nach Dir wie eine Kuh nach ihrem Kalb!‹«

Meister: »Fügt Eurem Verlangen Tränen hinzu. Wenn Ihr durch Unterscheidung und Leidenschaftslosigkeit allem entsagt, dann werdet Ihr fähig, Gott zu schauen. Das Verlangen bringt Euch zum Gottesrausch, ob Ihr den Weg der Erkenntnis oder den der Anbetung geht.

Es besteht ein großer Unterschied zwischen der Erkenntnis eines Familienvaters und der eines *Sannyāsins,* der der Welt entsagt hat. Die Erkenntnis des Familienvaters gleicht dem Licht einer Lampe, das nur das Innere eines Raumes erhellt. Außer seinem Körper und der engeren Familie vermag er mit dieser Erkenntnis nichts zu erkennen. Dagegen gleicht die Erkenntnis eines Mönches, der der Welt entsagt hat, dem Licht der Sonne. *Chaitanyas* Erkenntnis besaß die Leuchtkraft der Sonne – der Sonne der Erkenntnis. Er strahlte auch das sanfte Mondlicht der Hingabe aus. Er besaß beides – die Erkenntnis *Brahmans* und die ekstatische Liebe zu Gott.«

Der *Pandit* und Mani Mallick gerieten in ein Gespräch. Mani war ein Mitglied des *Brahmo Samāj.* Der *Pandit* argumentierte heftig über die guten und schlechten Seiten des *Samāj.*

Mit einem Lächeln sagte Rāmakrishna zum *Pandit:* »Mani Mallick verfolgt die Ziele des *Brahmo Samāj* schon seit langer Zeit. Ihr könnt ihn nicht bekehren. Es ist nicht leicht, alte Neigungen zu überwinden. Ein alter Hindu war einst ein Verehrer der Göttlichen Mutter und wiederholte immer Ihren Namen. Als die Moslems das Land eroberten, wollten sie ihn zum Islam bekehren. Sie sagten: ›Jetzt bist du ein Muselman, sag »Allah«! Von jetzt an mußt du Allahs Namen wiederholen.‹ Mit großer Mühe brachte er das Wort ›Allah‹ hervor, aber dazwischen ertönte immer wieder ›*Jagadamba*‹. Die Moslems wollten ihn darauf erschlagen, aber er sagte: ›Bitte, tötet mich nicht, ich tue alles, um den Namen Allahs zu wiederholen, aber unsere *Jagadamba* hat mich bis zum Hals erfüllt und wirft euren Allah wieder hinaus.‹ (Alle lachten)

(Zum *Pandit:*) Streitet bitte nicht mit Mani Mallick. Die Geschmäkker sind verschieden, auch die Verdauungsfähigkeiten. Gott hat die verschiedenen Religionen und Bekenntnisse geschaffen, um allen Suchenden Möglichkeiten zu bieten. Bei weitem nicht alle sind reif für die Erkenntnis *Brahmans.* Deshalb gibt es auch die Anbetung des gestalthaften Gottes.«

Alle schwiegen. Rāmakrishna sagte zum *Pandit:* »Besucht einmal die Tempel und macht einen Spaziergang im Garten.« Der *Pandit* verließ mit seinen Freunden und einigen Verehrern den Raum.

Bald darauf ging der Meister mit M zum *Badeghat* am Ganges. Dort traf er den *Pandit* und sagte: »Geht Ihr zum *Kālī*-Tempel?« Der *Pandit* erwiderte: »Ja. Laßt uns zusammen gehen.« Sie gingen zum Tempel. Rāmakrishna begrüßte die Göttliche Mutter, indem er mit der Stirn den Boden berührte.

Rote Hibiskusblüten und Vilwablätter bedeckten die Füße der MUTTER. Ihre drei Augen strahlten vor Liebe zu Ihren Verehrern. Zwei Ihrer Hände waren erhoben in der Geste der Wunscherfüllung und des Schutzes. Die anderen beiden Hände hielten Symbole des Todes. Sie war in einen *Sari* aus Benares-Seide gekleidet und mit Schmuck behangen. Einer der Anwesenden sagte über das Bildnis: »Es stammt von dem Bildhauer Nabin.« Der Meister antwortete: »Ja, ich weiß, aber für mich ist Sie die Verkörperung des Absoluten.«

Es dämmerte. Der Meister saß auf der Westveranda vor seinem Zimmer. Baburam und M saßen bei ihm. Er war in ekstatischer Stimmung.

Der *Pandit* trat mit seinen Freunden ein.

Meister (zum *Pandit*): »Ihr habt sicher die *Gītā* gelesen. Sie sagt, daß Gott einen Menschen, der von allen geehrt und geachtet wird, mit besonderen Kräften ausgestattet hat.«

Der *Pandit* zitierte den Vers aus der *Gītā*.

Meister: »Ihr besitzt sicher göttliche Kräfte.«

Pandit: »Soll ich mit Ausdauer die Arbeit vollenden, die ich übernommen habe?«

Rāmakrishna schien sich zu zwingen, »ja« zu sagen. Er wechselte schnell das Thema.

Der *Pandit* und seine Freunde verabschiedeten sich. Rāmakrishna sagte: »Kommt wieder! Ein Haschisch-Raucher genießt die Gesellschaft des anderen. Sie umarmen einander sogar, verstecken sich aber vor Leuten, die nicht von ihrer Art sind. Eine Kuh beleckt ihr Kalb, aber eine andere Kuh bedroht sie mit den Hörnern.« (Alle lachten)

Der *Pandit* ging. Mit einem Lächeln sagte der Meister: »Ein Tag genügte, um ihn zu überzeugen. Habt ihr bemerkt, wie bescheiden er war? Er akzeptierte alles, was ich sagte.«

Das Mondlicht fiel auf die Veranda. Rāmakrishna saß immer noch da. M wollte gehen.

Meister: »Mußt du schon gehen?«

M: »Ja, ich möchte auf Wiedersehen sagen.«

Meister: »Ich überlege, ob ich die Verehrer nicht zu Hause besuchen sollte, auch dich. Was hältst du davon?«

M: »Das wäre sehr schön.«

Donnerstag, 3. Juli 1884

Rāmakrishna war in Balaram Boses Haus. Rām, Balaram, sein Vater, M, Manomohan und andere junge Verehrer waren anwesend.

Rāmakrishna ging in die Vorhalle und kam bald zurück. Als er hinausging, wurde er von Vishvamvhars Tochter gegrüßt, die sechs oder sieben Jahre alt war. Als der Meister zurückkam, unterhielt er sich mit dem kleinen Mädchen und ihren Freundinnen.

Das Kind: »Ich habe Euch gegrüßt, und Ihr habt es nicht einmal bemerkt.«

Meister: »Wirklich? Ich habe es gar nicht wahrgenommen.«

Kind: »Wartet, ich tue es noch einmal – auch den anderen Fuß.«

Rāmakrishna lachte und setzte sich. Er erwiderte den Gruß und verbeugte sich, bis seine Stirn den Boden berührte. Er bat das Mädchen, ein Lied zu singen. Es sagte: »Ich schwöre, daß ich nicht singen werde.« Als der Meister weiter drängte, sagte es: »Dürft Ihr mich drängen, wenn ich gesagt habe ›Ich schwöre‹?« Der Meister lachte und sang ein paar Kinderlieder für die Kleinen.

Er sang:

> Komm, laß mich flechten dein Haar,
> damit dein Gatte nicht schilt,
> wenn sein Blick auf dich fällt.

Meister: »Ein *Paramahamsa* ist wie ein fünfjähriges Kind. Er sieht alles von Bewußtsein erfüllt. Ich weilte in Kamarpukur, als Shivaram vier oder fünf Jahre alt war. Eines Tages wollte er am Teich Grillen fangen. Die Blätter bewegten sich. Damit sie nicht raschelten, sagte er zu den Blättern: ›Schscht! Seid ruhig, ich will Grillen fangen.‹ Eines Tages war es stürmisch und regnete heftig. Ich war mit Shivaram im Haus. Die Blitze zuckten. Er wollte hinausgehen, aber ich schalt ihn und hielt ihn zurück. Trotzdem blickte er ab und zu hinaus. Als er einen Blitz aufleuchten sah, rief er: ›Onkel, sie zünden wieder Streichhölzer an!‹

Der *Paramahamsa* ist wie ein Kind. Er kann Freunde nicht von Verwandten unterscheiden. Eines Tages sagte Shivaram zu mir: ›Onkel, bist du der Bruder meines Vaters oder sein Schwager?‹

Der *Paramahamsa* ist wie ein Kind. Seine Umwelt kümmert ihn wenig. Er sieht in allem *Brahman.* Shivaram ging in Hridays Haus, um das *Durgā Pūjā* anzusehen. Bald darauf ging er fort und wanderte umher. Ein Spaziergänger sah das Kind, das damals vier Jahre alt war, und fragte: ›Wo kommst du her?‹ Es konnte nicht viel sprechen und sagte nur ›Hütte‹. Shivaram meinte die große Hütte, in der das Bildnis der Göttlichen Mutter angebetet wurde. Der Fremde fragte, wo er wohne, und er sagte nur ›Bruder‹.

Manchmal benimmt sich ein *Paramahamsa* wie ein Verrückter.

Einige Tage nach der Einweihung des Tempels in Dakshineswar tauchte ein Verrückter auf, der aber ein Heiliger mit *Brahman*-Erkenntnis war. In einer Hand trug er einen Bambuszweig und in der anderen eine Mangopflanze in einem Topf. Er befolgte keine Riten und Vorschriften. Er betrat den *Kālī*-Tempel und sang Hymnen für die Gottheit. Der ganze Tempel schien zu zittern. Man gestattete ihm nicht, im Gästehaus zu essen, doch das kümmerte ihn nicht. Er suchte im Abfallhaufen nach Nahrung, wo die Hunde die Reste von den Blatt-Tellern fraßen. Ab und zu stieß er die Hunde beiseite, was sie ihm nicht übel nahmen. Haladhari folgte ihm und fragte: ›Wer seid Ihr? Seid Ihr ein Kenner *Brahmans*?‹ Der Verrückte flüsterte: ›Scht! Ja, ich bin ein Kenner *Brahmans.*‹ Mein Herz schlug heftig, als Haladhari mir davon berichtete. Ich sagte zur Göttlichen Mutter: ›MUTTER, muß ich auch solch einen Zustand durchmachen?‹ Wir gingen alle zu ihm. Er sprach mit großer Weisheit zu uns, vor den anderen aber benahm er sich wie ein Irrer. Haladhari folgte ihm, als er den Tempel verließ. Außerhalb des Tores sagte er: ›Was soll ich dir noch sagen? Wenn du keinen Unterschied mehr machst zwischen dem Wasser dieses Tümpels und dem Wasser des Ganges, dann hast du vollkommene Erkenntnis erlangt.‹ Darauf ging er schnell davon.«

Rāmakrishna ging in die inneren Räume, um die Gottheit zu begrüßen. Er brachte ein paar Blumen dar.

Als der Meister in das Wohnzimmer zurückkam, sagte er: »Die weltlich Gesinnten üben Anbetung und *Japam* nur dann und wann. Wer aber nichts anderes kennt als Gott, wiederholt Seinen Namen mit jedem Atemzug. Einige sagen stets in Gedanken: ›*OM Rām*‹. Selbst die Anhänger des Erkenntnispfades wiederholen ›*Soham*‹, ›ich bin Er‹. Man sollte unentwegt an Gott denken.«

Pandit Shashadar kam mit einigen Freunden herein und begrüßte den Meister.

Meister: »Wir sind wie die Brautjungfern, die auf die Ankunft des Bräutigams warten.«

Der *Pandit* lachte. Das Zimmer füllte sich mit Verehrern. Unter ihnen waren Dr. Pratap und Balarams Vater. Der Meister setzte die Unterhaltung fort.

Meister (zu Shashadar): »Das erste Anzeichen von Erkenntnis ist Friedfertigkeit, und das zweite ist Ichlosigkeit. Ihr besitzt beide. Es gibt noch weitere Anzeichen für einen *Jñāni.* Er zeigt Gleichmut in Gegenwart eines *Sādhus,* ist wie ein Löwe bei der Arbeit, zum Beispiel wenn er Vorträge hält, und ist voller Witz im Umgang mit seiner Frau.

Ein *Vijñāni* ist ganz anders, wie zum Beispiel *Chaitanya.* Er handelt wie ein Kind oder wie ein Irrer. In kindlicher Stimmung zeigt er sich manchmal naiv, manchmal frivol, und manchmal, bei der Unterweisung anderer, zeigt er die Kraft eines jungen Mannes.«

Shashadar: »Sagt mir bitte, welche Art von Verlangen zur Schau Gottes führt.«

Meister: »Ein *Guru* sagte einmal zu seinem Schüler: ›Komm, ich will dir zeigen, welche Art von Verlangen dich Gott sehen läßt.‹ Er führte den Schüler an einen Teich und drückte seinen Kopf unter Wasser. Nach einer Weile ließ er ihn los und fragte: ›Was hast du empfunden?‹ Der Schüler antwortete: ›Oh, es war mir, als ob ich sterben müßte, ich hatte nur ein Verlangen: Luft.‹«

Shashadar: »Ja, das ist es, jetzt verstehe ich.«

Meister: »Wichtig ist Liebe zu Gott; *Bhakti* ist das Wesentliche. *Nārada* sagte zu *Rāma:* ›Möge ich stets reine Liebe zu Dir empfinden und nicht von Deiner weltverzaubernden *Māyā* betört werden!‹ *Rāma* sagte: ›Äußere einen weiteren Wunsch!‹ ›Nein‹, sagte *Nārada,* ›ich will nichts anderes, nur Liebe zu Dir, das ist mein einziges Gebet.‹«

Pandit Shashadar wollte sich verabschieden. Rāmakrishna bat einen Anhänger, für den *Pandit* eine Kutsche zu besorgen.

Die Dämmerung war hereingebrochen. Rāmakrishna begann, die Namen *Kālīs, Krishnas, Rāmas* und *Haris* zu singen. Die Verehrer saßen schweigend da. Der Meister sang die Namen so voller Inbrunst, daß die Zuhörer tief bewegt waren.

8. Gottberauschter Zustand

Freitag, 19. September 1884

Es war *Mahālaya,* ein heiliger Tag der Hindus, und Neumond. Um zwei Uhr nachmittags saßen Rāmakrishna, Mahendra Mukherji, Priya Mukherji, M, Baburam, Harīsh, Kishori und Latu zusammen. Einige saßen, einige standen, und andere gingen umher. Hazra saß auf der Veranda.

Meister (zu M, Mukherji und den anderen): »Ich wäre sehr glücklich, wenn eure Besuche hier für euch von Nutzen wären. (Zu M) Warum kommen die Menschen hierher? Ich kann kaum lesen und schreiben.«

M: »Gottes Kraft wirkt in Euch. Deshalb diese Anziehungskraft. Es ist das Göttliche, das die Menschen anzieht.«

Meister: »Aber nicht alle fühlen sich von Gott angezogen. Nur besondere Seelen spüren das. Um Gott lieben zu können, muß man mit guten Eigenschaften geboren sein. Warum wärst du sonst der einzige, der aus Baghbazar hierherkommt? In einem Dunghaufen kann man nichts Gutes finden.

(Zu den Mukherjis:) Euch geht es gut. Wenn ein Mensch vom *Yoga*-Weg abgleitet, wird er in einer wohlhabenden Familie wiedergeboren und beginnt aufs neue seine spirituellen Übungen zur Erkenntnis Gottes.«

Mahendra: »Warum gleitet man vom *Yoga*-Weg ab?«

Meister: »Während der Strebende an Gott denkt, verspürt er ein Verlangen nach materiellem Vergnügen. Dieses Verlangen läßt ihn vom Weg abgleiten. Im nächsten Leben wird er dann mit spirituellen Neigungen geboren, die er in diesem Leben noch nicht in die Tat umsetzen konnte.«

Mahendra: »Welchen Weg sollte man gehen?«

Meister: »Befreiung ist nicht möglich, solange ein Mensch noch Wünsche hat und weltliche Dinge begehrt.

Man sollte keine Wünsche und kein Verlangen hegen. Darum habe ich mir alle Wünsche erfüllt, die in meinen Gedanken aufstiegen. Einmal sah ich auf dem Bazar bunte Süßigkeiten, die ich unbedingt essen wollte. Ich aß zuviel davon mit dem Ergebnis, daß ich krank wurde.

Als Kind sah ich beim Baden im Ganges einen Jungen, der um seine Hüften einen Goldschmuck trug. Im Zustand meines Gottberauschtseins spürte ich Verlangen nach einem ähnlichen Schmuck. Man gab ihn mir, aber ich konnte ihn nicht tragen. Sobald ich ihn anlegte, schoß ein schmerzhafter Strom durch meinen Körper. Es kam, weil Gold meine Haut berührt hatte. Ich mußte den Schmuck sofort ablegen, sonst hätte ich ihn abgerissen.

Damals kamen viele Heilige in den Tempelgarten. Es entstand der Wunsch in mir, einen Vorratsraum zu schaffen, aus dem sie versorgt werden konnten. Mathur richtete einen ein, und die *Sādhus* erhielten daraus Lebensmittel, Brennmaterial und dergleichen.

Einmal kam mir die Idee, ein kostbares Gewand mit einer Goldborte zu tragen und eine silberne Wasserpfeife zu rauchen. Mathur sandte mir beides. Ich legte das Gewand an und rauchte die Wasserpfeife auf verschiedene Weise. Dann sagte ich zu mir: ›Das ist es also, was man das Rauchen einer silbernen Wasserpfeife nennt!‹ Der Wunsch war sofort verschwunden. Ich behielt das Gewand noch ein wenig an; aber dann zog ich es aus, trampelte mit den Füßen darauf, bespuckte es und sagte: ›Dies ist also ein teures Gewand! Es steigert nur das *Rajas* im Menschen.‹«

Rakhal befand sich mit Balaram in Vrindavan. Erst hatte er begeisterte Briefe geschrieben, in denen er den heiligen Ort pries. Er hatte an M geschrieben: »Es ist der schönste aller Orte. Komm bitte her! Die Pfauen tanzen umher, überall hört man religiöse Musik und sieht religiöse Tänze. Hier fließt ein Strom göttlicher Seligkeit.«

Dann bekam Rakhal aber einen Fieberanfall. Rāmakrishna war sehr besorgt um ihn und betete zur Göttlichen Mutter um seine Genesung. Er begann über Rakhal zu sprechen.

Meister: »Rakhal erlebte seine erste Ekstase, als er meine Füße massierte. Ein Gelehrter erklärte einmal das *Bhāgavatam* hier in diesem Zimmer. Als Rakhal ihm zuhörte, erschauerte er ab und zu und wurde dann ganz still.

Seine zweite Ekstase erlebte er im Hause von Balaram Bose. In diesem Zustand konnte er nicht mehr aufrecht sitzen, er lag flach auf dem Boden. Rakhal glaubt an den Persönlichen Gott. Er verläßt den Raum, wenn jemand über das Unpersönliche spricht.

Ich habe geschworen, die Göttliche Mutter anzubeten, wenn er gesund wird. Ihr wißt, daß er Heim und Familie aufgegeben hat, um sich ganz mir zu ergeben. Ich habe ihn hin und wieder nach Hause zu seiner Frau geschickt.

(Auf M zeigend:) Rakhal hat ihm von Vrindavan geschrieben, daß es ein großartiger Ort sei – die Pfauen tanzten umher. Jetzt sollen sich die Pfauen um ihn kümmern, er hat mich wirklich in Verlegenheit gebracht.

Warum mag ich diese jungen Menschen so gern? Sie sind von ›Frauen und Gold‹ noch unberührt. Ich habe erkannt, daß sie zur Klasse der Ewig-Vollkommenen gehören.

Als Narendra zum ersten Mal hierherkam, trug er schmutzige Kleidung, aber Augen und Gesicht verrieten seinen inneren Wert. Damals kannte er nicht viele Lieder. Er sang nur zwei: ›Laß uns zurückkehren, o Geist, in unsere wahre Heimat‹ und ›O Herr, muß ich all meine Tage so ganz umsonst verschwenden?‹

Wenn er kam, unterhielt ich mich nur mit ihm, obgleich das Zimmer voller Menschen war. Er sagte dann: ›Sprecht bitte mit den anderen‹, und dann unterhielt ich mich auch mit ihnen.

Ich verzehrte mich nach ihm und weinte seinetwegen. Bholanath sagte: ›Ihr solltet Euch wegen eines Jungen der *Kayastha*-Kaste nicht so betragen.‹ Prankrishna sagte eines Tages mit gefalteten Händen zu mir: ›Narendra hat nur wenig Bildung, warum macht Ihr so viel Aufhebens um ihn?‹

Könnt ihr mir sagen, warum all diese jungen Menschen mich besuchen und auch ihr? Irgend etwas muß doch in mir sein, oder warum fühlt ihr euch alle so angezogen?

Einmal besuchte ich Hriday in Sihore. Von dort ging ich nach Shyambazar. Sieben Tage und Nächte war ich von einer großen Menschenmenge umgeben. Tag und Nacht nur *Kirtan* und Tanz! Die Menschen standen sogar auf der Straße. Es hatte sich das Gerücht verbreitet, daß ein Mann gekommen sei, der siebenmal gestorben und wieder lebendig geworden sei. Hriday schleppte mich aus der Menge auf ein Reisfeld, weil er Angst hatte, daß ich einen Hitzschlag bekäme. Die

Menschen folgten uns wie die Ameisen. Hriday schalt sie und sagte: ›Warum verfolgt ihr uns, als ob ihr noch nie *Kirtan* gehört hättet?‹

Die Menschen strömten von fernen Dörfern herbei. In Shyambazar lernte ich erkennen, was göttliche Anziehungskraft ist. Wenn Gott sich auf Erden inkarniert, zieht Er mit Hilfe Seiner *Yogamāyā* die Menschen an. Die Menschen sind dann wie gebannt.«

Rāmakrishna sprach zu den Mukherji-Brüdern. Mahendra, der ältere, hatte seine eigene Firma. Priyanath war Ingenieur. Als er genug verdient hatte, um sorgenlos leben zu können, hatte er seine Stellung aufgegeben. Die Brüder besaßen Häuser auf dem Lande wie auch in Kalkutta.

Meister: »Seid nicht müßig, nur weil euer spirituelles Bewußtsein ein wenig erwacht ist. Geht weiter! Hinter dem Sandelholzwald befinden sich noch weitere und wertvollere Dinge – Silberminen, Goldminen und so fort.«

Priya (lächelnd): »Unsere Füße sind angekettet, wir können nicht weitergehen.«

Meister: »Was macht es, wenn die Füße angekettet sind! Entscheidend ist das Denken. Die Fesseln sind im Denken, und die Befreiung ist auch im Denken.«

Priya: »Aber ich beherrsche mein Denken nicht.«

Meister: »Wieso? Es gibt den *Abhyāsa-Yoga*, den *Yoga* durch Übung. Übe, und du wirst sehen, daß dein Denken dir dahin folgt, wohin du es führst.«

Es war die Nacht des Neumonds. Der Meister war in einer spirituellen Stimmung, die langsam in Ekstase überging. Als er zu seinem Zimmer ging, taumelte er wie ein Betrunkener und hielt Baburams Hand.

Auf der westlichen Veranda wurde eine Lampe angezündet. Der Meister ließ sich dort ein paar Minuten nieder und wiederholte: *»Hari OM! Hari OM! Hari OM!«* und andere mystische Silben des *Tantra.* Plötzlich ging er in sein Zimmer und setzte sich auf die Couch. Er war immer noch in Versenkung. Er sagte zur Göttlichen Mutter: »Daß ich erst sprechen soll und Du dann handeln, das ist doch Unsinn. Was sind schon Worte? Doch nur Zeichen! Einer sagt: ›Ich will essen.‹ Der andere sagt: ›Nein, ich will davon nichts hören.‹ Nun, MUTTER, wenn ich sagen würde: ›Ich will nichts essen‹, wäre ich dann nicht immer noch hungrig? Wäre es jemals möglich, daß Du nur zuhörst, wenn man laut betet, und nicht, wenn man sich innerlich nach Dir sehnt? Du bist, wie Du bist. Warum rede ich dann? Warum bete ich? Ich tue, was Du mich tun läßt. O welche Verwirrung! Warum läßt Du mich so grübeln?«

Als Rāmakrishna so mit Gott sprach, lauschten die Verehrer überwältigt seinen Worten. Der Blick des Meisters fiel auf sie.

Meister: »Man muß gute Anlagen besitzen, wenn man Gott erkennen will. Man muß etwas vollbracht haben, eine Art von Askese, entweder in diesem Leben oder in einem früheren.«

Hazra trat ein. Er hatte die letzten zwei Jahre mit Rāmakrishna im Tempelgarten gelebt und war ihm 1880 zum ersten Mal in Sihore begegnet. Hazras Heimatdorf lag in der Nähe von Sihore, und er besaß dort einigen Besitz. Er hatte Frau und Kinder und auch einige Schulden. Von früher Jugend an hatte er den Drang nach Entsagung verspürt und die Gesellschaft von Heiligen und Gottesverehrern gesucht. Der Meister hatte ihn gebeten, bei ihm in Dakshineswar zu bleiben und sich um ihn zu kümmern. In Hazra bestand ein Durcheinander von unverdauten religiösen Auffassungen. Er bekannte sich zum Weg der Erkenntnis und wandte sich gegen Rāmakrishnas *Bhakti*-Einstellung und sein Verlangen nach Jüngern. Dann und wann hielt er den Meister für eine große Seele, und dann wiederum betrachtete er ihn als gewöhnliches menschliches Wesen. Er verbrachte viel Zeit mit dem Zählen seiner Gebetsperlen und kritisierte Rakhal und andere junge Männer wegen ihrer Gleichgültigkeit dieser Übung gegenüber. Er achtete sehr auf religiöse Konventionen und gutes Benehmen und hatte ein Steckenpferd daraus gemacht. Er war achtunddreißig Jahre alt.

Als Hazra hereinkam, geriet der Meister in eine abstrakte Stimmung und fing an zu reden.

Meister (zu Hazra): »Dein Tun ist im Prinzip richtig, aber die Ausführung läßt noch zu wünschen übrig. Suche keine Fehler bei anderen, nicht einmal bei einem Insekt. Wenn du Gott um Hingabe bittest, dann bitte Ihn auch darum, daß du in anderen keine Fehler mehr siehst.«

Hazra: »Erhört Gott unsere Gebete um *Bhakti*?«

Meister: »Gewiß! Das kann ich dir hundertmal versichern. Doch das Gebet muß echt und ernsthaft sein. Weinen weltliche Menschen nach Gott, wie sie um Frau und Kinder weinen? Eine Frau wird krank; ihr Mann glaubt, sie müsse sterben, und beginnt zu zittern und halb ohnmächtig zu werden. Wer zittert ebenso um Gott?«

Hazra wollte des Meisters Füße berühren.

Meister (zurückschreckend): »Was soll das?«

Hazra: »Warum sollte ich nicht den Staub von den Füßen dessen nehmen, der mich so freundlich aufgenommen hat?«

Meister: »Stelle Gott zufrieden, dann werden alle zufrieden sein. ›Wenn Er erfreut ist, ist die Welt erfreut.‹

Eine vollkommene Seele wird selbst nach der Erlangung von Erkenntnis Hingabe üben und religiöse Vorschriften beachten, um anderen ein Beispiel zu geben. Ich gehe zum *Kālī*-Tempel und verneige mich vor den heiligen Bildern in meinem Zimmer; deshalb tun andere es auch. Wer sich diese Dinge angewöhnt hat, fühlt sich unbehaglich, wenn er sie nicht beachtet.

Wenn man das Eine kennt, kennt man auch die Vielfalt. Was willst du durch bloßes Studium der Schriften erlangen? Die Schriften enthalten eine Mischung aus Sand und Zucker. Es ist außerordentlich schwer, Zucker von Sand zu trennen. Deshalb sollte man das Wesentliche aus den Schriften von einem Lehrer oder *Sādhu* lernen. Was braucht man später noch Bücher?

(Zu den Anwesenden:) Sammelt alle Informationen, und vertieft euch dann darein. Wenn ein Topf in den Teich gefallen ist, muß man erst feststellen, an welcher Stelle er hineingefallen ist, um danach tauchen zu können.

Man sollte von einem *Guru* das Wesentliche der Schriften erlernen und dann *Sādhana* üben. Wer die spirituellen Übungen richtig befolgt, wird Gott sehen. Richtig befolgen heißt, in ihnen aufgehen. Was nützt es einem Menschen, wenn er nur über die Worte der Schriften nachgrübelt? Diese Toren! Sie grübeln sich zu Tode über die Art des Weges. Sie wagen nicht den Absprung. Welch ein Jammer!

Gott ließ mich durch die Übungen verschiedener Wege hindurchgehen. Erst die der *Purānas*, dann die der *Tantras*. Ich übte auch nach den Vorschriften der *Veden*. Erst übte ich im *Panchavatī*. Ich hatte eine Nische aus *Tulsi*-Pflanzen gemacht, in der ich saß und meditierte. Manchmal rief ich mit verlangendem Herzen: ›MUTTER! MUTTER!‹ Oder *›Rāma! Rāma!‹*

Die *Tantra*-Übungen machte ich unter dem *Bel*-Baum. Zu der Zeit konnte ich die heilige *Tulsi* von einer anderen Pflanze nicht unterscheiden. Manchmal ritt ich auf einem Hund und fütterte ihn, wobei ich selbst davon aß. Ich sah die ganze Welt nur von Gott erfüllt.

Während der Übungen der *Veden* wurde ich zum *Sannyāsin.* Ich legte mich an den Eingang des Tempels und sagte zu Hriday: ›Ich bin ein *Sannyāsin.* Ich werde hier meine Mahlzeiten essen.‹

Ich schwor zur Göttlichen Mutter, daß ich mich umbringen würde, wenn ich Gott nicht schauen könnte. Ich sagte: ›O MUTTER, ich bin ein Tor. Bitte lehre mich, was in den *Veden, Purānas, Tantras* und anderen Schriften enthalten ist.‹ Die MUTTER sagte zu mir: ›Der Kern des *Vedānta* ist: »Nur *Brahman* ist wirklich, die Welt ist Schein.«‹ Den Kern der *Gītā* erhält man, wenn man das Wort zehnmal wiederholt. Es wird dann zu *›Tāgī‹* und bedeutet Entsagung.

Wie weit liegen *Veden, Vedānta, Purānas* und *Tantras* unter einem, wenn man Gott erkannt hat! (Zu Hazra:) Im *Samādhi* kann ich das Wort *OM* nicht herausbringen. Warum nicht? Ich kann nur *OM* sagen, wenn ich aus dem *Samādhi*-Zustand wieder tief heruntergekommen bin.

Ich habe alle Erfahrungen durchgemacht, die man den Schriften nach haben sollte, wenn man Gott einmal direkt wahrgenommen hat. Ich habe mich verhalten wie ein Kind, wie ein Irrer, wie ein Geist und wie ein lebloses Ding.

Ich habe alle Visionen gehabt, die in den Schriften beschrieben sind. Ich sah das Universum von feurigen Funken erfüllt. Ich sah alle Himmelsrichtungen von Licht glitzern, als wäre die Welt ein See aus Quecksilber. Manchmal schien die Welt wie flüssiges Silber zu sein, und dann wieder war sie erleuchtet wie mit bengalischem Licht. Ihr seht, daß meine Erlebnisse mit den Beschreibungen der Schriften übereinstimmen.

Mir wurde ferner enthüllt, daß Gott selbst zu diesem Universum mit all seinen lebenden Wesen und den vierundzwanzig kosmischen Prinzipien geworden ist.

Oh, in was für einem Zustand hielt Gott mich damals! Kaum war ein Erlebnis vorüber, wurde ich wieder von einem anderen überfallen.

Ich sah Gott in der Meditation, im *Samādhi*-Zustand, und sah denselben Gott, wenn mein Bewußtsein zur äußeren Welt zurückkehrte. Wenn ich auf diese Seite des Spiegels blickte, sah ich nur Ihn allein, und blickte ich auf die Rückseite, dann sah ich denselben Gott.«

Die Anhänger lauschten diesen Worten mit atemloser Spannung.

Die Mukherji-Brüder verabschiedeten sich vom Meister. Ihre Kutsche wartete an der Nordveranda. Der Meister blickte nach Norden. Zu seiner Linken lag der Ganges, vor ihm der Garten mit dem *Nahabat,* und zu seiner Rechten der Weg, der zum Tor führte. Die Nacht war dunkel, und jemand brachte eine Laterne, um den Besuchern den Weg zu zeigen. Einer nach dem anderen verbeugte sich und nahm den Staub von den Füßen des Meisters. Die Kutsche schien zu schwer beladen zu sein für die Pferde. Der Meister sagte: »Sind nicht zu viele Menschen in der Kutsche?«

Als die Kutsche fortrollte, blickten die Verehrer noch einmal auf den Meister, dessen Gesicht vor Zuneigung und Liebe strahlte.

Freitag, 26. September 1884

Rāmakrishna war nach Kalkutta gekommen. Es war der erste Tag des *Durgā Pūjā,* des großen religiösen Festes. Alle Hindus der Hauptstadt feierten es.

Der Meister wollte in Adhars Haus das Bildnis der Göttlichen Mutter sehen. Er wollte auch Shivanath, einen *Brahmo*-Anhänger, besuchen.

Um die Mittagszeit spazierte M, einen Schirm in der Hand, vor dem *Brahmo*-Tempel auf und ab. Zwei Stunden waren schon vergangen, und der Meister war noch nicht erschienen. Ab und zu setzte M sich auf die Stufen der Apotheke, um den jungen und alten Menschen zuzusehen, die voll Freude das *Pūjā* feierten.

Kurz nach drei Uhr traf die Kutsche des Meisters ein. Sobald Rāmakrishna ausgestiegen war, grüßte er mit gefalteten Händen den *Brahmo*-Tempel. Hazra und einige andere Verehrer begleiteten ihn. M verneigte sich vor dem Meister. Bald darauf trafen verschiedene Mitglieder des *Brahmo Samāj* ein und geleiteten den Meister zu Shivanaths Haus, aber Shivanath war nicht da. Vijay Goswamit, Mahalnavish und andere *Brahmo*-Führer traten hinzu, begrüßten den Meister und führten ihn in den *Brahmo*-Tempel.

Rāmakrishna war in fröhlicher Stimmung. Er bekam einen Platz vor dem Altar. Die *Brahmo*-Mitglieder sangen ihre Andachtslieder. Vijay und die *Brahmos* saßen vor dem Meister.

Meister (mit einem Lächeln zu Vijay): »Man hat mir gesagt, daß ihr hier eine kleine Tafel angebracht habt, die allen Menschen den Zutritt verbietet, die anderen Glaubens sind. Narendra sagte auch zu mir: ›Ihr solltet nicht in den *Brahmo Samāj* gehen, besucht lieber Shivanath.‹

Ich sage aber, daß wir alle denselben Gott anrufen. Eifersucht und Groll brauchten nicht zu sein. Wollt ihr die Wahrheit wissen? Gott hat die verschiedenen Religionen geschaffen, damit verschiedenen Suchern in verschiedenen Ländern zu verschiedenen Zeiten geholfen wird. Alle Lehren sind nur so viele verschiedene Wege, aber ein Weg ist niemals Gott selbst. Man kann Gott erreichen, wenn man einen der Wege mit Hingabe aus vollem Herzen befolgt. Selbst wenn es Irrtümer gäbe in der Religion, die man erwählt hat, dann wird Gott selbst sie korrigieren, wenn man ernsthaft und aufrichtig ist. Wenn sich jemand auf den Weg begigt, um *Jagannath* in Puri zu besuchen, kann er aus Versehen nach Norden gehen statt nach Süden, aber sehr bald wird man ihm sagen: ›Mein lieber Mann, du bist auf dem falschen Weg, du mußt nach Süden gehen.‹ Der Mann wird früher oder später *Jagannath* erreichen.

Um Irrtümer in anderen Religionen brauchen wir uns nicht zu kümmern. Gott, dem die ganze Welt gehört, wird dafür Sorge tragen. Unsere Aufgabe ist es, irgendwie zum *Jagannath*-Tempel zu kommen. (An die *Brahmos* gewandt) Ihr habt gute Ansichten. Ihr beschreibt Gott als gestaltlos. Das ist in Ordnung. Man kann einen Kuchen auf verschiedene Weise anschneiden, er wird immer süß schmecken.

Die *Veden* beschreiben Gott als gestalthaft und als gestaltlos. Ihr beschreibt Ihn nur als gestaltlos. Das ist einseitig, macht aber nichts. Wenn ihr einen Seiner Aspekte wirklich kennt, werdet ihr auch Seine anderen Aspekte kennenlernen. Gott selbst wird sie euch enthüllen.«

Vijay gehörte noch dem *Brahmo Samāj* an. Er war ein bezahlter Prediger dieser Organisation, stimmte aber nicht mit allen Regeln und Vorschriften überein. Er verkehrte auch mit Menschen, die an den gestalthaften Gott glaubten, und das schuf Unstimmigkeiten zwischen ihm und seinen Vorgesetzten. Viele *Brahmos* beanstandeten sein Verhalten.

Der Meister blickte plötzlich auf Vijay und sagte: »Ich höre, daß man dir Vorwürfe macht, weil du mit Menschen verkehrst, die an den gestalthaften Gott glauben. Stimmt das? Ein Gottesverehrer muß unerschütterlichen Glauben haben. Er muß wie ein Amboß in einer Schmiede sein. Schlechte Menschen mögen dich beschimpfen und verleumden, aber du mußt alles ertragen, wenn du aufrichtig nach Gott suchst. Man kann auch unter bösen Menschen an Gott denken. Die alten *Rishis* meditierten im Wald über Gott, wo sie von Tigern, Bären und anderen Raubtieren umgeben waren. Böse Menschen sind wie Tiger und Bären, sie werden dich verfolgen und verletzen wollen.

Manchmal muß man vorsichtig sein. Denk an einen einflußreichen Menschen, der viel Geld besitzt und zahlreiche Untergebene hat. Er kann dir schaden, wenn er will. Deshalb mußt du im Gespräch mit ihm vorsichtig sein und ihm vielleicht sogar zustimmen. Wenn ein Hund dich anbellt oder angreift, mußt du stillstehen und besänftigend auf ihn einreden. Wenn ein Stier mit gesenkten Hörnern ankommt, mußt du ihn mit sanfter Stimme beruhigen. Wenn du einen Betrunkenen verärgerst, wird er dich und deine ganze Familie beschimpfen. Du solltest zu ihm sagen: ›Hallo, Onkel, wie geht es dir?‹ Er wird erfreut sein und sich zu dir setzen, um zu rauchen.

In Gegenwart schlechter Menschen bin ich sehr wachsam. Einige sind wie Schlangen, sie beißen ohne Vorwarnung. Man muß gut unterscheiden können, wenn man den Biß vermeiden will, sonst wird man so erregt, daß man nach Vergeltung trachtet. Man braucht dringend ab und zu die Gesellschaft eines Heiligen, damit man zwischen dem Wirklichen und dem Unwirklichen zu unterscheiden vermag.«

Vijay: »Ich habe keine Zeit, ich bin in meine Pflichten hier verstrickt.«

Meister: »Du bist ein religiöser Lehrer. Andere haben Ferien, ein religiöser Lehrer nie. Wenn ein Gutsverwalter seinen Auftrag erledigt hat, erhält er vom Grundbesitzer einen neuen. Genauso hast auch du keine Freizeit.« (Alle lachten)

Vijay: »Gebt mir Euren Segen.«

Meister: »Jetzt sprichst du wie ein Unwissender. Nur Gott kann segnen.«

Vijay: »Dann gebt uns bitte einige Anweisungen.«

Meister: »Auch in der Welt kann man Gott erkennen, wenn man aufrichtig ist. ›Ich und mein‹ – das ist Nichterkenntnis; aber ›O Gott! Du und Dein‹ – das ist Erkenntnis.

Ich rate den Menschen, geistig zu entsagen, ich verlange nicht, daß sie die Welt aufgeben. Wenn man unverhaftet in der Welt lebt und aufrichtig nach Gott sucht, dann erlangt man Ihn auch.

Es hat eine Zeit gegeben, in der ich mit geschlossenen Augen über Gott meditierte. Dann sagte ich mir: ›Existiert Gott denn nur, wenn ich mit geschlossenen Augen an Ihn denke? Existiert Er nicht, wenn ich mit offenen Augen umherblicke?‹ Wenn ich jetzt umherblicke, sehe ich, daß Gott allen Wesen innewohnt. ER ist das Bewußtsein in Menschen, Tieren, Bäumen, Pflanzen, Mond und Sonne, Land und Wasser.«

Rāmakrishna verabschiedete sich. Die *Brahmo*-Anhänger verbeugten sich vor ihm, und er erwiderte ihren Gruß. Dann stieg er in die Kutsche, um das Bildnis der Göttlichen Mutter in Adhars Haus zu besuchen.

Sonnabend, 11. Oktober 1884

Es war zwei Uhr nachmittags. Rāmakrishna saß auf seiner Couch. M und Priya Mukherji waren bei ihm. Ein Brahmane trat ein und begrüßte den Meister. Er hatte in Benares *Vedānta* studiert.

Meister: »Hallo, wie geht es dir? Du bist lange nicht hier gewesen. Warum?«

Pandit (lächelnd): »Weltliche Pflichten; Ihr wißt ja, ich habe nur wenig Freizeit.«

Der *Pandit* setzte sich, und es entspann sich eine Unterhaltung.

Meister: »Du warst lange in Benares. Was gibt es dort?«

Pandit: »Ich sah Colonel Olcott. Die Theosophen glauben an *Mahātmas.* Sie sprechen von ›lunaren‹, ›solaren‹, ›astralen‹ und anderen Ebenen. Ein Theosoph kann sich mit seinem Astralleib in all diese Ebenen begeben. Olcott hat viele solche Dinge erzählt. Was haltet Ihr von der Theosophie?«

Meister: »Das Wesentliche ist *Bhakti,* liebende Hingabe an Gott. Suchen die Theosophen *Bhakti?* Wenn ja, dann ist es gut. Wenn die Theosophen die Erkenntnis Gottes zum Ziel des Lebens machen, dann ist es gut. Man kann Gott aber nicht suchen, wenn man unentwegt mit *Mahātmas* und den lunaren, solaren und astralen Ebenen beschäftigt ist. Ein Mensch sollte spirituell üben und zu Gott beten, daß Er ihm Gottesliebe schenkt. Er sollte sein Denken auf Gott allein richten und es von den Objekten der Welt abziehen.

Man mag über Schriften, Philosophie und *Vedānta* reden – Gott ist darin nicht zu finden. Man wird Gott nicht erkennen, wenn man nicht rastlos um Ihn bemüht ist. Spirituelle Übungen sind notwendig. Ohne Vorbereitungen ist eine Schau Gottes nicht möglich.

Jemand fragte mich einmal: ›Warum kann ich Gott nicht sehen?‹ Ich sagte zu ihm: ›Du willst einen großen Fisch fangen. Dann triff erst

Vorbereitungen. Besorge dir eine Angelrute und eine Leine. Dann streue Köder ins Wasser. Der Köder wird den Fisch aus der Tiefe heraufl ocken. An der Bewegung des Wassers kannst du erkennen, ob ein großer Fisch da ist.‹

Wenn man Butter essen will, nützt es gar nichts festzustellen, daß Butter in der Milch enthalten ist. Man muß hart arbeiten, um die Butter von der Milch zu trennen. Man kann Gott nicht sehen, wenn man lediglich feststellt, daß Er existiert. Es bedarf spiritueller Übungen.

(Zum *Pandit*:) Man sollte ab und zu in der Gesellschaft von Heiligen leben. Die Krankheit der Weltlichkeit ist chronisch geworden. Sie wird in der Gesellschaft von Heiligen weitgehend gemildert.

›Ich und mein‹ – das ist Nichterkenntnis. Wahre Erkenntnis läßt uns empfinden: ›O Gott, Du allein handelst. Du allein bist mein eigen. Dir allein gehören Haus, Familie, Verwandte, Freunde und die ganze Welt. Alles gehört Dir.‹ Nichterkenntnis läßt uns denken: ›Ich tue alles. Familie, Kinder, Freunde und Besitz gehören mir.‹

Ein Lehrer erklärte seinem Schüler diese Dinge, indem er sagte: ›Gott allein und niemand anders ist dein eigen.‹ Der Schüler sagte: ›Aber meine Mutter, meine Frau und meine anderen Verwandten kümmern sich sehr um mich. Für sie ist alles dunkel, wenn ich nicht da bin. Sie lieben mich sehr.‹ Der Lehrer sagte: ›Du befindest dich in einem Irrtum. Ich werde dir zeigen, daß niemand dein eigen ist. Nimm diese Pillen, geh nach Hause, lege dich ins Bett und schlucke sie. Alle werden dich für tot halten, aber du wirst alles sehen und hören können, was um dich herum vorgeht. Dann werde ich in dein Haus kommen.‹

Der Schüler folgte den Anweisungen. Er schluckte die Pillen und lag wie tot in seinem Bett. Seine Mutter, seine Frau und seine Verwandten weinten. In dem Augenblick kam der Lehrer, als Arzt verkleidet, herein und erkundigte sich nach der Ursache ihres Kummers. Als sie ihm alles berichtet hatten, sagte er: ›Hier ist eine Medizin. Sie wird ihn ins Leben zurückrufen; sie muß aber erst von einem seiner Angehörigen genommen werden und dann von ihm. Wer von den Angehörigen sie zuerst nimmt, muß aber sterben. Ich sehe seine Mutter, seine Frau und seine anderen Angehörigen hier versammelt; sicher wird einer von ihnen freiwillig die Medizin nehmen. Dann wird der junge Mann wieder zum Leben erwachen.‹

Der Schüler hörte alles mit an. Zuerst wandte der Arzt sich an die Mutter, die weinte und sich vor Schmerz kaum fassen konnte: ›Mutter, weint nicht mehr, nehmt die Medizin, und Euer Sohn wird leben, aber Ihr müßt sterben.‹ Die Mutter nahm die Medizin in die Hand und überlegte. Nach vielem Nachdenken sagte sie mit Tränen in den Augen zum Arzt: ›Mein Sohn, ich habe noch mehr Kinder. Ich muß auch an sie denken. Wer wird sie ernähren und versorgen, wenn ich sterbe?‹ Da wandte der Arzt sich an die Frau des Schülers. Auch sie hatte bitterlich geweint. Mit der Medizin in der Hand begann sie nachzudenken. Sie hatte vernommen, daß sie durch die Einnahme der Medizin sterben müßte. Mit Tränen in den Augen sagte sie: ›Es ist sein Schicksal. Was wird aus meinen kleinen Kindern, wenn ich sterbe? Wer wird sie am Leben erhalten? Wie kann ich die Medizin nehmen?‹ In der Zwischenzeit war die Wirkung der Pillen verflogen. Der Schüler wußte jetzt, daß in Wirklichkeit niemand sein eigen war. Er sprang aus dem Bett und ging mit seinem Lehrer fort. Der *Guru* sagte zu ihm: ›Es gibt nur Einen, den du dein eigen nennen kannst, und das ist Gott.‹

Deshalb sollte der Mensch *Bhakti* entwickeln und Gott lieben wie sein eigen. Seht die Welt um euch herum; sie existiert für euch nur ein paar Tage.«

Pandit: »Ich spüre ein Verlangen nach völliger Entsagung, wenn ich hier bin. Ich möchte die Welt aufgeben und davonlaufen.«

Meister: »Nein, warum aufgeben? Entsage geistig und lebe unverhaftet in der Welt.

Surendra verbrachte gelegentlich die Nacht hier. Er brachte sein Bettzeug mit und blieb ein oder zwei Tage. Daraufhin sagte seine Frau: ›Du kannst am Tage hingehen, wohin du willst, aber nachts mußt du zu Hause sein.‹ Was sollte der arme Surendra tun? Jetzt kann er keine Nacht mehr fortbleiben.«

Der *Pandit* ging. Die Dämmerung senkte sich auf den *Panchavatī*, die Tempel und den Fluß. Die Abendandacht begann. Rāmakrishna verbeugte sich vor den Bildern der Gottheiten in seinem Zimmer. Dann saß er versunken auf seiner Couch. Einige Anhänger saßen schweigend auf dem Boden.

Nach einer Stunde trafen Ishan und Kishori ein. Ishan war ein Ritualist, der die verschiedenen Zeremonien befolgte, die in den Schriften vorgeschrieben sind. Der Meister begann mit der Unterhaltung.

Meister: »Kann man Gotterkenntnis erlangen, indem man nur das Wort ›Gott‹ wiederholt? Es gibt zwei Anzeichen für solche Erkenntnis. Erstens: starkes Verlangen, das heißt, Liebe zu Gott. Man mag ergründen und diskutieren, aber alles ist fruchtlos, wenn man kein Verlangen und keine Liebe empfindet. Zweitens: das Erwachen der *Kundalinī*. Solange die *Kundalinī* schläft, gibt es keine Gotterkenntnis. Man kann stundenlang über Büchern brüten oder Philosophie studieren – wenn man keine innere Ruhelosigkeit nach Gott empfindet, erkennt man Ihn auch nicht.

Wenn die *Kundalinī* erwacht, entwickelt man Hingabe und Liebe zu Gott. Das ist der Weg der Anbetung.«

Ishan: »Laßt mich gehn und Hazra suchen.«

Rāmakrishna saß schweigend da. Ishan kehrte mit Hazra zurück. Der Meister schwieg immer noch. Hazra flüsterte zu Ishan: »Wir wollen ihn allein lassen. Vielleicht will er meditieren.« Beide verließen das Zimmer.

Rāmakrishna saß regungslos. Die Verehrer spürten, daß er meditierte. Dann machte er *Japam*. Er legte seine rechte Hand auf den Kopf, dann auf die Stirn, dann auf die Kehle, auf das Herz und schließlich auf den Nabel. Meditierte er über die *Kundalinī* in den sechs Zentren?

Bald darauf ging der Meister zum *Kālī*-Tempel. Er blickte auf das Bildnis, nahm einige geweihte Blumen von den Füßen der MUTTER und ging um Sie herum; er schien von einer Ekstase ergriffen zu sein. Als er herauskam, fand er Ishan mit dem Ritual beschäftigt.

Meister: »Was! Du bist immer noch hier? Immer noch beim Ritual? Hör' dir dies Lied an:

> Warum sollt ich nach Ganga oder Gaya,
> nach Kashi, Kanchi oder Prabhas gehn,
> solange ich noch atmen kann
> mit *Kālīs* Namen auf den Lippen?
> Wozu bedarf der Mensch
> der Andacht noch, wozu der Rituale,
> wenn er der MUTTER Namen wiederholt
> zu den drei heiligen Tagesstunden?
> So dicht die Riten ihm auch folgen mögen,
> nie werden sie ihn übertreffen.
> Wohltätigkeit, Gelübde, milde Gaben

sind nicht nach Madans Sinn.
Der segensvollen MUTTER Lotusfüße
sind sein Gebet und seine Opfergaben.
Wer könnte jemals ganz begreifen
die Kraft von Ihrem heiligen Namen?
Ja, *Shiva* selbst, der Gott der Götter, singt
fünffachen Mundes Ihr zu Lob und Preis!

Wie lange muß ein Mensch formale Anbetung verrichten? Solange er keine Liebe zu Gott entwickelt hat, solange er keine Tränen vergießt und ihm die Haare nicht zu Berge stehen, wenn er Gottes Namen wiederholt.

Die Blüten fallen ab, wenn die Frucht sich bildet. Wenn man Liebe zu Gott entwickelt hat und Ihn wahrnimmt, dann gibt man alle Riten auf.

Mit diesem Tempo wirst du nichts erreichen. Du brauchst starke Entsagung. Bringt es etwas, wenn man fünfzehn Monate ein Jahr nennt? Du scheinst keine Kraft zu besitzen. Du bist wie Milchreis. Raffe dich auf und handle! Gürte deine Lenden!

Ich mag dieses Lied nicht:

Bruder, klammere dich freudig an Gott;
so strebend, wirst du Ihn eines Tages erreichen.

Diese letzte Zeile gefällt mir überhaupt nicht. Du brauchst starke Entsagung. Dasselbe sage ich zu Hazra.

Du fragst mich, warum du keine starke Entsagung besitzt. Es gibt einen Grund dafür: Wünsche und verborgene Neigungen sind in dir. Das gleiche gilt für Hazra. In meiner Gegend müssen die Bauern ihre Reisfelder bewässern. Die Felder sind von niedrigen Wällen umgeben, damit das Wasser nicht wegläuft. Sie bestehen aber aus Lehm und haben manchmal Rattenlöcher. Die Bauern arbeiten sich zu Tode, um Wasser auf die Felder zu bringen. Aber es läuft immer wieder durch diese Löcher weg. Wünsche sind solche Löcher. Du übst zwar *Japam* und Askese, aber sie verschwinden durch die Löcher deiner Wünsche. Wenn es keine Wünsche mehr gibt, richtet sich das Denken auf Gott. Es ist wie bei dem Zeiger einer Waagschale. Das Gewicht von ›Frauen und Gold‹ läßt ihn nach einer Seite ausschlagen. ›Frauen und Gold‹

bringen uns vom *Yoga*-Weg ab. Hast du einmal die Flamme einer Kerze beobachtet? Der geringste Windstoß läßt sie flackern. *Yoga* ist wie eine stetige Flamme an einem windstillen Ort.

Dein Denken ist zerstreut. Ein Teil weilt in Dacca, ein anderer in Delhi und ein dritter in Coochbehar. Das Denken muß gesammelt werden, es muß auf ein Objekt konzentriert werden. Wenn man einen Stoff kaufen will, der vier Rupien kostet, dann muß man dem Kaufmann volle vier Rupien zahlen. *Yoga* ist nicht möglich, wenn auch nur das geringste Hindernis vorhanden ist. Wenn der Telegrafendraht auch nur einen kleinen Bruch hat, kommt keine Meldung mehr durch.

Natürlich lebst du in der Welt, aber was macht das! Du mußt die Früchte deiner Arbeit Gott darbringen. Du darfst nichts für dich selber wollen. Denk aber daran, daß Verlangen nach *Bhakti* kein Wunsch ist. Du darfst dir *Bhakti* wünschen und darum beten. Benutze *Tamas-Bhakti* und stelle deine Forderungen an die Göttliche Mutter.

Gott ist deine MUTTER, oder ist Sie eine Stiefmutter? Ist es etwa eine künstliche Beziehung? Wenn du an Sie keine Forderungen stellen willst, an wen denn sonst? Sage zu Ihr:

> MUTTER, bin ich Dein Acht-Monats-Kind?
> Deine roten Augen können mich nicht schrecken!

Gott ist deine eigene MUTTER. Stelle deine Forderungen. Weil etwas von der Göttlichen Mutter in mir ist, fühle ich mich zu Ihr hingezogen.

Laß deine weltlichen Pflichten einmal beiseite. Denke ein paar Tage nur an Gott. Du hast gesehen, daß an dieser Welt nichts dran ist.«

Der Meister sang:

> Bedenke stets, mein Herz: Niemand gehört zu dir;
> vergeblich wanderst du umher in dieser Welt;
> in *Māyās* feinem Netzwerk eingefangen
> vergiß den Namen deiner MUTTER nicht.
>
> Nur kurz verehren dich die Menschen hier auf Erden
> als Herrn und Meister; allzubald muß diese Form,
> jetzt so geehrt, verlassen werden,
> wenn Meister Tod von dir Besitz ergreift.

Selbst dein geliebtes Weib, um das du dich
beständig sorgst, solang du lebst,
geht nicht mit dir; auch sie wird Abschied nehmen
und deinen toten Leib voll Schauder meiden.

Der Meister fuhr fort: »Was sind das für Dinge, mit denen du dich beschäftigst – Schiedsgerichte und Führerschaft? Ich höre, daß du den Streit der Menschen schlichtest und sie dich zum Schiedsrichter machen. Du hast das lange genug ausgeübt, laß andere sich darum kümmern! Jetzt widme dich mehr und mehr Gott.

Sambhu hat auch gesagt: ›Ich werde Krankenhäuser und Apotheken bauen.‹ Er war ein Gottesverehrer, deshalb sagte ich zu ihm: ›Wirst du Gott um Krankenhäuser und Apotheken bitten, wenn du Ihn siehst?‹

Keshab fragte mich: ›Warum kann ich Gott nicht sehen?‹

Ich sagte: ›Weil du zu sehr mit Namen, Ruhm und Gelehrsamkeit beschäftigt bist. Die Mutter kümmert sich nicht um ihr Kind, solange es mit seinem Spielzeug beschäftigt ist. Wenn es aber das Spielzeug fortwirft und schreit, dann nimmt die Mutter den Reistopf vom Feuer und eilt zu ihm.‹

Du bist mit Schiedsgerichten beschäftigt. Die Göttliche Mutter sagt sich: ›Mein Kind ist fleißig beim Schiedsrichtern und dabei sehr glücklich. Laß es!‹«

Inzwischen hatte Ishan Rāmakrishnas Füße ergriffen und sagte bescheiden: »Es ist nicht mein Wille, diese Dinge zu tun.«

Meister: »Ich weiß. Es ist das Spiel der Göttlichen Mutter – Ihr *Līlā*. Es ist der Wille der großen Zauberin, daß viele in die Welt verstrickt bleiben.«

Er sang:

Wie viele Boote schwimmen auf dem Ozean der Welt!
Und wie viele von ihnen sinken!
Von hunderttausend Drachen reißen
sich höchstens ein, zwei Drachen los.
Du lachst und klatschst in Deine Hände,
o MUTTER, wenn Du sie entkommen siehst.

Nur ein oder zwei von hunderttausend erlangen Befreiung. Der Rest bleibt verstrickt durch den Willen der Göttlichen Mutter.

Ich betete zur Göttlichen Mutter: ›O MUTTER, ich will weder Namen noch Ruhm. Ich will keine okkulten Kräfte. O MUTTER, ich habe kein Verlangen nach körperlichem Behagen. Bitte, MUTTER, gewähre mir nur reine Liebe zu Dir.‹«

Die Verehrer lauschten gebannt. Diese Worte brannten sich in ihre Seelen ein und spornten sie zur Entsagung an.

Darauf sprach der Meister ein paar ernsthafte Worte zu Ishan.

Meister: »Verliere nicht den Kopf, wenn man dir schmeichelt. Schmeichler sammeln sich um einen weltlichen Menschen. Geier sammeln sich um einen Kadaver.

Weltliche Menschen haben kein Rückgrat. Die Schmeichler kommen und sagen: ›Ihr seid so mildtätig und weise! Ihr seid so fromm!‹ Es sind nur Worte, aber sie wirken wie spitze Pfeile. Es ist unerträglich, Tag und Nacht von weltlichen Brahmanen-Pandits umgeben zu sein und ihre Schmeicheleien anhören zu müssen!

Weltliche Menschen sind dreifache Sklaven: Sie sind Sklaven ihrer Frauen, ihres Geldes und ihrer Vorgesetzten. Wie können sie da Rückgrat haben?

Schiedsgericht und Führerschaft! Welch unbedeutende Dinge! Wohltätigkeit und anderen Gutes tun! Du hast genug davon gehabt. Jetzt ist es Zeit für dich, dein Denken auf Gott zu richten. Wenn du Gott erkennst, wirst du auch alles andere erlangen. Erst Gott, und dann die anderen Dinge! Im Moment brauchen sie dich nicht zu bekümmern.

Das sind deine Schwierigkeiten. Es wäre gut, wenn ein *Sannyāsin* dir einige spirituelle Anweisungen gäbe. Der Rat eines weltlichen Menschen nützt nichts, auch wenn es ein *Pandit* oder sonst jemand ist.

Sei verrückt – verrückt vor Liebe zu Gott! Laß die Leute glauben, Ishan habe den Verstand verloren und könne seinen weltlichen Pflichten nicht mehr nachkommen. Dann werden sie dich mit Schiedsgericht und Führerschaft in Ruhe lassen. Wirf diese Dinge beiseite und mache deinem Namen ›Ishan‹ Ehre, der eine Bezeichnung *Shivas* ist!«

Ishan zitierte:

> MUTTER, mach mich verrückt vor Liebe zu Dir,
> was brauch ich Erkenntnis oder Verstand?

Meister: »Verrückt! Das ist es! Shivanath sagte einmal, daß man seinen Kopf verliert, wenn man zu viel an Gott denkt. Ich antwortete: ›Was! Kann man bewußtlos werden, wenn man an Bewußtsein denkt? Gott ist Seinem Wesen nach Ewigkeit, Reinheit und Bewußtsein. Durch Sein Bewußtsein werden wir uns der Dinge bewußt, durch Seine Intelligenz erscheint die ganze Welt intelligent.‹«

Ishan hielt Rāmakrishnas Füße und lauschte seinen Worten. Ab und zu warf er einen Blick auf das Bildnis *Kālīs* im Schrein. Im Licht der Lampe schien Sie zu lächeln. Es war, als wäre die Gottheit entzückt, die Worte des Meisters zu vernehmen – heilig wie die Worte der *Veden* selbst.

Ishan (auf das Bildnis deutend): »Eure Worte kommen in Wirklichkeit von dort.«

Meister: »Ich bin die Maschine, die Sie bedient. Ich bewege mich, wie Sie mich bewegt, ich spreche, wie Sie durch mich spricht. Man sagt, daß im *Kaliyuga* Gottes Stimme nur vernehmbar wird durch den Mund eines Kindes, eines Verrückten oder eines ähnlichen Menschen.«

Der Meister erhob sich. Er stieg auf die letzte Stufe vor dem Schrein und grüßte die MUTTER, indem er mit seiner Stirn den Boden berührte. Die Verehrer sammelten sich um ihn, fielen ihm zu Füßen und erbaten seinen Segen.

Sonntag, 26. Oktober 1884

Es war nachmittags, und viele Verehrer hatten sich um den Meister versammelt. Unter ihnen waren Manomohan, Mahimacharan und M. Später kamen Ishan und Hazra hinzu.

Ein Verehrer: »Wir hören, daß Ihr Gott schaut. Wenn das stimmt, zeigt Ihn uns bitte.«

Meister: »Alles hängt von Gottes Willen ab. Was vermag ein Mensch? Beim Denken an Gott fließen manchmal Tränen, und manchmal bleiben die Augen trocken. Wenn ich über Gott meditiere, spüre ich an einigen Tagen ein inneres Erwachen, und an anderen Tagen spüre ich gar nichts.

Man muß sich bemühen, nur dann kann man Gott sehen. Einmal hatte ich die Vision eines Dorfteiches. Ein Dorfbewohner schöpfte Wasser, nachdem er den grünen Schaum beiseite geschoben hatte. Diese Vision machte mir klar, daß man das Wasser nur sehen kann, wenn man den grünen Schaum, der es bedeckt, beiseite schiebt. So kann man auch Liebe zu Gott oder Seine Schau nur erlangen, wenn man hart arbeitet. Arbeit bedeutet Meditation, Anbetung und Singen von Gottes Namen und Herrlichkeit. Man kann auch Wohltätigkeit, Opfer und ähnliches hinzufügen.«

Mahimacharan: »Das ist wahr. Arbeit ist sicher notwendig. Man muß hart arbeiten, nur dann hat man Erfolg. Es gibt so viel zu studieren. Die Schriften sind endlos.«

Meister: »Wie viele Schriften kannst du lesen? Was kann man durch den Verstand erreichen? Versuche zuerst, Gott zu erkennen. Habe Vertrauen zum *Guru*. Wenn du keinen *Guru* hast, dann bete mit verlangendem Herzen zu Gott. ER wird dich erkennen lassen, wer Er ist.

Was kannst du aus Büchern über Gott erfahren? Aus der Ferne hört man vom Markt nur unterschiedslosen Lärm. Das ändert sich aber völlig, wenn man dort ist. Dann hört und sieht man alle Einzelheiten wie: ›Hier sind deine Kartoffeln, nun gib mir das Geld.‹

Aus der Ferne hört man nur das Grollen des Ozeans. Kommt man aber ans Ufer, dann sieht man Segelboote, Möwen und rollende Wogen.

Durch das Studium von Büchern gewinnt man kein echtes Gefühl für Gott. Diese Empfindung ist etwas ganz anderes als Buchwissen. Bücher, Schriften und Wissenschaften erscheinen einem wie leeres Stroh, wenn man Gott erkannt hat.«

Mahimacharan: »Durch welche Art von Arbeit kann man Gott erkennen?«

Meister: »Es ist nicht so, daß man Ihn durch diese Arbeit erkennt und durch jene nicht. Die Schau Gottes hängt von Seiner Gnade ab. Dennoch muß der Mensch ein wenig tun und dabei im Herzen nach Gott verlangen. Besitzt er dies Verlangen, dann trifft ihn auch Gottes Gnade.

Um Gott erlangen zu können, bedarf es gewisser günstiger Bedingungen: der Gesellschaft von Heiligen, Unterscheidungsvermögens und des Segens eines echten Lehrers. Vielleicht übernimmt sein Bruder die Verantwortung für die Familie, vielleicht ist seine Frau spirituell und tugendhaft; vielleicht ist er weder verheiratet noch ins weltliche Leben verstrickt. Wenn diese Bedingungen erfüllt sind, wird er auch Erfolg haben.

Ihr müßt geistig entsagen. Lebt als Familienväter, aber unverhaftet. Wohin wollt ihr aus dieser Welt gehen? Lebt in der Welt wie ein herabgefallenes Blatt im Sturm. Solch ein Blatt wird manchmal in ein Haus geweht und manchmal auf einen Abfallhaufen. Das Blatt folgt dem Wind – manchmal zu einem guten und manchmal zu einem schlechten Platz. Gott hat euch in die Welt gestellt. Das ist gut, bleibt dort. Wenn Er euch hier herausnimmt und auf einen besseren Platz stellt, ist immer noch Zeit genug, darüber nachzudenken, was dann zu tun ist.

Gott hat euch in die Welt gestellt. Was könnt ihr da tun? Überlaßt alles Ihm, ergebt euch Ihm, dann gibt es keine weitere Verwirrung. Dann werdet ihr erkennen, daß Gott in Wirklichkeit alles tut. Alles hängt ab vom ›Willen *Rāmas*‹.«

Ein Verehrer: »Was hat es mit dem ›Willen *Rāmas*‹ auf sich?«

Meister: »In einem Dorf lebte einmal ein Weber. Er war eine fromme Seele. Jeder vertraute ihm und liebte ihn. Er verkaufte seine Ware auf dem Markt. Wenn ein Kunde ihn nach dem Preis seines Stoffes fragte, sagte er: ›Nach dem Willen *Rāmas* kostet das Garn eine Rupie, die Arbeit vier Annas, nach dem Willen *Rāmas* ist der Gewinn zwei Annas. Der Stoff kostet somit nach dem Willen *Rāmas* eine Rupie und sechs Annas.‹ Das Vertrauen der Leute war so groß, daß sie sofort den Preis bezahlten. Der Weber war ein wirklicher Gottesverehrer. Nach dem Abendessen verbrachte er viele Stunden in der Andachtshalle, um zu meditieren und Gottes Namen und Ruhm zu singen. Eines Nachts konnte er nicht schlafen. Er saß in der Andachtshalle und rauchte, als eine Räuberbande vorbeikam. Sie suchten jemanden zum Tragen ihrer Beute, ergriffen den Weber und nahmen ihn mit. Nachdem sie in ein Haus eingebrochen waren, luden sie ihre Beute dem Weber auf, der sie tragen mußte. Plötzlich kam die Polizei, und die Räuber stoben davon. Der Weber wurde mit seiner Last ergriffen und eingesperrt. Am nächsten Tag wurde er vor den Richter gebracht. Die Dorfbewohner hörten, was sich ereignet hatte, kamen auf das Gericht und bekundeten, daß dieser Mann keines Einbruchs fähig sei. Darauf bat der Richter den Weber, den Vorgang zu schildern.

Der Weber sagte: ›Euer Ehren, nach dem Willen *Rāmas* hatte ich mein Abendessen beendet und saß nach dem Willen *Rāmas* in der Andachtshalle. Nach dem Willen *Rāmas* hatte ich an Gott gedacht und Seinen Namen und Ruhm gesungen, als nach dem Willen *Rāmas* eine Räuberbande vorbeikam. Nach dem Willen *Rāmas* schleppten sie mich fort, nach dem Willen *Rāmas* verübten sie einen Einbruch, und nach dem Willen *Rāmas* luden sie mir die Beute auf. Gerade da traf nach dem Willen *Rāmas* die Polizei ein und nahm mich nach dem Willen *Rāmas* fest. Nach dem Willen *Rāmas* wurde ich über Nacht eingesperrt, und nach dem Willen *Rāmas* stehe ich heute morgen vor Euer Ehren.‹ Der Richter erkannte, daß der Weber ein frommer Mann war und ließ ihn frei. Auf dem Heimweg sagte der Weber zu seinen Freunden: ›Nach dem Willen *Rāmas* bin ich freigelassen worden.‹

Ob ein Mensch ein Familienvater oder ein Mönch wird, hängt vom Willen *Rāmas* ab. Überlaßt alles Gott und tut in der Welt eure Pflicht. Was könnt ihr sonst tun?

Wenn ein Familienvater zum *Jīvanmukta* wird, lebt er in der Welt, wie es ihm gefällt. Ein Mensch, der Erkenntnis erlangt hat, unterscheidet nicht mehr zwischen diesem und jenem Ort. Alle Orte sind ihm gleich.

Als ich Keshab zum ersten Mal begegnete, bemerkte ich: ›Er ist der einzige, der seinen Schwanz abgeworfen hat.‹ Darauf lachten alle. Keshab sagte: ›Lacht nicht! Die Worte haben sicher eine Bedeutung. Wir wollen ihn danach fragen.‹ Ich sagte darauf zu Keshab: ›Solange die Kaulquappe ihren Schwanz nicht abgeworfen hat, kann sie nur im Wasser leben und nicht auf dem Land. Sobald sie aber den Schwanz abwirft, springt sie ans Ufer und kann an Land wie auch im Wasser leben. Solange ein Mensch den Schwanz der Nichterkenntnis nicht abgeworfen hat, kann er nur im Wasser der Welt leben. Wirft er aber den Schwanz ab, das heißt, erlangt er Gotterkenntnis, dann kann er als freie Seele umherschweifen oder als Familienvater leben, wie es ihm gefällt.‹«

Mahimacharan und die anderen Verehrer lauschten versunken den Worten des Meisters.

Meister: »In Begleitung von Mathur besuchte ich einmal Devendranath Tagore. Ich hatte zu Mathur gesagt: ›Ich habe gehört, daß Devendra Tagore an Gott denkt und würde ihn gern einmal sehen.‹ ›In Ordnung‹, sagte Mathur, ›wir waren zusammen an der Hindu-Universität, und ich kenne ihn gut.‹ Wir begaben uns also zu Devendra. Die beiden hatten sich lange nicht gesehen, und Devendra sagte zu Mathur: ›Du hast dich ein wenig verändert, du bist dicker geworden.‹ Mathur sagte, auf mich deutend: ›Er wollte dich sehen, er ist stets verrückt nach Gott.‹ Ich wollte Devendras körperliche Merkmale sehen und sagte: ›Darf ich Euren Körper sehen?‹ Er zog sein Hemd hoch, und ich sah, daß er eine sehr helle, rötliche Haut hatte. Seine Haare waren noch nicht grau.

Der erste Eindruck zeigte mir ein wenig Eitelkeit. Das war nur natürlich, er war reich, gelehrt, genoß Ansehen und Ruhm. Die Eitelkeit bemerkend, sagte ich zu Mathur: ›Ist Eitelkeit nun die Folge von Erkenntnis oder Nichterkenntnis? Kann ein Kenner *Brahmans* Empfindungen haben wie ›ich bin ein Gelehrter‹, ›ich bin ein *Jñāni*‹ oder ›ich bin reich‹?«

Während ich mich mit Devendra unterhielt, geriet ich plötzlich in den Zustand, in dem ich durch die Menschen hindurchblicken kann. Ich wurde von Lachen geschüttelt. In diesem Zustand sind Gelehrte und Bücherwürmer Stroh für mich. Wenn ich sehe, daß ein Gelehrter weder Unterscheidung noch Entsagung besitzt, betrachte ich ihn als wertloses Stroh. Ich sehe, daß er einem Aasgeier gleicht, der hoch oben schwebt, aber seinen Blick auf die Abfallgrube gerichtet hat.

Ich fand, daß Devendra in seinem Leben *Yoga* und *Bhoga* in Einklang gebracht hatte. Er besaß eine Anzahl jüngerer Kinder. Obgleich ein *Jñāni*, war er dennoch ins weltliche Leben vertieft. Ich sagte zu ihm: ›Ich habe gehört, daß Ihr in der Welt lebt und an Gott denkt. Deshalb wollte ich Euch sehen. Erzählt mir bitte etwas über Gott.‹

Er zitierte aus den *Veden*. Er sagte: ›Dieses Universum ist wie ein Kronleuchter, und jedes lebende Wesen ist ein Licht an ihm.‹ Als ich einmal im *Panchavatī* meditierte, hatte ich eine ähnliche Vision. Seine Worte stimmten mit meiner Vision überein, und ich dachte, daß er ein bedeutender Mann sein müsse. Ich bat ihn, seine Worte zu erklären. Er sagte: ›Gott hat den Menschen geschaffen, um Seine eigene Herrlichkeit zu manifestieren. Wer könnte sonst das Universum erkennen? Alles wäre dunkel ohne die Lichter des Kronleuchters. Den Kronleuchter selbst kann man aber nicht sehen.‹

Wir unterhielten uns lange. Devendra war erfreut und sagte: ›Ihr müßt unser *Brahmo-Samāj*-Fest besuchen.‹ ›Das hängt von Gottes Willen ab‹, sagte ich. ›Ihr seht meinen Bewußtseinszustand. Niemand weiß, wann Gott mich in einen bestimmten Zustand versetzt.‹ Devendra drängte: ›Nein, Ihr müßt kommen. Zieht Euch vollständig an und legt einen Schal um. Man könnte unfreundliche Bemerkungen über Eure Unordentlichkeit machen, und das würde mich verletzen.‹ ›Das kann ich nicht versprechen‹, sagte ich, ›ich bin kein vornehmer Herr.‹ Devendra und Mathur lachten.

Schon am nächsten Tag erhielt Mathur einen Brief von Devendra, in dem er mir verbot, das Fest zu besuchen. Er schrieb, daß es unfein wäre, wenn ich meinen Körper nicht mit einem Schal bedeckte. (Alle lachten)

(Zu Mahima) Du erklärst ›*AUM*‹ nur als A, U und M.«

Mahima: »Ja, sie bedeuten Schöpfung, Erhaltung und Auflösung.«

Meister: »Ich wähle als Beispiel den Klang eines Gongs: Tom, t-o-m. Es ist das Aufgehen des *Līlā* im *Nitya*. Das Grobe, Feine und Kausale versinkt in der Großen Ursache. Wachen, Träumen und Tiefschlaf gehen auf in *Turīya*. Der Gong tönt, als ob ein schweres Gewicht in einen großen Ozean fällt. Wellen steigen empor, das Relative entsteht aus dem Absoluten. Die kausalen, feinen und groben Körper entstehen aus der Großen Ursache. Aus *Turīya* gehen Tiefschlaf, Träumen und Wachen hervor. Diese Wellen erheben sich aus dem Großen Ozean und fallen zurück in den Großen Ozean. Vom Absoluten zum Relativen und vom Relativen zum Absoluten. Deshalb das Beispiel vom Klang eines Gongs: ›Tom‹. Ich habe diese Dinge deutlich wahrgenommen. Mir wurde enthüllt, daß es einen unbegrenzten Ozean des Bewußtseins gibt. Aus Ihm entstehen alle Dinge der relativen Ebene, und in Ihn fallen sie alle wieder zurück.«

Mahima: »Denen solche Dinge enthüllt wurden, war es nicht möglich, die Schriften zu verfassen. Sie waren so versunken in ihre eigenen Erfahrungen, daß sie nicht schreiben konnten. Andere hörten durch die Seher davon und haben die Bücher geschrieben.«

Sonnabend, 6. Dezember 1884

Adhar wohnte in Sobhabazar im Norden Kalkuttas. Fast jeden Tag, wenn er seine harte Arbeit im Büro beendet hatte und am späten Nachmittag heimkam, besuchte er Rāmakrishna. Er fuhr von seinem Hause in einer Mietdroschke nach Dakshineswar. Seine ganze Freude war der Anblick des Meisters. Von seinen Worten vernahm er nur wenig, denn nach der Begrüßung und dem Besuch der Tempel legte er sich auf Bitten des Meisters auf den Fußboden und war bald eingeschlafen. Er fühlte sich gesegnet, den Gott-Menschen von Dakshineswar sehen zu dürfen. Auf Bitten Adhars besuchte Rāmakrishna oft sein Haus. Seine Besuche waren der Anlaß zu religiösen Festen.

Zahlreiche Gottesverehrer kamen, und Adhar bewirtete sie üppig.

Rāmakrishna und seine Begleiter erreichten Adhars Haus. Alle waren in freudiger Stimmung. Adhar hatte ein großes Fest veranstaltet. Viele Freunde waren anwesend. Auf Adhars Einladung waren einige Gemeindeabgeordnete gekommen, die den Meister beobachten und seine Heiligkeit beurteilen wollten. Unter ihnen befand sich auch Bankim Chandra Chatterji, eine der größten literarischen Gestalten Bengalens zu Ende des neunzehnten Jahrhunderts. Er war einer der Schöpfer der modernen bengalischen Literatur und schrieb über soziale und religiöse Themen. Bankim war ein Produkt der Berührung Indiens mit England. Er schuf eine moderne Interpretation der Hindu-Schriften und trat für drastische Sozialreformen ein.

Rāmakrishna hatte sich angeregt mit den Verehrern unterhalten, als ihm Adhar verschiedene seiner Freunde vorstellte.

Adhar (Bankim vorstellend): »Er ist ein großer Gelehrter und hat viele Bücher geschrieben. Er ist gekommen, um Euch zu sehen. Sein Name ist Bankim Babu.«

Meister (lächelnd): »Bankim! Nun, was hat Euch gebeugt?« (»*Bankim*« heißt wörtlich »gebeugt«)

Bankim: »Stiefel sind dafür verantwortlich. Die Tritte unserer weißen Herren haben meinen Körper gebeugt.«

Meister: »Nein, mein Lieber, *Krishna* war von Seiner ekstatischen Liebe gebeugt. Sein Körper war durch Seine Liebe zu *Rādhā* dreimal gebeugt. So erklären einige Leute *Krishnas* Gestalt. Wißt Ihr, weshalb Er tiefblau ist und von kleiner Gestalt? Gott sieht aus der Ferne betrachtet so aus. Auch das Wasser des Ozeans ist blau aus der Ferne. Geht man aber an den Ozean heran und nimmt sein Wasser in die Hand, dann ist es klar und durchsichtig. Die Sonne erscheint uns klein, weil wir so weit entfernt sind. Wenn man Gottes wahres Wesen kennt, erscheint Er weder blau noch klein. Doch für diese Schau muß man einen weiten Weg zurücklegen, man hat sie nur im *Samādhi.* Solange ›Ich‹ und ›Du‹ vorhanden sind, sind auch Namen und Formen vorhanden. Alles ist Gottes *Līlā*, Sein Spiel und Vergnügen. Solange ein Mensch sich des ›Ich‹ und ›Du‹ bewußt ist, erfährt er die Manifestation Gottes durch die verschiedenen Formen.«

Bankim: »Warum predigt Ihr nicht?«

Meister (lächelnd): »Predigen? Nur Eitelkeit läßt einen Menschen ans Predigen denken. Der Mensch ist ein unbedeutendes Geschöpf.

Gott allein predigt – Gott, der die Sonne und den Mond geschaffen und so das Universum erleuchtet hat. Ist Predigen solch eine Kleinigkeit? Man kann nur predigen, wenn Gott sich einem enthüllt und man den Auftrag zum Predigen erhält. Ihr habt keinen Auftrag, aber redet Euch trotzdem heiser. Die Leute werden Euch ein paar Tage zuhören und dann alles vergessen. Es ist wie bei jeder Sensation: Solange Ihr sprecht, sagen die Menschen: ›Ah, wie gut er reden kann!‹ Aber in dem Augenblick, wo Ihr aufhört, ist alles vergessen. Wenn Gott sich Euch enthüllt und Euch den Auftrag gibt, dann könnt Ihr predigen und die Leute belehren. Habt Ihr jedoch keinen solchen Auftrag, wird niemand Euch zuhören.«

Die Besucher lauschten aufmerksam.

Meister (zu Bankim): »Ich habe gehört, daß Ihr ein großer Gelehrter seid und viele Bücher geschrieben habt. Was haltet Ihr für die Pflichten des Menschen? Was wird ihn nach dem Tode begleiten? Ihr glaubt doch an ein Leben nach dem Tode, nicht wahr?«

Bankim: »Leben nach dem Tode? Was ist das?«

Meister: »Wenn ein Mensch stirbt, nachdem er Erkenntnis erlangt hat, braucht er keine weitere Existenz mehr durchzumachen, er wird nicht wiedergeboren. Solange er aber keine Erkenntnis hat, solange er Gott nicht verwirklicht hat, muß er auf diese Erde zurückkehren, da gibt es kein Entkommen. Für ihn gibt es ein Leben nach dem Tode. Ein Mensch ist befreit, wenn er Erkenntnis erlangt und Gott verwirklicht hat. Er braucht nicht auf die Erde zurückzukommen. Gekochter Reis kann nicht mehr keimen. Wenn ein Mensch im Feuer der Erkenntnis gekocht ist, kann er am Spiel der Schöpfung nicht mehr teilnehmen. Was nützt es, gekochten Reis auszusäen?

Nun, was haltet Ihr für die Pflichten des Menschen?«

Bankim (lächelnd): »Wenn Ihr mich danach fragt, dann würde ich sagen: essen, schlafen und Sex.«

Meister (scharf): »Ihr seid sehr dreist? Das, womit Ihr Tag und Nacht beschäftigt seid, kommt auch aus Eurem Mund. Man stößt nach dem auf, was man gegessen hat. Ihr lebt Tag und Nacht inmitten von ›Frauen und Gold‹, deshalb könnt Ihr von nichts anderem reden. Wenn man unentwegt an weltliche Dinge denkt, wird man berechnend und betrügerisch. Denkt man aber an Gott, dann wird man rein und arglos. Ein Mensch, der Gott geschaut hat, wird niemals aussprechen, was Ihr eben gesagt habt. Was nützt die Gelehrsamkeit eines

Pandits, wenn er nicht an Gott denkt und keine Unterscheidung und Entsagung besitzt!

Ein *Pandit* hat sicher viele Bücher und Schriften studiert, er kann die Texte herunterrattern und Bücher darüber schreiben. Wenn er aber den Frauen verhaftet ist, wenn er Geld und Ehre für das Wesentlichste hält, dann ist er kein *Pandit.* Wie kann jemand ein *Pandit* sein, wenn er sich nicht mit Gott beschäftigt?

Einige werden über die Gottesverehrer sagen: ›Tag und Nacht reden sie von Gott. Sie sind wahnsinnig, sie haben den Verstand verloren. Wie schlau sind wir dagegen! Wir genießen Sinnesvergnügen, Geld und Ehre!‹ Die Krähe glaubt auch, ein schlauer Vogel zu sein, aber wenn sie morgens aufwacht, füllt sie zuerst ihren Magen mit dem Unrat anderer. Habt Ihr bemerkt, wie sie umherstolziert? Ein wirklich schlauer Vogel!«

Es herrschte Totenstille.

Rāmakrishna fuhr fort: »Wie ein Schwan aber sind diejenigen, die an Gott denken, die Tag und Nacht darum beten, von ihren Verhaftungen befreit zu werden. Sie suchen nur die Seligkeit des Herrn, weltliche Vergnügen schmecken ihnen bitter. Wenn man einem Schwan Milch, mit Wasser gemischt, vorsetzt, dann trinkt er nur die Milch und läßt das Wasser zurück. Habt Ihr einmal die Haltung eines Schwanes beobachtet? Er geht geradeaus in eine Richtung. So ist es auch mit den echten Gottesverehrern, sie marschieren nur auf Gott zu. Sie suchen nichts anderes, sie genießen nichts anderes.

(Besänftigend zu Bankim:) Fühlt Euch bitte durch meine Worte nicht verletzt.«

Bankim: »Ich bin nicht hergekommen, um Loblieder zu hören.«

Meister: »Die Welt besteht aus ›Frauen und Gold‹, sie allein schaffen diese *Māyā.* Sie verhindern, daß wir Gott sehen oder an Ihn denken. Nach der Geburt von ein oder zwei Kindern sollten Mann und Frau wie Bruder und Schwester leben und nur über Gott reden. Dann fühlen sich beide zu Gott hingezogen, und die Frau wird dem Mann eine Hilfe sein auf dem spirituellen Weg. Niemand kann göttliche Seligkeit genießen, ohne alle niederen Empfindungen aufgegeben zu haben. Ein Suchender sollte Gott bitten, ihm zu helfen, diese Empfindungen loszuwerden. Es muß ein aufrichtiges Gebet sein. Gott ist unser Innerer Herrscher. ER wird unser Gebet erhören, wenn es aufrichtig ist.

Was Gold anbelangt, so habe ich im *Panchavatī* am Ganges gesessen und gesagt: ›Rupie ist Lehm und Lehm ist Rupie‹, und dann beides in den Ganges geworfen.«

Bankim: »Geld ist Lehm? Wenn man etwas davon besitzt, kann man den Armen helfen. Wäre Geld Lehm, dann könnte man es nicht für Wohltätigkeit einsetzen oder anderen Gutes damit tun.«

Meister: »Wohltätigkeit! Gutes tun! Wie könnt Ihr behaupten, anderen Gutes tun zu können? Die Menschen prahlen zu sehr.

Wenn ein Familienvater ein wahrer Gottesverehrer ist, dann versieht er seine Pflichten unverhaftet. Er bringt die Früchte seiner Arbeit Gott dar, er betet Tag und Nacht um Hingabe und nichts anderes. Pflichterfüllung ohne Verhaftung ist ein Handeln ohne ein Motiv des Vorteils. Auch ein *Sannyāsin* muß unverhaftet tätig sein, aber er hat keine weltlichen Pflichten wie ein Familienvater.

Wenn ein Familienvater unverhaftet wohltätig ist, dann tut er sich selbst Gutes und nicht den anderen. Er dient Gott, Ihm, der in allen Wesen wohnt; und damit tut er sich selbst Gutes und nicht den anderen. Wenn man Gott in allen Wesen dient, ohne Namen und Ansehen oder den Himmel nach dem Tode zu erwarten, dann ist es selbstloses Tun – Arbeit ohne Verhaftung. Das ist *Karma Yoga* – auch ein Weg zur Gottverwirklichung. Im *Kaliyuga* ist das ein sehr schwerer Weg.

Anderen helfen, anderen Gutes tun, das ist allein Gottes Werk, der für die Menschen Sonne und Mond, Vater und Mutter, Früchte, Blumen und Korn geschaffen hat. Die Liebe der Eltern ist Gottes Liebe. ER gab sie ihnen, um Seine Schöpfung zu erhalten. Die Barmherzigkeit der Mitfühlenden ist die Barmherzigkeit Gottes. ER gab sie ihnen, um die Hilflosen zu beschützen. Ob ihr mildtätig seid oder nicht, ER wird Sein Werk vollenden. Nichts kann Ihn aufhalten.

Was ist also die Pflicht des Menschen? Was könnte sie anderes sein, als Zuflucht bei Gott zu suchen und mit verlangendem Herzen um Seine Schau zu beten!

(Zu Bankim:) Einige glauben, daß Gott ohne Studium von Büchern und Schriften nicht verwirklicht werden kann; sie meinen, daß man erst über diese Welt und ihre Geschöpfe etwas wissen muß, daß man als erstes ›Wissenschaft‹ studieren müsse. Sie denken, daß man Gott nicht erkennen kann, wenn man nicht zuvor Seine Schöpfung verstanden hat. Was kommt zuerst, ›Wissenschaft‹ oder Gott? Was meint Ihr?«

Bankim: »Auch ich bin der Meinung, daß man erst über die verschiedenen Dinge der Welt Bescheid wissen muß. Wie können wir etwas über Gott wissen, ohne etwas über diese Welt zu wissen? Zuerst sollten wir aus Büchern lernen.«

Meister: »Das ist euer ständiges Gerede! Aber erst kommt Gott, und dann die Schöpfung. Wenn ihr Gott kennt, kennt ihr alles andere, aber dann interessieren euch die kleinen Dinge nicht mehr. Das gleiche sagen die *Veden*. Man spricht über die Tugenden eines Menschen, solange er nicht da ist. Taucht er auf, hört solches Gerede auf. Man freut sich, ihn zu sehen, und ist froh, mit ihm sprechen zu können. Über seine Tugenden wird nicht mehr geredet.

Erkennt zuerst Gott, dann denkt an die Schöpfung und an andere Dinge. Wenn ihr das Eine kennt, kennt ihr alles andere. Wenn man hinter die Eins fünfzig Nullen setzt, erhält man eine große Summe; nimmt man aber die Eins weg, dann bleibt nichts. Es ist die Eins, die das Viele schafft. Erst Gott, dann Seine Schöpfung und die Welt.

Betet mit verlangendem Herzen zu Gott. ER wird euch erhören, wenn euer Gebet aufrichtig ist. ER wird euch vielleicht zu Heiligen führen, damit ihr ihre Gesellschaft genießt und sie euch auf den spirituellen Weg bringen.«

Trailokya begann zu singen. Rāmakrishna stand plötzlich auf und verlor das Bewußtsein der äußeren Welt. Er ging in *Samādhi*. Die Verehrer standen um ihn herum. Bankim drängte sich zum Meister vor und beobachtete ihn aufmerksam. Er hatte noch nie jemanden in *Samādhi* gesehen.

Nach einigen Minuten erlangte Rāmakrishna einen Teil seines Wachbewußtseins zurück und begann, in Ekstase zu tanzen. Es war eine unvergeßliche Szene. Bankim und seine Freunde betrachteten ihn voller Erstaunen. Sie fragten sich: »Ist das der gottberauschte Zustand?« Die Verehrer betrachteten ihn auch mit verwunderten Augen. Als Tanz und Gesang beendet waren, nahm der Meister wieder Platz, und alle saßen um ihn herum

Bankim: »Wie kann man Liebe zu Gott entwickeln?«

Meister: »Durch Ruhelosigkeit – Ruhelosigkeit, wie ein Kind sie seiner Mutter gegenüber empfindet. Wenn ein Mensch nach Gott weint wie ein Kind nach seiner Mutter, dann kann er Ihn auch sehen.

In der Morgendämmerung färbt sich der östliche Horizont rot. Dann weiß man, daß die Sonne bald aufgeht. Wenn ein Mensch ruhelos ist nach Gott, dann darf man sicher sein, daß er bald Seine Schau haben wird.

Was werdet ihr erreichen, wenn ihr an der Oberfläche treibt? Der Edelstein ist schwer, er schwimmt nicht, sondern sinkt auf den Grund. Um den Edelstein zu finden, müßt ihr tief tauchen.«

Bankim: »Was können wir tun? Wir sind an einen Korken festgebunden; der hindert uns am Tauchen.« (Alle lachten)

Meister: »Alle Sünden schwinden, wenn man an Gott denkt. Sein Name zerbricht die Fesseln des Todes. Ihr müßt tauchen, wenn ihr den Edelstein haben wollt.«

Bankim verbeugte sich tief, er wollte sich verabschieden.

Bankim: »Ich bin kein solcher Idiot, wie Ihr glaubt. Ich habe eine Bitte: Seid so gütig und segnet mein Haus mit dem Staub Eurer Füße!«

Meister: »Das ist gut. Ich werde kommen, wenn Gott es will.«

Bankim ging, aber er war geistesabwesend. Als er die Tür erreichte, stellte er fest, daß er in Hemdsärmeln war; er hatte seinen Schal vergessen. Jemand gab ihn ihm.

9. Einige vertraute Schüler

Mittwoch, 11. März 1885

Nach Schulschluß begab M sich zu Balaram, wo er den Meister von Anhängern und Schülern umgeben im Wohnzimmer fand. Das Gesicht des Meisters strahlte, was sich auch in den Gesichtern der Anwesenden spiegelte. M wurde gebeten, neben dem Meister Platz zu nehmen.

Meister (zu Girīsh): »Über diesen Punkt argumentiere lieber mit Narendra und höre, was er darüber zu sagen hat.«

Girīsh: »Narendra sagt, daß Gott unendlich ist; wir können nicht sagen, daß Dinge oder Personen, die wir sehen, Teile Gottes sind. Wie kann Unendlichkeit Teile haben? Das ist nicht möglich.«

Meister: »So groß und unendlich Gott auch immer sein mag, Er kann sich nach eigenem Willen im Menschen manifestieren. Gottes Inkarnation als Mensch kann mit einem Vergleich nicht erklärt werden. Man muß sie selbst erkennen und direkt wahrnehmen. Ein Vergleich gibt nur schwache Hinweise. Wenn wir die Hörner, die Beine oder den Schwanz einer Kuh berühren, wird zwar die Kuh selbst berührt, aber das Wichtigste an der Kuh ist für uns doch die Milch, und die kommt aus dem Euter. Die göttliche Inkarnation ist wie das Euter. Gott inkarniert sich von Zeit zu Zeit, um die Menschheit Hingabe und Gottesliebe zu lehren.«

Girīsh: »Narendra sagt: ›Es ist unmöglich, alles über Gott zu wissen; Er ist unendlich.‹«

Meister: »Wer kann Gott ganz erfassen? Es ist dem Menschen nicht gegeben, Gottes große oder kleine Aspekte zu begreifen. Warum muß man alles über Gott wissen? Es genügt, wenn wir Ihn sehen. Wir sehen Ihn aber, wenn wir Seine Inkarnation sehen. Wenn jemand zum Ganges geht und dessen Wasser berührt, kann er sagen: ›Ja, ich habe den Ganges gesehen und berührt.‹ Um das sagen zu können, braucht er doch nicht den Ganges von der Quelle bis zur Mündung zu berühren! (Lachen) Wenn ich deine Füße berühre, berühre ich doch dich. Wenn ein Mensch an den Ozean geht und sein Wasser berührt, hat er gewiß den Ozean selbst berührt. Feuer ist als Element in allem vorhanden, aber im Holz ganz besonders.«

Girīsh (lächelnd): »Ich suche Feuer. Natürlich gehe ich dahin, wo ich es bekommen kann.«

Meister: »Ja, Feuer ist im Holz stärker vorhanden als in anderen Dingen. Wenn du Gott suchst, dann suche Ihn im Menschen. Er manifestiert sich im Menschen stärker als in allem anderen. Wenn du einen Menschen entdeckst, der voll ekstatischer Liebe, verrückt nach Gott und berauscht von seiner Liebe ist, dann darfst du gewiß sein, daß Gott sich in ihm inkarniert hat. (Zu M:) Es besteht kein Zweifel, daß Gott in allen Dingen ist, aber die Manifestation Seiner Kraft ist in den verschiedenen Wesen verschieden stark. Die größte Manifestation erfolgt in einer Inkarnation. In einigen Inkarnationen erfolgt eine vollständige Manifestation der Kraft Gottes.«

Girīsh: »Narendra sagt, daß Gott jenseits unserer Worte und Gedanken ist.«

Meister: »Das stimmt nicht ganz. Gewöhnliches Denken vermag Ihn zwar nicht zu erfassen, aber das geläuterte Denken erfaßt Ihn wohl. Denken und Intellekt werden geläutert, wenn sie frei sind von der Verhaftung an ›Frauen und Gold‹. Gott wird vom geläuterten Denken erkannt. Die Heiligen und Seher früherer Zeiten haben Gott geschaut. Durch ihr inneres Bewußtsein hatten sie Zugang zum Alldurchdringenden Bewußtsein.«

Girīsh: »Bei dieser Argumentation habe ich Narendra besiegt.«

Meister: »Nein, er hat zu mir gesagt: ›Wenn Girīsh so fest an Gottes Manifestation als Mensch glaubt, was kann man ihm da noch erwidern? Es wäre falsch, sich mit einem solchen Glauben herumzuschlagen.‹

Narendra ist ganz besonders begabt. Er ragt in allem hervor, im Singen, Musizieren und Studieren. Er beherrscht seine Sinnesorgane, ist wahrheitsliebend und besitzt Unterscheidung und Gleichmut. So viele Tugenden in einer Person! (Zu M:) Was meinst du, ist er nicht außergewöhnlich?«

M: »Ja, das ist er wirklich.«

Meister (leise zu M): »Girīsh ist voller Glauben und Ernsthaftigkeit.«

Die Dämmerung brach herein. Die Abendschatten fielen auf Kalkutta. Der Lärm der Großstadt ebbte ab. In vielen Häusern der Hindus ertönten die Gongs und Muschelhörner der Abendandacht. Die Gottesverehrer ließen ab von ihren weltlichen Pflichten und richteten ihr Denken auf Gebet und Meditation. Dieser Übergang vom Tag zur Nacht, dieses mystische Zwielicht, versetzte den Meister stets in eine ekstatische Stimmung.

Die Verehrer blickten alle auf Rāmakrishna, als er den Namen der Göttlichen Mutter wiederholte. Darauf betete er. Wozu braucht eine Seele zu beten, die ständig mit Gott verbunden ist? Wollte er nicht vielmehr die anderen lehren, wie man beten sollte? Er sagte: »O MUTTER, ich gebe mich ganz Deiner Gnade hin, ich suche Schutz zu Deinen heiligen Füßen. Ich suche keine körperliche Bequemlichkeit, will keinen Namen und Ruhm. Ich verlange nicht nach okkulten Kräften. Sei gnädig und gewähre mir reine Liebe zu Dir, eine Liebe, die nicht durch Wünsche und Selbstsucht gefärbt ist, eine Liebe, die nur der Liebe wegen empfunden wird! O MUTTER, betöre mich nicht durch Deine weltverzaubernde *Māyā*, damit ich nie der Welt verhaftet werde, der Welt von ›Frauen und Gold‹, die Deine unerfaßliche *Māyā* heraufbeschwört! O MUTTER, Du bist mein einziger Besitz! MUTTER, ich verstehe nichts von Anbetung, Askese, Hingabe oder Erkenntnis. Sei gnädig, MUTTER, und gewähre mir aus Deiner unendlichen Gnade reine Liebe zu Dir.«

Dieses Gebet, das aus dem Innersten aufstieg, bewegte die Zuhörer tief. Die hingebungsvolle Stimme und die kindliche Einfachheit gingen zu Herzen.

Girīsh lud den Meister ein, ihn noch am selben Abend zu besuchen.

Meister: »Glaubst du nicht, daß es zu spät wird?«

Girīsh: »Nein, Ihr könnt ja jederzeit zurückkehren. Ich muß heute abend ins Theater, um einen Streit zu schlichten.«

Es war neun Uhr abends, als der Meister losfahren wollte. Da Balaram ein Abendessen für ihn vorbereitet hatte, bat Rāmakrishna ihn, das Essen in Girīshs Haus zu schicken. Er wollte Balaram nicht verletzen.

Girīsh stand an der Tür, um den Meister willkommen zu heißen. Als Rāmakrishna das Haus betrat, fiel Girīsh ihm zu Füßen und lag lang ausgestreckt am Boden. Auf Bitten des Meisters stand er auf, nachdem er mit der Stirn die Füße des Meisters berührt hatte. Rāmakrishna wurde ins Wohnzimmer im ersten Stock geführt. Die Verehrer folgten ihm, begierig, jedes Wort zu erhaschen, das von seinen Lippen kam.

Als Rāmakrishna sich setzen wollte, sah er in der Nähe eine Zeitung liegen. Er bedeutete jemandem, sie wegzunehmen. Da Zeitungen weltliche Dinge wie Klatsch und Skandal enthalten, konnte er sie nicht leiden. Als man sie entfernt hatte, setzte er sich.

Viele Verehrer waren versammelt: Narendra, Girīsh, Rām, Haripada, Chuni, Balaram und M. Narendra glaubte nicht daran, daß Gott sich in einem menschlichen Körper inkarnieren könne. Girīsh war anderer Ansicht. Er hatte den festen Glauben, daß der Allmächtige durch Seine unergründliche Macht von Zeit zu Zeit in einem menschlichen Körper auf die Erde kommt, um einen göttlichen Zweck zu erfüllen.

Der Meister sagte zu Girīsh: »Ich würde gerne hören, wie du mit Narendra auf englisch argumentierst.«

Die Diskussion begann, aber sie sprachen Bengali.

Narendra: »Gott ist Unendlichkeit. Wie könnten wir Ihn begreifen? ER wohnt in jedem menschlichen Wesen. ER manifestiert sich nicht in einer Person allein.«

Rāmakrishna: »Ich stimme mit Narendra überein. Gott ist überall, aber ihr müßt bedenken, daß es in verschiedenen Wesen verschiedene Manifestationen Seiner Kraft gibt. Im einen manifestiert sich Seine Kraft als Nichterkenntnis, im anderen als Erkenntnis. Durch unterschiedliche Instrumente manifestiert sich Gottes Kraft in verschiedenen Graden, hier stärker, da schwächer. Deshalb sind die Menschen nicht alle gleich.«

Rām: »Was sollen diese nutzlosen Argumente?«

Meister (scharf): »O nein, das hat schon seine Bedeutung.«

Girīsh (zu Narendra): »Wie kannst du wissen, daß Gott keinen menschlichen Körper annimmt?«

Narendra: »Gott ist jenseits von Worten und Gedanken.«

Meister: »Nein, das stimmt nicht. ER kann erkannt werden durch reine *Buddhi*, die identisch ist mit dem reinen Selbst. Die alten Seher der Veden und Upanishaden haben das reine Selbst durch ihre reine *Buddhi* wahrgenommen.«

Girīsh (zu Narendra): »Wenn Gott die Menschen nicht selbst durch Seine menschliche Inkarnation belehrt, wer soll sie sonst die spirituellen Geheimnisse lehren? Gott nimmt einen menschlichen Körper an, um den Menschen göttliche Erkenntnis und göttliche Liebe zu übermitteln. Wo sollte solche Belehrung sonst herkommen?«

Narendra: »Warum, Gott wohnt in unserem Herzen, Er wird uns von dort aus belehren.«

Meister: »Ja, Er lehrt uns als unser Innerer Führer.«

Allmählich gerieten Narendra und Girīsh in eine hitzige Diskussion. Wenn Gott Unendlichkeit ist, wie kann Er dann Teile haben? Was hat Hamilton gesagt? Welche Ansichten vertreten Herbert Spencer, Tyndall und Huxley?

Meister (zu M): »Ich mag diese Diskussionen nicht. Warum sollte ich argumentieren? Ich sehe ganz klar, daß Gott alles ist; alles, was vorhanden ist, ist Gott. Ich sehe aber auch, daß Er jenseits von allem ist. Ich gelange in einen Zustand, in dem Denken und Intellekt im Unteilbaren aufgehen.

Ohne Erwachen des eigenen inneren Bewußtseins kann man das Alldurchdringende Bewußtsein nicht erkennen. Wie lange grübelt ein Mensch? Solange er Gott nicht erkannt hat. Bloße Worte nützen nichts. Was mich betrifft, so sehe ich klar, daß Er zu allem geworden ist. Das innere Bewußtsein muß durch Gottes Gnade erweckt werden. Durch dieses Erwachen erreicht der Mensch *Samādhi.* Er vergißt, daß er einen Körper hat. Er erfreut sich nur an Gesprächen, die von Gott handeln, und leidet unter weltlichem Geschwätz. Durch das Erwachen des inneren Bewußtseins erfährt man Alldurchdringendes Bewußtsein.«

Die Diskussion ging zu Ende. Rāmakrishna sagte zu M: »Ich habe festgestellt, daß man Gott zum einen über den Verstand und zum anderen durch Meditation erkennen kann; die dritte Art der Erkenntnis Gottes aber besteht darin, daß Gott sich Seinem Verehrer selbst enthüllt. Wenn Gott selbst dem Anbetenden das Wesen der Göttlichen Inkarnation enthüllt, dann braucht der Anbetende nicht mehr zu grübeln oder nach weiteren Erklärungen zu suchen. Es ist, als ob man in einem finsteren Raum ein Streichholz anzündet: Plötzlich ist es hell. Wenn Gott uns einen Lichtstrahl der Erleuchtung schickt, sind alle Zweifel verschwunden. Durch den bloßen Verstand ist Gott nicht erkennbar.«

Rāmakrishna bat Narendra, sich zu ihm zu setzen, und erkundigte sich liebevoll nach seiner Gesundheit.

Narendra: »Ich habe drei oder vier Tage lang über *Kālī* meditiert, und nichts ist dabei herausgekommen.«

Meister: »Alles zu seiner Zeit, mein Kind! *Kālī* ist nichts anderes als *Brahman*. Was *Brahman* genannt wird, ist in Wirklichkeit *Kālī*. Sie ist die Urkraft. Bleibt diese Energie untätig, nenne ich sie *Brahman*; wenn Sie schafft, erhält und zerstört, nenne ich Sie *Shakti* oder *Kālī*. Was du *Brahman* nennst, nenne ich *Kālī*.«

Es war schon spät. Girīsh bat Haripada, eine Droschke zu rufen, denn er mußte ins Theater.

Girīsh: »Daß ich auch gerade jetzt ins Theater muß! Ich würde viel lieber hier bei Euch bleiben!«

Meister: »Nein, du mußt dich an beides halten.«

Girīsh: »Ich habe schon daran gedacht, das Theater den Jüngeren zu überlassen.«

Meister: »Nein, laß nur, du tust vielen Gutes damit.«

Narendra flüsterte: »Eben hat Girīsh ihn noch Gott – eine Inkarnation – genannt, und jetzt belegt ihn das Theater mit Beschlag.«

Narendra saß neben dem Meister, der ihn fest ansah und näher zu ihm hinrückte. Narendra glaubte nicht, daß Gott eine menschliche Gestalt annimmt, aber was machte das! Rāmakrishnas Herz lief über vor Liebe zu seinem Schüler. Er sagte: »Solange ein Mensch über Gott argumentiert, hat er Ihn noch nicht erkannt. Ihr zwei habt heftig argumentiert. Das hat mir nicht gefallen.

Je mehr man sich Gott nähert, desto weniger grübelt und argumentiert man. Wenn man Ihn erlangt hat, dann hört alles Ergründen und Diskutieren auf. Dann folgt *Samādhi* – schweigende Vereinigung mit Gott.«

Der Meister streichelte Narendra und sagte dabei *»Hari OM! Hari OM! Hari OM!«* Er verlor rasch das Bewußtsein der äußeren Welt. Seine Hand lag auf Narendras Fuß. Allmählich änderte sich seine Stimmung. Mit gefalteten Händen sagte er zu Narendra: »Sing bitte ein Lied, dann fühle ich mich wohl; wie soll ich mich sonst auf den Füßen halten?«

Dann vergaß der Meister völlig die äußere Welt. Er sah niemanden im Zimmer, nicht einmal Narendra an seiner Seite. Er war völlig in Gott versunken. Plötzlich stand er auf und rief: »Trunken vom Wein göttlicher Liebe!« Als er sich wieder setzte, murmelte er: »Ich sehe ein Licht, aber ich weiß nicht, woher es kommt.«

Narendra sang:

Fort ist all mein Leid, o Herr,
durch Deines Angesichtes Schau,
und der Zauber Deiner Schönheit
hat mein Herz betört!
Wenn sie Dich schau'n, vergessen
die sieben Welten selbst ihr endloses Leiden.
Was soll ich arme Seele da erst sagen?

Als Rāmakrishna dieses Lied hörte, ging er wieder in *Samādhi.* Seine Augen waren geschlossen und sein Körper erstarrt.

Aus der Ekstase zurückkommend, blickte er sich um und sagte: »Wer bringt mich zum Tempelgarten zurück?« Er war wie ein Kind, das seine Kameraden verloren hat.

Sonnabend, 9. Mai 1885

Es war drei Uhr nachmittags. Rāmakrishna saß in fröhlicher Stimmung in Balarams Wohnzimmer. Viele Verehrer waren anwesend. Balaram fehlte. Er war in Monghyr zu einer Luftveränderung. Seine älteste Tochter hatte Rāmakrishna und seine Verehrer eingeladen, um ein Fest mit ihnen zu feiern. Nach dem Essen ruhte der Meister sich aus.

Ein Verehrer: »Wie kann man Gottes Gnade erlangen?«

Meister: »Gott hat das Wesen eines Kindes. Ein Kind spielt mit Edelsteinen, die in seinem Schoß liegen. Viele Menschen gehen auf der Straße vorbei; einige bitten das Kind um ein paar Steine, aber es bedeckt sie mit der Hand und sagt: ›Nein, ich gebe keinen her.‹ Da kommt ein Mann vorbei, der nicht nach den Edelsteinen fragt, aber das Kind läuft hinter ihm her und drängt sie ihm auf.

Ohne Entsagung kann man Gott nicht verwirklichen. Wer wird meine Worte akzeptieren? Ich habe nach einem Gefährten gesucht, nach einer mitfühlenden Seele, die meine Empfindungen versteht. Begegne ich einem großen Gottesverehrer, dann sage ich mir: ›Vielleicht wird er mein Ideal akzeptieren.‹ Aber später stelle ich fest, daß er sich anders entschlossen hat.

Mathur geriet einmal in eine ekstatische Stimmung. Er benahm sich wie ein Betrunkener und konnte sich nicht um seine Aufgaben kümmern. Darauf sagten alle: ›Wer wird sich um seinen Besitz kümmern, wenn er in solcher Verfassung ist? Sicher hat der junge Priester ihn verhext.‹

Während einer seiner ersten Besuche berührte ich Narendras Brust, worauf er das Bewußtsein verlor. Als er wieder zu sich kam, weinte er und sagte: ›Was habt Ihr mit mir getan? Ich habe Vater und Mutter.‹ Dieses ›Ich und Mein‹ entsteht aus Nichterkenntnis.«

Narendra: »Wie kann ich ohne Beweis daran glauben, daß Gott sich als Mensch inkarniert?«

Girīsh: »Glauben allein genügt. Wo ist der Beweis, daß alle diese Dinge hier existieren? Glaube ist der einzige Beweis. (Zu Narendra:) Du würdest es selbst dann nicht glauben, wenn Gott vor dir erschiene. Gott könnte ruhig sagen, daß Er als Mensch vor dir stünde, aber du würdest immer noch behaupten, daß Er ein Lügner und Betrüger sei!«

Meister: »Im Hause Jadu Mallicks sagte Narendra zu mir: ›Die Gestalten Gottes, die Ihr seht, sind die Funktion Eures Denkens.‹ Ich war verwirrt und sagte zu ihm: ›Aber sie sprechen doch mit mir.‹ Narendra antwortete: ›Ja, das bildet Ihr Euch ein!‹ Ich ging zum Tempel und weinte vor der MUTTER. ›O MUTTER‹, sagte ich, ›was ist nun, ist dies alles falsch? Wie konnte Narendra das behaupten?‹ Ich hatte sofort eine Offenbarung. Ich sah Bewußtsein – Unteilbares Bewußtsein – und ein göttliches Wesen, aus diesem Bewußtsein geformt. Die göttliche Gestalt sagte zu mir: ›Wenn deine Worte nicht wahr sind, wie kommt es, daß sie mit den Tatsachen übereinstimmen?‹ Darauf sagte ich zu Narendra: ›Du Schurke! Du hast Unglauben in mir gesät. Komm nicht wieder her.‹«

Die Unterhaltung ging weiter. Narendra argumentierte. Er war damals zweiundzwanzig Jahre alt.

Narendra (zu Girīsh, M und den anderen): »Wie kann ich den Worten der Schriften Glauben schenken? Der *Mahānirvāna Tantra* sagt an einer Stelle, daß man zur Hölle fährt, wenn man keine *Brahman*-Erkenntnis erlangt hat, und an einer anderen, daß es ohne Anbetung *Pārvatīs*, der Göttlichen Mutter, keine Befreiung gibt. *Manu* schreibt über sich selbst in der *Manu-Samhitā*, und Moses beschreibt seinen eigenen Tod im Pentateuch.

Die *Sāmkhya*-Philosophie sagt, daß Gott nicht existiert, weil es keinen Beweis für Sein Vorhandensein gibt. Dieselbe Philosophie sagt, daß man die *Veden* akzeptieren muß und daß sie ewig sind.

Ich will nicht sagen, daß das alles nicht stimmt, aber ich verstehe es einfach nicht. Erklärt mir das bitte. Die Menschen erklären die Schriften je nach ihren Vorstellungen. Welche Erklärung sollen wir akzeptieren? Weißes Licht erscheint rot, wenn es durch rotes Glas fällt, und grün, wenn es durch grünes Glas fällt.«

Ein Verehrer: »Die *Gītā* enthält die Worte Gottes.«

Meister: »Ja, die *Gītā* ist der Kern der Schriften. Ein *Sannyāsin* wird immer eine Taschen-*Gītā* bei sich haben.«

Ein Verehrer: »Die *Gītā* enthält die Worte *Krishnas.*«

Narendra: »Ja, *Krishna,* oder irgend so ein Bursche!«

Rāmakrishna war erstaunt über diese Worte Narendras.

Meister: »Das ist eine feine Diskussion! Es gibt zwei Auslegungen der Schriften, die wörtliche und die wirkliche. Man sollte nur die wirkliche akzeptieren – das, was mit den Worten Gottes übereinstimmt. Es bestehen große Unterschiede zwischen den Worten eines Briefes und den direkten Worten seines Schreibers. Die Schriften sind wie die Worte des Briefes. Die Worte Gottes sind die direkten Worte. Ich akzeptiere überhaupt nichts, wenn es nicht mit den direkten Worten der Göttlichen Mutter übereinstimmt.«

Die Unterhaltung wandte sich wieder der Göttlichen Inkarnation zu.

Narendra: »Es genügt, an Gott zu glauben. Es interessiert mich nicht, was Er tut oder beabsichtigt. Das Universum ist unendlich, und unendlich sind die Inkarnationen.«

Als Rāmakrishna diesen Satz hörte, sagte er mit gefalteten Händen: »Ah!«

M flüsterte Bhāvanath etwas zu.

Bhāvanath: »M sagt: ›Wenn ich noch keinen Elefanten gesehen habe, weiß ich auch nicht, ob er durch ein Nadelöhr gehen kann. Ich kenne Gott nicht; wie kann ich über den Verstand wissen, ob Gott sich als Mensch inkarniert oder nicht?‹«

Meister: »Gott ist alles möglich. Er bannt uns. Der Zauberer verschluckt das Messer und holt es wieder hervor; er schluckt Glas und Ziegelsteine.«

Ein Anwesender: »Die *Brahmos* sagen, daß man seine weltlichen Pflichten erfüllen muß; man darf ihnen nicht entsagen.«

Girīsh: »Ja, ich las so etwas in einer ihrer Zeitungen. Aber ein Mensch kann nicht einmal alles tun, was für die Erkenntnis Gottes notwendig ist, und dann spricht er noch von weltlichen Pflichten.«

Rāmakrishna lächelte, blickte hinüber zu M und gab ein Zeichen mit den Augen, als wollte er sagen: »Das stimmt, was er sagt.«

Narendra war bereit, ein Lied zu singen. Der Meister und seine Anhänger waren begierig auf seine Musik.

Narendra sang:

Shiva, Dein drohender Donnerschlag
herrscht über Wiesen, Feld und Firmament.
O Gott der Götter, der die Zeit erschlägt!
Der Du die Große Leere bist, des *Dharmas* König!
Shiva, Gesegneter, erlöse mich!
Nimm meiner Sünden Last von mir!

Komm, MUTTER, komm, Gespielin meiner Seele,
meines Herzens Freude!
Komm und nimm Platz im Lotus meines Herzens,
daß ich Dein Antlitz schauen kann!
Ach, liebste MUTTER, von Geburt an hab ich viel gelitten;
doch auf Dich blickend trug ich alles, wie Du weißt.
Öffne den Lotus meines Herzens,
geliebte MUTTER; enthülle Dich in ihm!

Rāmakrishna war in *Samādhi.* Er saß auf einem Kissen gegen die Wand gelehnt und ließ die Füße baumeln. Die Verehrer saßen um ihn herum. Langsam kehrte der Meister in das Bewußtsein der äußeren Welt zurück.

Es war spät am Abend. Im Wohnzimmer brannten die Lampen.

Meister (noch in ekstatischer Stimmung): »Es ist sonst niemand anwesend, deshalb kann ich es euch sagen. Wer aus der Tiefe seiner Seele Gott zu erkennen versucht, der wird Ihn verwirklichen. Er muß! Wer ruhelos nach Gott ist und nichts anderes sucht als Ihn, der wird Ihn ganz gewiß erkennen.«

Sonnabend, 13. Juni 1885

Rāmakrishna hatte sich nach dem Mittagessen etwas ausgeruht. In seinem Zimmer saß ein *Pandit* auf dem Fußboden. An der Tür nach Norden stand eine Brahmanin, die kürzlich ihre einzige Tochter verloren hatte und von Kummer gebeugt war. Kishori war auch anwesend. M kam hinzu und begrüßte den Meister. Er war in Begleitung von Dwija und ein paar anderen Gläubigen.

Rāmakrishna fühlte sich nicht wohl. Er litt unter einer Halsentzündung. Es waren die heißen Sommertage. Auch M hatte sich unpäßlich gefühlt und deshalb Rāmakrishna nicht so häufig besuchen können.

Meister (zu M): »Wie geht es dir? Fein, dich zu sehen! Die *Bel*-Frucht, die du mir kürzlich sandtest, war sehr gut.«

M: »Es geht mir etwas besser.«

Meister: »Es ist sehr heiß. Iß ab und zu etwas Eis. Ich habe sehr unter der Hitze gelitten und viel Eis gegessen. Deshalb habe ich den rauhen Hals.

Ich habe zur MUTTER gesagt: ›MUTTER, laß mich gesund werden! Ich werde kein Eis mehr essen!‹ Da ich der MUTTER mein Wort gegeben habe, werde ich es nicht mehr essen. Manchmal werde ich aber vergeßlich. Einmal hatte ich gesagt, ich wollte sonntags keinen Fisch mehr essen, aber an einem Sonntag vergaß ich das.«

Ein Verehrer brachte Eis. Der Meister fragte M immer wieder: »Soll ich es essen?«

M sagte bescheiden: »Eßt bitte nicht davon, ohne die MUTTER befragt zu haben.« Rāmakrishna nahm nicht von dem Eis. Er begann, über Göttliche Inkarnationen zu reden.

Meister (zu M): »Weißt du, weshalb Gott sich als Mensch inkarniert? Weil Er durch einen menschlichen Körper Seine eigenen Worte vernehmen kann. ER vergnügt sich daran. ER genießt göttliche Seligkeit durch einen menschlichen Körper. Durch andere Gläubige manifestiert Er nur einen kleinen Teil Seines Selbstes. Ein Gottesverehrer ist wie ein wenig Saft, den man nach vielem Saugen bekommt – fast, wie man nach vielem Saugen aus einer Blüte einen Honigtropfen bekommt. Verstehst du das?«

M: »Ja, sehr gut.«

Meister: »Es gibt so etwas wie angeborene Neigungen. Nach vielen guten Taten in früheren Geburten wird ein Mensch in seiner letzten Geburt völlig arglos, er handelt wie ein Tor.

Alles geschieht nach Gottes Willen. Wenn Er ›ja‹ sagt, geschieht alles, wenn Er ›nein‹ sagt, kommt alles zum Stillstand.«

Die Brahmanin stand noch immer an der Tür. Sie war Witwe. Ihre einzige Tochter hatte einen Aristokraten geheiratet, einen Grundbesitzer mit dem Titel eines *Rājas*. Wenn die Tochter sie besuchte, wurde sie von einer livrierten Wache begleitet, und das Herz der Mutter schwoll vor Freude. Vor ein paar Tagen war die Tochter gestorben, und jetzt war die Mutter vor Kummer außer sich. Wie von Sinnen war sie in den letzten Tagen in ihrem Heim in Baghbazar zum Meister gerannt. Sie wollte von Rāmakrishna wissen, ob er ihren unerträglichen Kummer stillen könne.

Meister (zu M): »Die Wahrheit ist, daß Gott allein wirklich ist und alles andere unwirklich. Menschen, Häuser, Universum – alles ist wie die Magie eines Zauberkünstlers. Der Zauberer berührt seinen Stab und sagt: ›Komm, Täuschung, komm, Verwirrung!‹ Dann sagt er zu den Zuschauern: ›Öffnet den Topfdeckel und seht, wie die Tauben herausfliegen!‹ Aber nur der Zauberer ist wirklich, seine Magie ist unwirklich. Das Unwirkliche erscheint für einen Augenblick und ist dann wieder verschwunden.

Gott ist wie der Ozean, und die lebenden Wesen sind seine Blasen. Hier werden sie geboren, und dort sterben sie. Kinder sind wie kleine Blasen um eine große herum.

Gott allein ist wirklich. Entwickelt Liebe zu Ihm und findet Wege, um Ihn zu erkennen. Was kann man durch Kümmernis erreichen?«

Alle schwiegen. Die Brahmanin sagte: »Kann ich jetzt heimkehren?« Der Meister sagte liebevoll: »Willst du jetzt gehen? Es ist sehr heiß. Du kannst später mit den anderen die Kutsche nehmen.«

Captain traf mit seinen Kindern ein.

Rāmakrishna sagte zu Kishori: »Zeig den Kindern bitte die Tempel.« Er begann eine Unterhaltung mit Captain. Dabei saß er auf der niedrigen Couch und bat Captain, sich neben ihn zu setzen.

Ein Verehrer: »Bankim hat ein Buch über das Leben *Krishnas* geschrieben.«

Meister: »Ich höre, daß Bankim behauptet, man brauche Leidenschaften wie Lust.«

Verehrer: »Er schrieb in seiner Zeitschrift, daß es der Zweck der Religion sei, unseren verschiedenen Fähigkeiten körperlich, geistig und spirituell Ausdruck zu verleihen.«

Captain: »Er glaubt also, daß Lust und dergleichen notwendig sind. Er glaubt aber nicht, daß *Krishna* sich in dieser Welt vergnügte und daß Gott sich in menschlicher Form inkarnierte, um in Vrindavan mit *Rādhā* und den *Gopis* zu spielen!«

Meister (lächelnd): »Aber davon hat nichts in der Zeitung gestanden. Wie kann er dann daran glauben?

Ein Mann sagte zu seinem Freund: ›Als ich gestern durch die Stadt ging, sah ich, wie ein Haus einstürzte.‹ ›Warte‹, sagte der Freund, ›laß mich in der Zeitung nachsehen.‹ Er blätterte die Zeitung durch, aber der Vorfall war dort nicht erwähnt. Darauf sagte der Mann: ›Aber die Zeitung schreibt nichts darüber.‹ Sein Freund erwiderte: ›Ich habe es doch mit meinen eigenen Augen gesehen!‹ ›Wie dem auch sei‹, sagte der Mann, ›ich kann es nicht glauben, solange es nicht in der Zeitung steht.‹

Wie kann Bankim glauben, daß Gott sich als Mensch vergnügt? Seine englische Erziehung hat ihm das nicht gesagt. Es ist sehr schwer zu erklären, daß Gott sich völlig als Mensch inkarniert. Die Manifestation des Unendlichen in diesem menschlichen Körper – keine zwei Meter groß!«

Captain: »*Krishna* ist Gott selbst. Zu Seiner Beschreibung müssen wir Begriffe benutzen wie ›ganz‹ und ›Teil‹.«

Meister: »Das Ganze und seine Teile sind wie Feuer und seine Funken. Gott inkarniert sich für die *Bhaktas* und nicht für die *Jñānis*.«

Als Rāmakrishna dies sagte, kamen Jaygopal Sen und Trailokya vom *Brahmo Samāj* herein. Sie begrüßten den Meister und setzten sich. Rāmakrishna blickte Trailokya lächelnd an und fuhr fort.

Meister: »Des Ichs wegen kann man Gott nicht sehen. Vor der Tür Gottes liegt der Baumstumpf des Ichs. Man kann nicht eintreten, ohne über den Stumpf zu springen.

Ein Mann hatte die Kraft erlangt, Geister zu zähmen. Auf seinen Befehl erschien eines Tages ein Geist und sagte: ›Sag mir, was ich für dich tun soll. In dem Augenblick, wo du keine Arbeit mehr für mich hast, breche ich dir das Genick.‹ Der Mann hatte viele Wünsche, und nach und nach erledigte der Geist sie alle. Schließlich fand er keine Beschäftigung mehr für den Geist, und als dieser ihm an den Kragen wollte, sagte er: ›Einen Augenblick, ich bin gleich zurück.‹ Er lief zu seinem Lehrer und sagte: ›Herr, ich bin in großer Gefahr‹ und berichtete ihm von seinen Schwierigkeiten. Der Lehrer sagte: ›Gib dem

Geist dieses gelockte Haar, damit er es glatt macht.‹ Der Geist war Tag und Nacht damit beschäftigt, aber das Haar blieb gelockt.

So ist es mit dem Ich, es scheint für einen Augenblick verschwunden zu sein, aber im nächsten Moment ist es wieder da. Ohne dem Ich zu entsagen, kann man Gottes Gnade nicht erlangen. Gott übernimmt die Verantwortung für uns nur, wenn wir dem Ich entsagt haben.«

Trailokya: »Es ist sehr schwer, das Ich loszuwerden. Die Menschen glauben nur, daß sie frei davon sind.«

Meister: »Gauri sprach von sich selbst nicht als ›Ich‹, damit keine Ich-Regungen in ihm aufkamen. Er sagte statt dessen ›dies‹. Ich folgte seinem Beispiel, und statt zu sagen: ›Ich habe gegessen‹, sagte ich: ›Dies hat gegessen.‹ Mathur bemerkte das und sagte: ›Was soll das? Warum redet Ihr auf diese Weise? Laßt die anderen so reden, sie haben ihren Egoismus. Ihr seid frei davon und braucht nicht so zu reden.‹

Auf der Stufe des *Sādhana* sollte man Gott mit all Seinen Eigenschaften beschreiben. Eines Tages sagte Hazra zu Narendra: ›Gott ist Unendlichkeit. Unendlich ist Seine Herrlichkeit. Glaubst du, daß Er deine Darbringungen von Süßigkeiten und Bananen annimmt oder deiner Musik zuhört?‹ Narendra sank zehn Klafter tief. Ich sagte zu Hazra: ›Du Bösewicht, wo werden diese jungen Leute landen, wenn du so zu ihnen sprichst? Wie kann ein Mensch leben, wenn er seine Gottesverehrung aufgibt? Sicher ist Gott unendliche Herrlichkeit, und dennoch ist Er zugängig für die Anbetung Seiner Verehrer.‹ Der Torhüter eines reichen Mannes kam in die Halle, wo sein Herr mit seinen Freunden saß. Er hielt etwas in der Hand, das er zugedeckt hatte, und zögerte. Sein Herr sagte: ›Nun, was hast du in der Hand?‹ Der Diener brachte zögernd einen Granatapfel zum Vorschein, legte ihn vor seinen Herrn und sagte: ›Ich möchte gern, daß Ihr ihn eßt.‹ Der Herr war gerührt von der Fürsorge seines Dieners. Liebevoll nahm er die Frucht in die Hand und sagte: ›Das ist ein sehr schöner Granatapfel. Wo hast du ihn gepflückt? Es hat sicher Mühe gekostet, ihn zu beschaffen.‹

Man kann dem Tun nicht entsagen, solange man nach weltlichem Vergnügen begehrt. Solange man sich Vergnügen wünscht, ist man auch zum Handeln gezwungen.

Ein Vogel saß gedankenverloren auf dem Mast eines Schiffes, das auf dem Ganges ankerte. Bald darauf lief das Schiff aus und fuhr auf den Ozean. Als der Vogel zu sich kam, konnte er in keiner Richtung

Land entdecken. Er flog nach Norden in der Hoffnung, Land zu finden, aber vergebens. Müde und erschöpft kehrte er zum Schiff zurück. Nach einiger Zeit flog er wieder davon, diesmal nach Osten, aber überall nur grenzenloser Ozean! Er versuchte es noch nach Süden und Westen, aber als nirgends eine Küste zu sehen war, kehrte er auf den Mast zurück. Er verließ das Schiff nicht wieder, sondern saß da, ohne weitere Anstrengungen zu machen. Er war nicht mehr rastlos oder beunruhigt, und weil die Unruhe ihn nicht mehr trieb, machte er keine weiteren Anstrengungen mehr.«

Captain: »Ah, was für ein schönes Beispiel!«

Meister: »Weltliche Menschen wandern in alle vier Himmelsrichtungen dieser Erde auf der Suche nach Glück. Sie finden es nirgends und werden nur matt und müde. Wenn sie durch ihre Verhaftung an ›Frauen und Gold‹ Leid genug erfahren haben, spüren sie einen Drang nach Leidenschaftslosigkeit und Entsagung. Die meisten Menschen können ›Frauen und Gold‹ nicht entsagen, ohne sie vorher genossen zu haben.

Aber was gibt es in dieser Welt zu genießen? Vergnügen ist kurzlebig, mal ist es da, im nächsten Moment ist es wieder verschwunden.

Die Welt ist wie ein bedeckter Himmel, aus dem es unentwegt regnet. Die Sonne läßt sich nur selten blicken. Meistens leidet man in dieser Welt. Durch die Wolken von ›Frauen und Gold‹ bleibt die Sonne unsichtbar. Einige Leute fragen mich: ›Warum hat Gott eine solche Welt geschaffen? Gibt es keinen Ausweg für uns?‹ Ich sage dann: ›Warum sollte es keinen Ausweg geben? Sucht Zuflucht bei Gott und bittet Ihn mit verlangendem Herzen um günstigen Wind, damit sich alles zu euren Gunsten wendet. Wenn ihr voller Verlangen Ihn anruft, wird Er euch sicher erhören.‹«

Der Abend brach herein. In Rāmakrishnas Zimmer wurde eine Lampe angezündet und Räucherstäbchen verbrannt. Auch in den Tempeln und den anderen Gebäuden gingen die Lampen an. Vom *Nahabat* ertönte Musik. Die Abendandacht würde bald beginnen.

Rāmakrishna saß auf der Couch. Nachdem er die Namen der verschiedenen Gottheiten wiederholt hatte, meditierte er über die Göttliche Mutter. Nach dem abendlichen Gottesdienst ging er im Zimmer auf und ab und sprach mit seinen Verehrern.

Plötzlich erschien Narendra mit Sarat und zwei anderen jungen Leuten. Sie alle begrüßten den Meister.

Beim Anblick Narendras kannte Rāmakrishnas Freude keine Grenzen. Er streichelte liebevoll Narendras Kinn, wie man es bei einem kleinen Kind tut, und sagte leise: »Ach, du bist gekommen!«

Dienstag, 28. Juli 1885

Rāmakrishna besuchte Nanda Bose, um sich in seiner Wohnung eine Sammlung von Bildern der Hindu-Götter anzusehen. Von dort besuchte er die Brahmanin, die durch den Tod ihrer Tochter so schwer getroffen war. Es war ein altes Backsteinhaus. Beim Eintreten lag auf der linken Seite der Kuhstall. Der Meister begab sich mit seinen Anhängern auf das Dach, wo sie Platz nahmen. Viele Menschen standen und saßen umher. Alle wollten einen Blick von Rāmakrishna erhaschen.

Die Brahmanin hatte eine Schwester; beide waren Witwen. Ihre Brüder lebten auch mit ihren Familien in dem Haus. Die Brahmanin hatte den ganzen Tag Vorbereitungen getroffen, um Rāmakrishna bewirten zu können. Während der Meister bei Nanda Bose war, hatte sie ständig nach ihm Ausschau gehalten. Er hatte versprochen, von Nanda aus zu ihr zu kommen. Durch die Verspätung hatte sie geglaubt, er würde gar nicht kommen.

Rāmakrishna saß auf einem Teppich. M, Narayan, Yogin, Devendra und andere saßen auf einer Matte. Einige Minuten später kamen Narendra und weitere Anhänger hinzu. Die Schwester begrüßte den Meister und sagte: »Meine Schwester ist zu Nanda gegangen, um zu hören, wann Ihr kommt. Sie wird gleich zurück sein.«

Man hörte unten Geräusche, und sie rief: »Da kommt sie schon!« Sie lief hinunter, aber es war nicht die Brahmanin.

Rāmakrishna saß, von seinen Anhängern umgeben, lächelnd da.

M (zu Devendra): »Welch großartiger Anblick, all diese Menschen – jung und alt, Männer und Frauen – in Reihen dastehend, um ihn zu sehen und seinen Worten zu lauschen!«

Devendra (zum Meister): »M sagt, daß es hier besser sei als bei Nanda. Die Verehrung dieser Menschen ist überwältigend.«

Rāmakrishna lachte.

Die Schwester rief: »Jetzt kommt sie!« Die Brahmanin kam und begrüßte den Meister. Sie war außer sich vor Freude und konnte sich kaum fassen. Mit halb erstickter Stimme sagte sie: »Diese Freude ist zuviel, vielleicht sterbe ich daran! Selbst wenn meine Tochter Chandi mit den uniformierten Dienern ihrer Wache kam, habe ich nicht solche Freude empfunden. Mein Kummer über ihren Tod ist verflogen. Ich fürchtete schon, er würde nicht kommen. Wenn das geschähe, dachte ich, würde ich alles, was ich vorbereitet habe, in den Ganges werfen. Ich würde nicht wieder mit ihm sprechen. Wenn er irgendwo hinginge, würde ich nur aus der Ferne zuschauen und dann fortgehen. Laßt mich allen sagen, wie glücklich ich bin! Ich will Yogin von meinem Glück berichten!«

Noch ganz überwältigt sagte sie: »Ein Arbeiter gewann einmal hunderttausend Rupien in der Lotterie. Als er die Nachricht erhielt, starb er vor Freude. Ja, er starb wirklich! Ich fürchte, mir wird dasselbe passieren. Segnet mich bitte, Freunde, sonst sterbe ich vor Freude!«

Die Brahmanin war hoch erfreut über den Anblick der Verehrer. Sie sagte: »Ich bin so glücklich, euch zu sehen. Ich habe auch Narren gebeten zu kommen; wer soll uns sonst zum Lachen bringen?«

Während sie noch redete, kam ihre Schwester und sagte: »Komm hinunter, wie soll ich alles allein bewerkstelligen?«

Aber die Brahmanin war überwältigt vor Freude, sie konnte ihren Blick nicht vom Meister und den Verehrern losreißen.

Sie führte Rāmakrishna in ein anderes Zimmer, wo sie ihm Süßigkeiten und Erfrischungen anbot. Die Verehrer wurden auf dem Dach bewirtet.

Es war acht Uhr abends. Rāmakrishna wollte gehen. Als er die Tür erreichte, forderte die Brahmanin ihre Schwägerin auf, den Meister zu begrüßen. Einer ihrer Brüder berührte die Füße des Meisters. Sie sagte: »Er ist einer meiner Brüder, er ist ein bißchen töricht.«

»Nein, nein«, sagte der Meister, »sie sind alle gut.«

Da es dunkel war, beleuchtete jemand den Weg mit einer Laterne. Der Meister stand vor dem Kuhstall und die Anhänger um ihn herum. Er wollte noch Ganus Mutter besuchen.

Wenig später saß Rāmakrishna im Wohnzimmer von Ganus Mutter. Der Raum lag zu ebener Erde. Eine Gruppe junger Leute spielte ab und zu auf ihren Instrumenten, um dem Meister eine Freude zu machen. Es war halb neun und der erste Tag nach Vollmond, der Häuser und Straßen mit seinem Licht überflutete. Die Brahmanin, die mitgekommen war, lief in den Räumen hin und her. Alle paar Minuten kam sie an die Tür des Wohnzimmers, um einen Blick auf den Meister zu werfen. Die Kinder der Nachbarschaft guckten durch die Fenster.

Jung und alt waren aus der Umgegend zusammengeströmt, um den Heiligen zu sehen.

Narendra sah, wie die Jungen auf der Straße an den Fenstern hochkletterten. Er sagte: »Was wollt ihr hier? Geht nach Hause!« Der Meister sagte: »Laß sie doch bleiben!« Ab und zu kam es von seinen Lippen: *»Hari OM! Hari OM!«* Einige Minuten darauf sagte die Brahmanin zu Rāmakrishna: »Kommt bitte herein in die inneren Räume.«

Meister: »Warum?«

Brahmanin: »Die Erfrischungen werden dort gereicht. Bitte kommt.«

Meister: »Warum bringt ihr sie nicht hierher?«

Brahmanin: »Ganus Mutter bittet Euch, den Raum durch Eure Anwesenheit zu segnen. Er wird dann in Benares verwandelt, und jeder, der dort stirbt, wird keinen Kummer mehr haben.«

Später kehrte Rāmakrishna in Balarams Haus zurück. Er ruhte sich etwas aus, denn es war schon gegen elf Uhr.

Meister (sich auf die Brahmanin und ihre Familie beziehend): »Wie glücklich sie waren.«

M: »Erstaunlich, etwas Ähnliches geschah mit zwei Frauen zu Jesu Zeiten. Auch sie waren Schwestern und Christus ergeben; es waren Martha und Maria.«

Meister (eifrig): »Erzähle mir die Geschichte.«

M: »Jesus begab sich, genau wie Ihr, mit seinen Jüngern in ihr Haus. Bei Seinem Anblick wurde eine der Schwestern von ekstatischer Freude ergriffen. Die andere Schwester mußte nun allein für alles sorgen, um Jesus bewirten zu können. Sie beschwerte sich beim Meister, indem sie sagte: ›Herr, bitte urteilt selbst, ob es nicht ungerecht von meiner Schwester ist, mich mit allem sitzen zu lassen!‹ Jesus sagte: ›Deine Schwester ist wahrlich gesegnet. Sie hat das einzige entwickelt, was im menschlichen Leben notwendig ist: Liebe zu Gott.‹«

Meister: »Wo du dies alles gesehen hast, was empfindest du da?«

M: »Christus, *Chaitanyadeva* und Ihr seid alle drei Ein und Dasselbe. Es ist Ein und Dasselbe Wesen, das zu allen dreien geworden ist.«

Meister: »Ja, ja! Eins! Es ist wirklich nur Eins! Kannst du nicht erkennen, daß Er allein es ist, der jetzt hier weilt?«

Dabei zeigte Rāmakrishna mit seinem Finger auf seinen eigenen Körper.

M: »Kürzlich habt Ihr deutlich erklärt, wie Gott sich auf Erden inkarniert.«

Meister: »Erzähle mir, was ich gesagt habe.«

M: »Wir sollten uns ein Feld vorstellen, das sich bis hinter den Horizont erstreckt; für uns ist es aber nicht wahrnehmbar, da eine Mauer sich davor erhebt. In der Mauer befindet sich ein rundes Loch, durch das wir einen Teil des unendlichen Feldes sehen können.«

Meister: »Was ist dieses Loch?«

M: »Ihr seid das Loch. Durch Euch kann man alles sehen – das unendliche Feld ohne Grenzen.«

Rāmakrishna war sehr erfreut. Er klopfte M auf die Schulter und sagte: »Du hast es begriffen, das ist gut!«

M: »Es ist wirklich schwer zu verstehen. Man kann nicht ganz begreifen, wie Gott, der Vollkommenes *Brahman* ist, in einem solch kleinen Körper hausen kann. Ihr habt uns aber auch etwas über Jesus gesagt.«

Meister: »Was habe ich gesagt?«

M: »Ihr gingt beim Anblick von dem Jesusbild, das bei Jadu Mallick hing, in *Samādhi* und saht, wie Jesus aus dem Bild heraustrat und in Euren Körper einging.«

Rāmakrishna schwieg einen Augenblick. Dann sagte er zu M: »Vielleicht hat das mit meinem Hals eine Bedeutung. Vielleicht geschieht es, damit ich nicht überall hingehe, um zu singen und zu tanzen.«

Rāmakrishna legte sich unters Moskitonetz. M fächelte ihn. Der Meister erzählte ihm, wie Gott sich in menschlicher Gestalt inkarniert und sprach auch über M's spirituelles Ideal.

Meister: »Zu Anfang sah ich mitunter auch keine göttlichen Gestalten; selbst heute sehe ich sie nicht allzu häufig.«

M: »Von allen Formen, die Gott sich für Sein *Līlā* erwählt, mag ich am liebsten Sein Spiel als menschliches Wesen.«

Meister: »Das genügt; und du siehst mich.«

Sonntag, 9. August 1885

Es war acht Uhr abends. Rāmakrishna unterhielt sich mit Mahimacharan. Rakhal, M und zwei Begleiter von Mahimacharan befanden sich im Zimmer.

Meister: »Für die Jüngeren, die hierherkommen, genügt es, zwei

Dinge zu wissen. Wenn sie diese kennen, brauchen sie nicht mehr viel zu üben: Erstens, wer ich bin; und zweitens, wer sie selbst sind. Viele der Jüngeren gehören zum inneren Kreis.

Die dem inneren Kreis zugehören, werden keine Befreiung erlangen. Ich werde wieder einen menschlichen Körper annehmen müssen, und zwar in nordwestlicher Richtung.«

Mahimacharan zitierte einige Stellen aus den Schriften und beschrieb verschiedene mystische Riten des *Tantra.*

Meister: »Einige sagen, daß meine Seele, wenn ich in *Samādhi* bin, wie ein Vogel im *Mahākāsha,* dem unendlichen Raum, umherfliegt.

Einmal kam ein *Sādhu* aus Rishikesh hierher. Er sagte zu mir: ›Es gibt fünf Arten von *Samādhi.* Ich habe festgestellt, daß Ihr sie alle erfahren habt. In diesen *Samādhi*-Zuständen spürt man den spirituellen Strom wie die Bewegungen einer Ameise, eines Fisches, eines Affen, eines Vogels und einer Schlange.‹

Manchmal bewegt sich der spirituelle Strom in der Wirbelsäule wie eine kriechende Ameise. Manchmal schwimmt die Seele im *Samādhi* wie ein Fisch im Ozean göttlicher Ekstase.

Manchmal, wenn ich mich auf die Seite lege, stößt mich der spirituelle Strom wie ein Affe und spielt freudig mit mir. Ich bleibe still, und plötzlich – wie ein Affe – erreicht der Strom mit einem Sprung den *Sahasrāra.* Deshalb seht ihr mich plötzlich aufspringen.

Manchmal wiederum steigt der spirituelle Strom auf wie ein Vogel, der von Zweig zu Zweig hüpft. Wo er ausruht, fühlt es sich an wie Feuer. Er hüpft von Zentrum zu Zentrum langsam bis in den Kopf.

Manchmal bewegt sich der spirituelle Strom wie eine Schlange. Im Zickzack steigt er auf, erreicht den Kopf, und ich gehe in *Samādhi.*

Das spirituelle Bewußtsein eines Menschen wird erst wach, wenn seine *Kundalinī* aufsteigt.

Die *Kundalinī* ruht im *Mūlādhāra*; wenn sie aufsteigt, geht sie durch den *Sushumnā*-Nerv, passiert die Zentren *Svādhishtāna, Manipūra* und so fort, und erreicht schließlich den Kopf. Dies nennt man die Bewegung des *Mahāvāyu,* des großen spirituellen Stromes. Sie kulminiert im *Samādhi.*

Durch bloßes Bücherlesen wird das spirituelle Bewußtsein nicht geweckt. Man muß zu Gott beten. Die *Kundalinī* erwacht, wenn der Strebende ruhelos ist nach Gott. Erkenntnis durch Studium und Hörensagen vermag nichts zu erreichen.

Kurz bevor ich diesen Bewußtseinszustand erreichte, wurde mir enthüllt, wie die *Kundalinī* aufsteigt, wie sich die Lotusse der verschiedenen Zentren öffnen, und wie das alles im *Samādhi* seinen Höhepunkt findet. Dies ist eine mystische Erfahrung. Ich sah einen Jüngling, ungefähr zweiundzwanzig Jahre alt und mir völlig ähnlich, in den *Sushumnā*-Nerv eintreten, die Lotusse mit der Zunge berühren und so durch alle Zentren laufen. Die Blätter der Lotusse in den verschiedenen Zentren hingen alle herunter. Durch seine Berührung richteten sie sich auf.

Als er das Herz erreichte – ich erinnere das ganz genau – und den zwölfblättrigen Lotus dort mit der Zunge berührte, richtete er sich auf und öffnete seine Blätter. Er gelangte zum sechzehnblättrigen Lotus in der Kehle und zum zweiblättrigen Lotus in der Stirn. Schließlich begann der tausendblättrige Lotus im Scheitel aufzublühen. Seitdem bin ich in diesem Zustand.«

Rāmakrishna setzte sich zu Mahimacharan auf den Fußboden. M und einige andere Anhänger waren in seiner Nähe. Rakhal war auch im Zimmer.

Meister (zu Mahima): »Schon lange wollte ich dir von meinen spirituellen Erfahrungen erzählen, aber ich konnte es nicht. Heute fühle ich mich dazu fähig.

Du sagst, daß man nur durch *Sādhana* einen Zustand wie den meinen erlangen kann. Aber das stimmt nicht. Hier ist etwas Besonderes (er bezog sich auf sich selbst).«

Rakhal, M und die anderen waren begierig zu hören, was der Meister sagen würde.

Meister: »Gott hat mit mir gesprochen. Es war nicht nur Seine Vision. Unter dem *Banyan* sah ich Ihn vom Ganges kommen. Wir lachten zusammen, Er spielte mit mir und verstauchte meinen Finger. Dann fing Er an zu sprechen, ja, Er sprach mit mir.

Drei Tage lang weinte ich unaufhörlich. ER enthüllte mir, was in den *Veden*, den *Purānas*, den *Tantras* und in den anderen Schriften enthalten ist.

Eines Tages zeigte Er mir die *Māyā* der *Mahāmāyā*. Ein kleines Licht begann sich auszubreiten und hüllte schließlich das ganze Universum ein.

Dann zeigte Er mir einen großen Teich, der mit grünem Schaum bedeckt war. Der Wind trieb den Schaum beiseite, und das Wasser wurde sichtbar, aber gleich tanzte der Schaum von allen Seiten heran und bedeckte es wieder. ER enthüllte mir, daß *Satchidānanda* gleich dem Wasser ist und der Schaum gleich der *Māyā*. Auf Grund der *Māyā* ist *Satchidānanda* nicht sichtbar. Ab und zu erhascht man einen Blick darauf, aber *Māyā* deckt Es sofort wieder zu.

Gott enthüllt mir das Wesen der Verehrer, bevor sie zu mir kommen. Ich sah *Chaitanyas* Gruppe in der Nähe des *Panchavatī* singen und tanzen. Balaram war auch dabei. Wenn er nicht wäre, wer würde mich sonst mit Süßigkeiten und dergleichen versorgen? (Auf M zeigend:) Ihn sah ich auch.

Ich sah Keshab, bevor ich ihm tatsächlich begegnete – ich hatte ihn und seine Gruppe im *Samādhi* gesehen. Vor mir saßen viele Menschen. Keshab sah aus wie ein Pfau mit ausgebreitetem Schwanz. Der Schwanz waren seine Anhänger. Ich sah einen roten Edelstein auf Keshabs Stirn, das war sein *Rajas*. Er sagte zu seinen Schülern: ›Hört bitte aufmerksam zu, was er (Rāmakrishna) euch sagt.‹ Zur Göttlichen Mutter sagte ich darauf: ›MUTTER, diese Menschen vertreten die Ansichten der »Engländer«, warum sollte ich mit ihnen sprechen?‹ Darauf erklärte mir die MUTTER, daß das im *Kaliyuga* so sein müsse. Keshab und seine Anhänger lernten von hier (er meinte sich selbst) die Namen *Haris* und der Göttlichen Mutter.

(Auf sich zeigend:) Irgend etwas Besonderes muß hier sein. Vor langer Zeit besuchte mich ein junger Mann namens Gopal Sen. ER, der in mir wohnt, setzte Seinen Fuß auf Gopals Brust. Gopal sagte darauf in Ekstase: ›Ihr müßt hier noch lange warten. Ich kann nicht länger mit weltlichen Menschen zusammenleben.‹ Er ging fort, und bald darauf hörte ich, daß er gestorben sei.

Ich hatte viele erstaunliche Visionen. Ich hatte eine Vision des Unteilbaren *Satchidānanda*. In Ihm sah ich zwei Gruppen, die durch einen Zaun getrennt waren. Auf der einen Seite waren Kedar, Chuni und andere, die an einen Persönlichen Gott glauben. Auf der anderen Seite war ein rotleuchtender Kreis, in dessen Mitte Narendra in Meditation saß. Als ich ihn erblickte, rief ich laut: ›O Narendra!‹ Er öffnete seine Augen ein wenig. Ich erfuhr, daß er in anderer Form in einer *Kayastha*-Familie geboren sei. Sofort sagte ich zur Göttlichen Mutter: ›MUTTER, verstricke ihn in *Māyā*, sonst wird er im *Samādhi* seinen Körper aufgeben.‹ Kedar, ein Anhänger des Persönlichen Gottes, blickte hinein und lief schaudernd fort.

Deshalb spüre ich, daß die Göttliche Mutter selbst in diesem Körper wohnt und mit Ihren Verehrern spielt. Als ich zuerst diese gehobenen Bewußtseinszustände hatte, strahlte mein Körper Licht aus. Meine Brust war immer gerötet. Ich sagte zur Göttlichen Mutter: ›MUTTER, zeige Dich nicht nach außen, geh bitte nach innen!‹ Deshalb ist meine Gesichtsfarbe jetzt so dunkel. Würde mein Körper noch leuchten, hätten die Leute mich gequält; immer wäre hier eine Menschenansammlung gewesen. Jetzt gibt es keine äußere Manifestation mehr. Das hält die Streu weg. Wißt ihr, weshalb ich diese Krankheit habe? Sie hat denselben Zweck. Wer mich aus selbstsüchtigen Gründen verehrt, wird beim Anblick meiner Krankheit fortlaufen.

Ich hatte einen Wunsch. Ich sagte zur MUTTER: ›O MUTTER, laß mich der König der Verehrer sein.‹

In mir entstand der Gedanke: ›Wer aufrichtig zu Gott betet, wird gewiß hierherkommen. Er muß!‹ Ihr seht, was geschieht: Nur solche Menschen kommen.

Meine Eltern wußten, wer in diesem Körper weilt. Mein Vater hatte in Gaya einen Traum, in dem *Raghuvir* zu ihm sagte: ›Ich werde als dein Sohn geboren werden.‹

Gott selbst wohnt in diesem Körper. Dieser Verzicht auf ›Frauen und Gold‹! Hätte ich das allein geschafft? Ich hatte nie etwas mit Frauen zu schaffen, nicht einmal im Traum.

Nangta unterwies mich im *Vedānta.* In drei Tagen erlangte ich *Samādhi.* Beim Anblick meines *Samādhis* rief er aus: ›Ah, was ist das?‹ Dann erkannte er, wer in meinem Körper weilt, und sagte: ›Laßt mich bitte gehen.‹ Bei diesen Worten Totapuris geriet ich in Ekstase und sagte: ›Du kannst nicht gehen, bevor ich nicht die Wahrheit des *Vedānta* erfahren habe.‹

Tag und Nacht verbrachten wir zusammen und sprachen nur über *Vedānta.* Die Brahmani sagte häufig zu mir: ›Hör nicht auf den *Vedānta*, das verdirbt deine Zuneigung zu Gott.‹

Ich sagte zur Göttlichen Mutter: ›MUTTER, sorge bitte für einen reichen Mann. Wenn Du es nicht tust, wer soll dann diesen Körper erhalten, und wie kann ich dann die *Sādhus* und Verehrer in meiner Nähe halten?‹ So kam es, daß Mathur vierzehn Jahre lang für meinen Unterhalt sorgte.

ER, der in mir wohnt, sagt mir schon vorher, welche Art von Verehrern kommen wird. Habe ich eine Vision von *Gauranga*, dann weiß ich, daß Anhänger *Gaurangas* kommen. Habe ich eine Vision von *Kālī*, dann kommen die *Shāktas*.

Zur Zeit der Abendandacht ging ich auf das Dach des *Kuthis* und rief weinend: ›Oh, wo seid ihr alle? Kommt zu mir!‹ Ihr seht, sie versammeln sich hier einer nach dem anderen.

Ich habe alle Arten von *Sādhana* geübt: *Jñāna-Yoga, Karma-Yoga* und *Bhakti-Yoga*. Ich habe sogar *Hatha-Yoga* geübt, um länger zu leben. Ein anderes Wesen wohnt in diesem Körper, wie könnte ich sonst nach der Erlangung von *Samādhi* mit den Verehrern zusammen leben und die Liebe zu Gott genießen? Koar Singh sagte einmal zu mir: ›Ich habe nie zuvor einen Menschen gesehen, der aus dem *Samādhi* zurückgekommen ist. Ihr seid niemand anderes als Nanak.‹

Ich lebe inmitten weltlicher Menschen, überall sehe ich ›Frauen und Gold‹. Trotzdem besteht mein Bewußtseinszustand aus unaufhörlichem *Bhāva* und *Samādhi*. Deshalb sagte Pratap beim Anblick meiner Ekstasen: ›Großer Gott, es ist, als wäre er von Geistern besessen!‹«

Rakhal, M und die anderen waren sprachlos, als sie von den einmaligen Erlebnissen Rāmakrishnas hörten.

Ob Mahimacharan die Bedeutung dieser Worte begriff? Nachdem er sie gehört hatte, sagte er zum Meister: »Diese Dinge geschehen auf Grund Eurer guten Taten in früheren Leben.« Mahima hielt Rāmakrishna immer noch für einen *Sādhu* und Gottesverehrer. Der Meister nickte zustimmend und sagte: »Ja, das Ergebnis früherer Handlungen! Gott ist wie ein Fürst, der viele Wohnungen besitzt. Hier (auf sich zeigend) ist eines Seiner Wohnzimmer. Der *Bhakta* ist das Wohnzimmer Gottes.«

Es war ein Uhr morgens und Neumond. Es herrschte völlige Dunkelheit. Einige Verehrer gingen am Ufer des Ganges auf und ab. Rāmakrishna gesellte sich zu ihnen und sagte: »Nangta behauptete, daß man um diese Zeit den *Anāhata*-Klang vernehmen könne.« In den frühen Morgenstunden legten M und Mahimacharan sich im Zimmer des Meisters nieder. Rakhal schlief auf einer Liege. Rāmakrishna spazierte im Zimmer auf und ab, nackt wie ein kleines Kind.

Freitag, 28. August 1885

Die Morgendämmerung nahte. Rāmakrishna war wach und meditierte über die Göttliche Mutter. Durch seine Krankheit kamen die Verehrer um das Vergnügen, ihn den Namen der MUTTER singen zu hören.

Rāmakrishna saß auf der Couch; er fragte M: »Warum habe ich diese Krankheit?«

M: »Die Menschen hätten nicht den Mut, sich Euch zu nähern, wenn Ihr ihnen nicht in allen Dingen ähneln würdet. So aber sind sie erstaunt, daß Ihr trotz Eurer Krankheit nichts anderes kennt als Gott.«

Meister (lächelnd): »Balaram sagte auch: ›Wenn selbst Ihr krank werden könnt, warum sollten wir uns dann über unsere Krankheiten wundern? Selbst *Brahman* weint, wenn Er eingefangen ist im Netz der fünf Elemente.‹«

M: »Auch Jesus weinte wie ein gewöhnlicher Mensch über das Leiden seiner Verehrer.«

Meister: »Wie war das?«

M: »Maria und Martha waren Schwestern. Lazarus war ihr Bruder. Alle drei waren Jesus ergeben. Lazarus starb, als Jesus auf dem Wege zu ihnen war. Maria lief Ihm entgegen, warf sich Ihm zu Füßen und sagte weinend: ›Herr, wäret Ihr hier gewesen, mein Bruder wäre nicht gestorben!‹ Jesus weinte, als Er ihre Tränen sah.

Darauf begab Er sich an das Grab des Lazarus und rief ihn bei seinem Namen. Lazarus erwachte wieder zum Leben und stieg aus der Gruft empor.«

Meister: »Aber diese Dinge vermag ich nicht zu tun.«

M: »Weil Ihr es nicht wollt. Es sind Wunder, und daran seid Ihr nicht interessiert. Diese Dinge richten die Aufmerksamkeit der Menschen auf ihren Körper, und sie verlieren die echte Zuneigung zu Gott. Deshalb vollbringt Ihr keine Wunder; es gibt aber vieles, worin Ihr mit Jesus übereinstimmt.«

Meister: »Worin zum Beispiel?«

M: »Ihr verlangt nicht von Euren Anhängern, daß sie fasten oder Askese üben. Ihr schreibt keine festen Regeln für die Ernährung vor. Die Jünger Jesu hielten sich nicht an den Sabbat. Das mochten die Pharisäer nicht. Jesus aber sagte: ›Gut, daß sie gegessen haben; solange der Bräutigam da ist, sollten sie fröhlich sein.‹«

Meister: »Was bedeutet das?«

M: »Christus meinte, daß die Jünger fröhlich sein sollten, solange die Inkarnation Gottes unter ihnen weilt. Warum sollten sie sich Sorgen machen? Wenn Er aber in den Himmel zurückkehrt, dann kommen die Tage der Trauer und des Leides.«

Meister: »Findest du noch weitere Ähnlichkeiten zwischen mir und Christus?«

M: »Ja, Ihr sagt, daß Jünglinge von ›Frauen und Gold‹ noch unberührt sind und offen für spirituelle Anweisungen. Milch muß man in einem neuen Topf aufbewahren, sonst wird sie sauer. Christus äußerte sich auch in dieser Weise.«

Meister: »Was hat Er gesagt?«

M: »›Man soll neuen Wein nicht in alte Schläuche füllen. Wenn man neue Flicken auf alte Kleider setzt, wird der alte Stoff reißen.‹ Ferner sagt Ihr, daß Ihr und die MUTTER eins seid. Genauso sagte Christus: ›Ich und mein Vater sind eins.‹«

Meister (lächelnd): »Noch mehr?«

M: »Ihr sagt uns: ›Gott wird euch sicher erhören, wenn ihr Ihn ernsthaft anruft.‹ Christus sagte: ›Klopfet an, so wird euch aufgetan.‹«

Meister: »Nun, wenn Gott sich wieder inkarniert hat, ist es eine bruchstückhafte, teilweise oder vollständige Manifestation Gottes? Einige sagen, es sei eine vollständige Manifestation.«

M: »Ich verstehe die Bedeutung dieser Unterteilung nicht ganz. Was ich verstanden habe, ist die Vorstellung von dem runden Loch in der Mauer.«

Meister: »Berichte mir davon!«

M: »In der Mauer ist ein rundes Loch, durch das man das Feld auf der anderen Seite der Mauer sehen kann. So sehen wir durch Euch einen Teil des Unendlichen Gottes.«

Meister: »Das stimmt, man kann fünf oder sechs Meilen des Feldes auf einmal sehen.«

M grüßte den Meister und nahm Abschied. Rāmakrishna sagte liebevoll: »Komm früh am Morgen. Die heiße Sonne der Regenzeit ist nicht gut für die Gesundheit.«

Dienstag, 1. September 1885

Rāmakrishna war im Begriff, sein Bad zu nehmen. Ein Verehrer rieb seinen Körper mit Öl ein. M hatte im Ganges gebadet und begrüßte den Meister. Nach dem Bad hüllte Rāmakrishna sich in ein Handtuch ein und verneigte sich mit gefalteten Händen vor den Gottheiten in den Tempeln, die er wegen seiner Krankheit nicht aufsuchen konnte.

Es war *Janmasthami*, der Geburtstag *Krishnas*. Rām und andere Verehrer hatten neue Kleider für Rāmakrishna gebracht. Er legte sie an und sah prächtig darin aus. Wieder grüßte er die Gottheiten.

Es war elf Uhr morgens. Allmählich trafen die Anhänger aus Kalkutta ein. Balaram, Narendra, der jüngere Naren, Navagopal und ein *Vaishnava* aus Katoa waren gekommen. Rakhal und Latu wohnten bei Rāmakrishna. Ein *Sādhu* aus dem Punjab lebte seit einigen Tagen im *Panchavatī*. Er ging im Garten den Fußweg entlang. Der Meister sagte: »Ich bedeute ihm nichts. Er ist ein *Jñāni*, trocken wie Holz.«

Rāmakrishna kehrte mit den Anhängern in sein Zimmer zurück.

Der *Vaishnava* aus Katoa begann, Fragen zu stellen. Er schielte.

Vaishnava: »Wird ein Mensch wiedergeboren?«

Meister: »Die *Gītā* sagt, daß ein Mensch mit den Neigungen wiedergeboren wird, die ihn zur Todesstunde beherrschten. König *Bharata* dachte im Augenblick seines Todes an seinen Hirsch und wurde als Hirsch wiedergeboren.«

Vaishnava: »Ich würde nur an Wiedergeburt glauben, wenn ein Augenzeuge darüber berichten könnte.«

Meister: »Darüber weiß ich nichts. Ich kann meine eigene Krankheit nicht heilen und soll dir erzählen, was nach dem Tode geschieht! Deine Frage zeugt von wenig Einsicht. Versuche, Liebe zu Gott zu entwickeln. Du bist als menschliches Wesen geboren, um göttliche Liebe zu erlangen. Du bist in den Garten gekommen, um Mangos zu essen. Mußt du wissen, wie viele Zweige und Blätter dort sind? Wie töricht, sich darum zu sorgen, was nach dem Tode geschieht!«

Girīsh kam mit zwei Freunden in einer Kutsche. Er war betrunken und weinte, als er eintrat. Weinend legte er seinen Kopf auf Rāmakrishnas Füße.

Rāmakrishna klopfte ihn zärtlich auf den Rücken. Er sagte zu einem Verehrer: »Gib ihm etwas zu rauchen.«

Girīsh hob den Kopf und sagte mit gefalteten Händen: »Ihr seid Vollkommenes *Brahman*. Wenn das nicht stimmt, dann stimmt überhaupt nichts. Es ist so schade, daß ich Euch durch nichts dienen kann.« Er sagte das mit so viel Hingabe, daß einigen Verehrern die Tränen kamen.

Girīsh: »O Herr, gewährt mir die Bitte, Euch ein Jahr lang dienen zu dürfen. Wen interessiert Befreiung? Man findet sie überall. Ich pfeife darauf. Sagt mir bitte, daß ich Euch ein Jahr lang dienen darf.«

Meister: »Es gibt schlechte Menschen. Man wird dich kritisieren wegen dieser Äußerungen.«

Girīsh: »Das kümmert mich nicht. Bitte sagt –«

Meister: »In Ordnung, du kannst mir dienen, wenn ich in dein Haus komme.«

Girīsh: »Nein, das ist es nicht, ich möchte Euch hier dienen.« Girīsh war hartnäckig. Der Meister sagte: »Das hängt von Gottes Willen ab.«

Sich auf die Halsschmerzen des Meisters beziehend, sagte Girīsh: »Bitte sagt: ›Sie sollen geheilt werden!‹ Dann werde ich sie vertreiben. *Kālī*! *Kālī*!«

Meister: »Du wirst mich verletzen!«

Girīsh: »O Kehle, sei geheilt!« Er blies auf die Kehle wie ein Beschwörer. »Ist alles gut? Wenn Ihr jetzt nicht geheilt seid, wird es sicher geschehen, wenn ich Euch anbete. Sagt, daß Ihr geheilt seid.«

Meister (in scharfem Ton): »Laß mich in Ruhe! Ich kann so etwas nicht sagen. Ich kann die Göttliche Mutter nicht darum bitten, meine Krankheit zu heilen.

Gut, ich werde geheilt sein, wenn es Gottes Wille ist.«

Girīsh: »Ihr wollt mich zum Narren halten. Es hängt von Eurem Willen ab.«

Meister: »Schäm dich! Sag das nicht noch einmal! Ich betrachte mich als Verehrer *Krishnas*, nicht als *Krishna* selbst. Denk, was du willst! Du kannst deinen *Guru* als Gott betrachten; trotzdem ist es falsch, so zu reden. Du darfst so etwas nicht wieder sagen.«

Girīsh: »Sagt bitte, daß Ihr geheilt werdet.«

Meister: »Nun gut, wenn es dir Freude bereitet.«

Girīsh stand immer noch unter dem Einfluß von Alkohol. Ab und zu sagte er zu Rāmakrishna: »Wie kommt es, daß Ihr diesmal nicht in himmlischer Schönheit geboren seid?«

Ein wenig später sagte er: »Ich sehe, daß es diesmal zum Heile Bengalens sein wird.«

Ein Verehrer: »Warum nur Bengalen? Es wird zum Heile der ganzen Welt sein.«

Girīsh sagte zu den Anhängern: »Versteht einer von euch, warum er hier ist? Es ist für die Befreiung der Menschen. Ihre Leiden haben ihn bewegt, einen menschlichen Körper anzunehmen.«

Der Kutscher verlangte nach Girīsh. Er ging hinaus. Der Meister sagte zu M: »Paß auf, wohin er geht. Hoffentlich schlägt er den Kutscher nicht!«

M begleitete Girīsh.

Girīsh kam zurück. Er wandte sich an Rāmakrishna: »O Herr, läutert mich, damit keine Spur sündiger Gedanken in mir zurückbleibt.«

Meister: »Du bist bereits geläutert bei so viel Glauben und Hingabe! Du bist doch in einem freudigen Zustand?«

Girīsh: »Nein, Herr. Ich fühle mich elend. Ich habe Sorgen, deshalb habe ich so viel getrunken.«

Einige Minuten später sagte Girīsh: »Herr, ich bin erstaunt, daß selbst mir die Möglichkeit gewährt wurde, dem Vollkommenen *Brahman* zu dienen. Welche Buße habe ich geübt, um dieses Privileg verdient zu haben?«

Rāmakrishna nahm sein Mittagessen ein. Wegen seiner Krankheit aß er nur wenig.

Des Meisters Gedanken hatten die natürliche Neigung, im Gottbewußtsein aufzugehen. Er mußte sich zwingen, an den Körper zu denken. Wie ein Kind konnte er sich nicht um seinen Körper kümmern. Wie ein Kind sagte er: »Ich habe etwas gegessen; jetzt werde ich ausruhen. Ihr könnt ein wenig spazierengehen.«

Nachdem Rāmakrishna etwas geruht hatte, kehrten die Verehrer in sein Zimmer zurück. Der *Vaishnava* begann zu argumentieren.

Meister: »Hör auf mit diesem Brutzeln! Wenn Butter, die Wasser enthält, in einer Pfanne erhitzt wird, macht sie dasselbe Geräusch. Wenn ein Mensch nur einmal die Seligkeit Gottes erlebt hat, verflüchtigt sich sein Wunsch zu argumentieren. Was erreichst du damit, aus Büchern zu zitieren? Die *Pandits* tun nichts anderes als Verse zitieren!«

Dr. Rakhal traf ein, um Rāmakrishna zu untersuchen. Der Meister sagte eifrig: »Kommt herein und setzt Euch.« Er unterhielt sich weiter mit dem *Vaishnava.*

Meister: »Der Mensch sollte Würde und Aufgeschlossenheit besitzen. Nur wessen spirituelles Bewußtsein geweckt worden ist, besitzt diese Eigenschaften und kann ein Mensch genannt werden. Eine menschliche Geburt ist vergeblich, wenn das spirituelle Bewußtsein nicht geweckt wird.«

Wie ein kleines Kind sagte Rāmakrishna zum Arzt: »Bitte heilt meine Kehle!«

Doktor: »Bittet Ihr mich, Euch zu heilen?«

Meister: »Der Arzt ist *Narayana* selbst. Ich ehre jeden.«

Der Doktor untersuchte Rāmakrishnas Kehle. Der Meister sagte: »Dr. Mahendra Sarkar preßte meine Zunge wie bei einer Kuh.«

Rāmakrishna zupfte den Arzt am Ärmel und sagte: »Lieber Herr, bitte heilt meine Kehle!« Auf den Kehlspiegel blickend sagte er lächelnd: »Das kenne ich. Durch die Spiegelung könnt Ihr meine Kehle sehen.«

Narendra sang, aber wegen der Krankheit des Meisters gab es nur wenig Musik.

10. Rāmakrishna in Shyampukur

Sonntag, 18. Oktober 1885

Die Ärzte hatten endgültig festgestellt, daß Rāmakrishnas Krankheit Krebs war. In Dakshineswar konnte er nicht richtig behandelt und gepflegt werden. Es mußte sich ständig ein Arzt um ihn kümmern, was im Tempelgarten nicht möglich war. Für die Verehrer, die in Kalkutta wohnten, war es sehr unbequem, ihn täglich in Dakshineswar zu betreuen. Die älteren Anhänger mieteten deshalb ein kleines, zweistöckiges Haus in Baghbazar in Kalkutta und brachten den Meister dorthin. Rāmakrishna mochte das Haus aber nicht und ging zu Balaram. Nach wenigen Tagen wurde ein Haus in Shyampukur, dem nördlichen Teil Kalkuttas, gemietet. Der Meister zog dorthin und wurde von Dr. Mahendra Lal Sarkar behandelt. Das neue Gebäude besaß zwei große Räume und zwei kleinere im ersten Stock. Einer der unteren Räume wurde als Empfangszimmer benutzt, in dem anderen wohnte der Meister. Von den beiden kleineren Räumen bewohnte einen die Heilige Mutter, in dem anderen schliefen die Verehrer. Am Ausgang zum Dach war ein kleiner, überdachter Platz, wo sich die Heilige Mutter am Tage aufhielt und das Essen für den Meister bereitete.

Es war Nachmittag. Dr. Sarkar kam mit seinem Sohn Amrita. Narendra und andere Verehrer waren anwesend. Rāmakrishna fragte Amrita: »Meditierst du?« Dann sagte er zu ihm: »Weißt du, was man in der Meditation spürt? Das Denken wird zu einem gleichmäßigen Strom, wie Öl; es richtet sich nur auf ein Objekt, und das ist Gott. Es nimmt nichts anderes mehr wahr.«

Nach Auffassung von Dr. Sarkar hatte Gott die Menschen geschaffen und bestimmt, daß jede Seele unendlichen Fortschritt machen sollte. Er glaubte nicht, daß ein Mensch bedeutender sein könne als andere Menschen. Deshalb glaubte er auch nicht an Göttliche Inkarnationen.

Doktor: »Ich glaube an unendlichen Fortschritt. Wäre das nicht so, warum sollten wir auf dieser Welt leben? Ich würde dann lieber einen Strick nehmen und mich aufhängen.

Inkarnation! Was ist das? Vor einem Menschen niederknien, der Kot ausscheidet? Das ist absurd. Wenn man sagt, daß ein Mensch Gottes Licht reflektiert – ja, das würde ich zugeben.«

Girīsh (lächelnd): »Aber Ihr habt Gottes Licht nicht gesehen.«

Dr. Sarkar zögerte mit der Antwort. Ein Freund flüsterte ihm etwas zu.

Doktor: »Ihr habt auch nichts anderes gesehen als eine Reflexion.«

Girīsh: »Ich sehe es! Ich sehe das Licht! Ich werde beweisen, daß *Krishna* eine Göttliche Inkarnation ist, oder ich werde meine Zunge abschneiden!«

Meister: »All dies ist sinnloses Geschwätz. Ein Kranker sagt im Delirium: ›Ich werde einen Teich voll Wasser austrinken, ich werde einen ganzen Topf Reis aufessen.‹ Der Doktor sagt: ›Ja, ja. Du sollst alles haben. Wenn du gesund bist, bekommst du alles.‹ Es gibt Merkmale für vollkommene Erkenntnis. Eins davon ist, daß jedes Argumentieren aufhört.«

Doktor: »Kann man vollkommene Erkenntnis ständig haben? Ihr sagt, daß alles Gott sei. Warum habt Ihr dann den Beruf eines *Paramahamsas* gewählt? Warum kümmern sich diese Leute um Euch? Warum schweigt Ihr nicht?«

Meister (lächelnd): »Wasser bleibt Wasser, ob es still steht, sich bewegt oder sich in Wellen bricht.

Gott wohnt in unserm Innern als Reines Denken und Reine Intelligenz. Ich bin die Maschine, und Er bedient sie. Ich bin das Haus, und Er ist der Bewohner.«

Doktor: »Ich habe eine Frage: Warum bittet Ihr mich, Eure Krankheit zu heilen?«

Meister: »Ich rede auf diese Weise, solange ich mir dieses Ich-Krugs bewußt bin. Denkt an einen unendlichen Ozean, in den ein Krug getaucht wird. Das Wasser ist innen und außen, aber es wird erst wieder eins, wenn der Krug zerbrochen ist. Gott hat diesen Krug des Ichs in mir erhalten.«

Doktor: »Was bedeuten das Ich und diese Dinge, über die Ihr

sprecht? Erklärt es mir bitte, oder wollt Ihr damit sagen, daß Gott üble Tricks mit uns spielt?«

Girīsh: »Wie wollt Ihr wissen, daß Er das nicht tut?«

Meister: »Gott erhält dieses Ich in uns. Es ist alles Sein Spiel, Sein *Līlā*. Ein König hat vier Söhne. Alle sind Prinzen, aber wenn sie spielen, wird der eine Minister, der andere Polizist und so fort. Obwohl er ein Prinz ist, spielt der Königssohn die Rolle eines Polizisten.

Wenn Ihr *Ātman* verwirklicht, werdet Ihr sehen, daß alles wahr ist, was ich sage. Alle Zweifel schwinden nach der Schau Gottes.«

Doktor: »Kann man je alle Zweifel loswerden?«

Meister: »Lernt von mir so viel, wie ich Euch gesagt habe. Wollt Ihr aber mehr wissen, dann müßt Ihr in der Einsamkeit zu Gott beten. Fragt Ihn, warum Er es so will.«

Der Doktor schwieg.

Meister: »Es ist nicht leicht, die Täuschung loszuwerden; selbst nach der Erlangung von Erkenntnis hält sie an. Ein Mann träumte einmal von einem Tiger. Als er aufwachte, war der Traum verschwunden, aber sein Herz schlug heftig weiter.

Ein paar Diebe gingen über ein Feld. Man hatte dort Strohpuppen aufgestellt, um Eindringlinge abzuhalten. Die Diebe waren verängstigt und wollten das Feld nicht betreten. Einer aber ging heran und entdeckte, daß es Strohpuppen waren. Er sagte zu seinen Kameraden: ›Ihr braucht keine Angst zu haben.‹ Die anderen trauten dem Frieden nicht und hatten Herzklopfen. Da legte der mutige Dieb die Figur auf den Boden und sagte: ›Es ist nichts, es ist nichts!‹ Das ist der Prozeß des *›Neti, neti‹*.«

Doktor: »Das sind feine Worte.«

Meister: »Was für Worte?«

Doktor: »Feine.«

Meister: »Dann sagt ›Thank you‹.« (Der Meister sagte es auf englisch.)

Doktor: »Wißt Ihr nicht, was in mir vorgeht? Ich mache mir so viel Mühe, um herzukommen!«

Rāmakrishna bot Dr. Sarkar einige Erfrischungen an.

Doktor (beim Essen): »Jetzt sage ich ›Thank you‹ für die Erfrischungen, aber nicht für Eure Belehrung. Warum sollte ich den Dank in Worte kleiden?«

22. Oktober 1885

Es war Donnerstagabend, einige Tage nach dem *Durgā Pūjā*. Rāmakrishna saß auf seinem Bett. Dr. Sarkar, Ishan und verschiedene Anhänger waren bei ihm. Obgleich Dr. Sarkar ein sehr beschäftigter Arzt war, verbrachte er viel Zeit, manchmal sechs oder sieben Stunden, in Rāmakrishnas Gesellschaft. Er liebte den Meister sehr und betrachtete die Verehrer als seine vertrauten Freunde. Im Zimmer brannte eine Lampe. Draußen erhellte das Mondlicht die Welt.

Der Meister sagte zu Ishan, einem Familienvater: »Gesegnet ist der Familienvater, der gleichzeitig seine Pflichten in der Welt erfüllt und Liebe zu Gott entwickelt. Er ist wirklich ein Held. Er gleicht jemandem, der eine schwere Last auf dem Kopfe trägt und dabei einen Hochzeitszug beobachtet. Ohne große spirituelle Kraft kann man ein solches Leben nicht führen. Solch ein Mensch ist wie ein Fisch, der im Schlamm lebt, aber nicht davon beschmutzt wird. Oder er kann mit einem Wasserhuhn verglichen werden, das ständig unter Wasser taucht und doch mit einem Flügelschlag alle Wassertropfen abschüttelt.

Wenn man Reis röstet, springen einige Körner aus der Pfanne; sie sind weiß wie eine *Mallika*-Blüte, ohne den kleinsten Fleck. Die Körner, die in der Pfanne bleiben, sind auch gut, aber sie haben leichte Flecke. Wenn ein Mönch, der der Welt entsagt hat, göttliche Weisheit erlangt, ist er fleckenlos wie eine weiße Blüte. Wer aber nach Erlangung der Erkenntnis in der Pfanne des Lebens verbleibt, kann leicht ein bißchen fleckig werden. (Alle lachten)

Wenn ein *Jñāni*, der in der Welt lebt, leichte Flecke bekommt, so schadet ihm das nicht. Der Mond hat auch dunkle Flecke, aber sein Licht wird dadurch nicht vermindert.«

Doktor: »Es ist sehr schwer, die Sinnesorgane zu beherrschen. Sie gleichen widerspenstigen Pferden, denen man Scheuklappen anlegen muß. Es gibt Pferde, die man ganz am Sehen hindern muß.«

Meister: »Wenn ein Mensch einmal Gottes Gnade erlangt hat, braucht er nichts mehr zu fürchten. Hat er einmal die Schau Gottes und Selbsterkenntnis erlangt, dann können die sechs Leidenschaften ihm nichts mehr anhaben.

Ewig vollkommene Seelen wie *Nārada* und *Prahlāda* brauchten keine Scheuklappen. Ein Kind, das die Hand seines Vaters hält, läßt sie leicht los, wenn es einen Augenblick nicht aufpaßt; dann kann es ausrutschen und in den Graben fallen. Das passiert aber nicht, wenn der Vater die Hand des Kindes festhält.«

Doktor: »Aber es ist nicht richtig, daß ein Vater die Hand seines Kindes festhält.«

Meister: »Ganz so ist das nicht. Große Heilige haben ein kindliches Wesen. Vor Gott sind sie wie Kinder, ohne Stolz. Ihre Kraft ist die Kraft Gottes, die Kraft ihres VATERS. Nichts gehört ihnen, das ist ihre feste Überzeugung.«

Doktor: »Kann man ein Pferd vorwärtstreiben ohne Scheuklappen? Kann man Gott verwirklichen, ohne zuerst die Leidenschaften zu beherrschen?«

Meister: »Ihr bezieht Euch auf den Weg der Unterscheidung. Auch auf diesem Wege kann man Gott erlangen. Die *Jñānis* sagen, daß der Strebende zuerst sein Herz läutern muß. Zuerst muß er spirituell üben, dann wird er Erkenntnis erlangen.

Gott kann aber auch auf dem Wege der Hingabe verwirklicht werden. Wenn ein Gottesverehrer einmal Liebe zu Gott entwickelt hat und sich am Singen Seines Namens und Preisen Seiner Eigenschaften erfreut, dann bedarf es keiner besonderen Anstrengungen für ihn, die Sinne zu beherrschen. Solch ein Gottliebender erlangt von selbst Kontrolle über seine Sinnesorgane. Wenn eine Motte Licht entdeckt, bleibt sie nicht im Dunkeln.«

Doktor (lächelnd): »Natürlich nicht, sie fliegt in die Flamme und verbrennt.«

Meister: »O nein, ein Gottliebender verbrennt nicht wie eine Motte. Das Licht, dem er zustrebt, ist das Licht eines Edelsteines. Es leuchtet, aber es ist kühl und sanft. Das Licht verbrennt seinen Körper nicht, sondern schenkt ihm Freude und Frieden.

Man verwirklicht Gott, wenn man dem Weg der Unterscheidung und Erkenntnis folgt. Aber das ist ein ausgesprochen schwieriger Pfad. Es ist zwar leicht zu sagen: ›Ich bin weder Körper noch Denken, noch Intellekt; ich bin jenseits von Leid, Krankheit und Sorgen; ich bin jenseits von Schmerz und Freude; ich stehe nicht unter der Herrschaft der Sinnesorgane.‹ Aber es ist sehr schwer, sich diese Vorstellungen zu eigen zu machen. Wenn ich meine Hand an einem Dorn verletzt habe und sie blutet, dann kann ich nicht sagen: ›Es ist alles in Ordnung, ich bin nicht verletzt.‹ Um das sagen zu können, muß ich erst den Dorn im Feuer der Erkenntnis verbrannt haben.«

Doktor (zu den Verehrern): »Wenn er Bücher studiert hätte, hätte er nicht so viel Erkenntnis gewonnen. Faraday hatte eine innige Beziehung zur Natur, deshalb konnte er so viele wissenschaftliche Wahrheiten entdecken. Durch Bücherstudium hätte er nicht so viel erkannt. Mathematische Formeln bringen nur das Gehirn in Verwirrung und blockieren den Weg zur direkten Erfahrung.«

Meister: »Es hat eine Zeit gegeben, da lag ich im *Panchavatī* auf dem Boden und betete zur Göttlichen Mutter: ›O MUTTER, enthülle mir, was die *Karmis* durch ihre Ritualanbetung erfahren, was die *Yogis* durch *Yoga* erleben und was die *Jñānis* durch Unterscheidung zuwege bringen.‹ Wie inbrünstig wandte ich mich an die Göttliche Mutter! Wie soll ich das alles beschreiben? Was habe ich damals alles durchgemacht! An Schlaf war nicht zu denken!«

Er fuhr fort: »Ich habe keine Bücher gelesen. Die Menschen achteten mich, weil ich den Namen der Göttlichen Mutter sang. Sambhu Mallick sagte von mir: ›Hier ist ein großer Held ohne Schwert und Schild.‹ (Alle lachten)

(Zum Doktor:) Es ist schwer zu verstehen, daß Gott ein begrenztes, menschliches Wesen und zur gleichen Zeit die Alldurchdringende Seele des Universums sein soll. Das Absolute und das Relative sind Seine beiden Aspekte. Wie können wir mit unserer geringen Intelligenz behaupten, daß Gott keine menschliche Form annehmen kann? Sind all diese Vorstellungen für uns überhaupt faßbar?

Man sollte deshalb den Worten der großen Seelen und Heiligen vertrauen, die Gott verwirklicht haben. Sie denken unentwegt an Gott, wie ein Rechtsanwalt an seinen Prozeß.

Wenn ein Mensch nicht arglos ist, kann er auch nicht an Gott glauben. Gott ist weit, weit vom Denken entfernt, das sich mit Weltlichkeit befaßt. Weltliche Intelligenz schafft viele Zweifel und vielerlei Stolz: Stolz auf Gelehrsamkeit, Reichtum und ähnliches. (Auf den Arzt zeigend:) Aber er ist ohne Arg.

Für Gottsuchende ist die ständige Gesellschaft heiliger Menschen notwendig. Die Krankheit der Weltlichkeit ist chronisch geworden. Sie sollten den Anweisungen der Heiligen folgen. Es nützt nichts, sich nur Ratschläge anzuhören. Man muß nicht nur die verschriebene Medizin einnehmen, sondern auch strikte Diät halten. Diät ist wichtig.«

Doktor: »Ja, Diät ist mehr als alles andere für die Genesung wichtig.«

Girīsh (mit einem Lächeln): »Ihr habt schon drei oder vier Stunden hier verbracht. Was ist mit Euren Patienten?«

Doktor: »Zum Teufel mit Praxis und Patienten! Ich sehe schon, daß ich alles verlieren werde durch euren *Paramahamsa*! (Alle lachten)

(An die Verehrer gewandt:) Meine Freunde, betrachtet mich als einen der euren. Ich sage das nicht als Arzt, aber wenn ihr mich als einen der euren betrachtet, dann bin ich es auch.

(Zum Meister:) Eure Krankheit gestattet es dem Patienten nicht, sich mit den Leuten zu unterhalten. Aber ich mache da eine Ausnahme; mit mir dürft Ihr sprechen, wenn ich hier bin.« (Alle lachten)

Meister: »Heilt bitte meine Krankheit! Ich kann sonst Gottes Namen und Ruhm nicht mehr verkünden.«

Doktor: »Meditation genügt.«

Meister: »Was wollt Ihr damit sagen? Soll ich ein monotones Leben führen? Ich mag Fisch in verschiedenen Zubereitungen: gebraten, mit Curry, eingelegt und so fort. Manchmal verehre ich Gott durch Riten, manchmal wiederhole ich Seinen Namen, manchmal meditiere ich über Ihn, manchmal singe ich Sein Lob, und manchmal tanze ich in Seinem Namen.«

Doktor: »Monoton bin ich auch nicht.«

Meister: »Euer Sohn Amrita glaubt nicht an Gottes Inkarnation. Was schadet das? Man erkennt Gott, wenn man Ihn für gestaltlos hält, und man erkennt Ihn auch, wenn man glaubt, Er besitze Gestalt. Zwei Dinge sind für die Erkenntnis Gottes notwendig: Glauben und Selbstaufgabe. Der Mensch ist seinem Wesen nach erkenntnislos. Irrtümer sind ihm ganz natürlich. Welchen Weg man auch einschlägt, man muß mit ruhelosem Herzen zu Gott beten. Er ist der Herrscher unserer Seele. Er hört auf unser Gebet, wenn es aufrichtig ist. Ob man dem Ideal eines Persönlichen Gottes anhängt oder der Unpersönlichen Wahrheit, verwirklichen tut man nur Gott, vorausgesetzt, daß man ruhelos nach Ihm ist. Euer Sohn ist ein netter Junge.«

Doktor: »Er ist Euer Schüler.«

Meister (lächelnd): »Es gibt niemanden unter der Sonne, der mein Schüler ist. Im Gegenteil, ich bin der Schüler von allen. Alle sind Gottes Kinder. Alle sind Seine Diener. Auch ich bin Gottes Kind, bin Sein Diener. Onkel Mond ist der Onkel aller Kinder!«

Sonnabend, 24. Oktober 1885

Es war ein Uhr nachmittags. Dr. Sarkar, Narendra, Mahimacharan, M und andere Verehrer weilten bei Rāmakrishna in Shyampukur. Auf Homöopathie Bezug nehmend, sagte der Meister zu Dr. Sarkar: »Eure Behandlung ist sehr gut.«

Doktor: »In der Homöopathie muß der Arzt die Krankheitssymptome im Fachbuch überprüfen. Es ist wie bei der westlichen Musik: Der Sänger muß sich an die Noten halten.«

Meister: »Wenn ich im *Samādhi* bin, fühle ich mich berauscht, als hätte ich Alkohol getrunken. Was sagt Ihr dazu?«

Doktor: »In dem Zustand hören die Nervenzentren auf zu funktionieren. Daher werden die Glieder taub. Die Beine erschlaffen, weil alle Energie ins Gehirn strömt. Das Leben ist vom Nervensystem abhängig. Im Hinterkopf befindet sich ein Nervenzentrum, das ›Medulla oblongata‹ genannt wird. Wenn es verletzt wird, kann man sterben.«

Mahima beschrieb die *Kundalinī.* Er sagte: »Der *Sushumnā*-Nerv läuft in feiner Form durch die Wirbelsäule. Niemand kann ihn sehen. Das sagt *Shiva.*«

Doktor: »*Shiva* hat nur den Erwachsenen untersucht. Die Europäer haben aber den Menschen in allen Lebensstufen untersucht, vom Embryo bis zum Greis. Es ist gut, wenn man vergleichende Geschichte kennt. Aus der Geschichte der Sonthals lernt man, daß *Kālī* eine Sonthal-Frau war und ein tapferer Krieger. (Alle lachten)

Lacht bitte nicht. Ich will euch sagen, wieviel Gutes die vergleichende Anatomie den Menschen gebracht hat. Früher kannte man den Unterschied zwischen der Funktion der Magensäure und der Galle nicht. Claude Bernard untersuchte Magen, Leber und andere Teile des Kaninchens und bewies, daß die Funktion der Galle eine andere ist als die der Magensäure. Wir müssen also auch die niederen Tiere beobachten. Das Studium des Menschen allein genügt nicht.

Genauso ist das Studium der vergleichenden Religionen sehr nützlich.

Warum gehen uns die Worte des Meisters so zu Herzen? Er hat die Wahrheit der verschiedenen Religionen erfahren. Er hat die Übungen der Hindus, Christen, Moslems, *Shāktas* und *Vaishnavas* selbst durchgeführt. Eine Biene erzeugt nur dann guten Honig, wenn sie den Nektar von verschiedenen Blüten sammelt.«

Rāmakrishna bat Narendra um ein Lied. Narendra sang:

Enthüll Dich, o König der Könige, mir!
Ich erflehe Deine Gnade. Wirf auf mich Deinen Blick!
Zu Deinen Füßen weihe ich mein Leben,
versengt im feurigen Ofen der Welt.

Mein Herz, ach, ist tief mit Sünde befleckt;
in *Māyā* verstrickt, bin ich beinahe schon tot.
Barmherziger Herr, belebe meine sieche Seele
mit dem lebenspendenden Trank Deiner Gnade.

Als Narendra geendet hatte, saß Dr. Sarkar wie gebannt da. Nach einer Weile sagte er mit gefalteten Händen zu Rāmakrishna: »Gestattet, daß ich mich verabschiede. Ich werde morgen wiederkommen.«

Dr. Sarkar ging fort. Es war Abend und die erste Nacht des Vollmonds. Rāmakrishna stand auf; er war in *Samādhi.*

Sonntag, 25. Oktober 1885

Gegen sechs Uhr morgens war M in Shyampukur eingetroffen, um sich nach Rāmakrishnas Gesundheit zu erkundigen. Er war auf dem Weg zu Dr. Sarkar, um über den Meister zu berichten. Der Meister sagte: »Berichte dem Doktor, daß mein Mund in den frühen Morgenstunden voll Wasser ist und ich husten muß. Frage ihn bitte, ob ich baden darf.«

Gegen sieben Uhr traf M bei Dr. Sarkar ein und berichtete über den Meister. Der alte Lehrer des Arztes und zwei seiner Freunde waren anwesend. Dr. Sarkar sagte zu seinem Lehrer: »Seit drei Uhr morgens habe ich an den *Paramahamsa* gedacht. Ich konnte nicht schlafen. Auch jetzt muß ich noch ständig an ihn denken.«

Einer seiner Freunde sagte: »Einige halten den *Paramahamsa* für eine Inkarnation Gottes. Du siehst ihn jeden Tag. Was hältst du von ihm?«

Doktor: »Ich habe die größte Achtung vor ihm als Mensch.«

M (zu dem Freund des Arztes): »Es ist sehr freundlich von Dr. Sarkar, ihn zu behandeln.«

Doktor: »Freundlich, was heißt das?«

M: »Nicht ihm, sondern uns gegenüber.«

Doktor: »Ihr wißt nicht, was ich durch den *Paramahamsa* alles verliere. Jeden Tag versäume ich zwei oder drei Patienten. Wenn ich am nächsten Tag zu ihnen gehe, kann ich kein Honorar verlangen, weil ich sie von mir aus besuche, ohne gerufen zu sein.«

M bat den Doktor, Rāmakrishna zu besuchen, und ging heim.

Nachmittags gegen drei Uhr kam M zu Rāmakrishna und berichtete über seine Unterhaltung mit Dr. Sarkar.

M: »Er sagte, daß er um drei Uhr morgens aufgewacht sei und seitdem an Euch gedacht habe. Als ich ihn traf, war es acht Uhr. Er sagte: ›Selbst jetzt geht mir der *Paramahamsa* nicht aus dem Kopf.‹«

Meister (lachend): »Er hat Englisch studiert. Ich kann ihn nicht auffordern, über mich zu meditieren; aber wie du siehst, tut er das schon von allein.«

M: »Er sagte auch über Euch: ›Ich habe die größte Achtung vor ihm.‹«

Meister: »Habt ihr noch über andere Dinge gesprochen?«

M: »Ich habe ihn gefragt: ›Was schlagt Ihr heute für den Patienten vor?‹ Er sagte: ›Vorschlagen? Ich werde selbst hingehen müssen. Was soll ich sonst vorschlagen?‹ (Rāmakrishna lachte) Ferner sagte er: ›Ihr wißt nicht, was ich jeden Tag an Geld verliere. Jeden Tag versäume ich zwei oder drei Besuche.‹«

Viele Verehrer, auch Narendra, waren anwesend. Vijaykrishna Goswami kam herein und nahm den Staub von des Meisters Füßen. Verschiedene *Brahmo*-Anhänger waren da. Vijay hatte seine Verbindung zum *Brahmo Samāj* abgebrochen und machte seine eigenen spirituellen Übungen. Rāmakrishna schätzte ihn sehr wegen seiner Frömmigkeit und Hingabe. Obwohl er kein Schüler des Meisters war, empfand Vijay große Achtung vor ihm. Er hatte lange Zeit in Dacca gelebt und erst kürzlich viele heilige Plätze in Nordindien besucht.

Mahima Chakravarty: »Ihr habt viele Heiligtümer und fremde Länder besucht. Erzählt uns bitte von Euren Erfahrungen.«

Vijay: »Was soll ich erzählen? Ich habe erkannt, daß alles hier ist, wo wir jetzt sitzen. Dieses Umherwandern ist nutzlos. An anderen Orten habe ich zwei, fünf, zehn oder höchstens fünfundzwanzig Prozent von ihm entdeckt (er meinte den Meister). Nur hier finde ich eine hundertprozentige Manifestation Gottes.«

Mahima: »Ihr habt recht.«

Vijay (zum Meister mit gefalteten Händen): »Ich habe jetzt erkannt, wer Ihr seid. Ihr braucht es mir nicht mehr zu sagen.«

Meister (in einem ekstatischen Zustand): »Wenn dem so ist, sei es so!«

Vijay fiel vor dem Meister nieder. Er drückte die Füße des Meisters an seine Brust. Der Meister war in *Samādhi*, bewegungslos wie eine Statue. Die Verehrer waren bei dem Anblick überwältigt. Einige weinten, andere sangen Hymnen. Alle Augen waren auf Rāmakrishna gerichtet. Je nach ihrer spirituellen Entwicklung betrachteten sie ihn auf verschiedene Weise, einige als großen Gottesverehrer, einige als Heiligen und andere als Inkarnation Gottes.

Mahima sang mit Tränen in den Augen: »Seht, seht die Verkörperung göttlicher Liebe!« Dann und wann rief er, als hätte er *Brahman* geschaut:

> Das Transzendente jenseits des Einen und der Vielheit!
> Absolutes Sein – Absolutes Wissen – Absolute Seligkeit!

Navagopal weinte. Bhupati sang:

> Geheiligt sei *Brahman*, das Absolute,
> das Unendliche, das Unergründliche,
> höher als das Höchste,
> tiefer als das Tiefste!
> DU bist das Licht der Wahrheit,
> der Quell der Liebe,
> die Heimat der Seligkeit;
> dies Universum mit seinen vielfachen Weisen
> ist das bezaubernde Lied
> Deiner unendlichen Gedanken;
> seine Schönheit fließt über nach allen Seiten.
>
> O Du uranfänglicher, großer Dichter!
> Im Rhythmus Deiner Gedanken
> gehen Sonne und Mond auf und unter;
> Die Sterne, wie glitzernde Edelsteinsplitter,
> sind die deutlichen Zeichen, durch die Dein Gesang
> über den blauen Himmel geschrieben.
> Das Jahr mit seinen sechs Jahreszeiten,
> im Einklang mit der glücklichen Erde,
> kündet von Deiner Herrlichkeit
> bis an das Ende der Zeiten.

Die Farben der Blumen enthüllen
Deine makellose Schönheit,
die Wasser in ihrer Stille
Deine tiefe Heiterkeit;
der Donnerschlag zeigt uns
den Schrecken Deines Gesetzes.
Tief ist Dein Wesen wahrlich;
Wie kann das törichte Denken es je gewahren?
Voll Staunen meditiert es über Dich durch Äonen;
Millionen und Abermillionen
von Sonnen und Monden und Sternen
beugen sich Dir in hingerissener Ehrfurcht.

Deine Schöpfung gewahrend
weinen Männer und Frauen vor Freude;
die Götter und Engel beten Dich an,
o Alldurchdringende Gegenwart.
O Quelle alles Guten,
verleihe uns Deine Erkenntnis,
schenke uns Hingabe, reine Liebe
und vollkommenen Frieden
und gewähre uns Schutz zu Deinen heiligen Füßen.

Nach langer Zeit kehrte Rāmakrishna zum Bewußtsein der äußeren Welt zurück.

Meister (zu M): »In diesem Rauschzustand geschieht irgend etwas mit mir. Es ist, als wäre ich von einem Geist besessen. Ich höre auf, ich selbst zu sein. Wenn ich aus dem Zustand herunterkomme, kann ich nicht richtig zählen. Wenn ich es versuche, sage ich: ›Eins, sieben, acht‹ oder so etwas.«

Narendra: »Das geschieht, weil alles Eins ist.«

Meister: »Nein, es ist jenseits von Eins und Zwei.«

Mahima: »Ja, Ihr habt recht. ›Es ist weder Eins noch Zwei.‹«

Meister: »Dort hört der Verstand auf. Gott kann durch Gelehrsamkeit nicht verwirklicht werden. ER steht jenseits der Schriften – der *Veden*, *Purānas* und *Tantras*.«

Während dieser Unterhaltung trat Dr. Sarkar ein und setzte sich. Er sagte zum Meister: »Ich bin um drei Uhr morgens aufgewacht, voll

Sorge, daß Ihr Euch erkälten könntet. Ich habe noch vieles andere über Euch gedacht.«

Meister: »Ich habe gehustet, und meine Kehle ist entzündet. Gegen Morgen war mein Mund voll Wasser. Mein ganzer Körper schmerzt.«

Doktor: »Ja, das habe ich heute morgen gehört.«

Mahima berichtete von seiner Reise durch Indien und sagte, daß auf Ceylon niemand lache. Dr. Sarkar sagte: »Das mag sein, aber das muß ich erst untersuchen.« (Alle lachten)

Die Unterhaltung drehte sich jetzt um die Pflichten des Lebens.

Meister (zum Arzt): »Viele glauben, der Arzt habe eine edle Aufgabe. Der Arzt kann sicher edel genannt werden, wenn er seine Patienten aus Mitleid mit ihren Leiden kostenlos behandelt. Dann kann man von erhebender Arbeit sprechen. Ein Arzt wird aber gierig und rücksichtslos, wenn er seinen Beruf für Geld ausübt.«

Doktor: »Ihr habt recht, es ist zweifellos falsch, wenn ein Arzt seinen Beruf mit dieser Einstellung ausübt. Ich will nicht vor Euch prahlen, aber –«

Meister: »Der Beruf eines Mediziners ist edel, wenn der Arzt sich selbstlos um das Wohl der anderen kümmert.

Was auch immer der Beruf eines Familienvaters sein mag, es ist notwendig für ihn, ab und zu in der Gesellschaft heiliger Menschen zu leben. Wenn ein Mensch Gott liebt, sucht er von allein solche Gesellschaft.«

Dr. Sarkar erkundigte sich, ob jemand singen würde.

Meister (zu Narendra): »Warum singst du nicht ein wenig?«

Narendra sang:

MUTTER, mach mich verrückt vor Liebe zu Dir,
was brauch ich Erkenntnis oder Verstand?
Mach mich trunken mit dem Wein Deiner Liebe;
o Du, die das Herz Deines *Bhaktas* stiehlt,
ertränke mich tief im Meer Deiner Liebe!

In diesem Irrenhaus Deiner Welt
gibt es welche, die lachen,
welche, die weinen,
und welche, die tanzen vor Freude.

Jesus, Buddha, Moses, Gauranga,
alle sind trunken vom Wein Deiner Liebe.
MUTTER, wann wirst Du mich damit segnen,
die Seligkeit ihrer Gesellschaft zu teilen?

Eine seltsame Verwandlung ging in den Verehrern vor; alle schienen von Ekstase gepackt zu werden. Der Pandit sprang auf, vergaß seine Gelehrsamkeit und rief:

MUTTER, mach mich verrückt vor Liebe zu Dir,
was brauch ich Erkenntnis oder Verstand?

Vijay war als erster vom Rausch des Göttlichen fortgerissen. Dann stand Rāmakrishna auf und vergaß Schmerz und Krankheit. Der Arzt, der vor ihm gesessen hatte, stand auch auf. Patient und Arzt vergaßen sich selbst im Banne des Liedes. Der jüngere Naren und Latu gingen in *Samādhi.* Die Atmosphäre schien elektrisch geladen zu sein. Alle spürten die Gegenwart Gottes. Dr. Sarkar als Wissenschaftler stand atemlos da und beobachtete die seltsame Szene. Er bemerkte, daß die in *Samādhi* Weilenden sich der äußeren Welt völlig unbewußt waren. Alle waren starr und regungslos. Als sie allmählich auf die Ebene der relativen Welt zurückkehrten, lachten einige, andere weinten. Hätte ein Fremder den Raum betreten, so hätte er gedacht, er sei in eine Versammlung Betrunkener geraten. Bald darauf begann der Meister zu sprechen, und die Verehrer setzten sich. Es war acht Uhr abends.

Meister (zum Arzt): »Ihr habt ja die Wirkung göttlicher Ekstase beobachtet. Was sagt die Wissenschaft dazu? Glaubt Ihr, daß es nur Täuschung ist?«

Doktor: »Es muß etwas ganz Natürliches sein, wenn so viele Menschen es erleben. Es kann keine Täuschung sein. (Zu Narendra:) Als du die Zeilen sangst

MUTTER, mach mich verrückt vor Liebe zu Dir,
was brauch ich Erkenntnis oder Verstand?

konnte ich mich kaum beherrschen. Ich wollte aufspringen, konnte mich aber noch zusammenreißen. Ich sagte zu mir: ›Nein, du darfst deine Gefühle nicht zeigen.‹«

Meister: »Ihr seid unerschütterlich und fest wie der Berg *Sumeru.* Ihr seid eine große Seele. Wenn ein Elefant in einem Dorfteich badet, planscht das Wasser über den Rand. Steigt er aber in einen großen See, dann spürt man es kaum.«

Doktor: »Im Gespräch ist Euch niemand gewachsen.« (Gelächter)

Die Unterhaltung wandte sich anderen Dingen zu. Rāmakrishna berichtete dem Arzt über seine Ekstasen in Dakshineswar. Er riet ihm auch, wie man Zorn, Lust und andere Leidenschaften beherrschen könne.

Doktor: »Ich habe gehört, daß ein übler Bursche Euch einmal mit Füßen trat, als Ihr im *Samādhi* am Boden lagt.«

Meister: »Das muß M Euch erzählt haben. Es war Chandra Haldar, ein Priester des *Kālī*-Tempels am Kalighat, der Mathur häufiger besuchte. Eines Tages lag ich in Ekstase am Boden. Das Zimmer war dunkel. Chandra Haldar dachte, ich täuschte den Zustand vor, um Mathurs Gunst zu gewinnen. Er betrat das Zimmer und stieß mich mehrere Male mit seinen Stiefeln. Es hinterließ Spuren an meinem Körper. Alle wollten Mathur darüber berichten, aber ich habe es verboten.«

Doktor: »Auch das ist Gottes Wille. So belehrt Ihr die Menschen, wie man seinen Zorn beherrscht und Vergebung übt.«

In der Zwischenzeit hatte Vijay eine Unterhaltung mit den anderen begonnen.

Vijay: »Ich habe das Gefühl, daß sich irgendwer in mir bewegt. Er zeigt mir Vorgänge auch in größerer Entfernung.«

Narendra: »Wie ein Schutzengel!«

Vijay: »Ich habe ihn (er meinte den Meister) in Dacca gesehen. Er hat meinen Körper sogar berührt.«

Meister (mit einem Lächeln): »Das muß irgend jemand anderes gewesen sein.«

Narendra: »Auch ich habe ihn mehrere Male gesehen. (Zu Vijay:) Warum sollte ich Euren Worten nicht glauben?«

Dienstag, 27. Oktober 1885

Es war gegen fünf Uhr nachtmittags, als Dr. Sarkar eintraf, Rāmakrishnas Puls fühlte und die notwendige Medizin verschrieb. Viele Anhänger waren versammelt, darunter Narendra, Girīsh, Dr. Dukari, der jüngere Naren, Rakhal, M, Sarat und Shyam Basu.

Dr. Sarkar sprach über die Krankheit des Meisters und beobachtete ihn beim Einnehmen der Medizin. Rāmakrishna begann eine Unterhaltung mit Shyam Basu. Dr. Sarkar erhob sich und sagte: »Da Ihr Euch mit Shyam Basu unterhaltet, werde ich mich verabschieden.«

Der Meister fragte ihn, ob er einige Lieder hören wolle.

Doktor: »Ich möchte schon, aber die Musik läßt Euch herumspringen wie ein kleines Kind. Ihr müßt Eure Gefühle unterdrücken.«

Dr. Sarkar nahm wieder Platz, und Narendra begann, in Begleitung der Tanpura und der Mridanga zu singen.

> In tiefer Dunkelheit, o MUTTER,
> glänzt Deine Schönheit ohne Form;
> das ist der Grund, weshalb die *Yogis*
> in einer dunklen Felsenhöhle meditieren.
> Im Schoße grenzenloser Dunkelheit,
> emporgehoben auf *Mahānirvānas* Wogen,
> fließt heiterer Friede unerschöpflich.
>
> Du nimmst die Form der Leere an
> und hüllst Dich ins Gewand der Dunkelheit;
> sag, wer Du bist, o MUTTER,
> einsam im Schreine des *Samādhi* thronend!
> Vom Lotus Deiner furchtzerstreuenden Füße
> zucken die Blitze Deiner Liebe;
> Dein Geist-Antlitz erstrahlt
> mit lautem, schrecklichem Gelächter!

Dr. Sarkar sagte zu M: »Dieses Lied ist gefährlich für ihn.« Rāmakrishna fragte M, was der Arzt gesagt habe. M erwiderte: »Der Doktor fürchtet, daß dieses Lied Euch in *Samādhi* versetzt.«

Inzwischen hatte der Meister schon teilweise das Bewußtsein der äußeren Welt verloren. Er sagte mit gefalteten Händen zum Arzt: »Nein, warum sollte ich in *Samādhi* gehen?« Kaum hatte er die Worte ausgesprochen, war er schon in tiefer Ekstase. Sein Körper war regungslos, seine Augen starr. Er saß da wie eine Statue, der äußeren Welt völlig unbewußt. Er schien ein völlig anderer zu sein.

Narendra sang weiter und verströmte Herz und Seele in das Lied:

Welch beispiellose Schönheit!
Welch ein betörend Antlitz nehm ich wahr!
Der Herrscher meiner Seele
ist in meine niedere Hütte eingetreten;
die Quellen meiner Liebe sprudeln überall.
Sag mir, o mein Geliebter, meines Herzens Herr!
Was soll ich nur für Schätze Dir zu Füßen legen?
Nimm Du mein Leben, meine Seele;
was könnt ich Dir denn sonst noch bringen?
Nimm alles, was ich habe.
Geruhe, mich ganz hinzunehmen!

Während des Gesanges kehrte Rāmakrishna ins Tagesbewußtsein zurück. Als Narendra aufhörte, sprach der Meister weiter und hielt alle in Bann. Die Verehrer blickten voll Verwunderung auf ihn. Sein Antlitz zeigte keine Spur von Schmerz, es erstrahlte in himmlischer Freude.

Zum Arzt gewandt, sagte der Meister: »Gebt diese falsche Bescheidenheit auf. Warum scheut Ihr Euch, Gottes Namen zu singen? Das Sprichwort sagt mit Recht: ›Man kann Gott nicht erkennen, solange man Scham, Haß oder Furcht empfindet.‹ Gebt solche törichten Regungen auf wie: ›Ich bin ein so bekannter Mann, wie kann ich herumtanzen und Gottes Namen singen? Was werden die Leute sagen, wenn sie das hören?‹ Laßt all diese törichten Vorstellungen fahren.«

Doktor: »Es hat mich nie gekümmert, was die Leute sagen. Ich schere mich keinen Deut um ihre Meinung.«

Meister: »Ja, ich weiß, wie stark Ihr in dieser Hinsicht seid. Geht über Erkenntnis und Nichterkenntnis hinaus, nur dann könnt Ihr Gott verwirklichen. Viele Dinge zu kennen, ist Unwissenheit. Stolz zu sein auf Gelehrsamkeit, ist Nichterkenntnis. Die unerschütterliche Überzeugung zu haben, daß Gott in allen Wesen wohnt, ist *Jñāna*, Erkenntnis. Ganz mit Ihm vertraut zu sein, ist *Vijñāna*, eine noch tiefere Erkenntnis. Gott ist jenseits von Erkenntnis und Nichterkenntnis.«

Shyam Basu: »Was bleibt aber, wenn man über Nichterkenntnis und Erkenntnis hinausgeht?«

Meister: »*Nitya-shuddha-bodha-rūpam* – Ewiges, Ungetrübtes, Absolutes Bewußtsein. Wie soll ich euch das klarmachen? Ein junges

Mädchen fragte einmal ihre Freundin: ›Dein Mann ist doch gekommen; was für Freuden genießt du mit ihm?‹ Die Freundin antwortete: ›Das wirst du selbst erfahren, meine Liebe, wenn du einen Mann hast. Erklären kann ich dir das nicht.‹

Was *Brahman* ist, kann mit Worten nicht beschrieben werden. Man kann nicht beschreiben, welche Freude im Spiel und in der Vereinigung mit *Satchidānanda* liegt. Nur der weiß es, der es erlebt hat.«

Zu Dr. Sarkar gewandt, sagte Rāmakrishna: »Man kann Erkenntnis nur erlangen, wenn man frei ist von Egoismus. Wenn jemand ein paar Bücher gelesen hat, ist er sofort eingebildet. Einmal unterhielt ich mich mit Kalikrishna Tagore über Gott. Er sagte sofort: ›Darüber weiß ich alles.‹ Ich sagte zu ihm: ›Prahlt ein Mensch damit, daß er in Delhi gewesen ist? Geht ein Edelmann herum und erzählt jedem, daß er ein Edelmann ist?‹«

Shyam: »Aber Kalikrishna Tagore hat großen Respekt vor Euch.«

Meister: »Wie Eitelkeit den Menschen den Kopf verdreht! Wir hatten in Dakshineswar eine Straßenfegerin. Wie stolz sie war, nur weil sie ein wenig Schmuck trug! Als ein paar Männer an ihr vorbeigingen, rief sie: ›He, macht, daß ihr aus dem Weg kommt!‹ Wenn eine Straßenfegerin schon so spricht, was kann man dann von der Eitelkeit der anderen erwarten?«

Shyam: »Wenn Gott der einzig Handelnde ist, warum bestraft Er die Menschen für ihre Sünden?«

Meister: »Du redest wie ein Goldschmied!«

Narendra: »Mit anderen Worten: Shyam Babu hat ein berechnendes Wesen; wie ein Goldschmied legt er alles auf die Goldwaage.«

Meister: »Ich sage: ›Du törichter Junge, iß die Mangos und sei glücklich! Was nützt es zu überlegen, wieviel hundert Bäume, wieviel tausend Zweige und wieviel Millionen Blätter der Obstgarten enthält? Du bist gekommen, um Mangos zu essen. Iß sie und sei zufrieden.‹

(Zu Shyam:) Du bist als Mensch geboren, um Gott zu verehren. Versuche deshalb, Liebe zu Ihm zu entwickeln. Warum bemühst du dich, hundert andere Dinge zu wissen? Was erreichst du mit philosophischer Diskussion? Wenn schon ein Glas Alkohol genügt, um dich betrunken zu machen, wozu brauchst du dann zu wissen, wieviel Liter noch in der Taverne sind?«

Doktor: »Ganz recht! Und vor allem kann man nicht ermessen, wieviel Wein in der Taverne Gottes ist. Die Menge ist unendlich.«

Meister (zu Shyam): »Warum überläßt du nicht alles Gott? Wälze die Verantwortung auf Ihn ab. Gott allein entscheidet, ob Er dich für deine Sünden bestrafen wird oder nicht.«

Doktor: »Gott allein weiß, was in Ihm vorgeht. Wie kann ein Mensch das erraten? Gott ist jenseits aller Berechnung.«

Meister (zu Shyam): »Das ist euer Hauptthema in Kalkutta! Ihr sagt: ›Gott ist durch Ungerechtigkeit befleckt. ER hat den einen glücklich und den anderen unglücklich gemacht.‹ Was diese Burschen in sich selbst sehen, projizieren sie auch auf Gott.«

Shyam: »Man hört so viel über den feinstofflichen Körper. Kann jemand ihn uns zeigen? Kann jemand beweisen, daß beim Tod der feinstoffliche Körper den grobstofflichen verläßt?«

Meister: »Echte Gottessucher legen keinen Wert darauf, dies gezeigt zu bekommen. Was kümmert es sie, ob irgendein Narr, der sich einbildet, ein großer Mann zu sein, sie achtet oder nicht? Sie haben nicht den Wunsch, ihn zu beeindrucken.«

Shyam: »Worin liegt der Unterschied zwischen dem groben und dem feinstofflichen Körper?«

Meister: »Die fünf Elemente bilden den grobstofflichen Leib. Der feinstoffliche Leib besteht aus Denken, Ich, Unterscheidungsinstanz und Intuition. Dann gibt es noch den Ursacheleib, durch den man die Seligkeit Gottes und die Vereinigung mit Ihm genießt. Hinter all diesen steht noch *Mahākārana*, die Große Ursache. Sie kann mit Worten nicht beschrieben werden.

Was nützt es, nur Worte zu hören? Tu etwas! Was weiß ein Mensch von Garnen verschiedener Stärke, wenn er nicht im Garnhandel tätig ist? Deshalb sage ich: ›Mache spirituelle Übungen, dann wirst du sie alle kennenlernen – den groben, den feinen, den kausalen Leib und auch die Große Ursache. Wenn du zu Gott betest, dann bitte Ihn nur um Liebe zu Ihm.

Ich habe zur Göttlichen Mutter nur um Liebe gebetet. Ich habe Ihr Blumen dargebracht und mit gefalteten Händen gesagt: ›O MUTTER, hier ist Deine Nichterkenntnis, und hier ist Deine Erkenntnis. Nimm sie beide und schenke mir nur reine Liebe zu Dir! Hier ist Deine Heiligkeit, und hier ist Deine Unheiligkeit. Nimm sie beide und schenke mir nur reine Liebe zu Dir! Hier ist Deine Tugend, und hier ist Deine Sünde. Nimm sie beide und schenke mir nur reine Liebe zu Dir! Hier ist Dein Gutes, und hier ist Dein Böses. Nimm sie beide und schenke mir nur reine Liebe zu Dir! Hier ist Dein *Dharma*, und hier ist Dein *Adharma*. Nimm sie beide und schenke mir nur reine Liebe zu Dir!‹

Dharma besteht aus guten Handlungen wie Wohltätigkeit und dergleichen. Wenn man *Dharma*, Rechtschaffenheit, akzeptiert, muß man auch *Adharma*, Un-Rechtschaffenheit, akzeptieren. Wer Tugend annimmt, muß auch Sünde annehmen. Wer Erkenntnis annimmt, muß auch Nichterkenntnis annehmen. Wer Heiligkeit annimmt, muß auch Unheiligkeit annehmen. Wenn ein Mensch Licht wahrnimmt, nimmt er auch Dunkelheit wahr. Wenn ein Mensch eins wahrnimmt, nimmt er auch das Viele wahr. Kennt ein Mensch das Gute, dann kennt er auch das Böse.

Gesegnet ist der Mensch, der sich seine Liebe zu Gott erhält, selbst wenn er Schweinefleisch ißt. Wenn aber ein Mensch nur Gemüse und Reis ißt, jedoch der Welt verhaftet bleibt, dann –«

Doktor: »Ist er ein elender Wicht. Hier möchte ich unterbrechen und etwas sagen. *Buddha* aß einmal Schweinefleisch und bekam eine Kolik. Um die Schmerzen loszuwerden, nahm er Opium und wurde bewußtlos. Wißt ihr, was es mit *Nirvāna* und diesem Zeug auf sich hat? *Buddha* war von dem Opium betäubt. Er hatte kein Bewußtsein der äußeren Welt mehr. Das ist das, was man *Nirvāna* nennt!«

Alle lachten über diese neue Auslegung des *Nirvāna*. Die Unterhaltung ging weiter.

Shyam: »Was haltet Ihr von der Theosophie?«

Meister: »Wer umherläuft, um Schüler zu sammeln, steht auf einer sehr niedrigen Stufe. Ebenso diejenigen, die sich okkulte Kräfte wünschen, um über den Ganges gehen zu können oder um zu berichten, was Menschen in fernen Ländern sagen. Für solche Menschen ist es sehr schwer, reine Liebe zu Gott zu entwickeln.«

Shyam: »Aber die Theosophen versuchen, die Hindu-Religion wieder aufzurichten.«

Meister: »Ich weiß nur wenig über sie.«

Shyam: »Die Theosophie lehrt uns, wohin die Seele nach dem Tode geht, ob in die Lunarsphäre oder die Solarsphäre oder eine andere Region.«

Meister: »Das kann sein, aber willst du meine Einstellung wissen? *Hanumān* wurde einmal gefragt: ›Welchen Tag des Monats haben wir?‹ Er erwiderte: ›Ich weiß nichts vom Wochentag und nichts vom

Monatstag, nichts von der Stellung der Sterne oder ähnlichen Dingen. Ich meditiere nur über *Rāma.*‹ Das ist auch meine Einstellung.«

Shyam: »Die Theosophen glauben an *Mahātmas.* Glaubt Ihr auch daran?«

Meister: »Wenn du meinen Worten Glauben schenkst, sage ich ja, aber laß jetzt bitte dieses Thema ruhen. Komm wieder, wenn ich mich besser fühle. Es wird schon ein Weg gefunden werden, damit du Seelenfrieden erlangst, du mußt mir allerdings vertrauen. Du wirst bemerkt haben, daß ich keine Geschenke annehme. Wir sammeln hier auch nicht, deshalb kommen so viele Leute her. (Gelächter)

(Zum Doktor:) Wenn Ihr es nicht übelnehmt, werde ich Euch etwas sagen: Ihr habt von solchen Dingen wie Geld, Ehre, Vorträgen und dergleichen genug gehabt. Jetzt richtet Euer Denken einmal ein paar Tage auf Gott. Kommt ab und zu hierher. Eure spirituellen Empfindungen werden geweckt werden, wenn Ihr über Gott hört.«

Als der Arzt kurz darauf fortgehen wollte, trat Girīsh ein und verbeugte sich tief vor dem Meister. Dr. Sarkar freute sich, ihn zu sehen, und setzte sich wieder.

Doktor (auf Girīsh zeigend): »Natürlich kommt er nicht, solange ich hier bin. Kaum habe ich mich verabschiedet, tritt er in die Tür.«

Girīsh und Dr. Sarkar unterhielten sich über die Wissenschaftliche Gesellschaft, die Dr. Sarkar gegründet hatte.

Meister: »Werdet Ihr mich einmal dorthin führen?«

Doktor: »Wenn Ihr dorthin geht, werdet Ihr beim Anblick der wunderbaren Werke Gottes Euer Bewußtsein verlieren.«

Meister: »Wahrscheinlich.«

Doktor (zu Girīsh): »Was Ihr auch tun mögt, betet ihn (den Meister) bitte nicht als Gott an. Ihr verdreht dem guten Mann den Kopf.«

Girīsh: »Was soll ich sonst tun? Wie soll ich sonst jemanden behandeln, der mich über den Ozean der Welt und, was viel mehr ist, über den Ozean des Zweifels geführt hat? Alles an ihm ist heilig für mich.«

Doktor: »Glaubt Ihr, ich kann nicht auch den Staub von seinen Füßen nehmen? Seht her!«

Der Arzt berührte die Füße Rāmakrishnas mit seiner Stirn.

Girīsh: »Die Engel singen: ›Gelobt sei dieser Augenblick!‹«

Doktor: »Was ist dabei, den Staub von den Füßen eines Mannes zu nehmen? Ich kann den Staub von allen Füßen nehmen. Gebt mir alle den Staub eurer Füße.«

Er berührte die Füße aller Anwesenden.

Narendra (zum Arzt): »Wir halten ihn für einen Menschen, der wie Gott ist. Wie soll ich mich ausdrücken? Es gibt eine Grenzsituation zwischen Pflanzen und Tieren, wo es schwer ist festzustellen, ob es sich um eine Pflanze oder um ein Tier handelt. Genauso gibt es eine Stufe zwischen der Menschenwelt und der Gottwelt, wo es sehr schwer festzustellen ist, ob ein Wesen ein Mensch oder Gott ist.«

Doktor: »Bei diesen Dingen sollte man seine Gefühle unterdrükken. Man darf ihnen nicht nachgeben. Niemand versteht meine Gefühle. Selbst meine besten Freunde halten mich für streng und grausam. Selbst Menschen wie ihr werden mich eines Tages vielleicht mit Füßen treten und hinauswerfen.«

Meister: »Wie könnt Ihr so etwas sagen! Sie haben Euch alle gern und warten so begierig auf Euer Kommen wie eine Braut auf ihren Bräutigam.«

Girīsh: »Alle haben die größte Achtung vor Euch.«

Doktor: »Mein Sohn und selbst meine Frau halten mich für hartherzig. Mein einziger Fehler ist, daß ich meine Gefühle nicht zur Schau stellen kann.«

Girīsh: »In diesem Falle wäre es klug, die Tür Eures Herzens weit zu öffnen, zumindest aus Mitleid mit Euren Freunden, die Euch sonst nicht richtig verstehen können.«

Doktor: »Glaubt mir, meine Gefühle sind noch stärker aufgewühlt als eure. (Zu Narendra:) Ich vergieße Tränen, wenn ich allein bin. (Zu Rāmakrishna:) Ich möchte Euch noch etwas sagen. Wenn Ihr in Ekstase seid, setzt Ihr anderen den Fuß auf den Körper. Das ist nicht gut.«

Meister: »Glaubt Ihr, daß ich in dem Zustand weiß, daß ich einen anderen mit meinem Fuß berühre?«

Doktor: »Ihr spürt aber, daß es nicht richtig ist, nicht wahr?«

Meister: »Wie soll ich Euch erklären, was ich im *Samādhi* erfahre? Wenn ich daraus zurückkomme, denke ich manchmal, daß meine Krankheit vielleicht auf *Samādhi* zurückzuführen sei. Es ist eben so, daß der Gedanke an Gott mich wahnsinnig macht. All dies ist das Ergebnis meines göttlichen Wahnsinns. Was kann ich dagegen tun?«

Doktor: »Jetzt teilt er meine Ansicht. Er bedauert, was er tut. Er weiß, daß es eine sündige Handlung ist.«

Meister (zu Narendra): »Du bist so klug, warum antwortest du ihm nicht? Erkläre ihm alles.«

Girīsh (zum Doktor): »Ihr seid im Irrtum. Er bedauert es nicht, im *Samādhi* den Körper seiner Verehrer zu berühren. Sein eigener Körper ist rein, von keiner Sünde befleckt. Daß er andere auf diese Weise berührt, geschieht zu ihrem Heil. Manchmal glaubt er, er habe diese Krankheit bekommen, weil er ihre Sünden auf sich genommen hat.

Denkt an Euren eigenen Fall. Als Ihr unter Kolik littet und bis spät in die Nacht aufbliebt, um zu lesen, habt Ihr Euch sehr bedauert. Das bedeutet aber doch nicht, daß Lesen zu später Nachtstunde etwas Schlechtes sei. Er (Rāmakrishna) bedauert es auch, krank zu sein, aber deshalb glaubt er doch nicht, daß es falsch sei, andere zu berühren, wenn es zu ihrem Wohle geschieht.«

Dr. Sarkar war sichtlich verwirrt und sagte zu Girīsh: »Ich gebe mich geschlagen. Gebt mir den Staub Eurer Füße.« Er grüßte Girīsh.

Donnerstag, 29. Oktober 1885

M traf gegen zehn Uhr morgens bei Dr. Sarkar ein, um über Rāmakrishnas Zustand zu berichten. Bald darauf stiegen sie in die Kutsche des Arztes, um zahlreiche Patienten zu besuchen. Im Hause der Tagores wurde der Doktor vom Familienoberhaupt festgehalten. Als er wieder in die Kutsche stieg, begann er mit M über Rāmakrishnas Krankheit zu sprechen und wie man ihn betreuen sollte.

Doktor: »Wollt ihr ihn nach Dakshineswar zurückbringen?«

M: »Nein, das wäre für die Verehrer sehr unbequem. Wenn er in Kalkutta ist, können sie ihn immer besuchen.«

Doktor: »Es ist aber sehr kostspielig hier.«

M: »Die Verehrer stört das nicht. Sie haben nur das eine Verlangen, ihm zu dienen. Was die Kosten anbelangt, so müssen sie getragen werden, ob nun in Kalkutta oder in Dakshineswar. Wenn er nach Dakshineswar zurückgeht, werden die Verehrer ihn nicht ständig besuchen können, und das wird ihnen große Sorgen bereiten.«

Dr. Sarkar und M trafen in Shyampukur ein und fanden den Meister mit seinen Anhängern im Zimmer versammelt. Dr. Bhaduri war auch da.

Dr. Sarkar fühlte den Puls des Meisters und erkundigte sich nach seinem Befinden. Die Unterhaltung wandte sich Gott zu.

Dr. Bhaduri: »Soll ich euch die Wahrheit sagen? Alles ist unwirklich wie ein Traum.«

Dr. Sarkar: »Wenn alles Täuschung ist, wessen Täuschung ist es dann? Und warum diese Täuschung? Wenn alle wissen, daß es eine Täuschung ist, warum dann überhaupt davon reden? Ich kann nicht glauben, daß Gott wirklich und Seine Schöpfung unwirklich ist.«

Meister: »Das ist eine gute Einstellung. Es ist gut, Gott als den Herrn zu betrachten und sich selbst als Diener. Solange man seinen Körper für wirklich hält und sich des ›Ich und Du‹ bewußt ist, bleibt man besser beim Verhältnis von Herr und Diener. Die Vorstellung ›Ich bin Er‹ ist dann ungeeignet.

Man sieht immer dasselbe Zimmer, ob man es von der Seite oder von der Mitte aus betrachtet.«

Dr. Bhaduri (zu Dr. Sarkar): »Was ich sagte, findet Ihr im *Vedānta*. Ihr müßt die Schriften studieren, dann werdet Ihr es verstehen.«

Dr. Sarkar: »Warum? Hat er (Rāmakrishna) all seine Weisheit aus dem Studium der Schriften? Er teilt meinen Standpunkt. Kann man nicht weise sein, ohne die Schriften gelesen zu haben?«

Meister: »Wie viele Schriften habe ich aber gehört!«

Dr. Sarkar: »Man kann die Bedeutung mißverstehen, wenn man sie nur hört. In Eurem Fall war es kein bloßes Hören.«

Meister (zum Doktor): »Wie ich höre, habt Ihr mich als wahnsinnig bezeichnet, deshalb wollen die Verehrer Euch nicht besuchen.«

Dr. Sarkar (M anblickend): »Warum sollte ich Euch als wahnsinnig bezeichnen? Ich habe Euren Egoismus erwähnt. Warum gestattet Ihr den Leuten, den Staub von Euren Füßen zu nehmen?«

M: »Weil sie sonst weinen.«

Dr. Sarkar: »Das ist ihr Fehler. Man sollte sie aufklären.«

M: »Was habt Ihr dagegen, daß sie den Staub von seinen Füßen nehmen? Wohnt Gott nicht in allen Wesen?«

Dr. Sarkar: »Ich habe keine Einwände, dann müßt ihr aber den Staub von den Füßen aller nehmen.«

M: »Gott manifestiert sich aber in einigen Menschen stärker als in anderen. Wasser gibt es überall, aber in einem Fluß, See oder Ozean sieht man mehr davon. Achtet Ihr jemanden, der gerade sein erstes wissenschaftliches Examen gemacht hat, genauso hoch wie Faraday?«

Dr. Sarkar: »Da stimme ich zu, aber warum nennt ihr ihn Gott?«

M: »Warum grüßen wir einander? Weil Gott im Herzen eines jeden wohnt. Über dieses Thema habt Ihr noch nicht viel nachgedacht.«

Meister (zu Dr. Sarkar): »Ich sagte Euch bereits, daß Gott sich in einigen Menschen stärker enthüllt als in anderen. Die Erde reflektiert die Sonnenstrahlen anders als ein Baum oder ein Spiegel. Im Spiegel seht Ihr eine bessere Reflexion als in anderen Objekten.«

Dr. Sarkar antwortete nicht. Alle schwiegen.

Meister (auf sich zeigend): »Ihr liebt dies doch. Ihr habt mir gesagt, daß Ihr mich liebt.«

Dr. Sarkar: »Ihr seid ein Naturkind. Darum sage ich Euch dies alles. Es verletzt mich, wenn ich sehe, wie die Menschen Eure Füße berühren. Ich sage mir dann: ›Sie werden diesen guten Menschen verderben.‹ Keshab ist auch von seinen Anhängern auf diese Weise verdorben worden. Hört auf mich –«

Meister: »Auf Euch hören? Ihr seid gierig, lüstern und egoistisch.«

Dr. Bhaduri (zu Dr. Sarkar): »Das heißt, Ihr habt die Zeichen eines *Jīva*, eines verkörperten Wesens. Diese Zeichen bestehen aus Lust, Egoismus, Gier nach Besitz und einem Verlangen nach Namen und Ruhm. Alle verkörperten Wesen tragen diese Zeichen.«

Dr. Sarkar (zum Meister): »Wenn Ihr so mit mir redet, werde ich nur Eure Kehle untersuchen und gehen. Vielleicht wollt Ihr das, dann sollten wir über nichts anderes sprechen. Wenn Ihr aber eine Diskussion wollt, dann werde ich sagen, was ich für richtig halte.«

Meister: »Lest die *Gītā*, das *Bhāgavatam* und den *Vedānta*; dann werdet Ihr alles verstehen. Ist Gott nicht in Seiner Schöpfung?«

Dr. Sarkar: »Nicht in einem besonderen Objekt. ER ist überall. Weil Er überall ist, kann Er nicht gefunden werden.«

Die Unterhaltung wandte sich anderen Dingen zu. Rāmakrishna geriet ständig in Ekstase, die der Arzt für gefährlich hielt. Er sagte zu ihm: »Ihr müßt Eure Gefühle unterdrücken. Auch meine Gefühle sind aufgewühlt, ich könnte genauso viel tanzen wie Ihr.«

Der jüngere Naren (lächelnd): »Und was macht Ihr, wenn Eure Gefühle sich noch mehr steigern?«

Dr. Sarkar: »Meine Beherrschung würde sich auch steigern.«

Meister und M: »Das sagt Ihr jetzt!«

M: »Könnt Ihr uns sagen, was Ihr tun würdet, wenn Ihr solche Ekstasen erlebtet?«

Die Unterhaltung kam auf das Thema Geld.

Meister (zu Dr. Sarkar): »Ich kümmere mich überhaupt nicht darum. Ihr wißt genau, daß das keine leeren Worte sind.«

Dr. Sarkar: »Selbst ich habe kein Verlangen nach Geld, von Euch ganz zu schweigen!«

Meister: »Jadu Mallick ist auch geistesabwesend. Wenn er ißt, weiß er manchmal nicht, ob das Essen gut oder schlecht schmeckt. Wenn jemand sagt: ›Iß das nicht, es schmeckt nicht gut‹, dann sagt Jadu: ›Ist das Essen schlecht? Nun, was macht das schon.‹«

Wollte der Meister darauf hinweisen, daß ein weltweiter Unterschied besteht zwischen der Geistesabwesenheit durch die Versenkung in Gott und der Geistesabwesenheit durch Beschäftigung mit weltlichen Dingen?

Auf Dr. Sarkar zeigend, sagte Rāmakrishna mit einem Lächeln zu seinen Anhängern: »Wenn etwas gekocht wird, wird es weich. Zuerst war er sehr hart. Jetzt fängt er an, von innen weich zu werden.«

Dr. Sarkar: »Wenn etwas gekocht wird, beginnt es von außen weich zu werden. Ich fürchte, das wird sich in dieser Geburt bei mir nicht ereignen.« (Alle lachten)

Die Dämmerung brach herein.

Rāmakrishna war in Kontemplation über Gott versunken. Er vergaß dabei völlig seine schmerzhafte Krankheit. Verschiedene vertraute Schüler saßen in seiner Nähe und beobachteten ihn aufmerksam. Nach langer Zeit wurde er sich der äußeren Welt wieder bewußt und sagte flüsternd zu M: »Mein Bewußtsein war völlig im Unteilbaren *Brahman* aufgegangen. Dabei habe ich verschiedene Dinge gesehen. Der Doktor wird spirituell aufwachen, aber es dauert noch etwas. Ich brauche ihm nicht mehr viel zu sagen. Ich sah noch einen anderen Menschen in diesem Zustand. Eine Stimme sagte in mir: ›Ziehe auch ihn an.‹ Ich werde dir später von ihm berichten.«

Freitag, 30. Oktober 1885

Gegen halb elf Uhr erreichte M Dr. Sarkars Haus. Er ging in den ersten Stock und setzte sich auf einen Stuhl in der Vorhalle des Wohnzimmers. Vor Dr. Sarkar stand ein Behälter mit Goldfischen. Ab und zu warf er Kardamomschalen hinein und gab den Spatzen Mehlkügelchen. M beobachtete ihn.

Doktor (lächelnd zu M): »Diese Goldfische starren mich an, wie die Gläubigen Gott anstarren. Sie haben nicht bemerkt, daß ich Futter ins Wasser geworfen habe. Deshalb sage ich: ›Was kann bloße *Bhakti* Euch schon bringen? Erkenntnis ist auch notwendig.‹«

Dr. Sarkar und M betraten das Wohnzimmer. Rundherum standen Borde voller Bücher. Der Doktor ruhte sich etwas aus. M betrachtete die Bücher. Er nahm Canon Farrars »Das Leben Jesu« heraus und las ein paar Seiten. Dr. Sarkar erzählte M, wie er gegen großen Widerstand das erste homöopathische Krankenhaus eröffnet hatte. Er bat M, die Briefe darüber zu lesen, die im Medizinischen Journal 1876 veröffentlicht worden waren. Dr. Sarkar hielt sehr viel von Homöopathie.

M nahm ein anderes Buch heraus, Mungers »Neue Theologie«. Dr. Sarkar bemerkte es.

Doktor: »Munger begründet seine Feststellungen mit guten Argumenten und vernünftigen Überlegungen. Nicht wie ihr, die ihr alle an Dinge glaubt, nur weil *Chaitanya*, *Buddha* oder Jesus das gesagt haben.«

M (lächelnd): »Ja, wir sollten nicht *Chaitanya* oder *Buddha* glauben, sondern Munger. Da wir eine Autorität benötigen, sollte das Munger sein.« (Der Doktor lächelte)

Dr. Sarkar fuhr mit M zusammen in der Kutsche nach Shyampukur. Vorher holten sie noch Dr. Pratap Mazumdar ab. Pratap hatte am Tage vorher Rāmakrishna besucht. Bald darauf erreichten sie Shyampukur.

Rāmakrishna saß mit verschiedenen Verehrern in seinem Zimmer.

Pratap war der Schwiegersohn von Dr. Bhaduri. Rāmakrishna lobte im Gespräch seinen Schwiegervater.

Meister (zu Pratap): »Er ist eine große Persönlichkeit geworden. Er kontempliert über Gott und achtet auf seinen Umgang. Außerdem akzeptiert er beide Aspekte Gottes.

(Zu Dr. Sarkar:) Wißt Ihr, was Dr. Bhaduri über Euch gesagt hat? Er sagte, daß Ihr im nächsten Zyklus von Grund auf neu anfangen müßtet, weil Ihr nicht an diese Dinge glaubt. (Alle lachten)

Dr. Sarkar (lächelnd): »Angenommen, ich fange von Grund auf neu an und erlange nach vielen Geburten einen menschlichen Körper; sobald ich aber an diesem Ort angelangt bin, muß ich wieder von vorn anfangen.« (Der Doktor und alle lachten)

Die Unterhaltung drehte sich um die Ekstasen des Meisters, in die er trotz seiner Krankheit geriet.

Pratap: »Gestern sah ich Eure ekstatische Stimmung.«

Meister: »Es kam ganz von selbst, war aber nicht intensiv.«

Dr. Sarkar: »Ekstasen und Sprechen sind im Augenblick nicht gut für Euch.«

Meister (zum Doktor): »Gestern sah ich Euch im *Samādhi.* Ich sah, daß Ihr eine Fundgrube von Erkenntnis seid, aber es ist alles trockenes Wissen. Ihr habt noch keine göttliche Seligkeit genossen. (Zu Pratap, mit Bezug auf Dr. Sarkar:) Wenn er je göttliche Seligkeit erfährt, wird er alles davon erfüllt sehen. Dann wird er nicht mehr sagen, daß alles richtig sei, was er sagt, und alles falsch, was die anderen sagen. Dann wird er keine scharfen, verletzenden Worte mehr äußern.«

Rāmakrishna geriet plötzlich in eine spirituelle Stimmung und sagte zu Dr. Sarkar: »Mahindra Babu, warum diese Verrücktheit nach Geld? Warum solche Verhaftung an Eure Frau? Warum solches Verlangen nach Namen und Ruhm? Gebt alles auf und richtet Euer Denken voller Hingabe auf Gott. Genießt die Seligkeit Gottes.«

Dr. Sarkar brachte kein Wort hervor. Die Anwesenden schwiegen auch.

Meister: »Nangta erzählte mir, wie ein *Jñāni* meditiert: Überall ist Wasser, alle Regionen oben und unten sind mit Wasser erfüllt. Der Mensch schwimmt voller Freude wie ein Fisch in diesem Wasser. In echter Meditation werdet Ihr das wirklich so sehen.

Eine andere Meditationsart des *Jñānis* besteht darin, an den unendlichen *Ākāsha* zu denken und an einen Vogel, der freudig darin seine Schwingen ausbreitet. Es ist *Chidākāsha*, und *Ātman* ist der Vogel. Der Vogel sitzt nicht in einem Käfig, sondern fliegt im *Chidākāsha* frei umher. Seine Freude ist grenzenlos.«

Die Verehrer lauschten mit großer Aufmerksamkeit diesen Worten über Meditation. Nach einer Weile nahm Pratap die Unterhaltung wieder auf.

Pratap (zu Dr. Sarkar): »Wenn man ernsthaft nachdenkt, ist alles nur ein Schatten.«

Dr. Sarkar: »Wenn Ihr vom Schatten sprecht, dann sind drei Dinge notwendig: die Sonne, das Objekt und der Schatten. Wie kann es ohne Objekt einen Schatten geben? Ferner sagt Ihr, daß Gott wirklich ist und die Schöpfung unwirklich. Ich sage aber, daß die Schöpfung auch wirklich ist.«

Pratap: »Nun gut. So wie man eine Reflexion im Spiegel sieht, so seht Ihr dieses Universum im Spiegel Eures Denkens.«

Dr. Sarkar: »Aber ohne Objekt ist keine Reflexion möglich.«

Narendra: »Wieso? Gott ist das Objekt.«

Meister (zu Dr. Sarkar): »Ihr habt kürzlich eine gute Bemerkung gemacht. Keiner hat bisher gesagt, daß *Samādhi* das Ergebnis der Vereinigung des Bewußtseins mit Gott ist. Ihr allein habt das ausgesprochen.

Shivanath hat einmal gesagt, daß man seinen Kopf verliert, wenn man zu viel an Gott denkt. Mit anderen Worten, man verliert sein Bewußtsein, wenn man über das Universale Bewußtsein meditiert. Stellt Euch das vor! Unbewußt werden durch Kontemplation über Ihn, dessen Wesen Bewußtsein ist, und dessen Bewußtsein die Welt mit Bewußtsein ausgestattet hat!

Was sagt Eure Wissenschaft? Dies, kombiniert mit dem, ergibt das. Dabei kann man leichter sein Bewußtsein verlieren – bei zuviel Umgang mit materiellen Dingen.«

Dr. Sarkar: »Man kann Gott in diesen Dingen erkennen.«

M: »Wenn dem so ist, dann sieht man Gott im Menschen noch deutlicher, und am klarsten sieht man Ihn in einer großen Seele. In ihr findet man die größte Manifestation Gottes.«

Dr. Sarkar: »Ja, im Menschen zweifellos.«

Meister: »Diese Vorstellung, Bewußtsein zu verlieren durch Kontemplation über Gott, durch Dessen Bewußtsein selbst leblose Materie bewußt erscheint und Hände, Füße und Körper bewegt werden! Die Leute sagen, daß sich der Körper bewegt; sie wissen nicht, daß Gott ihn bewegt. Sie sagen, daß man sich mit Wasser die Hand verbrüht. Wasser vermag das nicht, es ist die Hitze im Wasser, das Feuer im Wasser, das verbrüht. Man sagt, daß die Sinnesorgane von selbst funktionieren, ohne zu wissen, daß Er ihnen innewohnt, dessen Wesen Bewußtsein ist.«

Dr. Sarkar erhob sich. Er wollte Abschied nehmen. Auch Rāmakrishna stand auf.

Dr. Sarkar: »Die Menschen rufen Gott an, wenn sie in Not sind. Sagen sie vielleicht zum Spaß ›O Herr! Du! Du!‹? Ihr sprecht über Gott, weil Ihr diese Schmerzen in der Kehle habt.«

Meister: »Dazu kann ich nichts sagen.«

Dr. Sarkar: »Warum nicht? Wir liegen in Gottes Schoß. IHM gegenüber sind wir ungezwungen. Mit wem sollten wir sonst über unsere Krankheit reden?«

Meister: »Da habt Ihr recht. Gelegentlich versuche ich, mit Ihm darüber zu sprechen, aber ich habe keinen Erfolg damit.«

Dr. Sarkar ging. M saß neben Rāmakrishna und berichtete über die

Unterhaltung, die er in Dr. Sarkars Haus gehabt hatte.

M: »Er sagte: ›Muß ich etwas glauben, nur weil ein *Chaitanya, Buddha* oder Christus das gesagt hat? Das wäre nicht richtig.‹«

Meister: »Er hat an dieses (sich selbst meinend) gedacht. Sein Glaube wächst. Kann man das Ich ganz loswerden? So viel Gelehrsamkeit! Solches Ansehen! Er besitzt so viel Geld! Trotzdem mißachtet er meine Worte nicht.«

Sonnabend, 31. Oktober 1885

Es war elf Uhr morgens. Rāmakrishna saß mit den Anhängern in seinem Zimmer. Er unterhielt sich mit einem Christen namens Misra. Misra stammte aus einer christlichen Familie in Nordwest-Indien und gehörte zu den Quäkern. Er war fünfunddreißig Jahre alt und nach europäischer Mode gekleidet, aber unter seinem Anzug trug er das gelbe Tuch eines *Sannyāsins.* Zwei seiner Brüder waren gestorben, genau an dem Tag, an dem der eine heiraten sollte, und an jenem Tage hatte Misra der Welt entsagt.

Misra: »*Rāma* allein wohnt in allen Wesen.«

Rāmakrishna sagte zum jüngeren Naren, so daß Misra es hören konnte: »*Rāma* ist Einer, aber Er hat tausend Namen. Er, den die Christen Gott nennen, wird von den Hindus mit *Rāma, Krishna, Īshvara* und noch anderen Namen angesprochen.«

Misra: »Jesus ist nicht Marias Sohn, Er ist Gott selbst. (Zu den Anwesenden, auf Rāmakrishna zeigend:) Jetzt scheint er zu sein, wie ihr ihn seht – und doch ist er Gott selbst. Ihr könnt ihn nicht erkennen. Ich habe ihn zuvor in Visionen gesehen und sehe ihn jetzt unmittelbar mit meinen Augen.«

Meister: »Hast du Visionen?«

Misra: »Schon zu Hause hatte ich Lichterscheinungen; dann hatte ich eine Vision von Jesus. Wie kann ich diese Schönheit beschreiben? Was ist die Schönheit einer Frau gegen diese Schönheit!«

Nach einer Weile zeigte Misra den Verehrern das *Gerrua*-Lendentuch, das er unter seiner Kleidung trug.

Rāmakrishna ging plötzlich hinaus. Als er ins Zimmer zurückkehrte, sagte er zu den Verehrern: »Ich sah Misra in einer heldischen Haltung.« Bei diesen Worten ging er in *Samādhi.*

Als er sich seiner Umwelt langsam wieder bewußt wurde, richtete er seinen Blick auf Misra und begann zu lachen. In ekstatischer Stimmung schüttelte er ihm die Hand und lachte wieder. Seine Hand nehmend, sagte er: »Du wirst bekommen, was du suchst.«

Misra (mit gefalteten Händen): »Seit damals habe ich Euch Körper, Geist und Seele dargebracht.«

Rāmakrishna lachte; er war noch immer in ekstatischer Stimmung.

Dr. Sarkar war eingetroffen. Bei seinem Anblick ging Rāmakrishna in *Samādhi.* Als die Ekstase etwas abklang, sagte er: »Erst die Freude göttlicher Trunkenheit, dann die Seligkeit des *Satchidānanda.*«

Doktor: »Ja.«

Meister: »Ich bin nicht ohne Bewußtsein.«

Der Arzt erkannte, daß der Meister von göttlicher Seligkeit berauscht war. Deshalb sagte er: »Nein, nein. Ihr seid völlig bewußt.«

Rāmakrishna lächelte und sagte:

> Gewöhnlicher Wein ist's nicht, den ich hier trinke.
> Wenn ich den Namen meiner Mutter *Kālī* wiederhole,
> ist das der Wein ewiger Seligkeit.
> So sehr berauscht er meinen Geist,
> daß andere mich für betrunken halten.

Als der Arzt diesen Worten lauschte, geriet er beinahe selbst in Ekstase. Rāmakrishna geriet in eine spirituelle Versenkung und legte seinen Fuß in den Schoß des Arztes. Nach einigen Minuten wurde er sich der äußeren Welt wieder bewußt und zog seinen Fuß zurück. Er sagte zum Arzt: »Kürzlich habt Ihr etwas Großartiges gesagt: ›Wir liegen in Gottes Schoß. Mit wem sollten wir über unsere Krankheit reden, wenn nicht mit Ihm?‹ Wenn ich beten muß, dann sicher zu Ihm.« Als Rāmakrishna diese Worte sagte, füllten sich seine Augen mit Tränen. Er geriet wieder in Ekstase und sagte zum Arzt: »Ihr seid rein, sonst hätte ich meinen Fuß nicht in Euren Schoß legen können. Nur wer die Seligkeit *Rāmas* genossen hat, erlangt Frieden. Was bedeutet diese Welt? Welchen Wert hat sie? Was bedeuten Geld, Besitz, Ehre und körperliche Bequemlichkeit? ›O Denken, erfasse *Rāma*! Halte dich an nichts anderes als *Rāma!*‹«

11. Der Meister in Cossipore

Mittwoch, 23. Dezember 1885

Am Freitag, den 11. Dezember war Rāmakrishna in ein hübsches Haus in Cossipore, einem Vorort Kalkuttas, gezogen. Das Haus lag in einem fünf Morgen großen Garten voller Obstbäume und blühender Pflanzen. Hier senkte sich der Vorhang über das Leben des Meisters.

In Cossipore machte er sich mit verdoppelter Energie an die Vollendung seiner spirituellen Aufgabe, die er lange zuvor in Dakshineswar begonnen hatte. Da er erkannte, daß sich sein irdisches Leben dem Ende zuneigte, verteilte er seine spirituellen Schätze ohne Einschränkung an alle. Er war wie ein Obsthändler, der seine Ware auf den Markt bringt, um den Preis feilscht, aber bei Sonnenuntergang, wenn der Markt zu Ende ist, seine Ware zu jedem Preis verkauft. Hier erlebten seine Verehrer die größte Manifestation seiner spirituellen Kräfte. Hier sahen sie, wie seine Prophezeiungen über sein eigenes Ende in Erfüllung gingen: »Ich werde alles öffentlich kundtun, bevor ich gehe.« »Wenn die Menschen in großer Zahl die Bedeutung dieses Körpers erkennen und darüber zu flüstern beginnen, dann wird die MUTTER ihn abberufen.« »Die Anhänger werden sich am Schluß in einen inneren und einen äußeren Kreis teilen.« Hier hatte er vorausgesagt, daß eine Gruppe junger Schüler unter Narendras Führung der Welt entsagen würde, um sich der Verwirklichung Gottes und dem Dienst an der Menschheit hinzugeben.

Die jungen Anhänger hatten ihr Quartier im Gartenhaus aufgeschlagen, um Rāmakrishna pflegen zu können. Einige gingen gelegentlich nach Hause zu ihren Angehörigen. Die Familienväter besuchten den Meister fast jeden Tag; einige verbrachten manchmal auch die Nacht in Cossipore.

Am Morgen des 23. Dezembers gab Rāmakrishna seiner Liebe zu

den Schülern ungehemmten Ausdruck. Kalipadas Brust berührend, sagte er: »Möge dein Inneres erwachen!« Er streichelte Kalipada und sagte liebevoll: »Wer Gott aufrichtig angerufen und Seine tägliche Anbetung vollzogen hat, der wird sicherlich hierherkommen.« Am Morgen hatten zwei Damen seinen besonderen Segen empfangen. Im *Samādhi* hatte er mit seinem Fuß ihr Herz berührt. Sie vergossen Tränen der Freude. Eine sagte weinend: »Ihr seid so großmütig!« Seine Liebe kannte an diesem Tage keine Grenzen. Er wollte Gopal aus Sinthi segnen und sagte zu einem Verehrer: »Bring Gopal bitte her.«

Es war Abend. Rāmakrishna war in Meditation über die MUTTER des Universums versunken. Nach einiger Zeit unterhielt er sich mit einigen der Anwesenden. Kali, Chunilal, M, Navagopal, Sashi, Niranjan und einige andere hatten sich versammelt.

Meister: »Könnt ihr mir sagen, wie lange es dauern wird, bis ich mich von dieser Krankheit erholt habe?«

M: »Sie hat sich etwas verschlimmert; es wird einige Tage dauern.«

Meister: »Wie lange?«

M: »Vielleicht fünf bis sechs Monate.«

Als er dies hörte, wurde Rāmakrishna ungeduldig wie ein Kind und sagte: »So lange? Was meinst du damit?«

M: »Ich meine, bis zur völligen Genesung.«

Meister: »Ach so, da bin ich erleichtert. Kannst du mir eines erklären? Wie kommt es, daß ich trotz dieser Visionen, dieser Ekstasen und *Samādhi*-Zustände so krank bin?«

M: »Ihr leidet sicher sehr, aber das hat eine tiefe Bedeutung.«

Meister: »Welche?«

M: »Eine Wandlung vollzieht sich in Euch. Ihr wendet Euch dem gestaltlosen Aspekt Gottes zu. Selbst Euer ›Ich der Erkenntnis‹ verschwindet.«

Meister: »Das ist wahr, meine Belehrungen neigen sich dem Ende zu. Ich kann keine weiteren Anweisungen mehr geben. Ich sehe, daß alles Gott ist. Manchmal sage ich mir: ›Wen soll ich belehren?‹ Da ich in einem gemieteten Haus wohne, kommen alle Arten von Verehrern hierher. Ich hoffe, ich brauche kein Schild aufzuhängen wie Shashadar oder Krishnaprasanna Sen, auf dem die Vorträge angekündigt werden.« (Der Meister und M lachten)

M: »Diese Krankheit hat noch einen anderen Zweck. Es ist das endgültige Aussieben der Schüler. Die Verehrer haben in diesen wenigen Tagen erlangt, was sie durch fünf Jahre *Tapasya* nicht hätten erlangen können. Ihre Liebe und Hingabe wächst ständig.«

Meister: »Das mag wahr sein, aber Niranjan ist nach Hause zurückgekehrt. (Zu Niranjan:) Wie fühlst du dich?«

Niranjan: »Früher habe ich Euch geliebt, aber jetzt kann ich ohne Euch nicht leben.«

M: »Ich habe erkannt, wie großartig diese jungen Menschen sind.«

Meister: »Wieso?«

M: »Ich stand in einer Ecke und beobachtete die Anhänger. Mir wurde klar, daß jeder einzelne trotz fast unüberwindlicher Hindernisse seinen Weg hierher gefunden hat, um Euch zu dienen.«

Als Rāmakrishna diese Worte hörte, war er ganz versunken und ging plötzlich in *Samādhi.*

Als er das Bewußtsein der äußeren Welt zurückerlangte, sagte er zu M: »Ich sah, wie alle Dinge von der Form in das Formlose übergingen. Ich wollte dir von allem berichten, was ich sah, aber es ging nicht. Meine Neigung zum Formlosen ist sicher ein Zeichen für meine baldige Auflösung, nicht wahr?«

M (nachdenklich): »Das mag sein.«

Meister: »Auch jetzt sehe ich das Formlose, Unteilbare *Satchidānanda*, aber ich vermag mit großen Schwierigkeiten meine Gefühle zu unterdrücken.

Was du über die Siebung der Schüler sagtest, stimmt. Diese Krankheit zeigt mir, wer zum inneren und wer zum äußeren Kreis gehört. Die hier leben und der Welt entsagen, gehören zum inneren Kreis, und diejenigen, die gelegentlich vorbeikommen und fragen ›Wie geht es Euch?‹ zum äußeren.

Wenn Gott zum Wohle Seiner Gläubigen einen menschlichen Körper annimmt, begleiten viele Seiner Verehrer Ihn auf diese Erde. Einige gehören zum inneren, einige zum äußeren Kreis, und andere sorgen für Seine körperlichen Bedürfnisse.

Mit zehn oder elf Jahren erlebte ich eine meiner ersten Ekstasen, als ich über eine Wiese zum Schrein der Göttlichen Mutter ging. Welch eine Vision! Ich verlor vollständig das Bewußtsein der äußeren Welt.

Als ich zweiundzwanzig oder dreiundzwanzig Jahre alt war, fragte die Göttliche Mutter mich eines Tages im *Kālī*-Tempel: ›Möchtest du ein *Akshara* sein?‹ Ich kannte das Wort nicht und fragte Haladhari. Er sagte: ›*Kshara* bedeutet *Jīva*, lebendes Wesen; *Akshara* bedeutet *Paramātman*, höchste Seele.‹

Zur Zeit der Abendandacht im *Kālī*-Tempel stieg ich aufs Dach des *Kuthi* und rief: ›O ihr Suchenden, wo bleibt ihr alle? Kommt bald zu mir! Ich sterbe in der Gesellschaft weltlicher Menschen.‹ Ich erzählte all dies den ›Engländern‹. Sie sagten, es wäre alles eine Sinnestäuschung. ›Vielleicht ist es das‹, sagte ich zu mir und beruhigte mich. Jetzt geht aber alles in Erfüllung, die Verehrer stellen sich ein.

In einer Vision zeigte mir die Göttliche Mutter auch die fünf Menschen, die sich um meine körperlichen Bedürfnisse kümmern würden: Als ersten Mathur und dann Sambhu Mallick, dem ich damals noch nicht begegnet war. Ich hatte die Vision eines hellhäutigen Mannes, der eine Mütze trug. Viele Tage später, als ich Sambhu zum ersten Mal sah, erinnerte ich mich an die Vision und wußte, daß er es war, den ich in dem ekstatischen Zustand gesehen hatte. Ich habe die anderen drei noch nicht herausgefunden. Sie waren alle von heller Gesichtsfarbe. Surendra scheint einer von ihnen zu sein.

In einer Vision sah ich, daß Sashi und Sarat sich schon unter den Anhängern Jesu befunden hatten.

Unter dem *Banyan* im *Panchavatī* hatte ich die Vision eines Kindes. Hriday sagte zu mir: ›Dann wirst du bald einen Sohn bekommen.‹ Ich erwiderte: ›Wie kann ich einen Sohn bekommen, so ich doch alle Frauen als Mutter betrachte?‹ Rakhal ist das Kind.

Vijay hatte eine Vision dieser Gestalt (er meinte sich). Wie erklärst du dir das? Vijay sagte zu mir: ›Ich habe sie genauso berührt, wie ich Euch jetzt berühre.‹

In einer Vision wurde mir enthüllt, daß ich während meiner letzten Tage nur von Pudding leben würde. Während meiner jetzigen Krankheit gab meine Frau mir eines Tages Pudding zu essen. Ich brach in Tränen aus und sagte: ›Erfüllt sich jetzt meine Vision, daß ich am Ende meines Lebens von Pudding leben werde, und das unter solchen Schmerzen?‹«

Montag, 4. Januar 1886

Es war der vierzehnte Tag der dunklen Mondhälfte. Um vier Uhr nachmittags saß Rāmakrishna in seinem Zimmer. Er erzählte M, daß Ram Chatterji vom *Kālī*-Tempel in Dakshineswar gekommen war, um sich nach seiner Gesundheit zu erkundigen.

Narendra kam herein. Der Meister betrachtete ihn und lächelte. Es schien M, als ob die Liebe des Meisters zu seinem geliebten Schüler keine Grenzen kannte. Er gab M durch ein Zeichen zu verstehen, daß Narendra geweint hatte. Dann schwieg er.

Narendra brach das Schweigen.

Narendra: »Ich wollte eigentlich heute dorthin gehen.«

Meister: »Wohin?«

Narendra: »Nach Dakshineswar. Ich wollte unter dem *Bel*-Baum ein Feuer anzünden und dort meditieren.«

Meister: »Nein, die Verwaltung des Pulvermagazins wird es nicht erlauben. Der *Panchavatī* ist schön, viele *Sādhus* haben dort *Japam* geübt und meditiert, aber es ist sehr kalt dort, und auch sehr dunkel.«

Wieder schwiegen alle.

Meister (lächelnd zu Narendra): »Willst du dein Studium nicht fortsetzen?«

Narendra: »Ich wäre froh, wenn ich eine Medizin fände, die mich alles vergessen ließe, was ich studiert habe.«

Der ältere Gopal, der auch im Zimmer war, sagte: »Ich werde Narendra begleiten.«

Kalipada Ghosh hatte Weintrauben für Rāmakrishna mitgebracht; sie lagen neben dem Meister. Er gab Narendra ein paar und schüttete die übrigen auf den Boden, damit die anderen sich bedienen konnten.

Es war Abend. Narendra saß mit M im Erdgeschoß und beschrieb ihm das Verlangen seiner Seele. Sie waren allein.

Narendra: »Als ich am letzten Sonnabend hier meditierte, spürte ich plötzlich ein besonderes Gefühl in meinem Herzen.«

M: »Das war das Erwachen der *Kundalinī*.«

Narendra: »Wahrscheinlich. Ich habe den *Idā*- und *Pingalā*-Nerv deutlich gespürt. Ich bat Hazra, meine Brust abzutasten. Als ich den Meister gestern sah, sagte ich zu ihm: ›Alle anderen haben spirituelle Erlebnisse gehabt. Gebt mir bitte auch welche! Alle haben Fortschritte gemacht. Soll ich allein unbefriedigt bleiben?‹«

M: »Was sagte er darauf?«

Narendra: »Er sagte: ›Warum erledigst du nicht erst deine Familienangelegenheiten und kommst dann zu mir? Du wirst alles erhalten. Was wünschst du dir?‹ Ich erwiderte: ›Es ist mein Wunsch, drei oder vier Tage ununterbrochen in *Samādhi* zu bleiben und nur gelegentlich auf die Sinnesebene herabzukommen, um etwas zu essen.‹ Darauf sagte er zu mir: ›Du hast engstirnige Vorstellungen. Es gibt einen viel höheren Zustand. Du singst doch selbst das Lied »Alles, was ist, bist Du«.‹«

M: »Ja, er sagt jedesmal, wenn er aus *Samādhi* zurückkommt, daß er sieht, wie Gott alles geworden ist, das Universum, die lebenden Wesen und alles, was existiert. Nur die *Īshvarakotis* erlangen diesen Zustand. Ein gewöhnlicher Mensch kann höchstens *Samādhi* erlangen, aber er kommt aus diesem Zustand nicht zurück.«

Narendra: »Er sagte: ›Regele deine Familienangelegenheiten und komm dann zu mir. Du wirst einen höheren Zustand als *Samādhi* erlangen.‹ Ich ging heute morgen nach Hause. Meine Familie schalt: ›Warum strolchst du umher wie ein Vagabund? Dein Examen steht vor der Tür, und du kümmerst dich nicht um dein Studium, du wanderst ziellos umher.‹«

M: »Hat deine Mutter etwas gesagt?«

Narendra: »Nein, sie gab mir etwas zu essen. Es war Wildbret, ich aß etwas, aber ich war nicht in der Stimmung, Fleisch zu essen.«

M: »Und dann?«

Narendra: »Ich ging zu meiner Großmutter und versuchte zu lesen, aber ich wurde von einer Angst gepackt, als ob Studium etwas Schreckliches wäre. Ich kämpfte mit mir und brach in Tränen aus; noch nie habe ich so bitterlich geweint. Ich ließ meine Bücher im Stich, rannte fort und lief durch die Straßen; dabei verlor ich meine Schuhe, streifte einen Heuhaufen und wurde mit Heu überschüttet. Ich lief immer weiter in Richtung Cossipore.«

Narendra schwieg einige Minuten und fuhr dann fort: »Seitdem ich das *Vivekachūdāmani* gelesen habe, fühle ich mich sehr deprimiert. *Shankara* sagt darin, daß man nur durch *Tapasya* und großes Glück diese drei Dinge erlangt: eine menschliche Geburt, das Verlangen nach Befreiung und Zuflucht bei einer großen Seele. Ich sage mir: ›Alle drei habe ich erlangt. Als Ergebnis von *Tapasya* bin ich als Mensch geboren, habe das Verlangen nach Befreiung erlangt und mir die Gesellschaft einer solch großen Seele gesichert.‹«

M: »Ah!«

Narendra: »Ich kann der Welt keinen Geschmack mehr abgewinnen. Ich habe keinen Gefallen mehr an Menschen, die in der Welt leben – mit Ausnahme von einigen Gläubigen natürlich.«

Narendra schwieg wieder. Das Feuer intensiver Entsagung brannte in ihm. Seine Seele sehnte sich nach der Schau Gottes. Er setzte die Unterhaltung fort.

Narendra: »Du hast Frieden gefunden, aber meine Seele ist ruhelos. Du bist wirklich gesegnet.«

Gegen neun Uhr abends saßen Niranjan und Sashi bei Rāmakrishna, der wach war und sich ab und zu mit ihnen über Narendra unterhielt.

Meister: »Wie wunderbar Narendra sich entwickelt hat! Derselbe Narendra, der nicht an Gottes Gestalten glaubte, lechzt jetzt mit ganzer Seele nach Gott! Wenn die Seele so sehr nach Gott verlangt, dann weiß man, daß Seine Schau nicht mehr lange auf sich warten läßt. Die rosa Färbung am östlichen Horizont kündet den baldigen Aufgang der Sonne an.«

Sonntag, 14. März 1886

Rāmakrishna saß im großen Zimmer des ersten Stocks. Es war Abend, und er war sehr krank. Narendra und Rakhal massierten seine Füße. M saß daneben. Der Meister bedeutete ihm durch Zeichen, auch über seine Füße zu streichen. M gehorchte.

Am vergangenen Sonntag hatten die Verehrer Rāmakrishnas Geburtstag in Andacht und Gebet verbracht. Das Jahr zuvor war sein Geburtstag in Dakshineswar groß gefeiert worden, aber in diesem Jahr waren alle Anhänger wegen der Krankheit des Meisters sehr traurig, und es wurde nicht gefeiert.

Die Heilige Mutter sorgte Tag und Nacht für den Meister. Von den jüngeren Schülern waren Narendra, Rakhal, Niranjan, Sarat, Sashi, Baburam, Jogin, Latu und Kali jetzt ständig im Gartenhaus. Die älteren Verehrer besuchten ihn täglich und blieben gelegentlich über Nacht.

Rāmakrishna war an diesem Tage sehr krank. Um Mitternacht überflutete das Mondlicht den Garten, konnte aber die Verehrer nicht fröhlich stimmen. Sie waren in einem Ozean von Kummer versunken. Sie fühlten sich wie in einer wunderschönen Stadt, die von einer feindlichen Armee belagert wird. Überall war es ganz still, auch die Natur schwieg; nur die Blätter raschelten leise im Südwind.

Rāmakrishna lag wach; manchmal schien er einzunicken.

M saß an seiner Seite. Rāmakrishna bedeutete ihm durch ein Zeichen, näherzukommen. Der Anblick seines Leidens war unerträglich.

Leise und mit großer Anstrengung sagte er zu M:

»Ich habe so viele Schmerzen ertragen aus Angst, euch weinen zu sehen. Wenn ihr aber alle sagt: ›Warum so viel Leiden, laßt den Körper fahren!‹, dann werde ich den Körper aufgeben.«

Diese Worte schnitten den Verehrern ins Herz. Der ihnen Vater, Mutter und Beschützer war, hatte diese Worte geäußert. Was sollten sie sagen? Schweigend saßen sie da. Einige dachten: »Ist dies eine neue Kreuzigung – die Aufopferung des Körpers zum Wohle der Verehrer?«

Es war Mitternacht. Die Krankheit verschlimmerte sich. Die Anwesenden wußten nicht, was sie tun sollten. Einer von ihnen begab sich nach Kalkutta. In derselben Nacht traf Girīsh mit zwei Ärzten ein, Upendra und Navagopal.

Die Verehrer saßen in der Nähe des Meisters. Er fühlte sich etwas besser und sagte: »Die Krankheit gehört zum Körper. So soll es sein; ich sehe, daß der Körper aus den fünf Elementen besteht.«

Sich Girīsh zuwendend, sagte er: »Ich sehe viele Gestalten Gottes. Unter ihnen befindet sich auch diese.« (Er meinte seine eigene)

Montag, 15. März 1886

Um sieben Uhr morgens fühlte sich Rāmakrishna ein wenig besser. Er sprach mit den Anwesenden, manchmal flüsternd, manchmal durch Zeichen. Narendra, Rakhal, Latu, M, Gopal aus Sinthi und andere befanden sich im Zimmer. Sie saßen ernst und schweigend da und dachten an die Leiden des Meisters in der letzten Nacht.

Meister: »Wißt ihr, was ich gerade jetzt sehe? Ich sehe, daß Gott dies alles geworden ist. Es ist, als ob Menschen und andere lebende Wesen aus Leder gemacht seien, und Gott, in diesen Lederhüllen wohnend, die Hände, Füße und Köpfe bewegt. Ich hatte früher schon eine ähnliche Vision, als ich Häuser, Gärten, Straßen, Menschen und Vieh alle aus einer Substanz gemacht sah; es war, als wären sie alle aus Wachs.

Ich sehe, daß Gott zum Block, zum Scharfrichter und zum Opfer geworden ist.«

Als er diese Erfahrung beschrieb, in der er die völlige Identität aller Dinge mit dem Einen Wesen erfahren hatte, wurde er von Bewegung überwältigt und rief aus: »Ah, was für eine Vision!«

Rāmakrishna ging in *Samādhi*. Er vergaß völlig seinen Körper und die äußere Welt. Die Verehrer waren erschrocken und saßen ganz still.

Als der Meister sich der Welt wieder teilweise bewußt wurde, sagte er: »Ich habe jetzt keine Schmerzen mehr. Ich bin wieder mein altes Selbst.«

Die Verehrer waren höchst erstaunt über diesen Zustand des Meisters jenseits von Freude und Schmerz, Wohl und Wehe.

Er warf einen Blick auf Latu und sagte: »Da sitzt Loto. Er läßt seinen Kopf hängen und stützt ihn mit der Hand. Ich sehe, daß Gott selbst es ist, der Seinen Kopf auf Seine Hand stützt.«

Rāmakrishna betrachtete die Verehrer, und sein Herz floß über vor Liebe zu ihnen. Wie eine Mutter, die zärtlich zu ihren Kindern ist, so streichelte er die Gesichter von Rakhal und Narendra.

Einige Minuten später sagte er zu M: »Wenn der Körper noch ein paar Tage erhalten werden könnte, würden viele Menschen spirituell erwachen.« Er schwieg einige Minuten. »Aber das soll nicht sein. Diesmal wird der Körper nicht erhalten bleiben.«

Die Anwesenden warteten begierig auf die nächsten Worte des Meisters.

»Es ist nicht Gottes Wille. Diesmal wird der Körper nicht erhalten bleiben, weil sonst die Menschen, die merken, daß ich arglos und törischt bin, mich ausnutzen, und ich, arglos und töricht, wie ich bin, alles an jeden fortgebe. In diesem *Kaliyuga* haben die Menschen eine Abneigung gegen Meditation und *Japam.*«

Rakhal: »Sprecht bitte mit Gott, damit Er Euren Körper noch etwas erhält.«

Meister: »Das hängt von Gottes Willen ab.«

Narendra: »Euer Wille und Gottes Wille sind eins geworden.«

Rāmakrishna schwieg. Er schien über etwas nachzudenken.

Meister: »Nichts wird geschehen, wenn ich mit Gott spreche. Jetzt sehe ich, daß ich und die MUTTER eins geworden sind.«

Alle saßen schweigend da. Rāmakrishna betrachtete sie zärtlich. Dann legte er die Hand auf sein Herz. Er wollte etwas sagen.

Meister: »Es gibt zwei in diesem hier. Eine, die Göttliche Mutter –«

Er hielt inne; die Verehrer warteten gespannt, was er als nächstes sagen würde.

Meister: »Ja, Sie ist die eine, und der andere ist Ihr Verehrer. Es ist der Verehrer, der seinen Arm brach, und es ist der Verehrer, der jetzt krank ist. Versteht ihr das?«

Die Anwesenden brachten kein Wort hervor.

Meister: »Wem sage ich dies alles? Wer versteht mich?«

Nach einer Pause sagte er: »Gott wird Mensch – ein *Avatār* – und kommt mit Seinen Verehrern auf die Erde, und die Verehrer verlassen die Welt mit Ihm.«

Rakhal: »Deshalb beten wir darum, daß Ihr nicht fortgeht und uns hier zurücklaßt.«

Rāmakrishna lächelte und sagte: »Eine Schar von Minnesängern Gottes taucht plötzlich auf, tanzt und singt – und verschwindet ebenso plötzlich. Sie kommen und gehen, aber niemand erkennt sie.«

Der Meister und seine Anhänger lächelten.

Nach einigen Minuten sagte er: »Leiden ist unvermeidlich, wenn man einen menschlichen Körper annimmt.

Ab und zu sage ich mir: ›Möge ich nicht auf diese Erde wiederkehren!‹ Aber da ist noch etwas anderes. Wenn man woanders üppige Feste gefeiert hat, kann man sich schwer wieder an Hausmannskost gewöhnen.

Außerdem geschieht dieses Annehmen eines Körpers zum Wohle der Verehrer.«

Rāmakrishna blickte liebevoll auf Narendra.

Meister: »Ein Kastenloser schleppte eine Fleischlast. *Shankara*, der im Ganges gebadet hatte, ging vorüber. Plötzlich berührte ihn der Kastenlose. *Shankara* sagte ärgerlich: ›Was! Du hast mich berührt!‹ ›Verehrter Herr‹, sagte dieser, ›ich habe Euch nicht berührt, und Ihr habt mich nicht berührt. Überlegt einmal: Seid Ihr Körper, Denken oder *Buddhi*? Analysiert, wer Ihr seid. Ihr seid reiner *Ātman*, unverhaftet und frei, von den drei *Gunas* unberührt.‹

Wißt ihr, womit man *Brahman* vergleichen kann? Mit der Luft; sie trägt gute und schlechte Gerüche, bleibt aber selbst unberührt davon. *Brahman* ist jenseits der *Gunas* und *Māyā* – jenseits sowohl der *Māyā* der Erkenntnis als auch der *Māyā* der Nichterkenntnis. ›Frauen und Gold‹ sind die ›*Māyā* der Nichterkenntnis‹. Wissen, Entsagung, Hingabe und andere spirituelle Eigenschaften sind die Glanzstücke der ›*Māyā* der Erkenntnis‹!. *Shankara* erhielt sich seine ›*Māyā* der Erkenntnis‹, und daß ihr und auch andere um mich besorgt seid, ist auch auf diese ›*Māyā* der Erkenntnis‹ zurückzuführen.«

Narendra: »Einige Menschen werden ärgerlich, wenn ich von Entsagung spreche.«

Meister (im Flüsterton): »Entsagung ist notwendig. (Auf seine Beine zeigend:) Wenn ein Bein über dem anderen liegt, muß man erst das eine fortnehmen, um an das andere gelangen zu können.«

Narendra: »Das ist wahr.«

Meister (flüsternd zu Narendra): »Wenn man alles von Gott erfüllt sieht, kann man dann noch etwas anderes sehen?«

Narendra: »Muß man der Welt entsagen?«

Meister: »Ich habe doch gerade eben gesagt: ›Wenn man alles von Gott erfüllt sieht, kann man dann noch etwas anderes sehen?‹ Kann man dann noch so etwas wie die Welt wahrnehmen?

Ich meine geistige Entsagung. Keiner von denen, die hierherkommen, ist ein weltlicher Mensch. Einige hatten noch ein wenig Verlangen – zum Beispiel eine Vorliebe für Frauen (Rakhal und M lächelten). Dieses Verlangen ist erfüllt worden.«

Der Meister sah Narendra liebevoll an, und auf die Verehrer blikkend, sagte er: »Großartig!«

Mit einem Lächeln fragte Narendra den Meister: »Was ist großartig?«

Meister: »Ich sehe, daß Vorbereitungen getroffen werden für eine großartige Entsagung.«

Alle blickten den Meister schweigend an. Rakhal nahm die Unterhaltung wieder auf.

Rakhal (lächelnd zum Meister): »Narendra beginnt, Euch gut zu verstehen.«

Rāmakrishna lachte und sagte: »Ja, das stimmt. Ich sehe, daß auch viele andere zu verstehen beginnen. (Zu M:) Stimmt das nicht?«

M: »Ja, Herr.«

Rāmakrishna richtete seine Augen auf Narendra und M und lenkte mit einem Fingerzeichen die Aufmerksamkeit der anderen auf diese beiden. Rakhal verstand den Hinweis des Meisters und sagte mit einem Lächeln: »Wollt Ihr sagen, daß Narendra die Einstellung eines Helden besitzt und M die einer Magd Gottes?«

Rāmakrishna lachte.

Narendra (lächelnd zu Rakhal): »Er (M) redet nicht viel und ist schüchtern; sagtest du deshalb, daß er eine Magd Gottes sei?«

Meister (lächelnd zu Narendra): »Nun, was hältst du von mir?«

Narendra: »Ihr seid ein Held, eine Magd Gottes und alles andere.«

Die Worte bewegten Rāmakrsihna sehr. Er legte die Hand auf sein

Herz und sagte: »Ich sehe, daß alle Dinge – alles, was existiert – aus diesem entstanden sind.«

Er fragte Narendra durch Zeichen: »Was hast du davon verstanden?«

Narendra: »Alles Geschaffene kommt von Euch.«

Das Gesicht des Meisters leuchtete vor Freude. Er sagte zu Rakhal: »Hast du gehört, was er gesagt hat?«

Rāmakrishna bat Narendra, ein Lied zu singen. Narendra stimmte eine Hymne an. Da seine Gedanken mit Entsagung beschäftigt waren, sang er:

> Unstet ist das Wasser auf dem Blatte des Lotus,
> so unstet wie das Leben des Menschen.
> Ein Augenblick mit einem *Sādhu* ist das Boot,
> mit dem wir das Meer der Welt überqueren.

Narendra hatte kaum ein paar Zeilen gesungen, als Rāmakrishna durch Zeichen zu ihm sagte: »Was singst du da? Das ist ein unbedeutendes Thema, viel zu allgemein.«

Jetzt sang Narendra über die Liebe der *Gopis* zu *Krishna*:

> Wie seltsam, o Freund, sind die Regeln von Leben und Tod!
> Die Jugend von Braja entfloh,
> und bald wird diese arme Maid von Braja sterben.
> *Mādhava* liebt jetzt andere Mädchen,
> die schöner sind als ich.
> Ach! Des Milchmanns schlichte Tochter
> hat er ganz vergessen!
>
> Wer hätte je gedacht, o Freund, daß Er,
> ein Liebender, so zart, so trefflich,
> um äußere Reize betteln könnte?
> Wie töricht, daß ich nicht vorher daran gedacht!
> Jedoch, von Seiner Schönheit hingerissen,
> war ich mir einer Sehnsucht nur bewußt:
> Seine geliebten Füße an die Brust zu drücken.

Jetzt werde ich mich im Jamuna-Strom ertränken
oder durch Gift mein Leben enden;
vielleicht auch eine Ranke um den Nacken schlingen
und mich an einem jungen Baum erhängen;
oder, wenn dies alles nicht gelingt,
mein elendes Selbst zerstören
durch den Gesang von *Krishnas* Namen.

Rāmakrishna und die Verehrer waren von dem Lied sehr bewegt. Der Meister und Rakhal vergossen Tränen der Liebe. Narendra war wie berauscht von der Liebe der *Gopis* zu *Krishna*, ihrem Herzallerliebsten, und sang:

O *Krishna*! Geliebter! Du bist mein!
Was soll ich Dir sagen, o Herr?
Was soll ich jemals Dir sagen?
Ein Weib nur bin ich
und niemals des Glückes Günstling gewesen;
ich weiß nicht, was soll ich Dir sagen.

Du bist der Spiegel für die Hand,
Du bist die Blume für das Haar.
Freund, ich will eine Blume aus Dir machen
und Dich in meinen Haaren tragen;
in meinen Flechten will ich Dich verbergen, Freund,
daß niemand Dich dort sehen kann.

Du bist das Betelblatt für meine Lippen,
Die sanfte Salbe für die Augen;
O Freund, mit Dir will meinen Mund ich färben,
und meine Augen mit Dir schminken.

Du bist die Sandelpaste für den Leib;
Du bist die Kette für den Hals.
Mit Dir will ich mich salben,
duftende Sandelpaste, Du,
und kühlen Leib und Seele.

Ich will Dich tragen als liebliche Kette
um meinen Hals, o Freund,
und Du wirst mit am Busen liegen
ganz nah an meinem Herzen.

Du bist der Schatz in meinem Leibe;
Du bist der Herr in meinem Haus.
Du bist für mich, o Herr,
was Schwingen für den Vogel sind
und Wasser für den Fisch.

Freitag, 9. April 1886

Es war fünf Uhr nachmittags. Narendra, Kali, Niranjan und M unterhielten sich im Erdgeschoß des Gartenhauses in Cossipore. Narendra war gerade von Bodh-Gaya zurückgekehrt, das er mit Kali und Tarak besucht hatte. An diesem heiligen Ort war er vor dem *Buddha*-Bildnis in tiefe Meditation versunken. Er hatte den *Bodhi*-Baum besucht, unter dem *Buddha Nirvāna* erlangt hatte.

Am Abend saß Rāmakrishna auf seinem Bett im Obergeschoß. Nur M war bei ihm und fächelte ihn. Latu kam später hinzu, dann folgten Narendra, Sashi, Rakhal und einige andere. Der Meister bat Narendra, seine Füße zu massieren, und fragte ihn, ob er schon gegessen habe.

Meister (lächelnd zu M): »Er war in Bodh-Gaya.«

M (zu Narendra): »Was hat *Buddha* gelehrt?«

Narendra: »Er konnte in Worten nicht ausdrücken, was er in seinem *Tapasya* erfahren hatte. Deshalb sagen die Leute, daß er ein Atheist gewesen sei.«

Meister (durch Zeichen): »Wieso Atheist? Er war kein Atheist. Er konnte einfach seine innere Erfahrungen nicht in Worte kleiden. Wißt ihr, was ›*Buddha*‹ bedeutet? Einswerden mit *Bodha*, der Reinen Intelligenz, durch Meditation über Das, was seinem Wesen nach Reine Intelligenz ist, um dann selbst Reine Intelligenz zu werden.«

Narendra: »Es gibt drei Arten von *Buddhas*: *Buddhas*, *Arhats* und *Bodhisattvas*.«

Meister: »Auch das ist Gottes Spiel, ein neues *Līlā* Gottes. Warum sollte man *Buddha* einen Atheisten nennen? Wenn man *Svarūpa*, das wahre Wesen seines eigenen Selbstes, verwirklicht, erlangt man einen Zustand, der zwischen *Asti*, Sein, und *Nasti*, Nichtsein liegt.«

Narendra (zu M): »Es ist ein Zustand, in dem die Gegensätze sich begegnen. Aus der Verbindung von Wasserstoff und Sauerstoff entsteht kühles Wasser, und derselbe Wasserstoff und Sauerstoff bilden die Flamme einer Lötlampe.

Tätigkeit und Untätigkeit sind in dem Zustand beide möglich, das heißt, man vollzieht selbstloses Tun.

Weltliche Menschen, die in Sinnesobjekte verstrickt sind, sagen, daß alles existiert – *asti*. Die *Māyāvādis*, die Illusionisten, sagen, daß nichts existiert – *nasti*. Die Erfahrung eines *Buddha* aber steht jenseits von ›Sein‹ und ›Nichtsein‹.«

Meister: »Dieses ›Sein‹ und ›Nichtsein‹ sind Eigenschaften der *Prakriti*. Die Wirklichkeit befindet sich jenseits von beiden.«

Die Anwesenden rührten sich nicht.

Meister (zu Narendra): »Was hat *Buddha* gelehrt?«

Narendra: »Er hat über das Vorhandensein oder Nichtvorhandensein Gottes nicht diskutiert. Er hat aber sein ganzes Leben lang Mitleid mit jedem lebenden Wesen bekundet. Einmal stürzte ein Habicht sich auf einen Singvogel. Um ihn zu retten, bot *Buddha* dem Habicht sein eigenes Fleisch dar.«

Rāmakrishna schwieg. Narendra geriet in Begeisterung über *Buddha*.

Narendra: »Welch eine Entsagung! Als Prinz geboren, entsagte er allem. Wenn ein Mensch überhaupt nichts besitzt, was bedeutet dann schon Entsagung? Nach der Erlangung von Buddhaschaft und *Nirvāna*-Erfahrung besuchte er seine Heimat und veranlaßte seine Frau, seinen Sohn und viele andere, Entsagung zu üben. Wie gewaltig war seine Entsagung! Betrachtet dagegen *Vyāsas* Verhalten. Er verbot seinem Sohn *Shukadeva*, die Welt aufzugeben, indem er sagte: ›Mein Sohn, praktiziere Religion als Familienvater.‹« Rāmakrishna hatte bislang kein Wort geäußert.

Narendra: »*Buddha* gab nichts auf *Shakti* oder dergleichen. Er suchte nur *Nirvāna*. Wie groß war seine Leidenschaftslosigkeit! Als er sich unter dem *Bodhi*-Baum zur Meditation niederließ, faßte er den Entschluß, *Nirvāna* zu erlangen oder den Körper vergehen zu lassen. Welch eine Entschlossenheit!

Dieser Körper ist das große Hindernis. Kann irgend etwas erreicht werden ohne seine Züchtigung?«

Sashi: »Du sagst aber doch, daß man durch Fleischessen *Sattva* entwickeln kann. Du bestehst darauf, daß man Fleisch essen sollte.«

Narendra: »Zweifellos esse ich Fleisch, aber ich kann auch von Reis leben, von bloßem Reis ohne Salz.«

Rāmakrishna brach sein Schweigen. Durch Zeichen fragte er Narendra, ob er den Haartuft auf *Buddhas* Kopf gesehen habe.

Narendra: »Nein, es schien eine Art Krone zu sein. Sein Kopf schien mit Reihen von *Rudraksha*-Perlen bedeckt zu sein, die aufeinandergeschichtet waren.«

Meister: »Und seine Augen?«

Narendra: »Sie zeigten, daß er in *Samādhi* war.«

Rāmakrishna schwieg wieder. Narendra und die anderen beobachteten ihn aufmerksam. Plötzlich erhellte ein Lächeln sein Gesicht, und er begann, mit Narendra zu sprechen. M fächelte ihn.

Meister: »Nun, hier findest du alles, sogar gewöhnliche rote Linsen und Tamarinden.«

Narendra: »Nach der Erfahrung all dieser Zustände verweilt Ihr nun auf einer niedrigeren Ebene.«

M (zu sich selbst): »Ja, nach der Verwirklichung all dieser Ideale lebt er jetzt als *Bhakta*, als Gottesverehrer.«

Meister: »Irgend jemand scheint mich auf der niederen Ebene festzuhalten.«

Als er dies sagte, nahm er den Fächer aus M's Hand und sagte: »So wie ich diesen Fächer unmittelbar vor mir sehe, genauso unmittelbar habe ich Gott gesehen. Und ich habe gesehen – «

Bei diesen Worten legte er die Hand auf sein Herz und fragte Narendra durch ein Zeichen: »Kannst du mir erzählen, was ich gesagt habe?«

Narendra: »Ich habe es verstanden.«

Meister: »Dann sag es mir.«

Narendra: »Ich konnte Euch nicht gut verstehen.«

Rāmakrishna sagte durch Zeichen: »Ich habe gesehen, daß Er und derjenige, der in meinem Herzen weilt, ein und derselbe ist.«

Narendra: »Ja, ja! *Soham* – ich bin Er.«

Meister: »Nur eine Linie teilt die beiden – damit ich göttliche Seligkeit genießen kann.«

Narendra (zu M): »Große Seelen erhalten sich selbst nach ihrer Befreiung das Ich und erfahren Freuden und Leiden des Körpers, um anderen zu helfen, Befreiung zu erlangen.

Es ist wie die Arbeit eines Kulis. Wir verrichten Kuli-Arbeit unter Zwang, aber die großen Seelen tun es aus Vergnügen.« Alle schwiegen.

Dienstag, 13. April 1886

Rāmakrishna saß mit den Verehrern zusammen. Eine verrückte Frau hatte allen Kummer bereitet, weil sie den Meister sehen wollte. Sie sah sich als seine Geliebte an, lief ins Haus und stürzte in das Zimmer des Meisters. Man hatte sie schon geschlagen, aber das konnte sie nicht aufhalten.

Sashi: »Wenn sie wieder auftaucht, jage ich sie aus dem Haus!«

Meister: »Nein, nein. Laß sie kommen und gehen.«

Rakhal: »Am Anfang war ich auch eifersüchtig, wenn andere den Meister besuchten. Er enthüllte mir aber, daß mein *Guru* auch der *Guru* des Universums ist. Hat er diese Geburt nur für einige von uns angenommen?«

Sashi: »Das meine ich nicht, aber warum stört sie ihn, wenn er krank ist? Sie ist eine solche Belästigung!«

Rakhal: »Wir alle haben ihm Kummer bereitet. Sind wir hierhergekommen, nachdem wir Vollkommenheit erlangt hatten? Wir haben ihm viel Leid verursacht. Wie haben Narendra und einige andere sich zu Anfang benommen! Wie haben sie mit ihm argumentiert!«

Sashi: »Was Narendra aussprach, hat er auch in die Tat umgesetzt.«

Rakhal: »Wie grob ist Dr. Sarkar mit ihm gewesen! Was das anbelangt, ist keiner ohne Schuld.«

Meister (liebevoll zu Rakhal): »Willst du etwas essen?«

Rakhal: »Jetzt nicht, später.«

Rāmakrishna fragte M durch ein Zeichen, ob er mitessen wolle.

Rakhal (zu M): »Iß bitte mit uns. Er bittet dich darum.«

Rāmakrishna saß auf seinem Bett. Er sah aus wie ein Fünfjähriger. Im selben Augenblick kam die Verrückte die Treppe hinauf und stand an der Tür.

M (leise zu Sashi): »Sag ihr, sie soll den Meister begrüßen und fortgehen. Mach bitte kein Aufhebens.«

Sashi führte sie die Treppe hinunter.

Es war der erste Tag des Bengali-Jahres. Viele Anhängerinnen kamen. Sie grüßten Rāmakrishna und die Heilige Mutter. Unter ihnen waren Balarams und Manomohans Frau und die Brahmanin aus Baghbazar. Viele hatten ihre Kinder mitgebracht. Einige Frauen schmückten die Füße des Meisters mit Blumen. Zwei junge Mädchen sangen einige Lieder.

Es war Nachmittag. M und einige andere saßen in der Nähe des Meisters. Narendra kam herein. Er sah aus wie ein blankgezogenes Schwert, wie der Meister zu sagen pflegte.

Narendra setzte sich und begann in Hörweite des Meisters zu klagen, welche Plage die Frauen seien und welches Hindernis sie auf dem Wege zur Gottverwirklichung bedeuteten.

Rāmakrishna reagierte nicht. Er hörte Narendra zu.

Narendra sagte: »Ich will Frieden. Selbst Gott kümmert mich nicht.«

Rāmakrishna blickte ihn aufmerksam an, ohne ein Wort zu sagen. Ab und zu murmelte Narendra: »Brahman ist Wahrheit, Erkenntnis und Unendlichkeit.«

Freitag, 16. April 1886

Helles Mondlicht ergoß sich über den Garten, die Bäume und den See. Girīsh, M, Latu und ein paar weitere Verehrer saßen auf den Stufen, die zum See führten. Im Zimmer des Meisters im ersten Stock brannte Licht. Rāmakrishna saß auf seinem Bett. Verschiedene Anhänger waren bei ihm. Narendra, Kali und Tarak waren am Abend nach Dakshineswar gegangen. Sie wollten die Nacht im *Panchavatī* verbringen, um über Gott zu meditieren.

Meister (zu Girīsh): »Geht es dir gut? (Zu Latu:) Gib ihm ein Betelblatt und etwas zu rauchen.«

Einige Minuten später bat er Latu, Girīsh einige Erfrischungen zu bringen.

Rāmakrishna saß aufrecht. Ein Anhänger gab ihm einige Blumengirlanden. Er legte eine nach der anderen um seinen Hals. Die Anwesenden blickten ihn bewundernd an. Er nahm zwei Girlanden wieder ab und gab sie Girīsh. Immer wieder erkundigte er sich, ob die Erfrischungen gekommen seien.

M fächelte den Meister. Am Bett befand sich ein Fächer aus Sandelholz, ein Geschenk der Verehrer. Der Meister gab ihn M, der fortfuhr, ihn zu fächeln. Er gab M auch zwei Blumenkränze.

M hatte vor anderthalb Jahren einen Sohn verloren, der erst acht Jahre alt gewesen war. Das Kind hatte den Meister viele Male besucht. Latu berichtete Rāmakrishna über M.

Latu: »M hat letzte Nacht bitterlich geweint, als er die Bücher sah, die seinem Sohn gehört hatten. Seine Frau ist fast verrückt vor Kummer. Sie ist oft sehr heftig mit ihren anderen Kindern und macht Krach, weil er ab und zu die Nacht hier verbringt.«

Rāmakrishna schien über diese Nachricht bekümmert zu sein.

Girīsh: »Das ist nicht verwunderlich. Selbst nachdem *Arjuna* die Unterweisungen der *Gītā* empfangen hatte, wurde er ohnmächtig vor Schmerz, als er vom Tode seines Sohnes Abhimanyu erfuhr.«

Girīsh bekam auf einem Tablett Erfrischungen gereicht. Rāmakrishna nahm etwas davon, und Girīsh nahm den Rest als *Prasād.* Er saß vor dem Meister und begann zu essen. Er brauchte Wasser dazu. In der Südostecke des Zimmers stand ein irdener Krug. Es war April und sehr heiß. Rāmakrishna sagte: »Das ist gutes Wasser.«

Der Meister war so krank, daß er nicht die Kraft hatte aufzustehen. Und was sahen die Schüler zu ihrem äußersten Erstaunen? Sie sahen, wie er sein Bett verließ, vollkommen nackt, und auf den Krug zuging. Die Verehrer waren vor Angst erstarrt. Der Meister füllte den Becher. Er schüttete ein paar Tropfen in seine Hand, um zu sehen, ob es kühl genug sei. Es war nicht sonderlich kalt, aber da nichts Besseres zu finden war, reichte er es Girīsh zögernd.

M fächelte Rāmakrishna. Girīsh aß von den Süßigkeiten, und die anderen saßen um ihn herum.

Girīsh (zum Meister): »Deben Babu hat sich entschlossen, der Welt zu entsagen.«

Durch seine Krankheit konnte Rāmakrishna kaum sprechen. Mit den Fingern seine Lippen berührend, fragte er Girīsh durch Zeichen: »Wer wird seine Frau und seine Kinder ernähren?«

Girīsh: »Was ist weiser – mit Bedauern der Welt zu entsagen oder sich als Familienvater Gott zuzuwenden?«

Meister (zu M): »Hast du nicht die *Gītā* gelesen? Man verwirklicht Gott, wenn man verhaftungslos seine weltlichen Pflichten erfüllt und in der Welt lebt, nachdem man sich klargemacht hat, daß alles Schein ist.

Wer mit Bedauern der Welt entsagt, steht auf einer niedrigeren Stufe.

Weißt du, womit man einen verheirateten *Jñāni* vergleichen kann? Er ist wie jemand, der in einem Glashaus lebt. Er kann nach innen und außen sehen.«

Girīsh (zum Meister): »Mein Bewußtsein schwebt jetzt in luftiger Höhe. Warum kommt es immer wieder herunter?«

Meister: »Das geschieht immer, wenn man ein weltliches Leben führt. Manchmal steigt das Bewußtsein des Familienvaters auf und manchmal ab. Manchmal ist er voller Hingabe und manchmal gleichgültig. Das geschieht, weil er inmitten von ›Frauen und Gold‹ lebt. Manchmal denkt ein Familienvater über Gott nach und wiederholt Seinen Namen, und machmal richtet er sein Denken auf ›Frauen und Gold‹. Er ist wie eine Fliege, die sich bald auf Zucker, bald auf eitrige Wunden setzt. Das ist bei einem *Sannyāsin* ganz anders. Er ist in der Lage, sein Denken einzig auf Gott zu richten und völlig von ›Frauen und Gold‹ abzuziehen. Er genießt einzig und allein die Seligkeit Gottes. Ein Mensch mit echter Entsagung kann sich an nichts anderem erfreuen als an Gott. Er verläßt einen Ort, an dem Menschen über weltliche Dinge schwätzen, und lauscht nur spirituellen Gesprächen. Die Bienen lassen sich nur auf Blüten nieder, um Honig zu saugen.

(Zu Girīsh:) Rakhal hat jetzt begriffen, was gut und was schlecht, was wirklich und was unwirklich ist. Er lebt bei seiner Familie, aber er weiß, was es bedeutet. Er hat eine Frau und einen Sohn, aber er hat erkannt, daß alle diese Dinge ohne Dauer und unwirklich sind. Rakhal wird nie der Welt verhaftet sein.

Er ist wie ein Fisch, der im Schlamm lebt, dessen Körper aber nicht schmutzig davon wird.«

Die Unterhaltung wendete sich jetzt der Verrückten zu, die Rāmakrishna als ihren Geliebten betrachtete. Die Verehrer nannten sie »Pagli« und versuchten, sie vom Meister fernzuhalten.

Meister: »Pagli kam eines Tages nach Dakshineswar. Sie weinte. Ich fragte sie: ›Warum weinst du?‹ Sie sagte: ›Mein Kopf tut so weh!‹ (Alle lachten) Ein anderes Mal kam sie, als ich beim Essen war. Sie sagte plötzlich: ›Warum bist du nicht nett zu mir?‹ Ich hatte keine Ahnung, was in ihr vorging, und aß weiter. Darauf sagte sie: ›Warum stößt du mich geistig zurück?‹ Ich fragte sie: ›Was meinst du damit?‹ Sie sagte, sie betrachte mich als ihren Geliebten. ›Ah‹, sagte ich, ›aber ich betrachte alle Frauen als Manifestation der Göttlichen Mutter. Alle Frauen sind Mütter für mich.‹ Darauf sagte sie: ›Das verstehe ich alles nicht.‹ Ich rief Rāmlal und sagte: ›Rāmlal, hör dir das an. Was meint sie mit »geistig zurückgestoßen«?‹ Auch heute noch hat sie diese Einstellung.«

Girīsh: »Pagli ist doch gesegnet. Vielleicht ist sie verrückt. Vielleicht hat man sie geschlagen. Aber sie meditiert vierundzwanzig Stunden am Tag über Euch. Ganz gleich, wie sie über Euch meditiert, es wird ihr nicht schaden.

Wie könnte ich je meinen Gefühlen darüber Ausdruck verleihen! Überlegt einmal, was ich früher war, und was ich durch Meditation über Euch geworden bin. Früher war ich nachlässig und träge; jetzt habe ich mich Gott ergeben. Früher war ich ein Sünder; jetzt bin ich demütig geworden. Nun, was könnte ich wohl noch mehr darüber sagen?«

Niemand sagte etwas. Rakhal hatte Mitleid mit Pagli. Er sagte: »Sie tut uns allen leid. Sie verursacht so viel Ärger und leidet selbst auch darunter.«

Niranjan: »Du hast Mitleid mit ihr, weil du eine Frau zu Hause hast, aber wir könnten sie umbringen.«

Rakhal: »Was für eine Prahlerei! Wie kannst du solche Worte vor ihm (dem Meister) äußern?«

Meister (zu Girīsh): »Die Welt besteht aus ›Frauen und Gold‹. Viele Menschen halten Geld für ihr Lebenselixier. So sehr man Geld auch lieben mag, eines Tages wird es unseren Fingern entgleiten.

Nur diejenigen nutzen ihr Geld richtig, die es für die Anbetung Gottes oder zur Unterstützung von Heiligen und Gläubigen ausgeben. Ihr Geld trägt Zinsen.

Ich kann nichts zu mir nehmen, was Ärzte mir anbieten. Ich meine solche, die mit menschlichen Leiden Geschäfte machen. Ihr Geld ist für mich Blut und Eiter.«

Sonnabend, 17. April 1886

Es war die Nacht des Vollmondes. Narendra war eine Zeitlang täglich nach Dakshineswar gegangen und hatte einen großen Teil der Zeit mit Gebet und Kontemplation im *Panchavatī* verbracht. Am Abend war er mit Tarak und Kali aus Dakshineswar zurückgekehrt.

Es war acht Uhr abends. Mondlicht und Südwind erhöhten den Zauber des Gartenhauses. Viele der Gläubigen meditierten im unteren Raum. Auf sie Bezug nehmend, sagte Narendra zu M: »Sie zerschlagen ihre *Upādhis* Stück für Stück.«

Am nächsten Morgen ließ Rāmakrishna M rufen. M war, nachdem er im Ganges gebadet und den Meister begrüßt hatte, aufs Dach des

Gartenhauses gegangen. Rāmakrishna bat M, seine schmerzgebeugte Frau mitzubringen.

Der Meister sagte durch ein Zeichen zu M: »Laß sie herkommen. Sie kann ein paar Tage bleiben und ihr Kleinstes mitbringen.«

M: »Es wäre schön, wenn sie Liebe zu Gott entwickeln würde.«

Rāmakrishna sagte durch Zeichen: »Oh, Schmerz vermag Gottesverehrung auszulöschen. Er war solch ein prächtiger Junge!

Krishnakishore besaß zwei Söhne. Sie waren im selben Alter wie Bhāvanath. Beide starben. Krishnakishore, obwohl ein *Jñāni*, war zuerst völlig fassungslos. Wie glücklich bin ich, daß ich keine Kinder habe! Warum kommt Kishori nicht?«

Ein Verehrer: »Er kommt jeden Tag zum Ganges, um zu baden.«

Meister: »Aber warum kommt er nicht hierher?«

Verehrer: »Ich werde ihn darum bitten.«

Zwei Mädchen, neun und zehn Jahre alt, die zu M's Familie gehörten, sangen für den Meister einige Lieder über die Göttliche Mutter. Sie hatten bereits für ihn gesungen, als er M's Haus in Shyampukur besucht hatte. Der Meister war über ihre Lieder sehr erfreut und bat sie, auch für die unten Versammelten zu singen.

Meister (zu M): »Bringe den Mädchen keine weiteren Lieder bei. Sie müssen spontan singen. Wenn sie vor all und jedem singen, verlieren sie ihre Bescheidenheit. Frauen sollten bescheiden sein.«

Sandelpaste und Blumen wurden in einem Korb vor den Meister gestellt. Er saß auf seinem Bett und verehrte sich selbst mit diesen Opfergaben. Manchmal legte er Blumen und Sandelpaste auf seinen Kopf, manchmal auf seine Kehle oder sein Herz, manchmal auf seinen Nabel.

Manomohan aus Konnagar kam herein und setzte sich, nachdem er den Meister begrüßt hatte. Rāmakrishna war immer noch mit der Anbetung seines inneren Selbstes beschäftigt. Er legte sich eine Blumengirlande um den Hals. Manomohans Anwesenheit erfreute ihn, und er gab ihm ein paar Blumen; M bekam auch eine.

Es war gegen neun Uhr morgens. Der Meister unterhielt sich mit M. Sashi war auch zugegen.

Meister (zu M): »Worüber haben sich Narendra und Sashi unterhalten? Worüber haben sie diskutiert?«

M (zu Sashi): »Worüber habt ihr gesprochen?«

Sashi: »Hat Niranjan Euch davon erzählt?«

Meister: »Worüber habt ihr diskutiert? Ich hörte etwas wie ›Gott‹, ›Sein‹, ›Nichtsein‹ und dergleichen.«

Sashi (lächelnd): »Soll ich Narendra rufen?«

Meister: »Ja.«

Narendra kam und setzte sich.

Meister: »Erzähle uns, worüber ihr gesprochen habt.«

Narendra: »Ich habe Verdauungsbeschwerden; was gibt es darüber zu berichten?«

Meister: »Das wird sich wieder geben.«

M (lächelnd): »Erzähle uns etwas über *Buddhas* Erfahrungen.«

Narendra: »Bin ich ein *Buddha* geworden, daß ich darüber sprechen kann?«

M: »Was sagt *Buddha* über die Existenz Gottes?«

Narendra: »Wie kannst du sagen, daß Gott existiert? Du selbst hast dieses Universum geschaffen. Du weißt doch, was Berkeley darüber gesagt hat.«

M: »Ja, ich weiß, die Welt existiert nur, solange die Sinnesorgane sie wahrnehmen.«

Meister: »Nangta sagte: ›Die Welt existiert nur im Denken und verschwindet nur im Denken.‹ Solange aber das Ich-Bewußtsein bleibt, sollte man zu Gott die Beziehung von Herr und Diener unterhalten.«

Narendra (zu M): »Mit dem Verstand läßt Gott sich nicht beweisen. Wenn du dich auf den Glauben verläßt, mußt du die Beziehung von Diener und Herr akzeptieren. Wenn du das tust – und es gibt keinen anderen Ausweg –, dann mußt du auch sagen, daß Gott gütig ist.

Du denkst nur an das Leid in dieser Welt – warum vergißt du, daß Gott dir auch so viel Glück geschenkt hat? Wie gütig ist Er zu uns! ER hat uns drei bedeutende Dinge gewährt: eine menschliche Geburt, das Verlangen, Ihn zu erkennen und die Gesellschaft einer großen Seele.«

Alle blieben stumm.

Meister (zu Narendra): »Ich spüre ganz deutlich, daß Jemand in mir ist.«

Narendra ging die Treppe hinunter und sang vor sich hin:

> Fort ist all mein Leid, o Herr,
> durch Deines Angesichtes Schau,
> und der Zauber Deiner Schönheit

hat mein Herz betört.
Wenn sie Dich schaun, vergessen
die sieben Welten selbst ihr endloses Leiden.
Was soll ich arme Seele da erst sagen?

Narendra litt unter Verdauungsbeschwerden. Er sagte zu M: »Wenn man den *Bhakti*-Weg befolgt, kommt das Bewußtsein ein wenig in den Körper hinunter. Und sonst? Wer bin ich sonst? Weder Mensch noch Gott. Ich kenne weder Freude noch Leid.«

Es war neun Uhr abends. Surendra und einige andere Anhänger betraten Rāmakrishnas Zimmer und brachten ihm Blumengirlanden dar. Baburam, Latu und M waren auch anwesend.

Rāmakrishna legte sich Surendras Blütenkranz um den Hals. Plötzlich winkte er Surendra, näherzukommen. Als der Schüler an sein Bett herantrat, nahm der Meister die Girlande ab und legte sie ihm um. Surendra verbeugte sich. Rāmakrishna bat ihn durch ein Zeichen, ihm über die Füße zu streichen. Surendra massierte sie vorsichtig.

12. Die Liebe des Meisters zu seinen Schülern

Mittwoch, 21. April 1886

M und Narendra gingen im Garten spazieren. Narenda war sehr bedrückt, weil er die finanziellen Schwierigkeiten seiner Familie bislang nicht beheben konnte.

Narendra: »Der Posten an Vidyāsāgars Schule interessiert mich nicht. Ich überlege, ob ich nach Gaya gehen soll. Ein Gutsbesitzer sucht dort einen Verwalter für seinen Besitz. So etwas wie Gott gibt es nicht.«

M (lächelnd): »Das sagst du jetzt, aber später wirst du ganz anders reden. Skepsis ist eine Stufe auf dem Wege der Gotterkenntnis. Man muß solche Stufen durchmachen und weitergehen. Nur so kann man Gott erkennen. Das sagt der Meister.«

Narendra: »Hat irgend jemand Gott gesehen, wie ich diesen Baum sehe?«

M: »Ja, unser Meister hat Gott so gesehen.«

Narendra: »Das kann eine Halluzination gewesen sein.«

M: »Was ein Mensch in einem besonderen Zustand erfährt, ist in diesem Zustand Wirklichkeit für ihn. Angenommen, du träumst, in einem Garten zu sein. Solange der Traum währt, ist der Garten Wirklichkeit für dich. Du hältst ihn erst für unwirklich, wenn sich dein Bewußtseinszustand ändert, zum Beispiel, wenn du aufwachst. Wenn du einen Zustand erreichst, in dem du Gott siehst, dann erkennst du Gott als wirklich.«

Narendra: »Ich will die Wahrheit! Kürzlich hatte ich eine heftige Debatte mit Rāmakrishna.«

M: »Was geschah?«

Narendra: »Er sagte zu mir: ›Einige Menschen nennen mich Gott.‹ Ich erwiderte: ›Und wenn tausend Menschen Euch Gott nennen, ich werde Euch gewiß nicht Gott nennen, solange ich nicht weiß, daß es wahr ist.‹ Er sagte: ›Was viele Menschen sagen, ist wirklich die Wahrheit; das ist *Dharma*.‹ Darauf habe ich geantwortet: ›Laßt andere etwas für wahr erklären, ich werde nicht auf sie hören, solange ich es nicht selbst als wahr erfahren habe.«

M (lächelnd): »Du vertrittst eine westliche Einstellung wie zum Beispiel Kopernikus und Berkeley. Die ganze Welt sagte, daß sich die Sonne bewegt, aber Kopernikus war anderer Ansicht. Jedermann sagte, daß die Welt wirklich sei, aber Berkeley schenkte dem keine Beachtung.«

Narendra: »Kannst du mir eine Geschichte der Philosophie leihen?«

M: »Welche? Die von Lewis?«

Narendra: »Nein, Überweg. Ich muß einmal einen deutschen Verfasser lesen.«

M: »Du sagtest gerade: ›Hat irgend jemand Gott gesehen, wie ich diesen Baum sehe?‹ Angenommen, Gott kommt als Mensch zu dir und sagt: ›Ich bin Gott.‹ Wirst du Ihm glauben? Du erinnerst sicher die Geschichte von Lazarus. Nach seinem Tode sagte Lazarus zu Abraham: ›Laß mich zur Erde zurückkehren und meinen Freunden und Verwandten berichten, daß es die Hölle und ein Leben nach dem Tode wirklich gibt.‹ Abraham erwiderte: ›Denkst du, sie werden dir glauben? Sie werden sagen, daß du ein Scharlatan bist.‹ Der Meister sagt, daß Gott durch den Verstand nicht erkannt werden kann. Durch Glauben allein erlangt man alles, Erkenntnis und Höchste Erkenntnis. Durch Glauben allein kann man Gott schauen und mit Ihm vertraut werden.«

Es war drei Uhr nachmittags. Rāmakrishna lag im Bett. Rāmlal, der von Dakshineswar gekommen war, massierte seine Füße. Gopal aus Sinthi und M waren im Zimmer.

Um neun Uhr abends wollten Surendra, Rām und die anderen nach Kalkutta zurückkehren. Der April war schwül, und Rāmakrishnas Zimmer wurde tagsüber sehr heiß. Surendra hatte einige Strohmatten gebracht, um den Raum kühl zu halten.

Surendra: »Niemand hat bislang die Strohmatten aufgehängt. Keiner kümmert sich hier um etwas.«

Einer der Anwesenden (lächelnd): »Die Verehrer sind jetzt alle in *Brahmajñāna*. Sie denken ›Ich bin Er‹. Die Welt ist unwirklich für sie.

Wenn sie auf eine niedrigere Ebene herunterkommen und Gott als Herrn und sich als Diener betrachten, dann werden sie sich wieder um Rāmakrishna kümmern.« (Alle lachten)

Donnerstag, 22. April 1886

Am Abend spazierten Rakhal, Sashi und M durch den Garten.

M: »Der Meister ist wie ein Kind – jenseits der drei *Gunas*.«

Sashi und Rakhal: »Das hat er selbst gesagt.«

Rakhal: »Er scheint in einem Turm zu sitzen, von dem aus er alles sieht und hört, aber die anderen können nicht dahin gelangen.«

M: »Er sagte: ›In solch einem Bewußtseinszustand sieht man unentwegt Gott.‹ Es gibt nicht die kleinste Spur von Weltlichkeit in ihm. Sein Denken ist wie trockenes Holz, das sofort Feuer fängt.«

Sashi: »Kürzlich beschrieb er Charu die verschiedenen Arten der Intelligenz. Durch richtige Intelligenz erlangt man Gott. Eine Intelligenz, die uns in die Lage versetzt, Abgeordneter oder Rechtsanwalt zu werden, ist nur eine Durchschnittsintelligenz.«

M: »Was für großartige Worte!«

Sashi: »Kali sagte zum Meister: ›Was hat man von Freude? Die Primitiven sind stets fröhlich; die Wilden singen und tanzen im Taumel des Entzückens.‹«

Rakhal: »Er sagte darauf zu Kali: ›Was willst du damit sagen? Weltliches Vergnügen kann doch nicht dasselbe sein wie die Seligkeit *Brahmans*! Gewöhnliche Menschen sind mit weltlichem Vergnügen zufrieden. Die Seligkeit *Brahmans* aber kann man nur genießen, wenn man die Verhaftung an weltliche Dinge völlig losgeworden ist. Es gibt die Freude an Geld und Sinneserfahrung, und es gibt die Seligkeit der Gottverwirklichung. Können beide das gleiche sein? Die *Rishis* erlebten die Seligkeit *Brahmans*.‹«

M: »Kali meditiert jetzt über *Buddha*; deshalb spricht er von einem Zustand jenseits der Seligkeit.«

Rakhal: »Ja, Kali erzählte dem Meister über *Buddha*. Rāmakrishna sagte zu ihm: ›*Buddha* ist eine Inkarnation Gottes. Wie kannst du ihn mit irgend jemandem vergleichen! Da er überragend ist, sind auch seine Lehren überragend.‹ Kali sagte zu ihm: ›Alles ist tatsächlich eine Manifestation der Kraft Gottes. Weltliches Vergnügen und die Seligkeit Gottes sind beide die Manifestation dieser Kraft.‹«

M: »Was sagte der Meister darauf?«

Rakhal: »Er sagte: ›Wie kann das sein? Ist die Kraft, ein Kind zu zeugen, dieselbe wie die Kraft, durch die man Gott verwirklicht?‹«

Rāmakrishna saß in seinem Zimmer. Narendra, Rakhal, Sashi, Surendra, M, Bhāvanath und andere waren um ihn versammelt. Dr. Mahendra Sarkar und Dr. Rajendra Dutta untersuchten ihn. Sein Zustand hatte sich verschlimmert.

Die Miete des Hauses betrug ungefähr fünfundsechzig Rupien. Surendra hatte den größten Teil der Kosten übernommen und das Haus auf seinen Namen gemietet. Die anderen verheirateten Verehrer beteiligten sich, so gut sie konnten. Man hatte einen Koch und ein Mädchen engagiert, die für die Mitglieder des Haushalts sorgten.

Meister (zu Dr. Sarkar und den anderen): »Die Ausgaben steigen.«

Dr. Sarkar (auf die Anwesenden zeigend): »Aber sie sind bereit, sie zu tragen. Sie zögern nicht, Geld dafür auszugeben. (Zu Rāmakrishna:) Jetzt seht Ihr, daß ›Gold‹ notwendig ist.«

Meister (zu Narendra): »Warum antwortest du nicht?«

Narendra blieb stumm. Dr. Sarkar setzte die Unterhaltung fort.

Dr. Sarkar: »›Gold‹ ist notwendig, und ›Frauen‹ sind es auch.«

Rajendra: »Ja, seine (er meinte Rāmakrishnas) Frau hat sein Essen gekocht.«

Dr. Sarkar (zum Meister): »Seht Ihr, was ich meine?«

Meister (lächelnd): »Ja, sonst wäre es sehr beschwerlich.«

Dr. Sarkar: »Wenn es nicht beschwerlich wäre, würden alle *Paramahamsas* werden.«

Meister: »Wenn eine Frau mich berührt, werde ich krank. Der Teil meines Körpers schmerzt dann wie von einem Stich.«

Dr. Sarkar: »Das glaube ich, aber wie kommt Ihr ohne Frauen zurecht?«

Meister: »Meine Hand verkrampft sich, wenn ich Geld anfasse, mein Atem stockt. Es schadet nichts, wenn man Geld ausgibt, um in der Welt ein spirituelles Leben zu führen, wenn man es für Gottesverehrung, Gottergebene und Heilige ausgibt.

Wenn ein Mann Gott vergißt, wird er durch eine Frau in die Welt der *Māyā* verstrickt. Die MUTTER des Universums hat die Gestalt der *Māyā*, die Gestalt der Frau, angenommen. Wer dies richtig erkennt, ist an einem Leben in *Māyā* nicht interessiert. Wer aber wirklich erfaßt, daß alle Frauen eine Manifestation der Göttlichen Mutter sind, kann ein spirituelles Leben in dieser Welt führen. Ohne Gotterkenntnis kann man nicht wissen, was eine Frau wirklich ist.«

Einige Minuten später verabschiedeten sich die Ärzte. Rāmakrishna und M unterhielten sich. Der Meister erzählte M, was er von Frauen hielt.

Meister (zu M): »Sie sagen, ich könnte ohne ›Frauen und Gold‹ nicht auskommen. Sie verstehen meinen Zustand nicht.

Wenn ich eine Frau berühre, wird meine Hand taub, sie schmerzt. Wenn ich mich in freundlicher Weise mit einer Frau unterhalte, dann ist es mir, als wäre eine Schranke zwischen uns errichtet. Ich vermag diese Schranke nicht zu überwinden.

Wenn ich allein bin und eine Frau mein Zimmer betritt, werde ich sofort zu einem Kind und betrachte sie als Mutter.« Als M diese Worte hörte, war er sprachlos über diesen erhabenen Bewußtseinszustand Rāmakrishnas.

Bhāvanath und Narendra unterhielten sich im Hintergrund. Bhāvanath hatte geheiratet und suchte eine Stellung; deshalb konnte er Rāmakrishna nicht so häufig in Cossipore besuchen. Er hatte zu M gesagt: »Wie ich höre, will Vidyāsāgar eine neue Schule eröffnen. Ich muß meinen Lebensunterhalt verdienen. Wäre es möglich, an dieser Schule eine Stellung zu bekommen?« Der Meister war wegen Bhāvanaths Verstrickung ins weltliche Leben sehr besorgt.

Meister (zu Narendra): »Mach ihm Mut.«

Narendra und Bhāvanath lächelten. Rāmakrishna sagte durch Zeichen zu Bhāvanath: »Sei ein großer Held. Laß dich nicht beeindrukken, wenn sie hinter ihrem Schleier weint. Frauen weinen so viel, selbst wenn sie ihre Nase putzen! (Alle lachten)

Halte dein Denken fest auf Gott gerichtet. Wer ein Held ist, lebt mit einer Frau, ohne den körperlichen Freuden zu erliegen. Erzähle deiner Frau nur von Gott.«

Einige Minuten später sagte Rāmakrishna durch ein Zeichen zu Bhāvanath: »Bleib zum Essen hier.«

Bhāvanath: »Ja, ich fühle mich wohl, macht Euch meinetwegen keine Sorgen.«

Surendra kam herein. Jeden Abend bekam der Meister von seinen Verehrern Blumengirlanden, die er um seinen Hals legte. Surendra saß schweigend bei ihm. Rāmakrishna war in einer glücklichen Stimmung und gab ihm zwei Kränze. Surendra verbeugte sich und legte sie um seinen Hals.

Hirānanda kam mit zwei Freunden. Er stammte aus Sindh, über zweitausend Kilometer von Kalkutta entfernt. Nachdem er 1883 seine Ausbildung in Kalkutta beendet hatte, war er nach Sindh zurückgekehrt und hatte die Herausgabe von zwei Zeitungen übernommen, der Sindh Times und der Sindh Sudhar. Während seines Studiums in Kalkutta hatte er häufig Keshab besucht und war mit ihm befreundet gewesen. Er war Rāmakrishna im *Kālī*-Tempel in Dakshineswar begegnet und hatte dort gelegentlich die Nacht verbracht. Als er von Rāmakrishnas Krankheit hörte, kam er von Sindh nach Kalkutta, um ihn zu sehen. Der Meister freute sich über seinen Besuch.

Er deutete auf Hirānanda und sagte durch Zeichen zu M: »Ein feiner Mensch! Kennst du ihn?«

M: »Ja.«

Meister: »Unterhaltet euch ein wenig. Ich möchte eurer Unterhaltung zuhören.«

Als M nichts sagte, fragte er ihn: »Ist Narendra da? Rufe ihn bitte.«

Narendra kam herein und setzte sich zum Meister.

Meister (zu Narendra und Hirānanda): »Ich möchte euch beiden zuhören, wenn ihr euch unterhaltet.«

Hirānanda schwieg einen Augenblick und begann dann sehr zögernd die Unterhaltung.

Hirānanda: »Warum muß ein Verehrer Gottes leiden?«

Seine Worte waren voller Mitgefühl. Alle im Zimmer spürten, daß sein Herz von Liebe erfüllt war.

Narendra: »Der Plan des Universums ist teuflisch. Ich hätte eine bessere Welt geschaffen.«

Hirānanda: »Kann man glücklich sein, ohne leiden zu müssen?«

Narendra: »Ich mache keinen Entwurf für ein Universum, sondern äußere nur meine Meinung über den gegenwärtigen Zustand.

Alle Probleme sind gelöst, wenn wir nur an eins glauben, und das ist Pantheismus. Alle Zweifel schwinden, wenn man glaubt, daß alles Gott ist. Gott allein ist verantwortlich für alles, was geschieht.«

Hirānanda: »Das ist leicht gesagt.«

Narendra sang *Shankaras* sechs Stanzen über *Nirvāna:*

OM! Ich bin weder Denken, Intelligenz, Ich, noch Geist,
weder Ohren noch Zunge, noch Riechen und Sehen,
weder Luft noch *Ākāsha*, weder Feuer noch Wasser, noch Erde:

Ich bin ewige Seligkeit und Gewahrwerdung:
Ich bin *Shiva*! Ich bin *Shiva*!

Ich bin weder *Prāna* noch die fünf Lebenslüfte,
weder des Körpers sieben Elemente noch seine fünf Hüllen,
weder Hand noch Fuß, noch Zunge, noch Tätigkeitsorgan:
Ich bin ewige Seligkeit und Gewahrwerdung:
Ich bin *Shiva*! Ich bin *Shiva*!

Ich kenne weder Gier noch Täuschung, weder Zuneigung noch Abscheu;
keinen Stolz und kein Ich, nicht *Dharma*, nicht Befreiung;
weder Verlangen des Denkens noch ein Objekt des Verlangens:
Ich bin ewige Seligkeit und Gewahrwerdung:
Ich bin *Shiva*! Ich bin *Shiva*!

Ich kenne weder Freude noch Leid, weder Tugend noch Laster;
weder *Mantra* noch Heiligtum, weder *Veden* noch Opfer;
weder bin ich der Esser, die Nahrung, noch der Vorgang des Essens;
Ich bin ewige Seligkeit und Gewahrwerdung:
Ich bin *Shiva*! Ich bin *Shiva*!

Ich kenne weder Tod noch Furcht, noch Unterschied der Kaste;
habe weder Vater noch Mutter, noch eine Geburt;
weder Freund noch Kameraden, weder Schüler noch *Guru*:
Ich bin ewige Seligkeit und Gewahrwerdung:
Ich bin *Shiva*! Ich bin *Shiva*!

Ich habe weder Form noch Phantasie; das Alldurchdringende bin ich.
Überall bin ich vorhanden und dennoch jenseit der Sinne.
Weder bin ich Erlösung noch etwas Erkennbares:
Ich bin ewige Seligkeit und Gewahrwerdung:
Ich bin *Shiva*! Ich bin *Shiva*!

Hirānanda: »Gut!«

Rāmakrishna (durch Zeichen zu Hirānanda): »Gib ihm eine Antwort.«

Hirānanda: »Es bleibt dasselbe, ob man ein Zimmer von der Ecke oder von der Mitte aus betrachtet. Es ist dasselbe Gottbewußtsein, ob man nun sagt: ›O Gott, ich bin Dein Diener‹, oder ›Ich bin Er‹. Man kann einen Raum durch verschiedene Türen betreten.«

Es herrschte Stille. Hirānanda sagte zu Narendra: »Sing bitte weiter.« Narendra sang die fünf Stanzen über das *Kaupin* (das Lendentuch des *Sannyāsins*, das Symbol der *Entsagung*):

Immer im Hain des *Vedānta* wandelnd,
immer zufrieden mit Bettlergaben,
vorwärts wandernd, das Herz frei von Sorgen:
Gesegnet fürwahr ist der Lendentuchträger!

Schutzsuchend sitzend am Fuß eines Baumes,
aus der Hand verzehrend die spärliche Gabe,
in Kleidung gehüllt, ob schön oder häßlich:
Gesegnet fürwahr ist der Lendentuchträger!

Von eigener Seligkeit völlig befriedigt,
gänzlich gestillt das Verlangen der Sinne,
Absolutes *Brahman* stets kontemplierend:
Gesegnet fürwahr ist der Lendentuchträger!

Als Rāmakrishna die Zeile hörte: »Absolutes *Brahman* stets kontemplierend«, sagte er leise: »Ah!« Dann durch Zeichen zu den anderen: »Das sind die Merkmale eines *Yogis.*«

Narendra beendete die Hymne:

Wandel des Denkens und Körpers betrachtend,
nichts außer dem eigenen Selbst erblickend,
unbekümmert um Außen, Innen und Mitte:
Gesegnet fürwahr ist der Lendentuchträger!

»*Brahman*« singend, das Wort der Erlösung,
nur meditierend über »Ich bin *Brahman*«,

von Almosen lebend und frei herumwandernd:
Gesegnet fürwahr ist der Lendentuchträger!

Wieder sang Narendra:

Meditiere über Ihn, den Vollkommenen,
die Verkörperung der Seligkeit;
meditiere über Ihn, den Gestaltlosen,
die Wurzel des ganzen Alls,
den Hörer hinter dem Ohr,
den Denker hinter dem Geist,
den Sprecher hinter der Zunge,
der selbst jenseits der Worte:
ER ist das Leben des Lebens,
das Letzte, das Anbetungswürdige.

Meister (zu Narendra): »Und dann das eine: ›Alles, was ist, bist Du.‹«
Narendra sang:

Mit Dir hab ich mein Herz vereint:
Alles, was ist, bist Du!
Nur Dich allein hab ich gefunden,
denn Du bist alles, was ist.
O Herr, Geliebter meines Herzens,
Du bist die Heimat aller Menschen!
Fürwahr! Wo ist das Herz, in welchem Du nicht wohnst?
Du hast von jedem Herz Besitz genommen:
Alles, was ist, bist Du.
Ob Weiser, ob Tor, ob Hindu, ob Moslem,
alle erschaffst Du nach Deinem Willen:
Alles, was ist, bist Du.

Allgegenwärtig bist Du,
ob in der Kaaba oder im Himmel;
vor Dir müssen alle sich beugen,
denn Du bist alles, was ist.
Von der Erde hinauf bis zum höchsten Himmel,
vom Himmel herab bis tief auf die Erde

sehe ich Dich, wohin ich auch blicke:
Alles, was ist, bist Du.
Ich hab es ergründet und hab es verstanden;
geschaut hab ich's ohne den leisesten Zweifel:
Nichts gibt es, was sich mit Dir läßt vergleichen!
Für immer hat es sich Jafar* enthüllt:
Du bist alles, was ist!

Als der Meister die Zeile hörte: »Du hast von jedem Herz Besitz genommen«, sagte er durch ein Zeichen: »Gott wohnt im Herzen eines jeden. ER ist der Innere Führer.«

Hirānanda: »Ja, ›Alles, was ist, bist Du‹. Jetzt sagst du: ›Du! Du! Nicht ich, sondern Du!‹«

Narendra: »Gib mir eine Eins, und ich gebe dir eine Million. DU bist Ich, Ich bin DU. Nichts anderes existiert als Ich.«

Narendra zitierte einige Verse aus der *Ashtāvakra Samhitā*. Es war ganz still im Zimmer.

Meister (zu Hirānanda, auf Narendra zeigend): »Er scheint mit einem blanken Schwert in der Hand umherzugehen. (Zu M, auf Hirānanda zeigend:) Wie ruhig! Wie eine Kobra mit gespreizter Haube vor einem Schlangenbeschwörer.«

Rāmakrishna fiel in Versunkenheit. Hirānanda und M saßen in seiner Nähe. Es herrschte vollkommene Stille. Der Körper des Meisters wurde von unbeschreiblichen Schmerzen geschüttelt. Die Verehrer konnten den Anblick kaum ertragen, aber irgendwie ließ der Meister sie sein Leiden vergessen. Er saß da mit leuchtendem Antlitz, als gäbe es keine Krankheit in seiner Kehle.

Die Verehrer hatten ihm als liebevolle Gaben Blumen und Blütenkränze zu Füßen gelegt. Er nahm eine Blume auf und berührte damit Kopf, Kehle, Herz und Nabel. Er war wie ein Kind, das mit Blumen spielt.

Rāmakrishna hatte seinen Schülern erzählt, daß seine göttlichen Visionen und Stimmungen vom Aufsteigen eines spirituellen Stroms in seinem Körper begleitet seien.

Er sprach jetzt zu M.

Meister: »Ich weiß nicht mehr, wann der Strom emporstieg.

* der Dichter des Liedes

Jetzt bin ich in der Stimmung eines Kindes. Deshalb spiele ich mit den Blumen. Weißt du, was ich jetzt sehe? Ich sehe meinen Körper als Bambusgestell, mit Stoff bespannt. Das Gestell bewegt sich. Es bewegt sich, weil jemand darin steckt und es bewegt.

Dann wiederum sehe ich den Körper wie einen Kürbis, aus dem die Kerne entfernt worden sind. In diesem Körper ist keine Spur von Leidenschaft oder Verhaftung. Es ist alles sehr sauber innen und –«

Rāmakrishna konnte vor Schmerzen nicht weitersprechen. Er fühlte sich sehr schwach. M hatte sofort erfaßt, was der Meister sagen wollte, und ergänzte: »Und Ihr seht Gott in Euch selbst.«

Meister: »Sowohl innen wie außen. Unteilbares *Satchidānanda* – ich sehe es innen und außen. ES hat diese Hülle (er meinte seinen Körper) nur als Stütze angenommen und existiert innen und außen. Ich sehe das ganz klar.«

M und Hirānanda lauschten aufmerksam den Worten des Meisters über seinen Zustand des Gottbewußtseins. Kurz darauf blickte Rāmakrishna sie an und setzte die Unterhaltung fort.

Meister: »Ihr erscheint mir alle wie Verwandte. Niemand von euch ist mir fremd.

Ich sehe euch als viele Hüllen, deren Köpfe sich bewegen.

Wenn mein Bewußtsein mit Gott vereinigt ist, verschwindet das Leiden des Körpers.

Jetzt sehe ich nur eines: Das unteilbare *Satchidānanda* ist mit Haut überzogen, und dieser Schmerz in der Kehle ist auf der einen Seite davon.«

Der Meister schwieg. Nach einer Weile sagte er: »Die Eigenschaften der Materie überdecken das Geistige, und die Eigenschaften des Geistigen überdecken die Materie. Deshalb sagt ein Mensch, wenn er krank ist: ›Ich bin krank.‹«

Hirānanda hatte nicht begriffen, was der Meister soeben gesagt hatte, deshalb sagte M zu ihm: »Wenn heißes Wasser die Hand verbrennt, sagen die Leute, sie hätten sich mit Wasser verbrannt, aber in Wirklichkeit war es die Hitze.«

Hirānanda (zum Meister): »Sagt uns bitte, warum ein Gottesverehrer leiden muß.«

Meister: »Es ist der Körper, der leidet.«

Rāmakrishna schien noch etwas sagen zu wollen. Hirānanda und M warteten begierig auf seine Worte.

Rāmakrishna sagte: »Hast du es verstanden?«

M flüsterte zu Hirānanda: »Der Körper leidet, damit die Menschen belehrt werden. Sein Leben ist wie ein Nachschlagebuch. Trotz seines körperlichen Leidens ist sein Bewußtsein hundertprozentig mit Gott vereint.«

Hirānanda: »Ja, es ist wie die Kreuzigung Christi. Aber dennoch bleibt die Frage, warum er so leiden muß.«

M: »Der Meister sagt, daß es der Wille der Göttlichen Mutter sei. Durch seinen Körper treibt Sie Ihr Spiel.«

Die beiden unterhielten sich flüsternd. Rāmakrishna fragte Hirānanda durch Zeichen, worüber M gesprochen hatte. Da Hirānanda das Zeichen nicht verstand, wiederholte Rāmakrishna es.

Hirānanda: »Er sagt, daß Eure Krankheit der Belehrung der Menschen dient.«

Meister: »Aber das ist nur seine Annahme. Meine Einstellung hat sich geändert. Ich sollte nicht zu jedem sagen: ›Möge dein spirituelles Bewußtsein erwachen!‹ Die Menschen sind im *Kaliyuga* voller Sünde. Wenn ich ihr spirituelles Bewußtsein erwecke, werde ich die Last ihrer Sünden tragen müssen.«

M (zu Hirānanda): »Er wird das spirituelle Bewußtsein der Menschen nur wachrufen, wenn die rechte Zeit gekommen ist. Wenn ein Mensch bereit ist, wird er sein spirituelles Bewußtsein wecken.«

Freitag, 23. April 1886

Es war Nachmittag. Viele Verehrer saßen im Zimmer. Narendra, Sarat, Sashi, Latu, Nityagopal, Girīsh, Rām, M und Suresh waren da.

Kedar kam herein. Es war sein erster Besuch nach langer Zeit. Während er beruflich in Dacca war, hatte er von der Krankheit des Meisters gehört. Als er eintrat, nahm er den Staub von den Füßen des Meisters und gab ihn an die anderen weiter. Die Anwesenden nahmen ihn mit geneigtem Kopf entgegen. Rāmakrishna schien in Ekstase zu geraten. Er atmete heftig, als ob er versuchte, seine Gefühle zu unterdrücken.

Der Meister lenkte Kedars Aufmerksamkeit auf Narendra und sagte: »Er hat allem entsagt. (Zu den Anwesenden:) Kedar sagte einmal zu Narendra: ›Jetzt magst du grübeln und argumentieren, aber später wirst du am Boden liegen und *Haris* Namen singen.‹«

Surendra saß hinter den anderen Verehrern. Der Meister blickte ihn lächelnd an und sagte zu Kedar: »Oh, was hat er für ein angenehmes Wesen!« Kedar verstand den Wink und ging zu Surendra.

Surendra war sehr empfindlich. Einige Anhänger hatten Geld bei den Schülern gesammelt, die Familienväter waren, um die Ausgaben für das Gartenhaus in Cossipore davon zu bestreiten. Surendra fühlte sich gekränkt, da er bisher den größten Teil der Kosten übernommen hatte.

Surendra (zu Kedar): »Wie kann ich mich neben all diese Heiligen setzen? Vor einigen Tagen zogen einige von ihnen (er bezog sich auf Narendra) das gelbe Gewand eines *Sannyāsins* an und pilgerten nach Bodh-Gaya. Sie wollten dort größere *Sādhus* sehen!«

Rāmakrishna wollte Surendra aufrichten und sagte: »Du hast recht. Sie sind wie Kinder. Sie wissen nicht, was gut ist.«

Surendra (zu Kedar): »Unser *Gurudeva* kennt unsere innersten Gefühle. Geld kümmert ihn nicht. Unsere innere Einstellung ist für ihn entscheidend.«

Rāmakrishna nickte zustimmend.

Die Verehrer hatten verschiedene Speisen für den Meister mitgebracht und vor ihn hingestellt. Rāmakrishna aß ein wenig davon und gab Surendra den Teller mit der Bitte, das *Prasād* unter den Verehrern zu verteilen. Surendra ging damit hinunter.

Meister (zu Kedar): »Du gehst besser zu Surendra und erklärst ihm alles. Paß auf, daß es keine hitzigen Debatten gibt!«

M fächelte Rāmakrishna. Der Meister sagte zu ihm: »Willst du nicht auch etwas essen?« Er schickte ihn zu den anderen hinunter.

Es dämmerte. Girīsh und M spazierten in der Nähe des kleinen Teiches auf und ab.

Girīsh: »Wie ich höre, schreibst du etwas über den Meister. Stimmt das?«

M: »Wer hat dir davon erzählt?«

Girīsh: »Ich hörte so etwas. Wirst du es mir geben?«

M: »Nein, ich werde mich nicht davon trennen, solange ich nicht das Gefühl habe, daß es richtig ist. Ich schreibe es für mich selbst, nicht für die anderen.«

Girīsh: »Was meinst du damit?«

M: »Du kannst es nach meinem Tod bekommen.«

Der Abend brach herein. In Rāmakrishnas Zimmer wurde eine Lampe angezündet. Amrita Basu, ein *Brahmo*-Anhänger, kam herein.

Rāmakrishna hatte ihn sehen wollen. M und einige andere waren da. Eine Jasmingirlande lag auf einem Blatt vor dem Meister. Es herrschte völlige Stille. Ein großer *Yogi* schien schweigend mit Gott Zwiesprache zu halten. Ab und zu hob der Meister die Girlande ein wenig auf, als ob er sie um seinen Hals legen wollte.

Amrita (fürsorglich): »Soll ich sie Euch umhängen?« Rāmakrishna ließ sie sich umlegen. Er unterhielt sich lange mit Amrita, und als dieser sich verabschiedete, sagte der Meister: »Komm wieder.«

Amrita: »Ja, ich würde sehr gern kommen, aber ich lebe weit entfernt und kann deshalb nicht immer kommen.«

Meister: »Komm und laß dir das Droschkengeld hier geben.«

Die Verehrer waren erstaunt über die Liebe des Meisters zu Amrita.

Am nächsten Tag kam M mit seiner Frau und seinem Sohn zu Besuch. Das Kind war sieben Jahre alt. Der Meister hatte veranlaßt, daß er seine Frau mitbrachte, die durch den Tod eines Sohnes fast wie von Sinnen war.

An dem Tage gestattete der Meister M's Frau, ihn mehrmals zu bedienen. Ihr Wohlergehen schien ihm sehr am Herzen zu liegen. Am Abend kam die Heilige Mutter, um dem Meister das Essen zu bringen. M's Frau begleitete sie mit einer Lampe. Der Meister stellte viele Fragen über ihren Haushalt. Er lud sie ein, einige Tage bei der Heiligen Mutter im Gartenhaus zu verbringen und ihre kleine Tochter mitzubringen. Als der Meister gegessen hatte, räumte M's Frau die Teller ab. Er plauderte einige Minuten mit ihr.

Um neun Uhr abends saß Rāmakrishna mit den Verehrern in seinem Zimmer. Er trug einen Blütenkranz um den Hals und erzählte M, daß er seine Frau gebeten hatte, einige Tage mit der Heiligen Mutter im Gartenhaus zu verbringen. Seine Freundlichkeit rührte M's Herz.

M fächelte ihn. Der Meister nahm die Girlande von seinem Hals und sagte etwas zu sich selbst. Dann gab er mit einer sehr gütigen Geste M den Blütenkranz.

13. *Nach dem Dahinscheiden*

Rāmakrishna verschied am Sonntag, dem 15. August 1886, und ließ seine Schüler und Verehrer in einem Meer von Traurigkeit zurück. Sie kamen sich vor wie Schiffbrüchige. Aber das Band der Liebe hielt sie zusammen, und in gegenseitiger Gesellschaft schufen sie sich Mut und Zuversicht. Sie machten sich nichts aus der Freundschaft weltlicher Menschen und sprachen nur über ihren Meister. »Werden wir ihn nicht wiedersehen?« – das war der Inhalt ihrer Gedanken und Träume. Waren sie allein, so weinten sie um ihn, und gingen sie durch die Straßen Kalkuttas, so waren sie in Gedanken an ihn versunken. Der Meister hatte einmal zu M gesagt: »Es wird mir schwerfallen, den Körper aufzugeben, wenn ich mir vorstelle, daß ihr nach meinem Tode weinend umherirren werdet.« Einige von ihnen dachten: »Er ist nicht mehr auf dieser Welt. Wie seltsam, daß wir noch leben mögen. Wir könnten unseren Körper aufgeben, aber wir tun es nicht.« Immer wieder hatte Rāmakrishna ihnen gesagt, daß Gott sich seinen Gläubigen enthüllt, wenn sie nach Ihm verlangen und Ihn mit ganzer Hingabe anrufen. Er hatte ihnen versichert, daß Gott das Gebet eines aufrichtigen Herzens erhört.

Die jungen, unverheirateten Schüler des Meisters, die dem inneren Kreis angehörten, hatten ihn im Gartenhaus in Cossipore Tag und Nacht gepflegt. Nach seinem Tod waren die meisten von ihnen gegen ihren Willen zu ihren Familien zurückgekehrt. Sie hatten formell der Welt noch nicht entsagt. Sie behielten noch ihren Familiennamen. Rāmakrishna hatte sie veranlaßt, der Welt geistig zu entsagen, und hatte verschiedene von ihnen in das Mönchsleben eingeweiht, als er ihnen das gelbe Tuch des *Sannyāsins* gab.

Zwei oder drei von den Betreuern des Meisters hatten kein zuhause. Zu ihnen sagte der großherzige Surendra: »Wo wollt ihr umherwandern? Laßt uns ein Haus mieten. Ihr werdet dort wohnen und es zum Schrein unseres Meisters machen, und wir Familienväter werden uns dort Trost holen. Wie könnten wir unsere Tage und Nächte nur mit Frau und Kindern in der Welt verbringen? Ich habe in Cossipore etwas Geld für den Meister gegeben, ich werde jetzt freudig für eure Kosten aufkommen.« Er mietete ein Haus für sie in Baranagore, einem Vorort Kalkuttas, das allmählich in ein *Math*, ein Kloster, verwandelt wurde.

Der jüngere Gopal brachte das Bett des Meisters und andere Gebrauchsgegenstände von Cossipore herüber. Der Brahmane, der in Cossipore gekocht hatte, übernahm diese Aufgabe im neuen Kloster. Das erste dauernde Mitglied war Gopal der Ältere. Sarat verbrachte die Nächte dort. Am Anfang besuchten Sarat, Sashi, Baburam, Niranjan und Kali das Kloster gelegentlich. Tarak, der nach dem Tode des Meisters nach Vrindavan gegangen war, kehrte nach einigen Monaten nach Kalkutta zurück und trat in das Kloster ein. Rakhal, Jogin, Latu und Kali befanden sich mit der Heiligen Mutter in Vrindavan, als das Kloster eingerichtet wurde. Kali kehrte nach einem Monat nach Kalkutta zurück, Rakhal einige Monate später, und Jogin und Latu nach einem Jahr. Die Familienväter besuchten häufig ihre Mönchsbrüder und verbrachten Stunden mit ihnen bei Studium und Meditation.

Schon nach kurzer Zeit entsagten Narendra, Rakhal, Niranjan, Sarat, Sashi, Baburam, Jogin, Tarak, Kali und Latu der Welt endgültig. Sarada Prasanna und Subodh traten etwas später ein. Gangadhar, der Narendra sehr zugetan war, besuchte das Kloster regelmäßig. Er brachte den Brüdern die Hymne bei, die zur Abendandacht im *Shiva*-Tempel zu Benares gesungen wird. Er war in Tibet gewesen, um Askese zu üben, und lebte jetzt nach seiner Rückkehr im Kloster. Hari, der zuerst nur als Besucher kam, trat sehr bald als Mönch ein und vervollständigte die Liste der *Sannyāsin*-Schüler des Meisters.

Surendra war wirklich eine gesegnete Seele. Er legte den Grundstein zu dem großen Orden, der später Rāmakrishnas Namen tragen sollte. Seine Hingabe und Opferbereitschaft ermöglichte es diesen ernsthaften jungen Menschen, der Welt zu entsagen, um Gott zu verwirklichen. Durch ihn machte Rāmakrishna es ihnen möglich, in der Welt seine Lehren zu verkörpern: ›Frauen und Gold‹ zu entsagen und Gott zu verwirklichen.

Die Brüder lebten wie Waisenknaben im *Math*. Manchmal besaßen sie kein Geld für die Miete, und manchmal hatten sie nichts zu essen. Surendra mußte kommen und alles regeln. Er war der große Bruder der Mönche. Wenn sie später an seine aufrichtige Liebe dachten, vergossen sie Tränen der Dankbarkeit.

Das Kloster wurde unter den Anhängern des Meisters bald als Baranagore Math bekannt. Narendra, Rakhal und die jüngeren Schüler waren voller Verlangen nach Entsagung. Eines Tages kam Rakhals Vater ins Kloster, um ihn heimzuholen. »Warum machst du dir die Mühe herzukommen?« sagte Rakhal zu ihm. »Ich bin hier sehr glücklich. Bete zu Gott, daß du mich vergessen mögest und ich dich auch.« Die jungen Schüler sagten zueinander: »Wir werden nie in das weltliche Leben zurückkehren. Der Meister hat uns eingeschärft, ›Frauen und Gold‹ zu entsagen; wie können wir da zu unseren Familien zurückkehren?«

Sashi hatte den täglichen Gottesdienst im Kloster übernommen. Die Reliquien des Meisters waren von Balarams Haus herübergeholt worden, und Rāmakrishna wurde täglich in der Andachtshalle verehrt. Narendra überwachte den Haushalt. Er war der Leiter des Klosters. Er sagte seinen Brüdern häufig, daß die selbstlosen Tätigkeiten, von denen die *Gītā* spricht, aus Anbetung, *Japam* und Meditation bestünden und nicht aus weltlichen Pflichten. Die Mönche des Klosters verließen sich auf seine spirituelle Inspiration. Er sagte zu ihnen: »Wir müssen *Sādhana* üben, sonst werden wir Gott nicht erkennen.«

Von asketischem Geist erfüllt, gaben Vivekānanda und seine Mitbrüder sich Tag und Nacht spirituellen Übungen hin. Ihr einziges Ziel im Leben war die Verwirklichung Gottes. Sie befolgten mit ganzem Herzen die Anweisungen der *Veden*, *Purānas* und *Tantras* für ein Leben der Entsagung und verbrachten ihre Zeit mit *Japam*, Meditation und dem Studium der Schriften. Wenn sie nicht in der Lage waren, die Göttliche Gegenwart zu spüren, fühlten sie sich wie auf der Folterbank. Sie meditierten manchmal allein unter einem Baum, an einem Verbrennungsplatz oder auch am Ufer des Ganges. Manchmal verbrachten sie den ganzen Tag im Meditationsraum des Klosters mit *Japam* und Kontemplation, manchmal versammelten sie sich zu Gesang und Tanz in fröhlichem Entzücken. Jeder von ihnen, vor allem Narendra, wurde von dem Verlangen verzehrt, Gott zu schauen. Ab und zu sagten sie zueinander: »Sollten wir nicht bis zum Tode fasten, um Gott zu sehen?«

Dies sind die Mönchsnamen der Schüler, die bald nach dem Tode des Meisters der Welt entsagten:

Narendra	Swāmi Vivekānanda
Rakhal	Swāmi Brahmānanda
Jogin	Swāmi Jogānanda
Niranjan	Swāmi Niranjanānanda
Latu	Swāmi Adbhutānanda
Baburam	Swāmi Premānanda
Tarak	Swāmi Shivānanda
Hari	Swāmi Turīyānanda
Sarat	Swāmi Sāradānanda
Sashi	Swāmi Rāmakrishnānanda
Kali	Swāmi Abhedānanda
Gangadhar	Swāmi Akhandānanda
Gopal der Ältere	Swāmi Advaitānanda
Sarada Prasanna	Swāmi Trigunatitānanda
Subodh	Swāmi Subodhānanda

Montag, 21. Februar 1887

Narendra, Rakhal, Niranjan, Sarat, Sashi, Kali, Baburam, Tarak und Sarada Prasanna lebten im Kloster. Wegen des *Shivaratri* hatten alle den ganzen Tag gefastet. Sarat, Kali, Niranjan und Sarada wollten sich am folgenden Sonnabend nach Puri begeben, um den heiligen *Jagannath* zu besuchen. Jogin und Latu waren in Vrindavan und hatten das Kloster noch nicht gesehen.

Narendra badete im Ganges und kehrte ins Kloster zurück. Er trug sein nasses Zeug und sein Handtuch in der Hand. Sarada verbeugte sich vor ihm. Auch er hatte wegen des *Shivaratri* gefastet und ging zum Ganges, um zu baden. Narendra betrat den Andachtsraum, grüßte das Bildnis Rāmakrishnas, der dort täglich als Gottheit verehrt wurde, und meditierte einige Minuten.

Es wurden Vorbereitungen getroffen für die Anbetung *Shivas* am Abend. Man sammelte Blätter des *Bel*-Baumes und zerkleinerte Holz für das *Homa*-Feuer.

Sashi, der den Gottesdienst im Kloster übernommen hatte, entzündete am Abend Räucherstäbchen vor den Bildern der verschiedenen Götter und Göttinnen.

Die Anbetung *Shivas* sollte auf dem Grundstück des Klosters unter dem *Bel*-Baum stattfinden. Die Gottheit sollte während der vier Nachtwachen viermal angebetet werden. Die Brüder versammelten sich unter dem Baum. Bhupati und M waren dabei. Einer der jungen Mönche hatte den Gottesdienst übernommen. Kali las aus der *Gītā* vor. Ab und zu debattierte er mit Narendra.

Kali: »Ich allein bin alles. Ich schaffe, erhalte und zerstöre.«

Narendra: »Wieso kann ich schaffen? Eine andere Kraft schafft durch mich. Unsere vielfältigen Tätigkeiten – selbst unsere Gedanken – werden durch diese Kraft verursacht.«

M (für sich): »Der Meister pflegte zu sagen: ›Solange ein Mensch glaubt, daß er es sei, der meditiert, ist er unter dem Einfluß der *Adyashakti*, der Urkraft. *Shakti* muß zur Kenntnis genommen werden.‹«

Kali dachte einen Augenblick nach und sagte dann: »Die Tätigkeit, von der du sprichst, ist eine Illusion. Es gibt nicht einmal so etwas wie das Denken. Die bloße Vorstellung läßt mich lachen.«

Narendra: »Das Ich, das in ›Ich bin Er‹ gemeint ist, hat mit diesem Ich nichts zu tun. Es ist das, was verbleibt, nachdem Denken, Körper und so weiter verschwunden sind.«

Es war Mitternacht, die Nacht des Neumonds. Pechschwarze Dunkelheit lag über dem Land. Menschen, Vögel und Tiere waren verstummt. Die jungen *Sannyāsins* waren in ihre Mönchsgewänder gehüllt. Ihr aus voller Kehle ertönendes »*Shiva Guru*!« stieg wie das Grollen einer Gewitterwolke in den unendlichen Himmel und löste sich im Unteilbaren *Satchidānanda* auf.

Die Anbetung war vorüber. Die Sonne, die kurz vor dem Aufgehen war, färbte den östlichen Horizont blutrot. In diesem Zwielicht, dem Übergang der Nacht zum Tag, beendeten die jungen Gottesverehrer ihr Bad im Ganges.

Am Morgen begaben sich die Mönche in den Schrein, warfen sich vor der Gottheit nieder und versammelten sich dann in der großen Halle. Narendra trug ein neues Mönchsgewand. Das leuchtende Orange vermischte sich mit dem Leuchten seines Gesichts und seines Körpers, der aus allen Poren göttliches Licht auszustrahlen schien. Seine Erscheinung strahlte eine Leuchtkraft aus, die dennoch von der Sanftmut der Liebe überhaucht wurde. Allen erschien er wie eine Blase auf dem Ozean von Absolutem Sein-Wissen-Seligkeit, die eine menschliche Form angenommen hatte, um die Botschaft seines Meisters zu verbreiten. Aller Augen waren auf ihn gerichtet. Narendra war gerade vierundzwanzig Jahre alt geworden, dasselbe Alter, in dem *Chaitanya* der Welt entsagt hatte.

Balaram hatte für das Frühstück Obst und Süßigkeiten ins Kloster geschickt. Alle taten sich gütlich daran. Einige riefen: »Gesegnet sei Balaram!« Alle lachten.

Narendra trieb Späße wie ein kleiner Junge. Er imitierte Rāmakrishna. Er nahm von den Süßigkeiten einige in den Mund und stand regungslos, wie in *Samādhi.* Seine Augen blieben bewegungslos. Ein anderer Mönch tat so, als wolle er ihn stützen. Narendra schloß die Augen. Einige Minuten später öffnete er sie und lallte: »Ich – fühle – mich – ganz – wohl.« Alle lachten laut.

Erfrischungen wurden verteilt. M staunte über so viel Fröhlichkeit. Die Gottesverehrer jubelten »*Jai Gurumahārāj*!«.

Montag, 25. März 1887

M kam, um seine geistigen Brüder zu besuchen. Devendra begleitete ihn. M war sehr häufig ins Kloster gekommen und hatte ab und zu ein oder zwei Tage dort verbracht. Eifrig verfolgte er die starke Entsagungskraft der jungen Menschen.

Es war Abend. M wollte die Nacht im Kloster verbringen. Sashi zündete im Andachtsraum die Lampe an und sang den Namen Gottes. Dann zündete er vor allen Bildern der Götter und Göttinnen in den verschiedenen Räumen Räucherkerzen an und begann mit der Abendandacht. Die Mitglieder des Klosters mit M und Devendra standen mit gefalteten Händen und sangen die *Arati*-Hymne.

Nach dem Gottesdienst kamen Narendra und M in ein Gespräch. Narendra berichtete über seine verschiedenen Begegnungen mit Rāmakrishna.

Narendra: »Während einer meiner ersten Besuche sagte der Meister in Ekstase zu mir: ›Du bist gekommen! Wie erstaunlich!‹ Ich sagte zu mir: ›Es ist, als kennten wir uns schon lange.‹ Dann sagte er: ›Siehst du oftmals Licht?‹ Ich erwiderte: ›Ja, bevor ich einschlafe, sehe ich so etwas wie ein rotierendes Licht in der Nähe meiner Stirn.‹«

M: »Siehst du es jetzt auch noch?«

Narendra: »Ich sah es sehr häufig. In Jadu Mallicks Gartenhaus berührte mich der Meister eines Tages und murmelte etwas. Ich verlor das Bewußtsein. Die Wirkung der Berührung hielt wie ein Rausch einen Monat lang an.

Als er hörte, daß man mich verheiraten wollte, weinte er und umklammerte die Füße *Kālīs.* Mit Tränen in den Augen betete er zur Göttlichen Mutter: ›O MUTTER, vereitle die ganze Sache! Laß Narendra nicht ertrinken.‹

Nach dem Tode meines Vaters mußten meine Mutter und meine Brüder hungern. Als der Meister Annada Guha eines Tages begegnete, sagte er zu ihm: ›Narendras Vater ist gestorben. Seine Familie befindet sich in großer Not. Es wäre gut, wenn seine Freunde ihm etwas Geld geben würden.‹

Als Annada fort war, schalt ich ihn und sagte: ›Warum habt Ihr ihm das alles erzählt?‹ Nach diesem Vorwurf weinte er und sagte: ›Um deinetwillen würde ich von Tür zu Tür betteln gehen.‹

Er zähmte uns durch seine Liebe. Meinst du nicht auch?«

M: »Daran besteht nicht der geringste Zweifel. Seine Liebe war völlig selbstlos.«

Narendra: »Eines Tages, als ich mit ihm allein war, sagte er etwas zu mir. Sage es aber bitte niemandem weiter.«

M: »Nein, natürlich nicht. Was sagte er?«

Narendra: »Er sagte: ›Ich kann keine okkulten Kräfte ausüben, aber ich werde es durch dich tun. Was meinst du dazu?‹ ›Nein‹, erwiderte ich, ›das könnt Ihr nicht tun.‹

Ich lachte damals über seine Worte. Sicher wird er dir davon erzählt haben. Ich sagte ihm, daß seine Visionen Gottes alle nur Halluzinationen seines Denkens seien.

Er sagte zu mir: ›Ich pflegte auf das Dach des *Kuthis* zu steigen und zu rufen: »O ihr Verehrer, wo seid ihr alle? Kommt zu mir, ich bin am Sterben. Ich werde sicherlich sterben, wenn ihr euch nicht einfindet.« Die Göttliche Mutter sagte zu mir: »Sie werden kommen.« Du siehst, alles erfüllt sich!‹

Was sollte ich dazu sagen? Ich schwieg.

Eines Tages schloß er die Tür seines Zimmers und sagte zu Devendra und Girīsh, indem er auf mich Bezug nahm: ›Er wird seinen Körper nicht halten, wenn man ihm sagt, wer er wirklich ist.‹«

M: »Ja, wir hörten davon. Auch uns gegenüber hat er es viele Male wiederholt. Einmal hast du in Cossipore im *Nirvikalpa Samādhi* dein wahres Selbst erfahren. Stimmt das?«

Narendra: »Ja, ich spürte in dem Zustand, daß ich keinen Körper hatte. Ich konnte nur mein Gesicht sehen. Der Meister befand sich im ersten Stock. Ich weinte und sagte: ›Was ist mit mir geschehen?‹ Gopal der Ältere lief hinauf zum Meister und sagte: ›Narendra weint.‹

Als ich den Meister sah, sagte er zu mir: ›Jetzt weißt du es, aber ich werde den Schlüssel dazu in Verwahrung nehmen.‹

Ich sagte zu ihm: ›Was ist mit mir geschehen?‹

Sich an die anderen wendend, sagte er: ›Er wird seinen Körper nicht erhalten, wenn er weiß, wer er wirklich ist, aber ich habe einen Schleier über seine Augen gezogen.‹

Eines Tages sagte er zu mir: ›Du kannst *Krishna* in deinem Herzen sehen, wenn du willst.‹ Ich erwiderte: ›Ich glaube nicht an *Krishna* und solchen Unsinn!‹ (M und Narendra lachten)

Ich habe etwas Merkwürdiges festgestellt. Einige Menschen, Gegenstände oder Orte gaben mir das Gefühl, als ob ich sie schon einmal gesehen hätte, in einer früheren Geburt. Sie scheinen mir vertraut zu sein. Einmal besuchte ich Sarats Haus in Kalkutta. Sofort sagte ich zu Sarat: ›Dieses Haus kommt mir bekannt vor. Es ist, als ob ich diese Räume schon seit langem kenne.‹

In allem, was ich tat, hatte ich meine eigenen Vorstellungen. Der Meister hat sich nie eingemischt. Du weißt, daß ich ein Mitglied des *Brahmo Samāj* war.«

M: »Ja, das weiß ich.«

Narendra: »Der Meister wußte, daß Frauen an den Treffen des *Brahmo Samāj* teilnahmen. Ein Mann kann nicht meditieren, wenn Frauen vor ihm sitzen, deshalb kritisierte er die Meditation des *Brahmo Samāj*. Er sagte aber nichts dagegen, daß ich dorthin ging. Nur eines Tages sagte er zu mir: ›Erzähle Rakhal nicht, daß du ein Mitglied des *Brahmo Samāj* bist, sonst will er es auch werden.‹«

M: »Du hast größere Willenskraft, deshalb hat dich der Meister nicht davon abgehalten.«

Narendra: »Ich habe meinen gegenwärtigen Zustand durch viele Schmerzen und Leiden erlangt. Du hast solches Leid nicht durchgemacht. Jetzt weiß ich, daß man sich ohne Versuchungen und Prüfungen Gott nicht ergeben kann, um sich völlig auf Ihn zu verlassen.«

Die Unterhaltung wandte sich den anderen Anhängern zu.

Narendra: »Der Meister sagte über Vijay Goswami: ›Er klopft an die Tür.‹«

M: »Das heißt, er ist noch nicht eingetreten. In Shyampukur sagte Vijay zum Meister: ›In Dacca habe ich Euch in greifbarer Form in diesem Körper gesehen.‹ Du warst auch dabei.«

Narendra: »Devendra und Rām wollen der Welt entsagen. Sie ringen hart. Rām sagte mir vertraulich, daß er in zwei Jahren die Welt aufgeben wolle.«

M: »In zwei Jahren? Nachdem er für seine Kinder gesorgt hat?«

Narendra: »Er will außerdem sein jetziges Haus vermieten und ein kleineres kaufen. Andere Verwandte werden sich um die Verheiratung seiner Tochter kümmern.«

Freitag, 8. April 1887

Um acht Uhr morgens waren zwei Gottesverehrer, ein Familienvater und ein Mönch, beide vierundzwanzig Jahre alt, im Baranagore Kloster in ein Gespräch vertieft, als M eintraf. Er wollte drei Tage im Kloster verbringen und ging in den Schrein, um die Gottheit zu begrüßen. Nachdem er Narendra, Rakhal und die anderen Brüder besucht hatte, kam er schließlich in das Zimmer, in dem die beiden diskutierten. Der Familienvater wollte der Welt entsagen; der Mönch versuchte, ihn davon abzubringen.

Mönch: »Warum erledigst du nicht die wenigen Pflichten, die du noch in der Welt hast? Sie werden sehr schnell hinter dir liegen.

Man sagte jemandem, daß er in die Hölle kommen würde. Er fragte einen Freund: ›Wie sieht die Hölle aus?‹ Darauf zeichnete der Freund mit Kreide ein Bild der Hölle auf den Fußboden. Kaum war das Bild fertig, da wälzte sich der Mann darüber und sagte: ›Jetzt bin ich durch die Hölle gegangen!‹«

Familienvater: »Ich mag das weltliche Leben nicht. Wie glücklich seid ihr hier!«

Mönch: »Warum entsagst du der Welt nicht, wenn du es wirklich willst? Warum redest du so viel darüber? Aber ich frage dich noch einmal: Warum genießt du den Spaß nicht zu Ende?«

Sashi beendete den Gottesdienst. Gegen elf Uhr kehrten die Mönche von ihrem Bad im Ganges in das Kloster zurück. Sie legten frische Kleidung an, gingen in den Schrein, begrüßten die Gottheit und meditierten.

Nachdem die Speisen Gott dargebracht waren, wurde gegessen. M aß mit ihnen.

Es war Abend. Vor den Götterbildern wurden Räucherstäbchen angezündet, und der Gottesdienst begann. Rakhal, Sashi, der ältere

Gopal und Harīsh saßen in der großen Halle. M war bei ihnen. Rakhal warnte einen seiner Brüder, mit den Speisen vorsichtig zu sein, die dem Meister im Schrein dargebracht wurden.

Rakhal (zu Sashi und den anderen): »Einmal aß ich von seinen Speisen, bevor er davon genommen hatte. Darauf sagte er: ›Ich kann dich nicht ansehen; wie konntest du so etwas tun?‹ Ich brach in Tränen aus.«

Der ältere Gopal: »Einmal atmete ich in Cossipore heftig über seinem Teller, worauf er sagte: ›Nimm das Essen fort.‹«

M und Narendra spazierten auf der Veranda auf und ab und sprachen von alten Zeiten.

Narendra: »Ich glaubte an gar nichts.«

M: »Du meinst die Gestalten Gottes?«

Narendra: »Zuerst habe ich das meiste nicht akzeptiert, was der Meister sagte. Eines Tages fragte er mich: ›Warum kommst du überhaupt her?‹ Ich erwiderte: ›Um Euch zu sehen, nicht, um Euch zuzuhören.‹«

M: »Was sagte er darauf?«

Narendra: »Er war sehr erfreut.«

Sonnabend, 9. April 1887

Nach dem Essen ruhten sich die Mitglieder des Klosters etwas aus. Narendra und M saßen unter einem Baum im Westen des Gartens. Es war ein einsamer Platz, und niemand sonst war dort. Narendra berichtete M über seine verschiedenen Erfahrungen mit Rāmakrishna. Narendra war vierundzwanzig und M zweiunddreißig Jahre alt.

M: »Du mußt deinen ersten Besuch bei ihm noch in deutlicher Erinnerung haben.«

Narendra: »An dem Tag sang ich zwei Lieder.«

Narendra sang sie für M:

Laß uns doch wieder heimgehn, o mein Herz,
dahin, wo wir zu Hause sind.
Warum in diesem fremden Erdenland
als Fremde ziellos hier- und dorthin wandern?
All diese Lebewesen wie auch die fünf Elemente
sind doch nur Fremde dir, jeder von ihnen,
niemand gehört zu dir.

Warum vergißt du dich so sehr
und liebest Fremde, o mein Herz?
Warum vergißt du so, was dein?

Erklimm den Weg der Wahrheit, o mein Herz!
Ohne zu zaudern steig bergan
und laß das Licht der Liebe dir den Weg erhellen.
Nimm als Proviant für diese Reise mit
die Tugenden. Verbirg sie gut,
denn wie zwei Räuber lauern
Täuschung und Gier im Hinterhalt,
um deinen Reichtum dir zu nehmen.
Als Wächter halte ständig neben dir
Ruhe und Selbstbeherrschung,
die vor Leid dich schützen werden.

Der Heiligen Gesellschaft wird für dich
ein hochwillkommnes Rasthaus auf dem Wege sein.
Dort gönne deinen müden Gliedern eine Weile Ruh!
Wenn du im Zweifel bist über den Weg,
so frage den, der dort die Wache hält.
Wenn etwas auf dem Wege deine Furcht erregt,
so rufe laut des Herren Namen an;
denn Er ist der Beherrscher dieses Weges,
und selbst der Tod muß sich Ihm beugen.

Und dann:

O Herr, müssen denn alle meine Tage
so ganz umsonst verschwendet werden?
Mit Sehnsucht blicke Tag und Nacht
den Weg der Hoffnung ich hinab.

Du bist der Herrscher aller Welten,
ich nur ein armer Bettler hier;
wie kann ich Dich zu kommen bitten,
damit Du Wohnung nimmst in meinem Herzen?

Die Tür dieser bescheidenen Herzenshütte
steht weit geöffnet da;
einmal nur, Herr, gewähre mir die Gnade:
Tritt ein und lösche meinen Durst!

M: »Was sagte er, nachdem er deine Lieder gehört hatte?«

Narendra: »Er ging in *Samādhi.* Er sagte zu Rām: ›Wer ist dieser Junge? Wie gut er singt!‹ Er bat mich, wiederzukommen.«

M: »Wo hast du ihn das nächste Mal gesehen?«

Narendra: »Im Hause Rājmohans. Das dritte Mal wieder in Dakshineswar. Während dieses Besuches begann er, mich zu loben, als wäre ich Gott. Er sagte zu mir: ›O *Narayana,* Du hast diesen Körper meinetwegen angenommen. Ich fragte die Göttliche Mutter: »MUTTER, wie soll ich auf dieser Erde leben ohne die Gesellschaft echter Gottesverehrer, die völlig frei sind von ›Frauen und Gold‹?«‹ Dann sagte er zu mir: ›Du kamst nachts zu mir, wecktest mich und sagtest: »Hier bin ich!«‹ Aber ich wußte nichts davon, sondern schlief fest in unserm Haus in Kalkutta.«

M: »Mit anderen Worten, du kannst gleichzeitig an- und abwesend sein. Es ist wie bei Gott, der ebenso gestaltlos ist wie gestalthaft.«

Narendra: »Aber du darfst niemandem davon erzählen. In Cossipore hat er seine Kraft auf mich übertragen.«

M: »Geschah das, als du unter dem Baum im Garten vor dem Feuer meditiertest?«

Narendra: »Ja. Eines Tages, während der Meditation, bat ich Kali, meine Hand zu halten. Kali sagte zu mir: ›Als ich dich berührte, ging es wie ein elektrischer Schock durch meinen Körper.‹ Du darfst es aber niemandem hier erzählen, versprich es mir.«

M: »Es hat einen besonderen Grund, daß er seine Kraft auf dich übertragen hat. Er wird viel Arbeit durch dich verrichten. Eines Tages schrieb der Meister auf ein Stück Papier: ›Naren wird die Menschen belehren.‹«

Narendra: »Ich sagte ihm aber, ich würde nichts dergleichen tun. Darauf sagte er: ›Mit Haut und Haaren wirst du das tun!‹ Er hat Sarat in meine Obhut gegeben. Sarat ist voll Verlangen nach Gott. Die *Kundalinī* ist in ihm erwacht.

Vielleicht erinnerst du dich, daß er zu mir sagte: ›Wenn du singst, dann zischt Er, der hier wohnt (er zeigte auf sein Herz) wie eine

Schlange, bläht Seine Haube auf und lauscht dann regungslos deiner Musik.‹

Er hat ohne Zweifel viele Dinge über mich gesagt, aber was habe ich verwirklicht?«

M: »Du bist zum Führer dieser jungen Menschen geworden. Die ganze Verantwortung liegt bei dir. Die Ausbildung der Klosterbrüder liegt in deinen Händen.«

Narendra: »Alle spirituellen Übungen, die wir hier durchführen, erfolgen nach den Anweisungen des Meisters. Seltsam, daß Rām uns deswegen kritisiert. Er sagt: ›Wir haben ihn gesehen. Was bedarf es da noch solcher Übungen?‹«

M: »Laß die Leute doch nach ihrem Glauben handeln!«

Narendra: »Aber der Meister hat uns angewiesen, *Sādhana* zu üben.«

Narendra berichtete weiter über die Liebe des Meisters zu ihm.

Narendra: »Wie oft hat er meinetwegen zur Göttlichen Mutter gebetet! Nach dem Tode meines Vaters, als wir nichts zu essen hatten, und auch meine Mutter, meine Schwestern und Brüder hungern mußten, betete der Meister zur Göttlichen Mutter um Geld für mich.«

M: »Ja, ich weiß, du hast es mir einmal erzählt.«

Narendra: »Aber ich bekam kein Geld. Der Meister sagte mir, die Göttliche Mutter habe ihn wissen lassen, daß es mir an einfacher Nahrung und Kleidung nicht fehlen würde.

Er liebte mich sehr. Sobald aber ein unreiner Gedanke in mir aufstieg, wußte er sofort davon. Als ich mit Annada zusammen war, befand ich mich manchmal in schlechter Gesellschaft. Der Meister konnte dann keine Speisen essen, die aus meiner Hand kamen. Er konnte seine Hand ein wenig heben, sie aber nicht zum Munde führen. Bei einer solchen Gelegenheit, als er krank war, brachte er seine Hand bis an den Mund, konnte aber nicht schlucken. Er sagte zu mir: ›Du bist noch nicht reif.‹

Ab und zu bin ich skeptisch. In Baburams Haus schien es mir, als ob nichts existiere – als gäbe es so etwas wie Gott nicht.«

M: »Der Meister sagte, daß er auch solche Stimmungen durchgemacht habe.«

Beide schwiegen, dann sagte M: »Ihr alle seid wirklich gesegnet, ihr denkt Tag und Nacht an den Meister.«

Narendra: »Aber das ist nicht genug. Wir haben noch nicht das

Verlangen, den Körper aufzugeben, weil wir Gott nicht erkannt haben.«

Die Nacht war hereingebrochen. Niranjan war gerade von Puri zurückgekehrt. Die Klosterinsassen und M begrüßten ihn freudig. Niranjan berichtete über seine Erlebnisse. Er war damals fünfundzwanzig Jahre alt.

Die Abendandacht war vorüber. Einige der Brüder meditierten. Andere waren in der großen Halle um Niranjan versammelt. Sie unterhielten sich. Nach neun Uhr opferte Sashi der Gottheit die Speisen.

Die Klostermitglieder beendeten ihr Abendessen, das aus selbstgemachtem Brot, Gemüse und ein wenig Melasse bestanden hatte.

Sonnabend, 7. Mai 1887

Es war Vollmond. Narendra und M saßen auf einer Couch in M's Studierzimmer in Kalkutta. Kurz bevor Narendra eintraf, hatte M den »Kaufmann von Venedig« und Blackies »Kultur des Selbstes« studiert, über die er in der Schule unterrichtete.

Narendra und die anderen Klosterbrüder waren voller Verlangen nach Gotterkenntnis. Ein Feuer der Entsagung brannte in ihren Herzen.

Narendra: »Nichts interessiert mich mehr. Ich unterhalte mich jetzt mit dir, aber ich habe das Empfinden, aufspringen und fortlaufen zu müssen.«

Narendra schwieg einige Minuten und sagte dann: »Ich werde für die Erkenntnis Gottes bis zum Tode fasten.«

M: »Das ist gut. Für Gott vermag man alles zu tun.«

Narendra: »Wenn ich aber meinen Hunger nicht beherrschen kann?«

M: »Dann iß etwas und beginne von neuem.«

Narendra schwieg einige Minuten.

Narendra: »Es scheint Gott nicht zu geben. Ich bete so viel, aber es kommt keine Antwort – überhaupt keine.

Wie viele Visionen habe ich schon gehabt! Wie viele *Mantras* in leuchtenden Goldbuchstaben! Wie viele Visionen der Göttin *Kālī*! Wie viele andere göttliche Gestalten! Dennoch habe ich keinen Seelenfrieden.

Gib mir bitte sechs Annas.«

Narendra brauchte das Geld für die Droschke nach Baranagore. In diesem Augenblick traf Satkari mit einer Droschke ein. Er war genauso alt wie Narendra und den Klosterbrüdern sehr zugetan. Er wohnte in der Nähe des Klosters und arbeitete in Kalkutta. Der Wagen gehörte ihm. Narendra gab M das Geld zurück und sagte, daß Satkari ihn mitnehmen würde. Er bat M um eine Erfrischung.

M begleitete die beiden Freunde ins Kloster. Er wollte sehen, wie die Brüder ihre Zeit verbrachten und *Sādhana* übten. Er wollte erleben, wie Rāmakrishna sich in den Herzen seiner Schüler spiegelte. Niranjan war nicht anwesend. Er besuchte seine Mutter, die einzige Angehörige, die er auf der Welt besaß. Baburam, Sarat und Kali waren nach Puri gegangen, um dort ein paar Tage zu verbringen.

Narendra war das Oberhaupt des Klosters. Prasanna hatte in den letzten Tagen asketisches *Sādhana* geübt. Narendra hatte ihm einmal von seinem Entschluß berichtet, für die Gotterkenntnis bis zum Tode zu fasten. Während Narendras Anwesenheit in Kalkutta hatte Prasanna das Kloster mit unbekanntem Ziel verlassen. Als Narendra davon erfuhr, sagte er zu seinen Brüdern: »Warum hat Rakhal ihn gehen lassen?« Aber Rakhal war zu der Zeit gar nicht dagewesen, da er sich in Dakshineswar befand.

Narendra: »Wenn Rakhal zurückkommt, werde ich mit ihm schelten. Warum hat er Prasanna fortgehen lassen? (Zu Harīsh:) Sicher hast du ihm breitbeinig Vorträge gehalten. Konntest du sein Fortgehen nicht verhindern?«

Harīsh erwiderte leise: »Bruder Tarak bat ihn hierzubleiben, aber er ist trotzdem gegangen.«

Narendra (zu M): »Du siehst, was für Ärger ich habe! Selbst hier bin ich in *Māyā* verwickelt. Wer weiß, wohin der Junge gegangen ist!«

Rakhal kehrte von Dakshineswar zurück. Narendra berichtete ihm von Prasannas Fortgehen. Er hatte für Narendra einen Brief hinterlassen. Der Inhalt lautete: »Ich gehe zu Fuß nach Vrindavan. Hier zu leben ist zu gefährlich für mich. Früher träumte ich von meinen Eltern und Verwandten, dann träumte ich von Frauen, den Verkörperungen der *Māyā*. Ich habe zweifach gelitten. Ich mußte zu meinen Angehörigen nach Hause zurückkehren. Deshalb gehe ich jetzt weit fort von ihnen. Der Meister sagte einmal zu mir: ›Deine Leute zu Hause sind zu allem fähig. Verlaß dich nicht auf sie!‹«

Rakhal sagte: »Dies sind die Gründe für sein Fortgehen. Er hat einmal die Bemerkung gemacht: ›Narendra geht häufig nach Hause, um sich um seine Mutter, seine Schwestern und Brüder zu kümmern. Er kümmert sich auch um den Familienprozeß. Ich habe Angst, daß es auch mich nach Hause zieht und ich seinem Beispiel folge.‹«

Narendra blieb stumm.

Rakhal begann, über Pilgerfahrten zu sprechen. Er sagte: »Wir haben durch unser Hierbleiben nichts erreicht. Der Meister hat uns stets gedrängt, Gott zu verwirklichen. Waren wir erfolgreich?«

Rakhal legte sich nieder. Die anderen saßen oder lagen herum.

Rakhal: »Laßt uns zum Narmada gehen.«

Narendra: »Was willst du durch Umherwandern erreichen? Kann man jemals *Jñāna* erlangen, worüber du so viel redest?«

Einer der Brüder: »Warum hast du dann der Welt entsagt?«

Narendra: »Müssen wir deshalb Kinder zeugen, weil wir Gott nicht verwirklicht haben? Worüber redet ihr bloß!«

Narendra ging hinaus, kam aber nach einigen Minuten zurück. Rakhal lag noch auf dem Boden.

Ein anderes Klostermitglied, das auch auf dem Fußboden lag, täuschte großes Leiden wegen der Trennung von Gott vor und sagte aus Spaß: »Oh, gebt mir bitte ein Messer. Dieses Leben ist nutzlos geworden, ich kann diesen Schmerz nicht mehr ertragen!«

Narendra (der tat, als ob er es ernst meinte): »Dort liegt eins. Strekke die Hand aus und ergreife es.«

Alle lachten. Das Gespräch kam wieder auf Prasanna.

Narendra: »Selbst hier sind wir in *Māyā* verstrickt. Ich frage mich, warum wir *Sannyāsins* geworden sind!«

Sashi entzündete in der Dämmerung vor dem Bild Rāmakrishnas im Andachtsraum und vor den Götterbildern Räucherstäbchen.

Die Abendandacht begann. Die Mönche des Klosters und die anderen Gottesverehrer standen mit gefalteten Händen an der Tür des Schreins und sahen dem *Arati* zu. In Begleitung von Gong und Glokken sangen alle im Chor eine Hymne auf *Shiva*.

Es war elf Uhr abends, als sie ihre Mahlzeit beendeten. Die Brüder bereiteten ein Bett für M, und alle gingen schlafen.

Es war Sonntag. M war am Tage zuvor eingetroffen und wollte bis Mittwoch bleiben. Die Familienväter besuchten das Kloster gewöhnlich am Sonntag.

Es wurde im *Yoga Vāshishtha* studiert. M hatte von Rāmakrishna schon über die Lehren dieses Buches gehört. Es verkündete die absolute Identität von *Brahman* und der Seele und die Unwirklichkeit der Welt. Der Meister hatte ihm und den anderen Familienvätern verboten, spirituelle Übungen des *Advaita Vedānta* zu befolgen, da die Einstellung, daß Gott und die Seele eins sind, für denjenigen schädlich ist, der sich noch mit seinem Körper identifiziert. Für solchen Strebenden ist es besser, Gott als Herrn zu betrachten und sich selbst als Seinen Diener.

Das Gespräch kam auf den *Yoga Vāshishtha.*

M: »Wie wird im *Yoga Vāshishtha Brahmajñāna* beschrieben?«

Rakhal: »Hunger, Durst, Freude, Leid und dergleichen sind alle *Māyā.* Die Auflösung des Denkens ist das einzige Mittel zur Verwirklichung *Brahmans.*«

M: »Was nach der Auflösung des Denkens verbleibt, ist *Brahman.* Stimmt das?«

Rakhal: »Ja.«

M: »Rāmakrishna sagte zu mir, daß Nangta ihn auf diese Weise unterwiesen hätte.«

Narendra und die anderen gingen zum Ganges, um zu baden. M begleitete sie. Es war sehr heiß in der Sonne, deshalb nahm M seinen Schirm. Sarat, ein Verehrer aus Baranagore ging mit zum Baden. Er besuchte das Kloster oft.

M (zu Sarat): »Es ist sehr heiß.«

Narendra: »Ist das deine Entschuldigung für den Schirm?«

M lachte.

M (zu Narendra): »Es ist wirklich sehr heiß. Man kann einen Hitzschlag bekommen.«

Narendra: »Wie ich sehe, ist dein Körper das Hindernis auf dem Wege der Entsagung. Stimmt das?«

M lachte und sagte zu sich: »Ist es nur der Körper?«

Nach dem Bad kehrten sie ins Kloster zurück, wuschen ihre Füße und betraten den Andachtsraum. Sie begrüßten die Gottheit und brachten ihr Blumen dar.

Westlich des Klosters lag ein großes Stück bewaldeten Landes. M saß allein unter einem Baum, als Prasanna plötzlich auftauchte. Es war drei Uhr nachmittags.

M: »Wo hast du diese Tage gesteckt? Alle waren besorgt um dich. Hast du die Brüder schon gesehen, und wann bist du eingetroffen?«

Prasanna: »Gerade eben. Ja, ich habe sie gesehen.«

M: »Du hast eine Nachricht hinterlassen, nach der du nach Vrindavan pilgern wolltest. Wir waren sehr besorgt. Wie weit bist du gekommen?«

Prasanna: »Nur bis Konnagar, nicht weit von Baranagore.«

M: »Setz dich und berichte. Wo hast du zuerst Halt gemacht?«

Prasanna: »In Dakshineswar im Tempelgarten. Dort verbrachte ich die Nacht.«

M (lächelnd): »In welcher Stimmung war Hazra?«

Prasanna: »Er fragte mich: ›Was hältst du von mir?‹«

Beide lachten.

M: »Was hast du darauf gesagt?«

Prasanna: »Gar nichts.«

M: »Und dann?«

Prasanna: »Dann fragte er mich, ob ich Tabak für ihn mitgebracht hätte.«

Sie lachten wieder.

Prasanna: »Ich sollte ihn bedienen.«

M: »Wo bist du dann hingegangen?«

Prasanna: »Ich kam allmählich nach Konnagar und schlief unter freiem Himmel. Ich wollte weiter und fragte einige Männer, ob ich genügend Geld zusammenbekommen könnte für eine Fahrkarte nach dem Norden.«

M: »Was sagten sie?«

Prasanna: »›Vielleicht wirst du eine Rupie oder so zusammenbringen, aber wer wird dir das ganze Fahrgeld geben?‹«

M: »Was hattest du mitgenommen?«

Prasanna: »Zwei Kleidungsstücke und ein Bild des Meisters. Das Bild habe ich niemandem gezeigt.«

Sashis Vater kam ins Kloster, um seinen Sohn heimzuholen. Während Rāmakrishnas Krankheit hatte er den Meister neun Monate lang mit unermüdlichem Eifer gepflegt. Bei der letzten Hochschulprüfung hatte er ein Stipendium für die Universität gewonnen, bis zur Doktorprüfung studiert, war aber zum Examen nicht erschienen. Sein Vater, ein armer Brahmane, war ein ergebener Hindu, der einen Teil seiner Zeit auf spirituelle Übungen verwandte. Sashi war sein ältester Sohn. Seine Eltern hatten gehofft, daß er nach Beendigung seines Studiums Geld verdienen würde, um die finanziellen Schwierigkeiten der Familie zu beheben. Sashi hatte aber der Welt entsagt, um Gott zu erkennen. Immer wenn er an Vater und Mutter dachte, tat ihm das Herz weh. Viele Male hatte er mit Tränen in den Augen zu seinen Freunden gesagt: »Ich weiß nicht, welche Pflichten ich erfüllen soll. Ich wäre von keinem Nutzen für meine Eltern. Wieviel Hoffnung haben sie auf mich gesetzt! Wegen unserer Armut besaß meine Mutter keinerlei Schmuck. Ich wollte ihr so gern welchen kaufen. Jetzt sind alle meine Hoffnungen zunichte. Es ist unmöglich für mich heimzukehren. Mein Meister bat mich, ›Frauen und Gold‹ aufzugeben. Ich kann einfach nicht nach Hause zurückkehren.«

Nach dem Tode Rāmakrishnas hatte Sashis Vater gehofft, daß sein Sohn in die Familie zurückkehren würde. Er hatte zwar einige Tage zu Hause verbracht, aber sobald das Kloster gegründet war, ging er häufig dahin und beschloß nach ein paar Tagen, ganz dort einzutreten. Dann und wann war sein Vater ins Kloster gekommen, um ihn zur Heimkehr zu bewegen, aber ohne Erfolg.

Als Sashi an diesem Tage vom Eintreffen seines Vaters erfuhr, war er durch die andere Tür hinausgelaufen. Er wollte ihm nicht begegnen.

Sashis Vater kannte M. Sie spazierten auf der oberen Terrasse zusammen auf und ab und unterhielten sich.

Sashis Vater: »Wer hat hier das Sagen? Narendra ist an allem Unheil schuld. Alle jungen Leute waren nach Hause zurückgekehrt und hatten sich ihrem Studium gewidmet.«

M: »Niemand hat hier das Sagen. Alle sind gleichberechtigt. Was kann Narendra machen? Kann ein Mensch gegen seinen Willen seinem Heim entsagen? Haben wir Familienväter zum Beispiel alles aufgeben können?«

Sashis Vater: »Du machst es richtig. Du dienst der Welt und Gott. Kann man nicht auch nach deiner Methode Religion praktizieren? Das ist genau, was wir von Sashi erwarten. Laß ihn zu Hause leben und auch hierherkommen.«

M war traurig und sagte nichts.

Sashis Vater: »Und wenn es darum geht, einen Heiligen zu finden – ich weiß, wo es einen guten gibt. Laß Sashi zu ihm gehen.«

Rakhal und M spazierten auf der Veranda auf und ab.

Rakhal: »M, laß uns *Sādhana* üben! Wir haben dem Heim für immer entsagt. Wenn irgend jemand sagt: ›Warum macht ihr so viel Aufhebens, wo ihr doch durch diese Entsagung Gott nicht erkannt habt‹, dann hat Narendra eine gute Antwort. Er sagt: ›Müssen wir

Kinder zeugen, weil wir Gott noch nicht erlangt haben?‹ Ab und zu sagt Narendra treffende Dinge.«

M: »Was du sagst, ist richtig. Ich sehe, daß auch du ruhelos nach Gott geworden bist.«

Rakhal: »Wie soll ich meinen Bewußtseinszustand beschreiben? Heute nachmittag spürte ich eine große Sehnsucht nach dem Narmada. M, bitte üb *Sādhana*, sonst wirst du nicht vorankommen.

Viele Menschen glauben, es genüge, einer Frau nicht ins Gesicht zu sehen. Was erreicht man aber, wenn man die Augen nur niederschlägt? Narendra hat es gestern abend gut ausgedrückt, als er sagte: ›Frauen existieren für einen Menschen, solange er Lust empfindet. Von Lust befreit, sieht er keinen Unterschied mehr zwischen Mann und Frau.‹«

M: »Wie wahr! Kinder sehen auch keinen Unterschied zwischen Mann und Frau.«

Rakhal: »Deshalb sage ich, daß wir spirituelle Übungen machen müssen. Wie kann man Erkenntnis erlangen, ohne über *Māyā* hinausgegangen zu sein?«

Die Abendandacht war beendet. Alle versammelten sich in der großen Halle. M saß unter ihnen. Prasanna las aus der *Guru Gītā*. Dann sang Narendra:

Ich grüße den Ewigen Lehrer,
die Verkörperung der Seligkeit *Brahmans*,
den Kern von Erkenntnis und Befreiung,
den Spender der Höchsten Freude,
Der alldurchdringend ist wie der Äther
und das Ziel der *Vedānta*-Lehren;
Der Eins ist, ewig, unbefleckt, rein,
und der ständige Zuschauer aller Dinge;
Der jenseits aller Stimmungen weilt
und die drei *Gunas* überschreitet.

Als Narendra mit seiner wohltönenden Stimme sang, sammelte sich das Denken der Gottsuchenden in einer Beständigkeit, die dem Licht einer Kerzenflamme an einem windgeschützten Ort glich.

Rakhal saß im Zimmer von Kali. M und Prasanna waren auch dort.

Rakhal hatte der Welt entsagt und dabei Frau und Kind zurückgelassen. Ein Feuer heftiger Entsagung brannte Tag und Nacht in seinem

Herzen. Er war ernsthaft entschlossen fortzugehen, um allein am Ufer des Narmada oder an einem anderen heiligen Ort zu leben. Dennoch versuchte er, Prasanna davon abzuhalten, das Kloster zu verlassen.

Rakhal (zu Prasanna): »Wohin willst du gehen? Du befindest dich hier in der Gesellschaft heiliger Männer. Es wäre töricht, fortzugehen. Wo findest du jemanden wie Narendra?«

Prasanna: »Meine Eltern leben in Kalkutta. Ich fürchte, daß ich von ihrer Liebe angezogen werde. Deshalb möchte ich an einen fernen Ort fliehen.«

Rakhal: »Können unsere Eltern uns so innig lieben wie *Gurumahārāj*? Was haben wir für ihn getan, daß wir so viel Liebe verdienen? Warum war er so besorgt um das Wohlergehen unseres Körpers, Denkens und unserer Seele?«

M (zu sich): »Ja, Rakhal hat recht. Deshalb nennt man Menschen wie Rāmakrishna einen ›Ozean der Barmherzigkeit‹!«

Prasanna (zu Rakhal): »Hast du nicht auch das Verlangen, von hier fortzulaufen?«

Rakhal: »Ja, ab und zu kommt mir die Idee, ein paar Tage am Ufer des Narmada zu verbringen; ich sage zu mir: ›Ich will an einen solchen Ort gehen und in einem Garten *Sādhana* üben.‹ Aber ich zögere, in einen Garten zu gehen, der weltlichen Menschen gehört.«

Tarak und Prasanna unterhielten sich in der großen Halle. Tarak hatte seine Mutter verloren. Sein Vater hatte, genau wie Rakhals Vater, zum zweiten Mal geheiratet. Tarak war verheiratet gewesen, hatte aber seine Frau verloren. Jetzt war das Kloster seine Heimat. Auch er drängte Prasanna, dazubleiben.

Prasanna: »Ich habe Gott nicht erkannt und keine Liebe zu Ihm entwickelt. Auf was in der Welt soll ich mich stützen?«

Tarak: »Es ist sicher schwierig, Erkentnis zu erlangen, aber wie kannst du sagen, daß du Gott nicht liebst?«

Prasanna: »Ich habe Seinetwegen noch nicht geweint. Wie kann ich da behaupten, Ihn zu lieben? Was habe ich in all diesen Tagen verwirklicht?«

Tarak: »Du hast aber den Meister gesehen; und warum sagst du, daß du keine Erkenntnis besitzt?«

Prasanna: »Von welcher Erkenntnis sprichst du? Erkenntnis von wem? Sicher von Gott, aber ich bin nicht einmal sicher, daß es Ihn gibt.«

Tarak: »Ja, nach der Auffassung der *Jñānis* gibt es keinen Gott.«

M (zu sich): »Der Meister pflegte zu sagen, daß alle Gottsucher den Zustand durchmachen, den Prasanna gerade erlebt. In diesem Zustand zweifelt man manchmal am Vorhandensein Gottes. Tarak scheint jetzt über Buddhismus zu lesen. Darum sagt er, daß nach Auffassung der *Jñānis* Gott nicht existiert. Rāmakrishna hat aber gesagt, daß der *Jñāni* und der *Bhakta* schließlich dasselbe Ziel erreichen.«

Narendra und Prasanna unterhielten sich in der Meditationshalle. Rakhal, Harīsh und der jüngere Gopal saßen in einer anderen Ecke des Raumes. Der ältere Gopal kam herein.

Narendra las aus der *Gītā* vor und erklärte Prasanna die Verse:

> Der Herr wohnt im Herzen aller Wesen, o *Arjuna*, und dreht sie wieder und wieder herum auf dem Rad Seiner *Māyā*. Nimm deine Zuflucht zu Ihm, o *Bhārata*. Durch Seine Gnade wirst du den Höchsten Frieden und die Ewige Stätte erlangen ... Gib alle Pflichten auf, nimm allein zu Mir deine Zuflucht. Sorge dich nicht, denn Ich werde dich von allen Sünden befreien.

Narendra: »Hast du gehört, was *Krishna* sagt? › ... dreht sie herum auf dem Rad Seiner *Māyā*‹. Der Herr läßt durch Seine *Māyā* alle Wesen kreisen, als wären sie auf ein Rad gebunden. Versuchen, Gott zu erkennen? Du bist nur ein Wurm unter Würmern – und du willst Gott erkennen? Überlege einmal, was der Mensch ist! Man sagt, daß die vielen Sterne, die über uns leuchten, zu verschiedenen Sonnensystemen gehören. Unsere Erde ist nur ein Teil eines Sonnensystems, und selbst das ist zu groß für uns. Wie Insekten krabbeln die Menschen auf dieser Erde herum, die gemessen an der Sonne nur ein winziger Ball ist.«

Narendra sang:

> Wir sind geboren, o Herr, im Staub der Erde,
> und unsere Augen sind blind von dem Staub;
> mit Staub spielen wir wie die Kinder.
> O gib uns Vertrauen, Du Hilfe der Schwachen!
>
> Willst Du aus Deinem Schoß uns verbannen,
> o Herr, um eines einzigen Fehlers willen?

Willst Du Dich abkehren von uns
und uns unsrer Hilflosigkeit überlassen?
Dann werden wir nie uns erheben können,
sondern für immer darniederliegen,
betäubt und zugrunde gerichtet.

Nichts sind wir als kleine Kinder, o Vater,
mit kindischem Geist!
Wir stolpern und fallen bei jedem Schritt.
Mußt Du uns da Dein schreckliches Antlitz zeigen?
Deinen finsteren Blick uns gewahren lassen?

Klein sind wir. O zürne uns nicht,
sondern sprich freundlich mit uns, wenn wir gefehlt!
Denn hundertmal zwar hebst Du uns auf,
doch hundertmal stolpern wir wieder.
Was können wir tun, da wir so hilflos sind?

Darauf sagte er zu Prasanna: »Unterwirf dich Ihm. Ergib dich vollständig Seinem Willen.

Erinnerst du dich an Rāmakrishnas Worte? Gott ist ein Zuckerberg, und wir sind nur eine Ameise. Ein Körnchen genügt, um unseren Magen zu füllen, und wir wollen den ganzen Berg nach Hause tragen! Deshalb schalt er Kali und sagte: ›Du Narr, willst du Gott mit deinem Zentimetermaß messen?‹

Gott ist der Ozean der Barmherzigkeit. Sei Sein Sklave und suche Zuflucht bei Ihm. Er wird Mitleid mit dir haben. Bete zu Ihm: ›Beschütze mich stets mit Deiner Barmherzigkeit. Führe mich vom Unwirklichen zur Wirklichkeit, von der Finsternis zum Licht, vom Tod zur Unsterblichkeit. Enthülle Dich mir und beschütze mich stets mit Deiner Barmherzigkeit.‹«

Prasanna: »Welche spirituellen Übungen sollte man sich vornehmen?«

Narendra: »Wiederhole Seinen Namen.«

Prasanna: »Jetzt sagst du, daß es einen Gott gibt. Dann sagst du wieder, daß nach Charvaka und anderen Denkern die Welt sich selbst geschaffen hat.«

Narendra: »Du hast doch Chemie studiert. Wer setzt die verschiedenen Elemente zusammen? Es ist eine menschliche Hand, die Wasserstoff, Sauerstoff und Elektrizität zusammenfügt, um Wasser hervorzubringen. Jedermann gibt das Vorhandensein einer intelligenten Kraft zu – einer Kraft, die das Wesen der Erkenntnis ist und diese ganze Erscheinungswelt steuert.«

Prasanna: »Wie können wir wissen, ob Gott freundlich ist?«

Narendra: »Die *Veden* sprechen von Seinem mitleidsvollen Angesicht. John Stuart Mill stellt dasselbe fest. Er sagt: ›Wieviel Güte muß Er besitzen – Er, der Güte in die Herzen der Menschen gelegt hat!‹ Der Meister sagte: ›Glauben ist wesentlich. Gott ist vorhanden. Er ist ganz nahe. Durch Glauben allein vermag man Ihn zu schauen.‹«

Prasanna: »Manchmal sagst du, daß Gott nicht existiert, und jetzt sagst du diese Dinge. Du bist inkonsequent, du änderst laufend deine Meinung.« (Alle lachten)

Narendra: »Gut, ich werde nie mehr ändern, was ich eben gesagt habe. Solange man Wünsche und Verlangen besitzt, solange zweifelt man an Gott. Jeder Mensch hat irgendwelche Wünsche. Er will studieren oder eine Prüfung bestehen oder ein Gelehrter werden und so fort.«

Narendra sang mit bewegter Stimme:

Heil sei Dir, unserm Gott und Herrn!
Heil Dir, dem Segenspender!
Heil Dir, dem Spender alles Guten!
O Erlöser von Furcht, Leid und Gefahr,
Erhalter der Welten!
Heil Dir, o Herr! Dein sei der Sieg!

Unergründlich und unendlich,
unermeßlich, unvergleichlich –
keiner ist Dir ebenbürtig!
Herr des Weltalls; Wahrheit, alldurchdringend;
Du, der höchste *Ātman*!
Heil Dir, o Herr! Dein sei der Sieg!

O Du, der Allerbarmende Eine,
den alle Welten verehren!
Ich beuge mich zu Deinen Füßen.

In Tod und Leben die einzige Zuflucht, o Herr,
zu Deinen Füßen beuge ich mich.
Heil Dir, o Herr! Dein sei der Sieg!

Dies ist unser einziges Flehen, o Herr!
Um welche andere Gnade könnten wir bitten?
Wir beten zu Dir, unserem Herrn:
Gewähre uns Weisheit, hier und hernach!
Enthüll uns Dein Antlitz!
Heil Dir, o Herr! Dein sei der Sieg!

Wieder sang Narendra, um zu beschreiben, wie nahe Gott uns ist, und forderte seine Mönchsbrüder auf, aus der Schale göttlicher Seligkeit zu trinken:

Aus dem Becher des *Prema*
die Seligkeit *Haris* trinkend,
berausche dich, *Sādhu*, an diesem Trank!
Die Kindheit verbrachtest du weinend,
die Jugend unter der Herrschaft der Frau;
und jetzt im Alter, griesgrämig und träge,
wartest du auf den Leichenwagen,
der dich zum Verbrennungsplatz fährt.

Das Moschustier trägt den duftenden Moschus im Nabel;
doch wie kann man das verständlich machen?
Ohne die rechte Führung des Lehrers
irrt der Mensch blind in der Welt umher,
genarrt wie das törichte Moschustier,
das ruhelos durch die Wälder streift.

M hatte von der Veranda aus zugehört.

Narendra stand auf. Als er den Raum verließ, sagte er: »Mein Gehirn hat sich erhitzt durch das Gespräch mit diesen Kindern.«

Er begegnete M auf der Veranda und sagte: »Bring uns bitte einen Schluck Wasser.«

Eines der Klostermitglieder sagte zu Narendra: »Warum sagst du eigentlich, daß Gott nicht existiert?« Narendra lachte.

Montag, 9. Mai 1887

M saß allein unter einem Baum im Garten. Er dachte: »Rāmakrishna brachte die Brüder des Klosters dazu, der Welt zu entsagen. Wie sind sie begierig, Gott zu verwirklichen! Dieser Ort ist wirklich wie ein Paradies, und die Brüder, die hier leben, sind Verkörperungen *Narayanas*. Es ist noch nicht lange her, daß der Meister verschieden ist, deshalb sind auch die Ideale und Vorstellungen, die er vertrat, noch so lebendig. Er brachte diese Brüder dazu, ihr Heim aufzugeben. Warum hat er einige in der Welt belassen? Gibt es keine Befreiung für sie?«

Von einem der oberen Zimmer aus sah Narendra M allein unter dem Baum sitzen. Er kam herunter.

Narendra: »Du magst von einem unverhafteten Leben in der Welt reden, aber du wirst nichts erreichen, solange du nicht ›Frauen und Gold‹ aufgegeben hast. Ein Leben ist vergebens, wenn man nicht an den Lehren des *Vedānta* und an göttlicher Seligkeit Gefallen gefunden hat. Befreiung ist für einen Menschen nur möglich, wenn er das Lendentuch eines *Sannyāsins* angelegt hat. Man muß der Welt entsagen. Warum sollte man sich von *Māyā* verzaubern lassen? Was ist die wirkliche Natur des Menschen? Er ist *Shiva*, die Verkörperung von Seligkeit und Bewußtsein.«

Narendra zitierte eine Hymne, die acht Stanzen zum Ruhme *Krishnas*. M lauschte wie verzaubert. Er sagte zu sich: »Welche Leidenschaftslosigkeit hat Narendra entwickelt! Diesen Geist weckt er auch in den Herzen seiner Klosterbrüder. Ihre Gegenwart läßt wiederum in den Herzen der Familienväter den Wunsch entstehen, ›Frauen und Gold‹ zu entsagen. Gesegnet sind diese Brüder, die allem entsagt haben. Warum hat der Meister uns wenige in der Welt verbleiben lassen? Wird er uns den Weg zeigen? Wird er uns den Willen zur Entsagung geben, oder wird er uns mit Weltlichkeit verführen?«

M ging zum Ganges, um zu baden. Er hörte, wie Narendra die sechs Stanzen über *Nirvāna* sang:

Ich kenne weder Tod noch Furcht, noch Unterschied der Kaste;
habe weder Vater noch Mutter, noch eine Geburt;
weder Freund noch Kameraden, weder Schüler noch *Guru*:
Ich bin ewige Seligkeit und Gewahrwerdung:
Ich bin *Shiva*? Ich bin *Shiva*!

Ich habe weder Form noch Phantasie; das Alldurchdringende bin ich.
Überall bin ich vorhanden und doch jenseits der Sinne.
Weder bin ich Erlösung noch etwas Erkennbares:
Ich bin ewige Seligkeit und Gewahrwerdung:
Ich bin *Shiva*! Ich bin *Shiva*!

Worterklärungen

Āchārya	Religiöser Lehrer
Adharma	Unrecht, Gegenteil von *Dharma*
Advaita	Nicht-Dualität, eine Richtung der *Vedānta*-Philosophie, die die Einheit von Gott, Seele und Universum lehrt. Wichtigster Vertreter ist *Shankara*
Ādyashakti	Urkraft, Beiname der Göttlichen Mutter
Ākāsha	Äther oder Raum, das erste der fünf Elemente, die aus *Brahman* hervorgehen. Feinste Form der Materie
Akshara	Unwandelbar, auch ein Name für *Brahman*
Anāhata Shabda	Ein anderer Name für *OM*; der »Ton an sich«, der durch kein anderes erzeugt wird
Ānanda	Seligkeit
Arati	Gottesdienst mit Lichterschwenken
Arjuna	Held des *Mahābhārata*, Freund *Krishnas*
Artha	Reichtum, eines der vier Ziele menschlichen Strebens
Ashtāvakra Samhitā	Standardwerk des *Advaita Vedānta*
Ātman	Selbst oder Seele, auch die Höchste Seele, die gemäß dem *Advaita* eins ist mit der individuellen Seele
Aum	dasselbe wie *OM*
Avatār	Inkarnation Gottes
Avidyā	Begriff der *Vedānta*-Philosophie für Nichterkenntnis, Unwissenheit
Avidyā Māyā	*Māyā* oder Täuschung, die Dualität verursacht; es wird ein Unterschied gemacht zwischen *Avidyā Māyā* und *Vidyā Māyā*. *Avidyā Māyā*, »*Māyā* der Nichterkenntnis«, besteht aus Zorn, Leidenschaft usw. und bindet uns an die Welt. *Vidyā Māyā*, »*Māyā* der Erkenntnis«, besteht aus Güte, Reinheit, Selbstlosigkeit usw. und führt uns zur Befreiung. Beide gehören der relativen Welt an. Siehe *Māyā*
Babu	besserer Herr
Balarama	*Krishnas* ältester Bruder
Bel	Ein Baum, dessen Blätter *Shiva* heilig sind
Bhagavad Gītā	Bekannte Hindu-Schrift, Teil des *Mahābhārata*
Bhagavān	Name für Gott, wenn der Gottesverehrer den Persönli-

	chen Gott anspricht; auch als Anrede eines Heiligen gebräuchlich; Ehrwürdiger
Bhāgavatam	Heiliges Buch der Hindus, besonders der *Vaishnavas*, das sich mit dem Leben *Krishnas* befaßt
Bhakta	Anhänger des *Bhakti*-Weges, ein Anbeter des Persönlichen Gottes
Bhakti	Liebe zu Gott, Hingabe an das Erwählte Ideal
Bhakti Yoga	Weg der dualistischen Gottesverehrung
Bharata	Erster mythischer König Indiens, das nach ihm auch seinen Namen *Bhārata* (›von Bharata abstammend‹) hat
Bhāva	Gefühl, Empfindung, Ekstase, *Samādhi.* Eine Bezeichnung für die fünf verschiedenen Einstellungen, die ein dualistischer Anbeter Gott gegenüber einnehmen kann. Die erste ist ein Gefühl des Friedens, dann die Einstellungen, die Gott als Herrn, Kind, Freund oder Geliebten betrachten
Bhāvamukha	Ein erhabener Zustand spiritueller Erfahrung, in dem das Bewußtsein des Strebenden auf der Grenze zwischen dem Absoluten und dem Relativen verweilt. Hier kann er über das eigenschaftslose *Brahman* meditieren, wie auch an der Aktivität der relativen Welt teilnehmen, die er als Manifestation Gottes betrachtet
Bhāvatarini	Erlöserin des Universums. Name der Göttlichen Mutter
Bhoga	Sinnesvergnügen
Bibhishana	Ein Bruder *Rāvanas*, des Dämonenkönigs von Ceylon, dessen Nachfolge er antrat, und im Gegensatz zu ihm ein treuer Anhänger *Rāmas*
Bodha	Bewußtsein. Absolute Erkenntnis
Bodh-Gaya	Der Ort, an dem *Buddha* Erleuchtung erlangte
Brahmā	Gott der Schöpfung. Erste Gestalt der Hindu-Trinität. Die anderen beiden sind *Vishnu* und *Shiva*
Brahmachāri	Ein religiös Strebender, der spirituelle Übungen versieht
Brahmajñāni	Ein Kenner des *Brahman*
Brahmamāyī	Verkörperung des *Brahman.* Name der Göttlichen Mutter
Brahman	Das Absolute; Höchste Wirklichkeit des *Vedānta*
Brahmani	Die Brahmanin, die Rāmakrishna in *Vaishnava-* und *Tantra*-Übungen unterwies
Brahmane	Mitglied der Priesterkaste, der höchsten Kaste der indischen Gesellschaftsordnung
Brahmo	Mitglied des *Brahmo Samāj*
Brahmo Samāj	Eine theistische Organisation, die von Rāja Rammohan Roy gegründet wurde
Buddha	Der Erleuchtete; Gründer des Buddhismus
Buddhi	Unterscheidungsinstanz beim Denken, oft als Intellekt übersetzt. Siehe »Inneres Organ«
Captain	Colonel Viswanath Upādhyaya. Vertreter Nepals in Kalkutta. Verehrer Rāmakrishnas

Chaitanya	Spirituelles Bewußtsein; auch der Name des Heiligen, der 1485 geboren wurde und den Weg der Liebe zur Verwirklichung Gottes lehrte. Auch unter den Namen Gauranga, Gaur, Gora oder Nimai bekannt
Chakra	Eines der sechs Zentren in der *Sushumnā*, durch die die *Kundalinī* aufsteigt; siehe *Kundalinī*
Chidākāsha	Absolutes Bewußtsein, Alldurchdringender Geist
Chit	Bewußtsein
Darshanas	Die sechs Systeme der Hindu-Philosophie: 1. *Sānkhya* des *Kapila*, 2. *Yoga* des *Patanjali*, 3. *Vaisheshika* des *Kanāda*, 4. *Nyāya* des *Gautama*, 5. *Pūrva Mīmāmsā* des *Jaimini*, 6. *Vedānta* oder *Uttara Mīmāmsā* des *Vyāsa*
Dasya	Eine der fünf Einstellungen des Gottesverehrers: Gott als Herr, der Anbeter als Sein Diener
Dāyā	Mitleid, Barmherzigkeit
Devendra Tagore	Religiöser Lehrer zur Zeit Rāmakrishnas, Vater von Rabindranath Tagore
Dharma	Rechtschaffenheit, auch als »Religion« übersetzt, das innere Prinzip einer Religion. Im weiten Sinne auch Pflicht
Drona	Einer der großen Heerführer des *Mahābhārata*
Durgā	Name der Göttlichen Mutter
Durgā Pūjā	Großes Fest der Hindus zur Verehrung *Durgās*
Dvaita	Philosophie des Dualismus
»Engländer«	Eine Bezeichnung, die Rāmakrishna benutzte, um Menschen zu bezeichnen, die englisch erzogen oder von europäischen Vorstellungen beeinflußt waren
Fakir	Bettler, auch religiöser Lehrer
fünf Elemente	Äther, Luft, Feuer, Wasser und Erde
fünf Hüllen	Siehe: Kosha
Gāyatri	Ein heiliges Mantra aus den *Veden*
Gerrua	Orangefarbenes Gewand des Mönchs
Ghat	Badeplatz an einem See oder Fluß
Gītā	Dasselbe wie *Bhagavad Gīta*
Gopala	Das Kind *Krishna*
Gopis	Die Milchmädchen von Vrindavan, Gespielinnen und Verehrerinnen *Krishnas*
Goswami	*Vaishnava*-Priester
Govinda	Ein Name *Krishnas*
Guna	Alle Materie besteht aus den drei *Gunas*: *Sattva*, *Rajas* und *Tamas*. *Tamas*: Trägheit, Dumpfheit; *Rajas*: Aktivität, Ruhelosigkeit; *Sattva*: Ausgeglichenheit, Rechtschaffenheit
Guru	Spiritueller Lehrer
Gurumahārāj	Ehrerbietige Bezeichnung des *Gurus*

Hanumān	Affenkönig, Anhänger *Rāmas*
Hari	Gott; Name *Vishnus*, Gottheit der *Vaishnavas*
Hari OM	Heilige Formel, durch die Gott angerufen wird
Hatha Yoga	Yoga-Schulung für körperliche Gesundheit
Heilige Mutter	Name, unter dem Rāmakrishnas Frau bei seinen Anhängern bekannt war
Homa	Vedisches Feueropfer
Idā	subtiler Nerv in der Wirbelsäule; siehe *Sushumnā*
Inneres Organ	Bestehend aus *Manas* (Sinneswahrnehmung), *Chitta* (Denken), *Ahamkāra* (Ich-Bewußtsein) und *Buddhi* (Unterscheidungsinstanz, Intelligenz)
Ishta	Erwähltes Ideal, Erwählte Gottheit des Strebenden
Ishvara	Der Persönliche Gott
Ishvarakoti	Eine vollkommene Seele, die geboren wird, um der Menschheit eine spirituelle Botschaft zu übermitteln
Jada Samādhi	Vereinigung mit Gott, in der völlige Leblosigkeit des Meditierenden eintritt
Jagannath	Herr des Universums; Name *Vishnus*
Janaka	König der Hindu-Mythologie, Vater *Sītās*; Ideal der Familienväter, da er *Yoga* mit weltlichen Freuden verband
Japam	Wiederholen von Gottes Namen
Jīva	Die verkörperte Seele, der gewöhnliche Mensch
Jīvanmukta	Ein noch in diesem Körper von *Māyā* Befreiter
Jīvātma	Die verkörperte Seele
Jñāna	Gotteserkenntnis durch Unterscheidungsvermögen; es bezeichnet die Erkenntnis, durch die man seine Identität mit *Brahman* erfährt
Jñāna Yoga	Der Pfad der Erkenntnis, bestehend aus Entsagung und Unterscheidungsvermögen
Jñāni	Der den Pfad der Erkenntnis beschreitet, ein Weiser und Nicht-Dualist
Kālī	Name der Göttlichen Mutter; Göttin des Dakshineswar-Tempels
Kalighat	Nördlicher Teil Kalkuttas, in dem der berühmte *Kālī*-Tempel liegt
Kaliyuga	Einer der vier Weltzyklen; siehe *Yuga*
Kalpataru	Der wunscherfüllende Baum (bezieht sich auf Gott)
Kāma	Lust und Liebe; eines der vier Ziele des menschlichen Strebens
Karma	Die Wirkungen der Werke, die den Menschen an den Kreislauf der Wiedergeburten binden
Karma Yoga	Gotterkenntnis durch selbstloses Tun und Verzicht auf die Früchte der Taten
Kausal-Leib	Eine der drei Hüllen, die das Selbst umgeben; dem Tiefschlaf zugeordnet

Kayastha	Unterabteilung der *Kshatriya*-(Krieger-)Kaste
Keshab	Bekannter *Brahmo*-Führer; 1838–1884
Kosha	Hülle. Die *Vedānta*-Philosophie spricht von fünf Hüllen: 1. *Annamayakosha*, die Körperhülle, die durch Nahrung erhalten wird; 2. *Prānamayakosha*, die Energie- oder Vitalhülle; 3. *Manomayakosha*, die Denkhülle; 4. *Vijñānamayakosha*, die Intelligenzhülle; 5. *Ānandamayakosha*, die Seligkeitshülle. Diese fünf Hüllen bedecken das Selbst, das von den Eigenschaften der Hüllen unberührt bleibt
Krishna	Eine Göttliche Inkarnation. Sein Leben wird im *Bhāgavatam* und im *Mahābhārata* beschrieben
kshara	Wandelbar
Kshatriya	Zweite Kaste, Kriegerkaste, der Hindu-Gesellschaft
Kundalinī	Schlangenkraft. Nach Auffassung des *Tantra* gibt es sechs Zentren im Körper: *Mūlādhāra, Svādhishthana, Manipūra, Anāhata, Vishuddha* und *Ājñā*. In diesen Zentren wird die spirituelle Energie lebendig und findet ihren Ausdruck in spirituellen Wahrnehmungen und mystischen Visionen. Diese Zentren liegen in der *Sushumnā* und bilden die Stufen, über die die *Kundalinī* vom unteren Ende der Wirbelsäule bis zum Scheitel aufsteigt. Man sagt, daß die *Kundalinī* ihren Sitz im *Mūlādhāra* hat, das zwischen dem Geschlechtsorgan und dem After sitzt. Die Zentren werden auch als Lotusse bezeichnet. Im Scheitel des Kopfes befindet sich *Sahasrāra*, der tausendblättrige Lotus, der Sitz *Shivas*. Er ist weiß wie das Licht des Vollmonds und leuchtend wie der Blitz. Er ist das höchste Ziel, und hier manifestiert sich die erwachte spirituelle Energie in voller Kraft und Herrlichkeit
Kuthi	Bungalow im Tempelgarten von Dakshineswar, in dem die Besitzer des Tempels und ihre Gäste übernachteten
Līlā	Das Göttliche Spiel, das Relative. Die Schöpfung wird von den *Vaishnavas* als *Līlā* Gottes bezeichnet. Philosophisch ist *Līlā*, das Relative, der Gegensatz zu *Nitya*, dem Absoluten
Madan	Bengalischer Mystiker und Verfasser von Liedern
Mādhava	Name *Krishnas*
Madhura	Eine der fünf Einstellungen zu Gott: die Einstellung einer Frau ihrem Geliebten gegenüber
Mahābhārata	Berühmtes Hindu-Epos
Mahābhāva	intensive, ekstatische Liebe zu Gott
Mahākārana	Die Große Ursache, die transzendente Wirklichkeit
Mahāmāyā	Die große Zauberin; Name für *Kālī*
Mahānirvāna	Das große *Nirvāna* oder *Samādhi*
Mahānirvāna Tantra	Standardwerk des *Tantras*
Mahārshi	Großer Seher oder Seher der Wahrheit

Mahātma	Große Seele
Maidan	Öffentlicher Park in Kalkutta
Mantra	Heilige Formel, in der die Lautgestalt der Gottheit sich enthüllt, wie sie in der Versenkung und meditativen Wiederholung erfahren wird
Manu	Gesetzgeber des alten Indiens
Manu Samhitā	Das Buch der Hindu-Gesetze von *Manu*
Math	Kloster
Māyā	Begriff des *Vedānta* für Nichterkenntnis, die Gott verhüllt. Die kosmische Illusion, durch die das Eine als Vielfalt erscheint, das Absolute als das Relative; auch Bezeichnung für Verhaftung
Māyāvādi	Anhänger der *Māyā*-Theorie des *Vedānta*
Moksha	Befreiung, eines der vier Ziele des menschlichen Strebens
Mridanga	Trommel, die bei der Andachtsmusik benutzt wird
Nahabat	Musikturm
Nangta	Der Nackte. So bezeichnete Rāmakrishna Totapuri, den *Sannyāsin*, der ihn in den *Advaita* einweihte und der nackt umherging
Nārada	Großer Heiliger und Gottesverehrer der Hindu-Mythologie
Naralīlā	Gott im Menschen manifestiert
Narayana	Name *Vishnus*
Narendra	Ein Schüler Rāmakrishnas, später als Swāmi Vivekānanda weltbekannt
Narmada	Fluß in Zentralindien, der in die Arabische See mündet
Natmandir	Säulenhalle vor einem Tempel für Vorlesungen, Versammlungen und Musikveranstaltungen
»neti, neti«	»Nicht dies, nicht das.« Negativer Unterscheidungsprozeß im nicht-dualistischen *Vedānta*
Nirguna Brahman	*Brahman* ohne Eigenschaften; Begriff zur Beschreibung des Absoluten
Nirvāna	Letzte Versenkung in *Brahman*, die Alldurchdringende Wirklichkeit, durch Auslöschung des Ichs
Nirvikalpa Samādhi	Höchster *Samādhi*-Zustand, in dem völlige Einheit mit *Brahman* erfahren wird
Nitya	Das Absolute
Nyāya	Indische Logik, eines der sechs Philosophiesysteme
Olcott	Einer der Leiter der Theosophischen Gesellschaft
OM	Das heilige Wort der *Veden*, auch als *Aum* bekannt; Symbol für Gott und *Brahman*
Panchavatī	Gruppe von fünf heiligen Bäumen, die Rāmakrishna im Tempelgarten von Dakshineswar gepflanzt hatte, um dort seine spirituellen Übungen zu machen

Paramahamsa	Einer, der dem höchsten Stand der *Sannyāsins* angehört. Auch Rāmakrishna wurde so bezeichnet
Paramātman	Die höchste Seele
Pārvatī	Gemahlin *Shivas*. Wird als Inkarnation der Göttlichen Mutter betrachtet
Phalgu	Fluß in Nordindien, der unterirdisch fließt
Pingalā	subtiler Nerv in der Wirbelsäule; siehe *Sushumnā*
Prahlāda	Ein großer Verehrer *Vishnus*, dessen Leben in den *Purānas* beschrieben wird
Prakriti	Ur-Materie des Universums, bestehend aus *Sattva, Rajas* und *Tamas* (siehe *Gunas*)
Prāna	Die Lebenskraft, der Lebensatem
Prasād	Opferspeisen, die der Gottheit dargebracht werden
Prema	Ekstatische Liebe der höchsten Art
Prema Bhakti	Ekstatische Liebe zu Gott
Pūjā	Ritueller Gottesdienst
Purānas	Bücher der Hindu-Mythologie; am bekanntesten sind das *Rāmāyana* und das *Mahābhārata*
Puri	Stadt in Orissa, einer der heiligen Orte Indiens, Sitz eines der Klöster der *Shankara*-Tradition
Purusha	Der Urmensch; Prinzip des individuellen Bewußtseins. Das Universum entsteht aus der Vereinigung von *Prakriti* und *Purusha*. Auch Bezeichnung für das Selbst
Rādhā	*Krishnas* vertrauteste Gefährtin unter den *Gopis* in Vrindavan
Rādhākanta	Name *Krishnas*
Raghuvir	Ein Name für *Rāma*; Familiengottheit Rāmakrishnas
Rāja	König; ein Ehrentitel
Rāma	Held des *Rāmāyana*; für die Hindus eine Göttliche Inkarnation
Rāmānuja	Heiliger und Philosoph Südindiens, Gründer des eigenschaftsbehafteten Nicht-Dualismus; 11. Jahrhundert
Rāmāyana	Berühmtes Hindu-Epos
Rāmprasād	Mystiker und Dichter aus Bengalen, der Lieder über die Göttliche Mutter verfaßte; 18. Jahrhundert n. Chr.
Rāvana	Dämonenkönig auf Ceylon, der *Sītā, Rāmas* Gemahlin, raubte
Rishi	Seher der Wahrheit; Name auch für die großen Weisen, denen die Worte der *Veden* enthüllt wurden
Rudraksha	Samen der *Rudraksha*-Pflanze, aus dem die Rosenkränze hergestellt werden
Sādhaka	Einer, der sich spirituellen Übungen unterzieht
Sādhana	Spirituelle Übungen
Sādhu	Ein Heiliger; meistens auf einen Mönch bezogen
Saguna Brahman	*Brahman* mit Eigenschaften; das Absolute, wahrgenommen als Schöpfer, Erhalter und Zerstörer des Universums; Persönlicher Gott des *Vedānta*

Samādhi	Ekstase, Trance, Vereinigung mit Gott
Sandhya	Tägliche Andachtsform der Hindus
Sannyāsa	Das Mönchsleben; eine der vier Lebensstufen
Sannyāsin	Ein Hindu-Mönch
Sarada Devī	Rāmakrishnas Frau, auch als Heilige Mutter bekannt
Sarasvatī	Göttin der Gelehrsamkeit und Musik
Sat	Wirklichkeit, Wahrheit, Sein
Satchidānanda	Sein-Wissen-Seligkeit; Bezeichnung für *Brahman*, die Letzte Wirklichkeit
Sattva	siehe *Guna*
sechs Systeme	siehe *Darshanas*
Shaiva	Anbeter *Shivas*
Shākta	Anbeter der *Shakti*, der Göttlichen Mutter, der *Tantra*-Auffassung nach
Shakti	Kraft; die Schöpfungskraft *Brahmans*; auch ein Name der Göttlichen Mutter
Shankara	Name *Shivas*; auch Abkürzung für *Shankarāchārya*, den großen *Vedānta*-Philosophen des 8. und 9. Jahrhunderts
Shiva	Dritte Gestalt der Hindu-Trinität: Gott der Zerstörung
Shraddha	Religiöse Zeremonie mit Speiseopfern für die verstorbenen Angehörigen
Shūdra	Mitglied der vierten, der Arbeiter-Kaste
Shukadeva	Sohn *Vyāsas*; Berichter des *Bhāgavatam*; eines der Mönchsideale Indiens
Sītā	Die Gemahlin *Rāmas*
Soham	»Ich bin Er«; eine der heiligen Formeln des nicht-dualistischen *Vedānta*
Sonthals	Ein wilder Stamm in Zentralindien
Sumeru	Der heilige Berg *Meru* der Hindu-Mythologie
Sushumnā	*Sushumnā*, *Idā* und *Pingalā* sind die drei wichtigsten Nervenbahnen der kosmischen Kraftströme. *Sushumnā* ist die wichtigste, sie schafft die Harmonie zwischen *Idā* und *Pingalā* und liegt zwischen den beiden, die sich als gegenläufige Spiralen um sie herum winden. Die *Sushumnā* liegt in der Wirbelsäule und reicht vom Steiß bis zum Gehirn. Siehe *Kundalinī*
Swāmi	Herr; Bezeichnung für Mönche der *Vedānta*-Schule
Tantra	Religiöse Philosophie, nach der die Göttliche Mutter die Urkraft, die Letzte Wirklichkeit, ist. Auch Bezeichnung für Schriften dieser Philosophie
Tapasya	Religiöse Askese
Totapuri	Ein *Sannyāsin*, der Rāmakrishna in das Mönchsleben und in den *Advaita Vedānta* einweihte
Tulsi	Eine Pflanze, die *Vishnu* heilig ist
Turīya	Das Vierte; Bezeichnung für das Transzendente *Brahman*, das hinter den drei Zuständen von Wachen, Träumen und Tiefschlaf steht und sie dennoch durchdringt

Upādhi	Begriff der *Vedānta*-Philosophie für eine Begrenzung des Selbstes und *Brahmans* durch Erkenntnislosigkeit
Upanishaden	»Geheimlehre«; der Teil der *Veden*, der nur für Eingeweihte bestimmt war
Vaidhi Bhakti	Verehrung Gottes nach Riten und nach Anweisungen der Schriften
Vaishnava	Anhänger *Vishnus*; Mitglieder der bekannten dualistischen Sekte gleichen Namens
Vaishya	Mitglied der dritten, der Kaufmanns-Kaste
Valmiki	Verfasser des *Rāmāyana*
Vedānta	»*Veda*-Ende«; die Quintessenz der *Veden* als philosophisches System auf der Grundlage der *Upanishaden*
Vedāntin	Ein Anhänger des *Vedānta*
Veden	Die heiligsten Schriften der Hindus
Vidyāsāgar	Erzieher und Philanthrop Bengalens
Vijñāna	Umfassende Erkenntnis des Absoluten, in der man das Universum wahrnimmt, aber nur als eine Manifestation *Brahmans*
Vijñāni	Der *Vijñāna* erlangt hat
Vilwa	Das gleiche wie *Bel*-Baum
Virāt	Das Universum als Manifestation *Brahmans*
Vishnu	Zweite Gestalt der Hindu-Trinität: Gott der Erhalter. Persönlicher Gott der *Vaishnavas*
Viveka	Unterscheidungsvermögen
Vivekachūdāmani	Eine Abhandlung *Shankaras* über den *Vedānta*
Vrindavan	Stadt am Jamuna, in der *Krishna* seine Kindheit verbrachte
Vyāsa	Legendärer Dichter des *Mahābhārata*; Vater Shukadevas
Yoga	Vereinigung der individuellen Seele mit der Universalen Seele; auch die Methode, durch die diese Vereinigung erreicht wird
Yogavāshishtha	Bekanntes Werk des *Vedānta*
Yogi	Jemand, der *Yoga* praktiziert
Yuga	Ein Weltzyklus. Die Hindu-Mythologie teilt die Weltdauer in vier *Yugas* ein: *Satya, Tretā, Dwāpara* und *Kali*. Der erste ist das Goldene Zeitalter, in dem die Tugend überwiegt. Diese nimmt in den anderen Zyklen immer weiter ab, bis im *Kali Yuga* ein Minimum an Tugend und ein Maximum an Laster erreicht wird. Man sagt, daß die Welt sich zur Zeit im *Kali Yuga* befindet.